CHINESE ECONOMY & TRADE

중국 경제와 통상

김용선 지음

신아사

서문

중국은 지난 40년간 연평균 9.5%에 달하는 고도성장을 이룩하여 세계인들의 주목을 받아 왔다. 특히 2000년대 WTO 가입 이후에는 수년간 두 자리 수의 높은 성장률을 기록하여 2010년에는 일본을 제치고 미국에 이어 세계 2위의 경제대국으로 부상했다. 수많은 외국기업들이 중국에 진출해서 제조한 중국산이 해외시장을 점령함에 따라 중국은 세계의 공장으로 거듭나고 세계 1위 수출대국, 세계 1위 무역대국, 세계 1위 외환보유국으로 성장했다. 이에 따라 주민소득이 증가하여 중국시장은 예전의 잠재적 시장이 아닌 가시적 시장으로 이미 전환되었으며 특히 자동차의 경우 세계 1위 소비시장으로 떠올랐다. 그동안 수많은 글로벌 기업들이 중국시장을 황금알을 낳는 거위로 간주하고 내수시장을 선점하기 위해 치열한 각축전을 벌여 왔다.

그러나 화려한 경제성적표 뒤에는 소득격차, 부패, 에너지자원 부족, 환경오염 등 고질적인 부작용뿐만 아니라 높은 해외의존도, 저부가가치 분업구조와 세계적인 고급브랜드 부족, 실업, 부동산거품과 지방부채 등 풀어야 할 문제점들이 산재되어 있다. 특히 중국은 지역간, 도농간, 계층간 소득격차가 상당히 심각한데 후진타오 정부가 격차해소를 위해 노력했지만 성과가 미미해서 부패문제와 더불어 최근 출범한 시진핑 정부가 해결해야만 하는 숙제로 남겨져 있다.

이와 같이 심각한 문제점들을 안고 있음에도 불구하고 중국이 21세기 중반이 되기 전에 미국경제를 초월하여 세계 제일의 경제대국이 될 것이라고 일부 세계경제기관들이 전망한 것은 정치안정, 높은 투자율, 거대한 내수시장, 풍부한 노동력 등 성장요인을 높이 평가한 것으로 생각된다. 최근 수년간 중국경제가 세계경제 침체와 자체 경제구조 조정으로 경제성장이 둔화되는 추세에 있지만 중국정부가 주도적으로 고질적인 문제와 경제구조적인 문제점을 해결하기 위해 꾸준히 노력한다면 앞으로 안정적인 중속성장을 지속할 것으로 본다.

한중양국은 생산요소의 보완성, 지리적 인접성, 문화적 유사성 등 양호한 경제협력여건을 갖추고 있어서 한중교역과 우리의 대중국 투자 규모는 지속적으로 확대되어 왔다. 현재 중국은 우리의 최대 수출대상국이자 최대 수입대상국이며 제2위 해외투자대상국이다. 근래 한중FTA체결에 따라 우리와 가장 가까운 지역에 광대한 시장을 확보하게 된 것은 중국관련 비즈니스를 확대시킬 수 있는 좋은 기회이다. 이에 따라 중국과 무역을 하든, 중국으로 진출하든 중국과 연계된 비즈니스가 더욱 활성화될 것인데 이를 위해서 중국경제와 통상을 기본적으로 이해하는 것이 필요하다.

중국경제에 관한 교재는 시중에 다양하게 여러 형태로 출판되어 있다. 본서는 중국경제를 성장추이와 구조변화에 포인트를 두고 분석하고 있다는 점, 산업 등 중요한 경제파트를 집중적으로 다루면서 중국통상과 한중경제교류에 관한 부분을 좀 더 자세히 다룬 점에서 다른 교재와 차별화될 수 있다고 본다.

끝으로 이 책의 출판을 맡아준 도서출판 신아사와 교정하느라 수고한 남서울대 중국학과 한사랑 조교, 박진호군, 그리고 사랑스런 딸 민주에게 고마운 마음을 전한다.

2019년. 7월

저자 씀

차례

제1부 : 중국경제의 전개과정

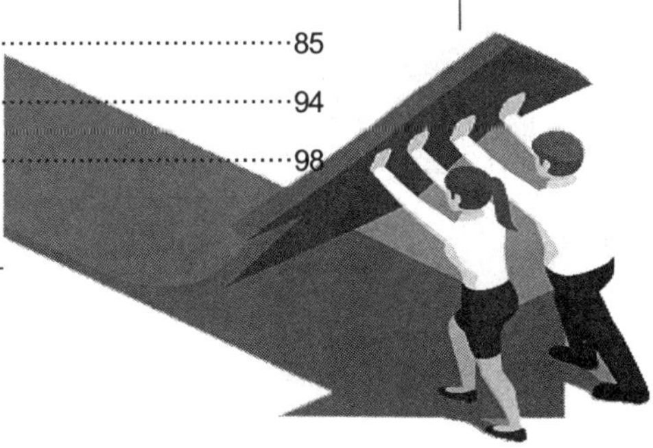

제2부 : 중국의 산업

제3부 : 중국의 국제통상

제4부 : 한중경제협력

제1부

중국경제의 전개과정

제1장 중국사회주의 계획경제

1. 사회주의 계획경제의 개념과 운영시스템
2. 중국 사회주의 계획경제의 전개 과정
3. 중국 사회주의 계획경제의 폐단

1. 사회주의 계획경제의 개념과 운영시스템

1) 경제체제의 정의와 분류

경제체제란 그 사회의 경제활동에 참여하는 사람들의 상호관계를 규정하는 규율이나 결정의 집합을 말한다. 어떠한 경제체제라 하더라도 유한한 자원을 어떻게 관리하고 이용해야 하느냐 하는 문제를 결정해야 하는데, 여기에는 소유권의 문제로서 사유와 공유가 있고 자원을 이용하는 권한에 관한 문제로서 분권제와 중앙집권제가 있으며, 그 사이에 여러 가지 형태가 있다.

경제체제는 소유권과 결책권이 누구에게, 어디에 있냐에 따라 대체로 자본주의 시장경제, 사회주의 계획경제, 자본주의 통제경제, 사회주의 시장경제 등 4개의 경제체제로 구분되는데, 현실적으로는 이렇게 뚜렷한 형태로 존재하는 것은 아니다.

<표1-1> 경제체제의 기본유형

	시장(분권)	중앙계획(집권)
사유제	자본주의 시장경제	자본주의 통제경제[1]
공유제	사회주의 시장경제	사회주의 계획경제

* 자료 : 조용범, 경제체제론, 한울, 1989, 23쪽.

2) 자본주의시장경제

자본주의시장경제란 가계의 소비자나 기업가가 자주적으로 의사 결정을 하면 시장기구를 통해서 이것이 자동적으로 조정되는 경제형태를 말한다. 그러나 오늘날 자본주의

1) 나치즘, 자본주의 국가들의 전시통제경제

경제에서 현실적으로 존재하는 경제체제는 시장경제를 대원칙으로 하되 공공부문의 소유나 정부의 정책개입을 어느 정도 허용하는 혼합경제체제인 것이다.

자본주의시장경제의 운영시스템을 살펴보면, <그림1-1>에서 보는 것과 같이 가계는 상품시장에서 기업으로부터 재화와 용역을 구입한다. 한편 기업은 가계에 재화와 용역을 공급한다. 그런데 가계의 소득은 토지, 노동, 자본 그리고 경영관리능력과 같은 생산요소를 기업에게 공급하는 대가로 얻어지는 것이다. 이러한 거래가 이루어지는 곳을 생산요소시장이라고 한다.

<그림1-1> 자본주의시장경제 운영도

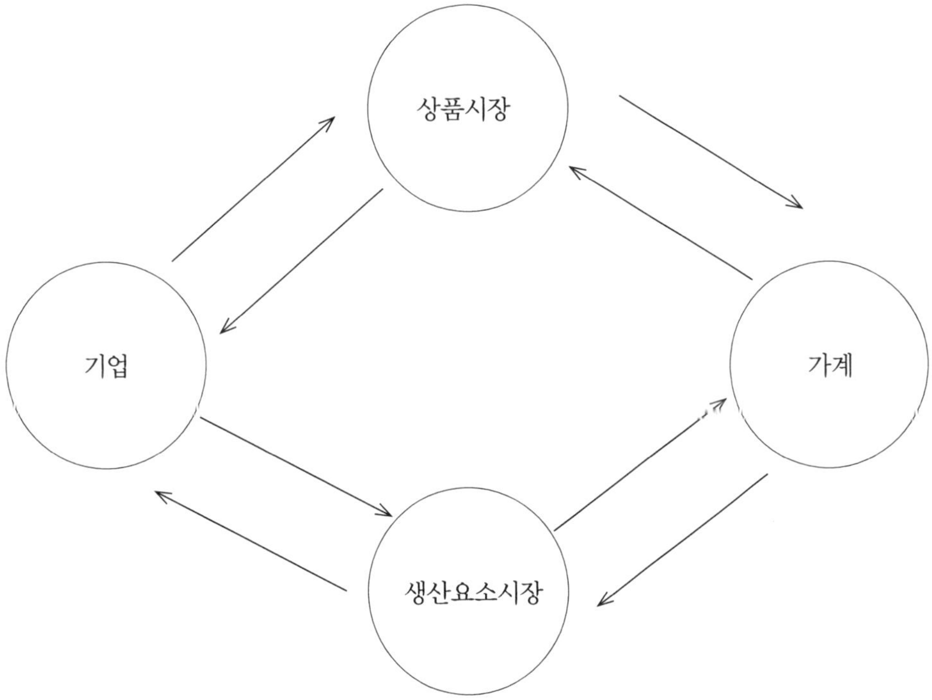

＊ 자료 : 高希均, 經濟學的世界, 臺北, 天下, 1987. 42쪽.

상품시장과 생산요소시장에서는 시장매카니즘(market mechanism)이 작동되는데 여기서 '무엇을', '어떻게', 그리고 '누구에게'의 이른바 세가지 경제문제가 동시에 해결된다. 가계의 소비자들이 상품을 구입할 때, 가격은 바로미터의 역할을 한다. 예를 들어 어느 상품의 가격이 한 개 100원이라는 숫자로 나타내는 배후에는 여러 가지 사정이 숨어 있다. 배후의 사정이 변하면 역시 아무런 설명 없이 바로미터의 역할을 하는 가격이 변한다. 그리고 상품을 구입하려고 시장에 간 소비자들은 그 변화의 결과만을 보고 상품을 구입하는 것이다. 이와 같이 가격이 상·하로 변동되면서 재화와 용역에 대한 수요와 공급이 저절로 조정되는 힘을 아담 스미드(A.Smiith)는 '보이지 않는 손'이라고 표현했다.

그러나 현실세계에서는 이러한 자유경쟁을 통한 시장매카니즘이 제대로 작동할 수 없는 요인들, 즉 소득분배 격차, 대기업의 독과점 등 많은 요인들이 존재하기 때문에 부득이 정부의 정책개입이 요청된다. 1930년 미국 대공황이 발생했을 때 케인즈(J.M.Keynes)의 유효수요 이론에 근거하여 미국정부가 뉴딜정책을 시행한 것은 좋은 사례이다.

그래서 자본주의 흐름이 자유방임형에서 독점자본주의를 거쳐 수정자본주의 혹은 혼합경제체제로 넘어 왔는데, 이 체제 또한 정부의 과다한 개입, 특히 과다한 사회복지 지출로 인해 경제성장률이 떨어지자, 이를 비판하는 신자유주의가 등장했다. 신자유주의는 미국의 경제학자 프리드만(M.Friedman)이 주도하여 '작은정부론'을 제창하는데, 2008년 발생한 미국 금융위기가 신자유주의 사상에서 비롯된 것이라는 견해가 나와서 자본주의 향방을 두고서 논쟁이 예상된다.

3) 사회주의 계획경제

사회주의 계획경제란 정부가 생산수단을 공유한 상태에서 경제발전에 객관적으로 요구되는 비율에 따라 먼저 계획을 짜고 국민경제의 운행에 대해 통제관리 함으로써 적절한 비율관계를 유지하여 공급과 수요의 기본균형을 달성시키는 체제이다. 이 체제의 특징은 생산요소는 공유이고, 기업은 관료경영으로 결책 권한은 중앙집권이며 결책과 결과 사이의 경로는 중앙정부계획에 의존한다. 한마디로 정부는 결책중심이자 계획수립자이며 개별기업의 최고지휘자라고 할 수 있다.

이 체제의 운영시스템을 보면 계획의 근원은 공산당의 중앙 및 정부의 결책이다. 장기계획이든 연간계획이든 공산당과 정부 지도자가 '목표'를 결정해서 계획을 책임지는 부처에 넘겨주면 행정경로를 따라 하달된다.

목표는 당중앙(党中央)으로부터 정부를 통해 '중앙계획위원회'로 전달된다. 중앙계획위원회는 우선순위에 따라 200-300개 주요 물품에 대해 생산량과 투입량의 범위를 정해서 관련 부처로 넘긴다. 주관 부처는 자기 소속의 각 기업에 분배한다. 각 기업은 '생산가능', '투입필요', 혹은 '투입표준'에 따라 개별계획을 정하고 주관부처로 회부한다. 각 부처는 심사, 수정하여 중앙계획위원회에 회부한다.

중앙계획위원회는 실물균형을 맞추어서 부장회의로 보내 심의케 한다. 부장은 심의후에 각 부처에 하달한다. 각 부처는 기업에게 자세한 '투입필요'를 넘긴다. 다시 각 주관부처를 통해 중앙계획위원회에 보고된다. 마지막으로 중앙계획원회가 심사한 후에 각 기업들 간의 공급과 수요(甲기업의 투입과 乙기업의 생산)에 대해 정식으로 사인한다. 이 시스템은 양상양하(两上两下), 즉 두 번 내려가고 두 번 올라가는 행정명령체제를 띠고 있다.

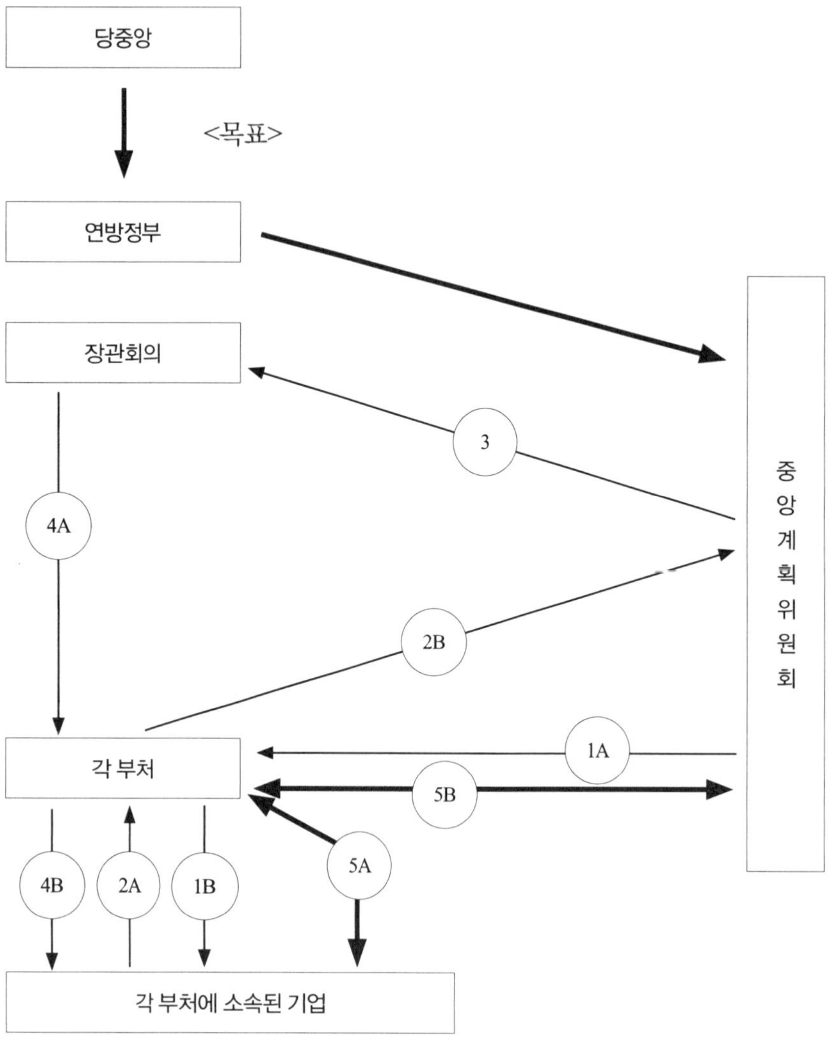

자료 : 孫殿柏, 比較經濟制度, 台北 : 三民書局, 1985, 84쪽.

<그림1-2> 구소련 사회주의 계획경제 운영도

본래 사회주의 사상은 칼 막스(K. Marx)를 통해 확실하게 정립되었다. 18세기 말 산업혁명을 타고 자본주의는 자본축척과 기술혁신으로 세상을 변화시켰지만 자본가의 노동착취와 자본가와 노동자가 대립하는 상황을 초래했다. 이 상황에서 그는 변증적 유물론을 통해 자본주의가 몰락하고 사회주의가 온다고 예언했다. 후에 레닌(V.I.Lenin)은 불균

등발전의 이론[2]을 통해 제국주의 강대세력간의 전쟁의 필연성을 설명하였다.

4) 사회주의 경제체제의 장단점

사회주의 경제체제의 장점은 전국의 인적, 물적 자원을 신속하게 동원하여 일국의 제한된 경제력으로 중점적인 건설을 추진하고 국방수요를 만족시키는데 유리하며 단기간에 경제구조를 신속하게 조정하여 기초공업과 신흥공업, 특히 중공업을 집중적으로 발전시킬 수 있다는 것이다. 그러나 이 체제는 다음과 같은 단점을 가지고 있다

첫째, 시장기구와 같은 자동적 오류수정장치가 없기 때문에 중앙계획의 그릇된 판단에 의한 의사결정이 그대로 전 경제에 파급된다. 또한 가격기능이 제대로 발휘하지 못하기 때문에 국가기구가 방대해질 수밖에 없어서 많은 행정인력을 낭비해야 한다.

둘째, 모든 결정이 공산당에 의하여 이루어지기 때문에 자원의 배분결정에 합리적, 경제적 목적보다는 정치적, 이념적 목적이 우선한다. 수익성이 있어도 사회적으로 불필요하다고 간주되면 투자되지 않기 때문에 자원낭비를 초래한다.

셋째, 민영기업이 금지되고 행정과 기업이 분리되지 않아서 기업의 계획은 정부가 짜기 때문에 기업은 정부의 꼭두각시에 불과하며 기업간에도 경쟁이 없기 때문에 기업이 창의력을 발휘할 수 없다.

넷째, 경제평등을 실시하기 때문에 근로의욕이 저하된다.

2) 레닌은 자본주의의 불균 등한 발전이야 말로 제국주의 전쟁을 불가피하게 만든다고 보고, 당시 러시아의 프롤렐타리아와 농민들이 외자의 이윤이라는 형식으로 서구 제국주의에 의해 착취당하고 있다고 생각했다.

2. 중국 사회주의 계획경제의 전개과정

1) 전후회복기간(1949-1952)

중국의 사회주의화는 1949년 중화인민공화국이 탄생한 후 바로 시작된 것은 아니다. 그 당시 중국경제는 두 차례의 내전으로 수많은 공장건물과 경제기반시설이 파괴되었다. 중국정부는 국민경제회복을 위해 국가경제건설에만 총력을 기울였기 때문에 당시의 중국경제체제는 전통경제와 시장경제의 혼합체제로 농촌과 중소도시는 전통경제에 속하고 연해지역의 도시는 시장경제에 속하여 경제활동의 주체가 가정이고 사유재산이 유지되며 생산과 분배가 시장에서 결정되는 체제였다고 볼 수 있다.

소유제구조를 보더라도 1949년 국영공업의 생산비중은 26.2%에 불과하나 민간공업은 무려 71.7%에 달했다.[3] 중국공산당 또한 초기에는 신민주주의 국가제도 하에서 국영, 민영과 집체로 구성된 혼합경제를 구축한다는 이전의 지도이념[4]을 그대로 실행에 옮겼기 때문에 경제체제에 커다란 변화가 없었다. 중국은 토지개혁을 실시하여 그동안 농촌토지의 대부분을 차지하고 있던 대지주의 농토를 3억여 농민들에게 분배함으로써 수많은 소작농을 자작농으로 전환시켰다.

2) 1차 5개년 계획(1953-1957)

그러나 1952년 국민경제 회복시기가 끝날 무렵 이 지도이념은 사회주의 개조운동으로 전환되었는데, 그 당시 마오쩌둥(毛澤東)이 장악한 중국공산당이 막스·레닌주의를 추종

3) 中國統計年鑑(1984), 194쪽.

4) 毛澤東(1945), <論聯合政府>, <毛澤東選集>第3卷, 北京, 人民出版社, 1991, 1056-1060쪽

하며, 소련식 경제모델을 본받아 사회주의 계획경제체제를 구축해 나가면서 경제제도가 크게 변화하기 시작했다. 일반적으로 사회주의 계획경제의 핵심은 공유제와 계획경제이다. 토지개혁으로 자작농이 된 농민들의 생산의욕은 상당히 높아졌지만 정부입장에서는 수많은 개별농가로부터 공업화 수요에 필요한 양식과 면화를 획득하는데 큰 어려움을 겪게 되었다.

이런 상황에서 농촌집체화 운동이 전국적으로 확산되었다. 처음에는 호조조(互助組)에서 시작하여 초급합작사(初級合作社), 고급합작사(高級合作社)로 집단규모가 방대해졌는데, 1957년 말까지 1억 2천만 농가가 75만여 개 고급합작사로 집단화되어 소련과 유사한 집단농장으로 변모했다. 다시 말해서 토지개혁 시기에 농민에게 분배한 토지, 소, 농기구는 집체소유가 되어 수 천 년 동안 개별 농가를 기초로 하는 농업제도가 집단농장이라는 새로운 형태로 바뀌게 된 것이다.

이러한 농촌집단화와 병행하여 도시에서는 수백만 개의 민간기업, 그리고 수천만 명의 수공업자와 상인에 대해 사회주의 개조운동이 전개되었다. 1952년에는 민간은행이 이미 공사합영(公私合營)체제로 편입되고 또한 대규모 오반운동(五反運動)[5]이 전개되어 민간 기업이 파산지경으로 쇠퇴하고 공사합영체계로 전환되었으며 유통업 또한 공사합영체계로 바뀌게 되었다.

50년내 중국은 사회주의 개조운동과 더불어 경제시스템을 국가가 통제하는 계획경제체제를 구축했다. 이 제도에서는 국가계획 부문이 최상층에서 경제 전체를 총괄하는 사령탑을 맡아 모든 생산, 분배, 투자에 관한 중요한 결정을 내리고 이 결정은 방대한 관료계층을 통해 실행에 옮겨진다. 구체적으로 말하면 국가계획위원회가 연간계획을 수립하면 이 계획은 각 부처로, 각 부처 소속의 수많은 기업으로 하향(下向) 전달되고 다시 상급기관으로 상향(上向) 보고 되는데 대개 양상양하(兩上兩下)의 형태를 띠고 있다.

이 시기에는 중국정부가 소련의 발전모델을 본받아 중공업 우선 발전전략을 추진했다. 주로 철강, 기계, 자동차, 석유화학 등 공업이 해당되는데, 철강 생산량의 경우 1957년

5) 뇌물, 탈세, 원료의 사취(私取), 국가재산의 절도, 국가경제정보의 절도 등

535만 톤에 달하여 1949년 생산량의 33.9배로 대폭 증가했다. 반면, 농업생산량의 경우 1·5계획기간 동안 연평균 증가율이 4.4%로 소폭 증가했을 뿐이다.

3) 대약진(1958-1960)

1958년에는 고급합작사가 더욱 집단화된 인민공사(人民公司)가 출범했는데, 설립목적은 경제적으로 생활 집단화를 통해 농촌부녀자를 노동전선으로 끌어들여 공업대약진에 합류시키고 정치적으로 집단규모를 확대하여 통제를 용이하게 하며 사회적으로 가정제도와 개인주의를 소멸하려는 데에 있다. 인민공사는 사회주의 계획경제시기(1953-78)에 계속해서 존재했으며 이 시기 말에는 그 숫자가 약 5만개로 그 안에 75만개의 생산대대, 500만개의 생산대로 구성되어 있었고 평균 1개의 인민공사에는 3000개의 농가, 약 1만5천명이 속해 있었다.[6]

대약진시기에는 중국의 경제체제가 공유제와 계획경제를 중심으로 하는 사회주의 계획경제체제로 전환되었다. 또한 지방의 자주권 확대로 중앙소속 기업 중의 88%가 지방정부 관리에 속하게 되고 정부의 중공업 우선발전 전략방침에 따라 철강공업에 막대한 투자가 이루어졌다. 그러나 그 결과는 실패로 끝났는데, 통계에 의하면 1958-62년 사이에 농업총생산액은 매년 평균 5.9%, 경공업은 2% 감소하고 중공업만 단지 3% 성장했다.[7] 국가재정은 연속 3년간 적자를 기록하고 이 당시 굶어 죽은 사람만 2000여만 명에 달했다.

---

6) 鄭竹園, 中共經濟的診斷, 臺北, 聯經出版事業公司, 1985, 4-13쪽

7) 周太和·傅豐祥, 建國以來經濟體制改革的回顧, 紅旗(北京), 1983年第7期, 20쪽.

4) 경제조정기(1961-1965)

1961년부터 류샤오치(劉少奇)와 덩샤오핑(鄧小平)이 국가행정 실권을 잡고 국민경제를 조정하기 시작했는데, 기본 건설규모를 축소시키고 중공업발전을 억제하며 잘못된 산업구조를 바로 잡았다. 농촌에서는 생산단위를 축소시켜 생산대(生産隊)를 생산단위로 확립했다. 즉 1958년 1.3억 농가가 재편된 2.6만 개 인민공사(1개의 인민공사가 평균 6700명의 사원으로 구성)체제에서 600만 개의 생산대(1개의 생산대가 평균 30명의 사원으로 구성)체제로 전환되었다.

4, 5년간의 경제조정을 통해 경제가 회복되고 농업, 경공업, 중공업 간의 균형적인 성장이 이루어졌다. 주요 농산품의 생산량은 거의 1957년의 수준으로 회복되거나 초과되었는데, 1965년 농업과 경공업의 생산액은 1960년에 비해 각각 42.2%, 27.5% 증가했으며 중공업생산액은 37.2% 감소했다. 1963-65년까지 경제성장률은 두 자리 수의 높은 성장률을 나타냈다.

5) 문화대혁명(1966-1976)

1966년 중국대륙에 문화대혁명이 일어나서 10년간 경제암흑기에 빠져 들게 들었다. 경제, 사회, 정치 모두 무정부 상태에 빠져서 생산체계가 파괴되고 산업구조가 심각하게 괴리되었으며 노동자의 근로의욕이 심하게 저하되었다. 다시 공유제와 계획경제가 철저하게 지켜지고 중앙소속의 기업들이 대거 지방 소속으로 넘어 갔다. 그 결과 1976년 전국 공업기업의 자금이윤율은 고작 1965년의 절반에 불과하고 적자기업은 1/3 이상에 달하며 근로자의 평균임금은 10년간 인상되지 않았을 뿐만 아니라 오히려 6% 감소했다

6) 신약진(1977-1978)

문화대혁명이 끝난 후, 중국경제는 구조적 문제에 직면하고 선진국과 경제수준 격차가 더욱 벌어지게 되었다. 1976년 마오쩌둥 서거 후 등장한 중국 지도자 화궈펑(華國鋒)은 1958년의 대약진과 마찬가지로 1977년에도 맹목적으로 고지표(高指標)를 추구하는 정책을 추진했다.

'1976-85년 국민경제발전 10년 계획요강'이 수립되었는데 주요 내용은 식량생산 4억 톤, 철강생산 6,000만 톤, 그리고 120개의 대형건설을 완수한다는 것이다.

이 목표를 달성하기 위해서는 많은 자원과 기술설비가 필요해서 국외부터 철강을 수입하고 기술설비를 도입했다. 그래서 신약진을 '양약진(洋躍進)'이라고도 칭한다. 그러나 국력의 한계를 넘어서 현실에 맞지 않는 과도한 목표설정, 그리고 지나치게 중공업에 치중한 국가경제구조의 왜곡 등으로 인해 신약진은 실패로 끝나게 된다.

3. 중국 사회주의 계획경제의 폐단

사회주의 계획경제체제하에서는 중국정부의 실책으로 계획 수립이 제때에 이루어지지 않거나 늘 변동되어 제대로 경제적 작용을 하지 못했다. 즉 1차 5개년 계획(1953-57)은 53년부터 시작이지만 55년이 되어서야 계획안이 결정되고 2차 5개년 계획(1958-62)은 집행한 지 반년도 채 안되어 대약진운동으로 대체되었다. 대약진이 실패로 끝난 후 5년간 경제조정기(1961-65)를 거쳐 1966년이 되어서야 3차 5개년 계획(1966-1970)을 발표하지만 또한 집행한 지 1년도 채 안되어 문화대혁명으로 중단되었다.

중국의 사회주의 계획경제시기는 보통 1차 5개년 계획, 대약진, 경제조정기, 문화대혁명, 신약진 등 5단계로 구분되는데 이중에서 사회주의 계획경제가 비교적 철저하게 시행된 대약진과 문화대혁명 단계의 경제성과가 가장 좋지 않은 것으로 나타났다. 이것은 사회주의 계획경제체제가 안고 있는 치명적인 약점들 때문인데, 이 체제에서는 사유재산과 자유경쟁이 보장되지 않아 국민의 근로의욕이 저하되고 기업의 창의력이 발휘되지 않아서 생산효율이 떨어진다. 또한 중앙집권으로 수요와 공급을 알려주는 시장기구가 존재하지 않아 소비자 주권이 무시되고 자원낭비가 발생하며 방대한 관료조직으로 초과고용에 의한 저생산성문제가 발생한다.

이 당시 이러한 난점을 보완하여 사회주의 계획경제에 활력을 불어넣기 위해 중국 경제학자 쑨야팡(孫冶方)이 비무챠오(薛暮橋), 마홍(馬洪) 등과 함께 이윤과 장려금제도를 사회주의에 접목한 소련 경제학자 리베르만(E. Liberman)교수의 이론을 받아들여 주장했지만 마오쩌둥(毛澤東)의 반대에 부딪쳐 수용되지 않았다.[8] 결국 중국은 1953년 1차 5개년 계획을 시작으로 1979년 경제개혁 전단계인 신약진(1977-78)까지 사회주의 계획경제의 공유제와 계획경제가 전반적으로 유지되었으며 1976년 마오쩌둥이 서거한 후 화궈펑(華國鋒)의 과도체제를 거쳐 1979년 덩샤오핑(鄧小平)의 개혁정부가 출범하면서 경제개혁이 본격적으로 추진되었다.

---

8) 薩公强, 中共十年經改的理論與實踐, 臺北, 國立政治大學國際關係中心, 1991, 8쪽.

참고문헌

조용범, 경제체제론, 한울, 1989.
이상준, 중공경제론, 박영사, 1985.
이형순, 경제학개론, 박영사, 1988.
안역교외, 자본주의와 사회주의 -이론과 실제-, 세영사, 1991.

韓琪, 中國經濟論綱, 北京 : 對外經濟貿易大學出版社, 1998.
孫殿柏, 比較經濟制度, 台北 : 三民書局, 1985.
中國統計年鑑(1984).
毛澤東(1945), <論聯合政府>, <毛澤東選集>第3卷, 北京 : 人民出版社, 1991,
羅德明, 中國經濟 : 運行與發展, 北京, 社會科學文獻出版社.
鄭竹園, 中共經濟的診斷, 臺北, 聯經出版事業公司, 1985,
周太和·傅豐祥, 建國以來經濟體制改革的回顧, 紅旗(北京), 1983年第7期,
葉伯棠, 論中共文化大革命的後遺症, 中國大陸研究(臺北), 29卷12期, 1987. 6,
蔡昉 · 林毅夫, 中國經濟, 北京, 中國財政經濟出版社, 2003.
薩公强, 中共十年經改的理論與實踐, 臺北, 國立政治大學國際關係中心, 1991,
高希均, 經濟學的世界, 臺北, 天下, 1987.

제2장 중국의 경제개혁

1. 덩샤오핑의 중국적 사회주의
2. 경제개혁의 추진과정
3. 경제개혁의 성과와 문제점
4. 경제개혁의 향후전망

1. 덩샤오핑의 중국적 사회주의

1977년 7월 중국공산당 당중앙(黨中央)은 10기 3차 중앙위원회 전체회의(中全會)[9]에서 등소평의 직위를 회복시켜 당중앙 부주석과 국무원 부총리를 삼기로 결의했다. 이것은 천윈(陳雲)과 예젠잉(葉劍英) 등 당시 중국의 대표적인 원로들이 문혁 사인방의 축출로 정권을 잡은 화궈펑(華國鋒)과의 대치상태에서 이루어 낸 결과인데 결국 중국을 지금의 발전된 모습으로 바꾸는 데 중요한 계기가 된 것이다.[10]

덩샤오핑은 복원후 "실천이 진리를 검증하는 유일한 표준"이라고 주장하며 화궈펑이 내세우는 양개범시「兩個凡是」[11]에 반박했다.[12] 그리고 1978년 11기 3중전회에서는 등소평의 주장이 관철되었으며 마오쩌둥에 관해서는 위대한 막스주의자, 중화인민공화국의 건국자로 긍정적인 평가가 내려 졌지만 한편으로 문화대혁명의 과오가 지적되었다. 이 회의에서 등소평은 결국 화궈펑을 물리치고 중국의 최고 지도자가 되어 후야오방(胡耀邦)과 자오즈양(趙紫陽)을 좌우에 두고 중국의 개혁개방을 추진하게 되었다.

1982년 12기 중국공산당 전국대표대회에서 덩샤오핑은 '중국특색의 사회주의 건설'(「建設有中國特色的社會主義」)의 구호를 제창했는데, 주요내용은 '현대화 건설은 반드시 중국의 실제상황에서 출발해야 하고 막스의 보편적 진리는 중국의 구체적 실제 상황과 결합하여 스스로의 길을 걸어가며 중국 특색의 사회주의를 건설해야 한다'는 것이다.

이러한 주장은 수년간의 실천을 거쳐 1987년 13기 중국공산당 전국대표대회에서 자오즈양 보고에 의해 구체화되는데 그 내용은 '반드시 국가상황에 근거하여 스스로의 길을

9) 10기 중국공산당 전국대표대회 1973-1977, 11기 중국공산당 전국대표대회 1977-1982, 중국에서 가장 중요한 대회로 당 총서기를 선출함.

10) 康四維,『以系統理論比較毛澤東的「馬克思主義中國化」與鄧小平的「建設有中國特色的社會主義」』, 中共研究, 29卷12期, 1995. 12, 64-73쪽.

11) 두 가지 모든 것, 즉 모택동의 정책과 지시를 모두 따르는 원칙

12) 鄧小平,『中國共産黨第12次全國代表大會開幕詞』,『鄧小平文選』(1975-1982), 北京, 人民出版社, 1983, 370-373쪽.

걸어가야 하며 경제문화가 낙후된 상황에서는 반드시 하나의 아주 긴 초급단계가 필요하다'[1] 는 것이다. 이것이 바로 그 당시 중국이 일관되게 주장하는 사회주의초급단계론이며 구체적인 표현은「한 개의 중심, 두 개의 기본 점」으로 나타나는데, 즉 경제건설을 중심으로 삼아 현대화를 추진함과 동시에 네 개의 기본원칙[2]을 견지한다는 것이다.

이 초급단계론의 등장으로 중국의 개혁파는 개혁개방정책의 이론적 근거를 마련하여 보수파의 비판적 공격에 대해 논리적으로 대응할 수 있게 되었다. 왜냐하면 1978년 12월 11기 3중전회를 계기로 추진한 개혁개방정책은 비록 수많은 국민의 환영을 받았지만 막스·레닌주의 논증이 결핍되어 오히려 보수파의 집중공격 대상이 되었기 때문이다. 예를 들면, 중국 공산당 보수파들은 기업청부책임제를 사유제, 공장장책임제를 당의 지도를 취소하는 행위, 농가생산책임제를 집체경제의 파괴행위, 개혁개방을 자본주의 제도라고 줄곧 비난하며 개혁파를 견제했다.

이러한 개혁파와 보수파의 노선투쟁이 지속되는 가운데 1989년에 정치·경제문제가 심각하게 대두되어 천안문 사건이 발생했으나, 정치안정 속에 경제개혁을 바라는 덩샤오핑이 무력으로 진압하고 행정적으로 경제안정 조치를 취함에 따라 중국사회의 안정이 그대로 유지되었다. 그로부터 3년 뒤인 1992년에는 덩샤오핑이 다시 경제개혁 추진에 활기를 불어넣기 위해 선쩐(深圳)을 방문하여 중대한 담화를 발표했다.

담화내용의 요지는 첫째 자본주의에도 계획이 있듯이 사회주의에도 시장이 있다고 지적하고 중국은 사회주의시장경제 노선을 지향한다는 것이며, 둘째 검은 고양이든 흰 고양이든 시장이든 계획이든 상관없이 선택의 기준은 사회생산력 촉진, 국력강화, 국민생활수준 향상에 둔다는 것이다.[3] 이러한 사회주의시장경제로의 개혁표명은 같은 해 전국인민대표대회에서 중국헌법 전문에 기재하기로 의결되고 이 체제노선은 장쩌민(江澤民)

---

1) 趙紫陽,『沿著有中國特色的社會主義道路前進』,「建設有中國特色社會主義理論」, 吉林, 人民出版社, 1993, 36-37쪽.

2) 사회주의 견지, 프롤레타리아의 독재견지, 공산당의 지도견지, 막스·레닌·모택동 사상의 견지 등 네 가지를 의미함

3) 厲无畏 主編, 轉型中的中國經濟, 上海, 上海人民出版社, 1998, 34쪽.

시대를 거쳐 후진타오(胡錦濤), 시진핑(習近平)시대에도 그대로 반영되어 중국의 현행 경제제도로서 점차 구체화되어 가고 있다.

2. 경제개혁의 추진과정

경제개혁은 일국의 경제제도를 바꾸는 큰 과제이기 때문에 경제정책 보다는 훨씬 더 어려운 과정을 거쳐야 한다. 중국은 비교적 안정된 정치체제하에서 경제개혁을 점진적으로 추진하여 소련이나 동구권 국가보다는 성공한 케이스로 평가받고 있는데, 즉 계획경제를 시장경제로 전환시키는 과정에서 경제구조가 비교적 단순한 농촌지역에서 경제개혁을 시작하여 개혁의 성과를 확인한 후, 구조가 복잡한 도시지역에서 가격, 국유기업, 재정, 금융 등에 관한 일련의 개혁을 점진적으로 추진하는 치밀함을 보여 주고 있다.

1) 농촌개혁

사회주의 계획경제 시기의 중국농민은 농촌 집단화 상황에서 농업경제의 자주권과 노동잉여의 수익권을 상실했으며 정기합일(政企合一)제도에 의한 호구제와 식량배급 정책의 시행으로 신분의 자유도 제한되고 특히 재산권을 상실했다. 또한 계획경제시스템 하에서 농산물 유통은 정부에 의해 장악되어 독점경영이 이루어짐에 따라 대부분의 상품시장이 폐쇄되고 단지 일부 농촌시장만 제한적으로 허용되었지만 장거리 판매는 금지되었다. 이런 제도에서 농민은 생산의욕이 크게 저하되어 결국 중국의 농촌은 심각한 상황에 직면하게 되었다.

이러한 가운데 일부 농촌에서는 농업 생산량 증대를 위해 농가생산책임제(包産到戶)[4]가 다시 부활되었다. 1978년 가을 가뭄이 극심한 안휘성(安徽省)에서 1,200여개의 생산대가 농가생산책임제를 실행한 것을 시작으로 1979년에는 38,000개로 증가하고 다른 지역으로 확대되었다. 그동안 지켜보고만 있던 중국정부가 1982년부터 이 제도를 정책적으로 시행함에 따라 중국 전 지역으로 확산되었는데, 1983년 초에는 중국전체 생산대의 93%에 달하고 그중 대부분이 농가생산책임제 형태를 갖추었다.

이로써 중국농촌에는 생산단위가 집단중심이 아닌 개별농가 중심의 농업경영 관리시스템이 구축되었다.

이 제도의 실행은 중국농촌에 커다란 변화를 가져 왔다. 우선 농업생산량이 대폭 증가했는데 1984년 식량생산량은 4억 731만 톤으로 신기록을 세웠으며 1978년에 비해 33.6%가 증가한 수치이다. 농민 평균수입도 1978년 191.33 위안에서 1984년 355 위안으로 85.5% 증가했다. 그리고 농촌개혁으로 행정부서와 인민공사가 분리되면서 관리조직이 간소화되고 행정 간부가 줄어들어 농민의 경제적 부담이 적어졌다. 1980년 전국의 인민공사는 5만 4183개, 공사간부 약 200만 명, 생산대대 70만 9820개, 대대간부 약 300만 명, 생산대 566.2만개, 생산대 간부 약 2,000만 명으로 이들 비생산인원의 매년 소비액은 60억元에 달해 농민 1인당 매년 7-8 위안씩 부담해야 했다.

이제 농가생산책임제 실행으로 인민공사가 해체되어 이러한 경제적 부담이 크게 줄어

4) 농가생산책임제(包産到戶)은 일찍이 중국농촌에 고급합작사가 성립된 1956년, 인민공사 성립 후의 1959년, 대약진 실패후의 1962년에 출현했다. 1956년에는 저장성(浙江省)의 온저우(溫州)지방에서 1,000여개의 인민공사가 농업생산량에 근거하여 사원보수를 결정하는 방식으로 농가생산책임제를 시행했으나 자본주의 노선으로 비판받고 중지되었다. 1959년에도 인민공사의 폐단으로 농업생산 기본단위가 생산대로 전환되면서 농업생산책임제가 출현했으나 역시 자본주의 부활이라고 비판받았다. 1962년에는 중국농촌이 대약진과 인민공사의 폐단으로 피폐해지자 농업생산력을 회복하려는 노력으로 안휘성에서는 농지를 정해주고 책임을 개인에 전가시키는 방식으로 농업생산책임제가 널리 성행했는데 전체 인민공사의 39.3%가 참여했다. 마오쩌둥은 농업생산책임제를 사유제라고 지적하고 반대했으나, 덩샤오핑(鄧小平)은 류바이성(劉伯承)의 말(黃猫, 黑猫, 只要捉住老鼠就是好猫, 노란색 고양이든 검은색 고양이든 쥐를 잡는 고양이가 좋은 고양이다.)을 인용하여 찬성하고 천원(陳雲) 또한 농민의 생산의욕을 고취시켜 농업경제를 회복시키기 위해 필요하다고 주장했다. 그러나 결국 계급투쟁과 문화대혁명으로 중단되었다. 70년대말 안후이성 샤오강촌(小崗村) 농부들이 다시 시작함.

들게 되었다. 또한 농민의 사유재산이 늘어나고 향진기업(鄕鎭企業)[5]이 발달하게 되었는데, 특히 향진기업은 80년대 양자강삼각주, 주강삼각주, 산동 반도에서 크게 발전하여 기업수가 1980년 142.5만개에서 1985년 1222.5만개로 대폭 증가해서 중국공업 발전의 중요한 하나의 축으로 부상했다.

농산물 유통체제는 농촌경제에서 중요한 부문이기에 농산물 유통개혁도 추진되었다. 일단 그동안 폐쇄된 농촌시장이 부활하고 1978년-84년에는 중국정부가 농산물의 수매가격을 대폭 올려서 농민수입을 증대시켰으며 1985년부터는 농산물 일괄구매(統購), 파견구매(派購)제도를 개혁하여 계획가격에 의한 주문구매와 시장가격에 의한 협의구매를 병행하는 이중가격제도(雙軌制)를 실행했다.

2) 도시개혁

(1) 가격개혁

경제개혁 이전의 가격체계는 가격결정권이 중앙정부에 집중되어 지방정부와 기업은 자율권이 결핍된 불합리한 시스템이다. 그래서 상품가격은 근본적으로 상품의 수요와 공급관계를 반영하지 못해 늘 자원낭비와 생필품 부족현상을 초래했다. 이 문제를 해결하기 위해 중국정부는 시장체계를 도입하고 가격개혁을 단계적으로 추진했다. 우선 일차적으로 1979년부터 1983년까지 계속해서 상품가격을 올렸는데, 1979년 농산품의 수매가격을 대폭 올리고 도시의 8가지 부식품 판매가격을 30% 올리면서 근로자 부식품에 가격보조금을 지급했다. 또한 석탄과 일부 중공업제품, 선철, 강재 등의 가격을 올리고 계속해서 방직제품 가격, 철도와 수로의 운임을 20% 정도 올렸다.

---

5) 향진기업의 전신은 인민공사체제하의 사대기업(社隊企業)이다. 사대기업은 인민공사와 생산대 소속의 기업으로 1958년 대약진시기에 철강공업과 농업기계화에 부응하여 각지역의 인민공사가 농기구 제조와 수리를 목적으로 창설한 기업인데, 경영범위가 농촌지역의 자급자족으로 제한되어 있었다. 향진기업이 농가생산책임제하에서 발전하고 시장경제와 함께 성장해 온 점에서 사대기업과 구별된다.

그 다음에 1984년부터 1988년까지 일부의 가격결정권을 기업에게 이양하여 정부의 가격결정 권한을 축소시키고 시장기구와 가격조절의 범위를 확대하여 점차 여러 종류의 가격형태가 병존하는 제도를 구축했다. 이 기간을 통해 양식, 식용유, 면화 등 중요한 농산물을 제외한 대부분의 농산물 가격, 재봉틀, 라디오, 선풍기, 자전거, 냉장고 등 공산품 가격, 그리고 13종류의 담배와 술의 가격 등이 차례로 개방되었다. 그리고 상품가격은 대체로 국가고정가격, 부동가격(浮動價格)[6], 시장가격 등 3가지 가격형태로 구분되어 점진적으로 가격개혁이 추진되었다

그 결과 농산품 가격이 지나치게 낮고 공산품 가격이 지나치게 높은 상황이 개선되었는데, 즉 1988년 농산품의 수매가격이 1978년에 비해 144.5% 오른 반면에 농촌 공산품 가격은 단지 38.5% 올랐다. 또한 에너지·원자재 가격이 지나치게 낮고 제조품 가격이 지나치게 높은 상황이 개선되었는데, 즉 1978년부터 1988년까지 중공업 제품은 64.5% 오르고 그중에서 원자재 가격은 72%까지 오른 반면에 제조 상품가격은 단지 33% 올랐을 뿐이다. 그리고 가격형태가 국가고정가격에서 시장가격으로 전환되었는데, 사회소비재 총액의 가격구조를 살펴보면 1978년 국가고정가격, 부동가격, 시장가격의 비중이 각각 97%, 0.5%, 0.2%에서 1988년에는 각각 29%, 22%, 49%로 변동되었다.[7]

(2) 국유기업개혁

중국의 국유기업은 사회주의 계획경제하에서 각 중앙 행정부처와 지방에 소속되어 통제를 받는 꼭두각시에 불과했다. 기업자신이 결정하는 권한이 없기에 무엇을 얼마만큼 생산하고 어떻게 분배할 것인 지는 신경 쓸 필요도 없고 명령을 받은 대로만 하면 되기에 기업의 창의력과 경쟁력과는 거리가 먼 비효율적인 기업체제였다. 그러나 1980년 초 중국농촌에 농가경영책임제가 성행하면서 이 책임제가 자연적으로 국유기업으로 흘러

6) 정부의 물가담당 부서가 국가규정에 따라 규정된 기준가격과 변동폭, 이윤율, 최고상한가, 최저보호가 등을 고려하여 기업이 제정한 상품가격과 비용을 지도하는 것으로 지도성 계획에 의해 생산되는 상품, 특히 공급과 수요가 평형을 유지하거나 공급이 수요보다 많은 상품에 적용된다.

7) 劉國光, 中國價格改革的若干問題, 北京瞭望週刊, 1987年 第39期, 22쪽

들어 갔다. 1983년에는 중국정부가 도시상공업에 전면적으로 이윤유보제(利潤留保制)를 실시하게 되었는데, 시작한 지 2, 3개월 만에 전국에 있는 국유기업이 보편적으로 실행함에 따라 경제 질서가 문란해지고 물가가 상승하는 결과를 초래했다. 그래서 중국정부는 1984년부터 이개세[8](利改稅) 개혁을 추진했다.

그러나 다른 개혁들이 동반되지 않은 상태에서 기업의 자주경영, 책임경영이 이루어지기는 어려웠다. 그래서 1987년부터는 기업의 경영자주권을 더욱 확대하기 위해 경영청부책임제가 추진되었다. 이 책임제 도입으로 비록 많은 경영자주권이 국유기업에 주어졌지만 직원의 인사권 등 일부 권한에 대해서는 자주적으로 행사하기가 어렵고 또한 기업의 재산권이 불명확한 상태에서 청부자와 피청부자 간에 자주 이익충돌이 생기고 상호간에 권한침해 현상이 발생하는 등 문제점이 노출되었다.

1990년대 들어와서는 이러한 문제점을 해결하기 위한 노력으로 국유기업 개혁의 핵심이 주식제와 현대화된 기업제도에 집중되었다. 주식제도[9] 도입은 1986년 중국 국무원이 각 지역에서는 일정한 조건을 갖춘 소수의 중대형 국유기업에 대해서 주식제도를 시범적으로 시행해도 된다는 지침이 있은 후 본격적으로 시작되었다. 이 제도의 활성화는 1990년대 들어와서 상해, 심천 지역에 증권거래소가 생기고 92년에 주식제 기업에 대한 기본 정책이 마련되어 국무원 소속의 증권위원회와 중국증권감독관리위원회가 조직되면서

---

8) 이윤을 세금으로 전환함

9) 중국 주식제는 정부가 1984년 농민과 집체의 자본이 자유롭게 이동하는 것을 허락하고 농민이 각종 기업에 주식투자 하는 것을 장려한다는 발표를 한 뒤에 이어서 가격체제 개혁위원회가 개최한 회의에서 도시집체기업과 소형 국유기업에 대해서 종업원 주식투자의 허용이 결정된 후에 처음으로 시작되었는데, 같은 해 7월 중국 최초의 주식회사인 북경 톈챠오 백화점(北京天橋百花股份有限公司)이 탄생하고 11월에는 비교적 규모가 큰 상하이 페이러 음향회사(上海飛樂音響公司)가 처음으로 주식을 일반에게 공개 발행했다. 1985년에는 중국 최초의 증권회사인 심천경제특구증권회사가 탄생하여 주식의 발행, 양도, 관리업무를 담당하고 심양, 상해, 북경, 광주 등에 증권거래시장이 생겼다. 그리고 1990년 12월 상해증권거래소가 설립되어 8개의 주식회사가 상장하고 1991년 4월 심천증권거래소가 설립되어 6개의 주식회사가 상장했다. 1991년말까지 각종 주식제 기업은 총 3220사인데, 이중에서 종업원지주회사는 2751사로 85%를 차지하고; 주식을 일반에게 공개한 기업은 89사로 지배구조를 보면 국가주가 47%, 법인주가 29%, 개인주가 14%, 외국자본주가 9%, 종업원주가 1%의 분포현상을 보여준다. (周學曾·智士才·楊企玉, 中國股份制, 北京, 中國靑年出版社, 1997.)

이루어졌다.[10] 통계에 의하면 1992년 1년간 400여개의 주식제 기업이 탄생했으며 1992년 말까지 주식제 기업은 총 3,700여사에 달하고 그중에서 69사만이 상해와 심천 증권거래소에 상장한 것으로 나타났다. 현대화된 기업제도에 관해서 1993년 11월 14기 3중전회에서는 재산권과 책임권한을 구분하고 정부와 기업을 분리시키며 관리의 과학화를 특징으로 하는 현대화된 기업제도를 구축하기로 결정되었으며 중화인민공화국 회사법(公司法)이 제정되었다.

그리고 1994년에는 중국 국무원이 일부 중대형 국유기업의 현대화된 기업제도 시범적 실시에 관한 방안[11]을 제시하면서 전국에서 선택한 100개의 국유기업에 대해 시범적으로 실시하고 각 부문과 각 지방정부도 2,598개의 국유기업을 선택하여 현대화된 기업으로 전환을 추진했다.

그 결과 1994년 말까지 주식제 기업수는 2.5만 여사에 달하며 그 중에서 주식회사(股份有限公司)는 1.5만사, 유한책임회사(有限責任公司)는 1만여사, 상장회사도 305사에 달했다. 주식제의 도입으로 기업의 자금조달이 용이해지고 경영방식이 선진화 되었으며 경영수익이 향상되었는데 북경 톈챠오 백화점(北京天橋百貨股份有限公司)의 예를 들면 1984년 설립이후 9년간 자산이 168만 위안에서 1.7억 위안으로, 판매수입이 2,760만 위안에서 1.86억 위안으로 증가했다.

소형 국유기업의 개혁도 함께 추진되었다. 1993년 11월 14기 3중전회에서는 일반 소형 국유기업은 청부경영과 임대경영이 가능하고 주식합작제로 전환해도 되며 기업을 집체

10) 周學曾·智士才·楊企玉, 中國股份制, 北京, 中國青年出版社, 1997, 352-359쪽.

11) 현대화된 기업은 명확한 재산권 관계, 완전한 기업법인제도와 한계가 있는 책임제도를 주요특징으로 한다. 국가규정에 따라 자본금이 정해지고 국유자산 재산권 등기가 끝나면 국가로부터 권한을 받은 투자기구나 부문, 기타 출자자는 지분비율에 따라 수익과 중대한 결책권한을 향유하고 기업에 대해서 출자액만큼 책임진다. 기업의 형태에 관해서 특정업종에 속하는 기업은 국유독자회사로 전환하고, 대부분의 기업은 유한책임회사로 개조하며, 일정한 조건을 갖춘 기업은 주식유한회사로 개조하는데 그중에서 상장한 주식유한회사는 소수로 제한한다. 전국규모의 총회사는 국가가 지배지분을 갖는 회사로 전환하되 하나의 회사가 독점하지 못한다. 회사는 반드시 법에 따라 정관을 제정하고 정관은 회사와 주주, 이사, 감사, 경영자에 대해 구속력을 가진다. (馬建堂·劉海泉, 中國國有企業改革的回顧與展望, 北京, 首都經濟貿易大學出版社, 2000, 103-105쪽)

나 혹은 개인에게 팔아도 된다고 결정되었는데 이로 말미암아 소형 국유기업의 개혁은 주로 5가지 형태로 나타나게 되었다.

첫째는 유한책임회사(有限責任公司)와 주식회사(股份有限公司) 형태로 국가주를 보유하는 기업, 종업원지주제 위주의 기업, 중외합작기업(中外合資公司)에 속하는 기업, 주식소유자가 여러 종류의 기업 등 다양하게 나타났다.

둘째는 기업의 재산권이 회사내부 종업원에게 양도된 합작제기업과 주식합작제[12] 기업형태이다.

셋째는 매각되는 경우인데, 매각후의 기업은 독립적인 조직이 되거나 민간기업, 합자기업, 외자기업에 속하게 된다.

넷째는 합병과 연합을 통해 지배지분을 갖춘 국유기업에 속하거나 자회사가 되는 형태이다.

다섯째는 기업의 일부 혹은 전체자산을 해당기업 혹은 다른 기업의 관리자와 직원에게 임대하여 경영시키는 형태인데 대부분이 공장부지와 건물 등 부동산을 새로운 업주에게 임대하고 이 업주가 임대료를 국가에 납부하고 기업의 손익을 책임지는 것이다. 1998년 중반까지 전중국의 70% 이상의 소형 국유기업이 이미 개방되어 새로운 형태를 갖추게 되었다.

(3) 재정개혁

개혁이전의 중국 재정관리 체제는 통수통지(統收統支 : 일괄적인 수입과 지출)방식으로 고도로 집중화된 관리체제로 볼 수 있다. 그러나 80년대 들어와서는 경제개혁에 따라 재정관리의 개혁이 여러 차례 추진되었는데, 1980년의 분조흘반(分灶吃飯 : 재정분급제)[13]

12) 주식합작제는 집체와 주식제의 특징을 갖추고 있다. 즉 주식제의 1주 1표와 주식 수에 따른 이윤분배의 원칙을 도입하여 합작제의 1인1표와 이윤의 평균분배의 원칙에 접목시키고 있다. 이것이 주식제와 가장 큰 차이는 전부 혹은 대부분의 주주가 회사 내 종업원이라는 점이다. (吳敬璉, 當代中國經濟改革·戰略與實施, 上海 : 上海遠東出版社, 1999, 207-208쪽.)

13) 중앙과 지방의 재정관리 범위를 명확히 구분하는 것이다. 세입면에 있어서 중앙정부가 관할하는 기업의 수입, 관세수입은 중앙재정에 귀속하고 지방정부가 관할하는 기업의 수입, 염세, 농목업세, 工商소득세, 지방세, 지방의 기타수입은 지방재정에 귀속한다. 工商稅는 중앙과 지방의 세수조절에 이

관리체제, 1985년의 세금 종류에 따른 재정분급제, 1988년의 재정관리 책임제[14], 그리고 1994년의 분세제(分稅制) 등이다. 이중에서 분세제는 지역이기주의와 지방의 맹목적인 중복건설로 지방재정이 증대하는 반면 중앙재정이 약화되는 문제점을 해결하기 위해 등장한 제도이다.

통계자료에 의하면 1993년 중앙재정수입이 전국 재정수입에서 차지하는 비중이 31.6%로 하강했는데 이 수치는 개혁초기인 1978년의 45.8%와 비교해서 14.2%나 내려간 것이다. 분세제 또한 세금의 종류에 따라 중앙과 지방의 수입범위를 명확히 구분했는데, 중앙의 고정수입에는 주로 관세, 부가가치세, 소비세, 중앙이 관장하는 기업의 소득세와 이윤, 지방은행, 외자은행, 비은행 금융기관의 소득세, 철도, 은행본점, 보험회사가 납부하는 각종세금 등이 해당되고 지방의 고정수입에는 영업세, 지방기업소득세와 이윤, 개인소득세, 인화세, 농목업세, 도시토지사용세, 도시유지 건설세, 부동산세, 자동차세, 토지부가가치세 등이 해당된다.

그리고 중앙과 지방의 공동수입에는 주로 부가가치세, 자원세, 증권거래세가 있는데 부가가치세의 경우 중앙과 지방의 비율이 각각 75%와 25%이고; 자원세는 해양석유자원은 중앙수입에 기타자원은 지방수입에 속하며; 증권거래세는 반씩 나눈다. 이 제도를 추진한 결과 1994년 전국 재정수입은 전년에 비해 19.2% 증가하고 이 항목에서 중앙 재정수입이 차지하는 비중이 55.8%로 상승하여 중앙정부의 거시통제 능력이 한층 강화되었다.[15]

용된다. 1985년에는 세금의 종류에 따라 중앙과 지방의 재정수입을 구분하고 각급 재정의 지출범위를 다시 결정했다.

14) 1987년의 결산수입과 지방의 지출능력을 기준으로 각지역의 몇 년동안 수입증가 상황을 참조하여 지방수입 증가율과 유보비율을 확정하고 증가율 이내의 수입은 유보비율에 따라 중앙과 지방이 나누고 증가율을 초과한 수입은 지방에 귀속되는 것이며, 수입이 증가율에 미치지 못하면 지방이 자기 재력으로 보충하는 것이다.

15) 姜維壯, 中國分稅制的決策與實踐, 北京, 中國財政經濟出版社, 1997, 1-9쪽

3. 경제개혁의 성과와 문제점

1) 성과

(1) 급속한 경제성장

중국은 덩샤오핑 개혁정부 출범이후 20여 년간 경제개혁을 통해 경제적으로 눈부신 성장을 이루었다. 1979-2002년까지 GDP 연평균 증가율은 9.4%로 상당히 높은 수치[16]이며 이는 경제개혁 이전(1953-1978) GNP 연평균 증가율 6.1%보다 성장속도가 3.3% 더 빠른 것을 나타낸다.[17] 1인당 국민소득(GNI)을 살펴보면 2002년에는 8,065 위안으로 24년간 소득이 대폭 증가하여 1978년 315 위안의 25배에 해당하며 이는 1952년 104 위안에서 1978년 315 위안으로 26년간 고작 211 위안 증가한 것과는 아주 뚜렷한 대조를 보이고 있다.

그리고 고정자산투자와 대외무역 분야에서도 엄청난 속도로 증가한 수치를 보이는데 2002년에는 각각 약 4.3조 위안, 6207.7억 달러로 1978년 668.7억元, 206.4억 달러에 비해 64배, 30배에 해당된다. 도시주민 가처분소득과 농가 순수입도 1978년 각각 343 위안, 134 위안에서 2002년 각각 7703 위안, 2476 위안으로 21배, 17배 증가했다.

이와 같이 빠른 속도로 경제성장을 거듭하고 있는 중국에 대해 그동안 여러 세계적인 경제기관에서 21세기에는 중국이 세계제일의 경제대국이 될 것이라는 전망보고서를 발표한 적이 있는데, 골드만 삭스가 발표한 'BRIC's 2050년' 보고서에 의하면 중국은 2041년이면 미국을 제치고 GDP면에서 세계 최대의 경제대국으로 등극하게 되며, 베이징 올림픽이 열리는 2008년에 이미 경제규모가 프랑스, 영국, 독일 등 유럽 선진국을 앞지르고 2016년에는 일본을 제치고 세계 2위를 차지할 것으로 전망했는데, [18] 중국은 2010년에 이

16) 中國統計年鑑 2003, 27-33쪽.

17) 高尚全, 中國的經濟體制改革, 北京, 人民出版社, 1991, 30-50쪽

18) 조선닷컴, "2041년에 美제치고 中이 제1경제대국" 2004. 1. 28

미 일본을 제치고 G2로 부상했다.

또한 그 당시 중국의 저명한 경제학자인 후안강(胡鞍鋼) 청화대학(淸華大學) 국정연구소 소장은 2015년에는 중국 GDP가 세계전체의 17.5%를 차지해 경제총액 규모면에서 미국을 추월해 세계1위에 오르며 2020년이 되면 그 비중이 22%로 증가할 것이라고 전망했다.[19] 이러한 전망보고서들은 중국 경제개혁의 성과를 인정하고 성장요인을 감안하여 작성되는 것이기 때문에 참고할 필요가 있다.

(2) 비국유경제의 성장

기업소유구조면에서 발생한 중요한 변화중의 하나가 비(非)국유경제 부문의 빠른 성장으로 이 부문이 전체경제에서 차지하는 비중이 부단히 증가해 왔다는 것이다. 통계에 의하면 1978년 공업전체 생산액에서 국유기업이 차지하는 비중이 77.68%, 집체기업은 22.32%로 이 당시에 민영기업은 물론이고 기타 소유제 기업은 이 당시 기본적으로 존재하지 않았다.

그러나 2002년의 경우 전체국유공업기업과 연간 상품판매수입이 500만 위안 이상인 비국유공업기업을 대상으로 동년 공업생산액에서 차지하는 비중을 살펴보면 국유기업 15.6%, 집체기업 8.7%, 주식제 합작기업 2.9%, 연합경영기업 0.8%, 유한책임회사 18.1%, 주식회시 12.7%, 민간기업 11.7%, 홍콩·대만투자기업 12.3%, 외국인 투자기업 16.9% 이며, 이중에서 국유기업과 국유 지분지배기업이 차지하는 비중이 40.8%로 나타났다. 국유부문의 비중이 대폭 감소되고 새로운 소유제 부문의 비중이 상당히 늘어난 것을 알 수 있다. 2015년[20]에는 국유기업 비중이 4.1%로 축소되고 국유기업과 국유 지분지배기업의 비중이 25.8%로 더욱 줄어든 반면에, 유한책임회사와 민간기업의 비중이 각각 28.9%, 34.8%로 크게 확대되었다.

또한 위와 동일한 대상으로 2002년의 공업기업수의 구조를 살펴보면 민영기업이 49,

19) 연합뉴스, "中 GDP, 2020년에 전세계의 22% 차지", 2003. 3. 25

20) 2015년에는 연간 상품판매수입이 500만 위안에서 2000만 위안으로 상향됨.

176개로 전체의 27%를 차지하여 제일 많고 전년에 비해 35.7% 증가한 수치이며 그 다음이 국영기업 수가 29,449개로 전년에 비해 -14.7%로 감소하고 있다. 집체기업, 주식합작제기업, 연합경영기업은 각각 27,477개, 10,193개, 1,964개로 전년에 비해 각각 -11.4%, -6.2%, -12.1%로 감소하고 있으며 국유기업과 국유지분지배기업의 수도 41, 125개로 전년에 비해 -12.1%로 줄어들었다.

반면에 유한책임회사, 주식회사, 홍콩·대만기업, 외국인 투자기업이 각각 22,486개, 5,998개, 19,546개, 14,920개로 전년에 비해 각각 18.6%, 5.4%, 7.1%, 13.3% 증가했다. 이와 같이 비국유부문, 특히 민영기업이 빠른 속도로 증가하고 있는 것은 그 효율성이 시장경제를 통해 입증되고 또한 중국정부가 그동안 국유기업에 유리하게 적용되던 시장경쟁 규치을 민영기업도 공정한 대우를 받을 수 있도록 제도적으로 개선해 나가고 있기 때문인 것으로 본다.

2) 문제점

(1) 소득격차

사회주의 계획경제 시기에는 중국의 소득격차가 거의 발생하지 않았다. 그러나 경제개혁 이후에 시장경제와 경쟁체제가 도입되고 경제가 급속히 성장하면서 계층간, 도농(都農)간, 지역간간 소득격차가 점차 벌어지게 되었다. 통계에 의하면 중국주민의 개인수입 지니계수[21]는 1994년 0.434로 이미 한계점을 지나쳐서 1998년 0.456, 1999년 0.457, 2000년 0.458로 매년 0.1씩 체증하는데[22] 이렇게 지니계수가 점차 벌어지는 이유는 주로 도·농간 소득격차가 확대되었기 때문인 것으로 보고 있다.

---

21) 지니계수는 소득분배의 차이를 나타내는 지표로서 국제표준에 의하면 지니계수가 0.3이하는 가장 좋은 공평한 상태, 0.3-0.4는 정상상태, 0.4를 초과하면 경계상태, 0.6에 달하면 사회동란이 수시로 발생하는 위험상태를 표시한다.

22) 周叔蓮, 我國經濟發展中的幾個問題, 國民經濟管理, 2003年 第4期, 5쪽.

중국의 도·농간 소득격차는 세계에서 가장 큰 것으로 나타났다. 국제노동기구가 발표한 1995년 36개 국가자료에 의하면 대다수 국가의 도농간 1인당 평균소득 비율의 차가 1.6보다 작은 반면 단지 두 개의 국가가 2를 초과했는데 그 중의 하나가 중국이라는 사실이다. 또한 통계에 의하면, 1998-2000년 중국 도시주민의 1인당 평균소득이 각각 5,458위안, 5,888위안, 6,316위안인데, 농촌주민의 1인당 평균수입은 각각 2,162위안, 2210위안, 2253위안에 불과하여 도시가 농촌의 각각 2.52배, 2.66배, 2.80배에 달해 도농격차가 점점 더 벌어진 것으로 나타났다.

국제적인 일반상황을 살펴보면 경제발전수준이 1인당 GDP 800-1000달러인 단계에서는 도시주민 소득이 대체로 농촌의 1.7배 정도이나 중국의 경우 이 비율이 다른 국가보다 훨씬 높고 해마다 증가하는 추세에 있다는 것이다. 2000년 중국 농촌주민 1인당 평균순소득은 단지 도시주민 순소득의 35%에 불과한데 이는 1997년의 40.5%에 비해서 5.5% 낮은 수치이며 농촌주민 1인당 평균 소비지출도 도시주민 소비지출의 33.41%에 해당되는데 1997년의 38.61%에 비해서 5.1% 낮은 수치이다.

중국 도시주민의 소득차이도 또한 확대되는 추세에 있다. 통계에 의하면 1999년 도시 저소득층(연평균 수입 2,357-4,315위안)이 31.79%를 차지하고 중저소득층(4,316-6,273위안) 32.36%, 중간소득층(6,274-8, 231위안) 19.67%, 중고소득층(8,232-10, 190위안) 8.95%, 고소득층(10,190元이상) 7.23%로 구성되어 빈부격차가 여전히 선진국에 비해 작지만 1999년과 1986년을 비교하면 20%에 해당하는 고소득층 연평균수입이 7.3배 증가한 반면 20%에 해당하는 저소득층은 4.5배 밖에 증가하지 않아 도시주민 계층간 빈부격차가 점차 벌어지고 있는 사실을 알 수 있다.

중국의 지역간 소득격차도 확대되었다. 1978년 농촌주민 1인당 순소득이 가장 높은 지역(상하이시)은 가장 낮은 지역(허베이성)의 3.5배인데, 1990년에는 4.42배로 증가하고<최고는 상하이, 최저는 간쑤(甘肅)>, 2000년 여전히 4.21배<최고는 상하이, 최저는 시짱(西藏)>에 머물러 있다. 1978년 동부지역과 중서부지역의 소득차이는 100위안 정도에 불과하나 1990년에는 400위안 정도로 늘어나고 1999년에는 동부지역 1인당 평균 순소득이 3,000元 이상, 중부지역 2,000元 정도, 서부지역 1,500元 정도로 차이가 더욱 벌어졌다.

그리고 1990년 도시주민 1인당 평균소득 최고지역 광둥성(廣東省)과 최저지역 내이멍구(內蒙古自治區)간의 1인당 연평균 소득차이는 1154위안, 1995년에는 4576위안(최고는 광둥, 최저는 내이멍구), 2000년에는 6,994위안(최고는 상하이, 최저는 산시성)으로 늘어나고 상대적 차이도 1990년 2배, 1995년 2.6배, 2000년 2.48배로 확대되었다.[23]

(2) 실업

중국의 경제제도가 사회주의 계획경제 시스템에서 사회주의 시장경제 시스템으로 전환하는 과정에서 특히 국유기업을 개혁하는 과정에서 많은 실업자가 발생하고 있다. 1988년 파산법이 정식으로 실행된 후 파산대상이 소형집체기업에서 장기적인 적사에 시달리는 대형국유기업까지 점차 확산되었는데 예를 들면, 1997년에 파산한 국영기업 쓰촨우저우전원공장(四川五洲電源廠)의 경우 군대소속의 대형공업기업으로는 최초의 파산기업으로 1700여명의 근로자가 이로 인해 실업자로 전락했다. 중국의 기업이 그동안 직원의 의료, 주택, 노년생계 등 여러 가지 사회복지 책임을 담당해 왔다는 점에서 직원의 하강(下崗)실업은 급여만이 아니라 모든 사회복지의 상실을 의미하기 때문에 충격이 더욱 클 수 있다.

실업상태도 지역에 따라 차이가 있는데 대형국유기업이 대체로 많은 북부지역 특히 동북3성이 심각하여 불만정서가 높고 상해를 중심으로 하는 화동(華東)지역은 중간상태이며 광둥성을 중심으로 하는 화남(華南)지역은 비교적 현 상태를 받아들이는 것으로 나타났다. 통계적인 수치로 1996-2000년까지 살펴보면 국유기업과 도시집체기업의 감원수는 4,655만 명인데 동기간 정부 관련기관, 삼자기업(三資企業), 도시민간기업, 개체호(個體戶) 등에 새로 생겨난 일자리 수는 1,240만 명, 정년퇴임 인원을 제외하면 실업인구는 약 3,000만 명이나 되는 것으로 나타났다.

---

23) 曾國安, 20世紀70年代末以來中國居民收入差距的演變趨勢, 現狀評價與調節政策選擇, 經濟評論, 2002年 第5期, 39쪽.

(3) 금융부실

경제개혁을 추진하면서 중국정부의 정책적 지시에 따라 국유기업에 자금을 대출한 중국의 국유은행 특히 국유상업은행의 부실대출 규모는 엄청나서 심각한 상태에 놓이게 되었다. 경제개혁이후 기업체제의 변화로 민간경제 부문이 활성화되어 국유공업부문이 전체공업부문에서 차지하는 비중이 1978년 77.6%에서 25.5%로 대폭 감소했으나 국유적자기업의 손실액은 오히려 점차 증가하여 1997년, 1998년 각각 744.4억 위안, 907.4억 위안으로 늘어났다.[24] 국가재정으로 감당하기 어려운 상태에서 전체의 25% 정도밖에 안 되는 이들 국유기업부문이 은행자금의 80%를 이용하기 때문에 비국유부문이 융자받는 기회가 그만큼 줄어들 뿐만 아니라 경영적자에 시달리는 국유기업에 제공한 부실대출 규모가 엄청나게 커서 심각한 문제가 되었다.

통계에 의하면 2001년말 4대 국유상업은행이 안고 있는 부실채권이 1조 7656억 위안(약 2130억 달러)으로 이는 같은 해 GDP(9조 5800억 위안)의 18.4%에 해당하며 중국정부의 1년 예산(1조 8844억 위안)에 근접한 액수이다. 또한 총 대출에서 부실채권이 차지하는 비중이 25.4%에 달하는데 이는 이 당시에 우리나라와 일본의 부실비율이 각각 2.4%, 6.8%와 비교하면 상당한 차이가 있다. 더욱이 주요 국제 금융기관인 국제결제은행(BIS), 스탠더드앤드푸어스(S&P), 맥킨지 등이 이 당시 중국의 부실채권 규모가 각각 GDP의 47%, 50%, 44-55% 수준일 것이라는 예상을 내놓아 부실정도가 상당히 심각한 상태에 있었음을 알 수 있다. 그래서 당시 중앙은행인 중국인민은행은 4대 자산관리공사를 통해 4대 국유상업은행의 부실채권 비율을 매년 줄이는 계획을 마련했다.[25]

(4) 부패

사회주의 계획경제시기의 중국은 사회평등이 강조되고 경제가 빈곤한 상태이기 때문에 정부 관료들의 부패가 발생하기 어려운 상황에 있었다. 그러나 경제개혁이후 불균형

---

24) 傅豊誠, 中共建政五十年來的經濟發展, 中國大陸硏究, 42卷9期, 1999. 9, 37쪽

25) 한겨레신문사, Economy21, 2003. 03. 11, 35-37쪽.

성장과 선부론(先富論)이 대두되고 경제가 비약적으로 성장하면서 권력을 이용해서 재산을 축척하려는 부패관료가 폭증하면서 경제발전의 발목을 잡고 시장 질서를 어지럽히는 상황에 이르렀다. 자료에 의하면 1980년대 초기 상업체제 개혁에서 약 5조 위안 가량의 재산이 개인의 수중으로 들어갔는데 이중에서 상당부분이 정부관료와 관련이 있고 1980년대 말에서 1990년대 상반기까지 원자재와 자본재의 이중가격제도를 시행하는 동안에 이중가격차이로 발생한 약 3,500억 위안의 10%는 부패관료 수중으로 들어갔으며 1991-1996까지 부동산 개발이 활발한 시기에 개발업자와 지방정부가 연계하여 부패관료가 폭리발생으로 취득한 뇌물과 리베이트 액수가 수백억 위안에 달하며 1994년 금융개혁 이후 수조 위안에 해당하는 인민폐는 오늘의 관료자산계급을 만들었는데, 돈을 갖고 외국으로 도망간 부패관료도 여기에 포함된다.[26]

당시에 부정부패로 상당한 재산을 해외로 빼돌린 뒤 가족과 함께 외국에서 호화생활을 누리는 중국관료가 지속적으로 늘어났는데, 2001년까지 해외도피 부패관료 수는 약 4천 명 정도나 되고 이들이 빼돌린 금액만 50억 달러를 넘는 것으로 보도되었다.[27] 중국학자들에 따르면 90년대 이후 부패 등 지하경제 규모가 GDP에서 차지하는 비중이 적게 잡아 20%에 달하며 공산당원에 의한 부패는 시장경제가 발전할수록 더 심해진 것으로 나타나는데 92-97년까지 부패 등으로 처벌받은 당원은 66만 9,300명이었지만 98-2002년까지는 84만 6,150명으로 26.4%가 증가했고 이 가운데 성(省)과 중앙부처의 최고위급 인사도 176명이나 되는 것으로 밝혀졌다.[28]

---

26) 魯競, 中共反腐敗之狀況分析(下), 中共硏究, 34卷3期, 2000.3, 108쪽

27) 중앙일보, 중국부패관료들 매년 늘어, 2003. 9. 26.

28) 한국일보, 中공산당 “당내 부패척결”, 2004. 2. 18. 세계일보, 中 ‘부패와 전면전’, 2004. 2. 18.

4. 경제개혁의 향후전망

중국은 시장경제 도입으로 경제체제가 사회주의 시장경제 형태로 전환되어 왔으며 30여 년의 고속성장으로 경제규모는 세계 2위, 대외무역은 세계 1위에 랭크되는 쾌거를 올리고 세계경제판도에서 영향력을 미치는 국가로 부상했지만, 또 한편으로는 빈부격차, 금융부실, 실업, 부패 등 여러 가지 문제점이 심각하게 노출되어 경제개혁 추진에 장애가 되고 있다.

중국정부는 앞으로도 경제개혁을 지속적으로 추진하되 속도를 조절해 가면서 이들 문제점을 해결하기 위해 심혈을 기울일 것으로 본다. 미래 중국의 경제체제는 어떻게 될 것인가? 표방하는 사회주의는 과연 미래에도 계속해서 시장경제와 접목되어 있을 것인지도 상당히 궁금한 사항이다.

중국은 1992년 사회주의 시장경제란 용어를 중국헌법에 삽입하여 경제개혁에 대한 의지를 확고히 하고 또한 이념적으로는 사회주의 초급단계론을 주장하여 2050년까지 실용주의에 입각한 생산력 발전을 통해 사회주의를 완성시킨다는 구상이 있었다. 그러나 근래에 중국정부에 의해 적극적으로 추진되고 있는 소유제개혁과 관련지어 추론해 보면, 앞으로 중국의 경제체제는 무늬만 사회주의 시장경제체제이지 실제로는 자본주의시장경제체제로 점차 전환되어 가는 것은 아닌지 의구심을 갖게 한다.

중국의 경제체제가 장기적으로 어떤 체제가 될 것인가에 관해서 이념적으로는 사회주의 초급단계론에 따라 사회주의가 완성된 체제가 될 것이라고 단순하게 볼 수도 있겠으나, 실제적으로는 중국경제의 빠른 변화, 즉 다양한 소유제의 개혁과 비공유부문의 빠른 성장, 그리고 새로운 중국지도부의 경제개혁 가속화 의지와 WTO 가입으로 인한 국내경제의 국제화 등을 감안할 때, 중국의 경제체제는 장기적으로 사회주의 보다는 자본주의의 성격이 강한 혼합 경제체제가 될 가능성이 높다.

설사 중국의 새 지도부가 자본주의 꽃이라고 할 수 있는 주식제를 적극 활용하여 한편으로 기업들의 자본조달과 현대화된 경영제도를 구축하고 또 한편으로 주식을 통제하는 방식으로 공유제를 유지한다는 생각을 갖더라도 결국 장기적인 관점에서는 오히려 시장경제 속성에 따라 주식거래를 통해 국유기업이 수월하게 민영화되기 때문에 자본주의 시장경제형태로 전환되어 갈 가능성이 크다.

참고문헌

고정식외, 현대중국경제, 서울, 교보문고, 2000.

소작기 편집·강준영 옮김, 중국경제개론, 서울, 지영사, 1995.

임반석, 중국경제 : 두가지 기적과 딜레마, 서울, 해남출판사, 1999.

毛澤東(1945), <論聯合政府>, <毛澤東選集>第3卷, 北京, 人民出版社, 1991

李揚, 中國金融理論前沿, 北京, 社會科學文獻出版社, 2000.

姜維壯, 中國分稅制的決策與實踐, 北京, 中國財政經濟出版社, 1997.

吳敬璉, 當代中國經濟改革, 上海, 遠東出版社, 1999.

周學曾·智士才·楊企玉, 中國股份制, 北京, 中國青年出版社, 1997.

孫 健, 中國經濟通史(下卷), 北京, 中國人民大學出版社, 2000.

馬建堂·劉海泉, 中國國有企業改革的回顧與展望, 北京, 首都經濟貿易大學出版社, 2000.

高尙全, 中國的經濟體制改革, 北京, 人民出版社, 1991.

鄧小平, 「中國共産黨第12次全國代表大會開幕詞」, 「鄧小平文選」(1975-1982), 北京, 人民出版社, 1983.

厲无畏 主編, 轉型中的中國經濟, 上海, 上海人民出版社, 1998.

趙紫陽, 「沿著有中國特色的社會主義道路前進」, 『建設有中國特色社會主義理論』, 吉林, 人民出版社, 1993.

鄭竹園, 中共經濟的診斷, 臺北, 聯經出版事業公司, 1985.

薩公强, 中共十年經改的理論與實踐, 臺北, 國立政治大學國際關係中心, 1991.

王仰, 『調放結合 : 對中國價格改革循環的思考』, 厦門中國經濟問題, 1990年第2期.

方山, 大陸國企改革下的失業狀況, 中國大陸研究, 41卷8期, 1998. 8.

周叔蓮, 我國經濟發展中的幾個問題, 國民經濟管理, 2003年第4期.

周太和·傅豊祥, 建國以來經濟體制改革的回顧, 紅旗(北京), 1983年第7期.

康四維, 『以系統理論比較毛澤東的「馬克思主義中國化」與鄧小平的「建設有中國特色的社會主義」』, 中共研究, 29卷12期, 1995.

曾國安, 20世紀70年代末以來中國居民收入差距的演變趨勢, 現狀評價與調節政策選擇, 經濟評論, 2002年第5期.

陳伯志, 中國大陸金融業發展趨勢與加入WTO之因應措施, 中國大陸研究, 46卷3期, 2003. 5.

傅豊誠, 中共建政五十年來的經濟發展, 中國大陸研究, 42卷9期, 1999. 9.

魯競, 中共反腐敗之狀況分析(下), 中共研究, 34卷3期, 2000.3.

葉伯棠, 論中共文化大革命的後遺症, 中國大陸研究(臺北), 29卷12期, 1987. 6.

劉國光, 中國價格改革的若干問題, 北京瞭望週刊, 1987年第39期.

中國統計年鑑

제3장 중국의 대외개방과 지역발전

1. 대외개방의 추진배경
2. 대외개방의 추진과정
3. 지역발전전략의 변화
4. 서부지역 개발과 장강경제벨트

1. 대외개방의 추진배경

1) 국내요인

과거에 중국이 선택한 자력갱생(自力更生) 방식의 경제발전은 공업화를 이룩하는데 실패했다. 중국이 이 방식을 택한 동기를 살펴보면, 1950년대 소련의 자금과 기술지원을 받아 경제발전을 추진하지만 50년대 말 중국과 소련 간에 이념분쟁이 발생하면서 소련이 기술자와 기계 설비를 철수시키자, 중국경제는 공동프로젝트건설의 중단, 정부의 실책, 가뭄 등으로 최대의 경제위기를 맞이하게 되었다. 60년대 초 난국을 극복한 중국정부는 미국과 소련으로부터 고립된 현실을 인지하고 대외적인 지원을 받기 어려운 상황에서 자기만의 힘으로 경제발전을 추진하는 길을 선택할 수밖에 없었다.

그러나 이 방법은 문화대혁명을 통해 좌경사상의 영향을 받아 중국경제를 세계경제환경으로부터 더욱 고립시키는 계기가 되었으며 공업화를 추진하는데 장애요인이 되었다. 그 이유는 과거에 자본부족상태에 처해 있던 중국이 무리하게 철강, 기계 등 자본집약산업을 우선적으로 발전시키는 산업정책을 추진하면서 외국자본의 도입을 꺼리는 모순된 대외정책을 시행했기 때문이다. 따라서 중국정부는 과거의 정책과오를 바로 인지하고 1980년대부터는 공업화에 필요한 자본을 국외에서 조달하기 위해 적극적인 대외개방을 추진하여 외국인직접투자유치에 전력을 기울여 왔던 것이다.

2) 국제요인

한국을 비롯한 동아시아 신흥공업국의 경제발전 모델은 중국이 대외개방을 선택하는데 일조한 것으로 보인다. 이들 국가는 대체로 과거에 자본과 자원이 부족한 상태에서 과감한 외자도입을 통해 인적자원을 적극 활용, 급속한 경제성장을 거듭하여 경제기적을 달성한 나라들이다. 특히 이중에서 중국과 적대관계에 있는 대만은 중국의 안보위협에도 불구하고 대외개방(對外開放)을 통한 경제발전전략을 추진하였는데, 60년대 경제개발초기부터 제일의 무역항인 가오숭(高雄)에 수출가공구를 설립하고 선진각국의 외국인직접투자를 유치하여 부족한 자본과 기술을 보완하는 방식으로 공업화를 추진함으로써 개발도상국의 병폐인 빈곤의 악순환에서 벗어나 신흥공업국으로 발전할 수 있었다. 물적 자원이나 인적자원에서 현격하게 우세한 중국이 30여년이 지난 70년대 말 대만의 눈부신 경제성장을 바라보면서 커다란 자극을 받고 동시에 자신들의 경제체제와 경제발전방식에 대한 반성과 과오를 느끼면서 변화와 모방을 선택할 수밖에 없었다.

2. 대외개방의 추진과정

중국의 대외개방전략은 삼연정책(三沿政策) 즉 연해(沿海), 연변(沿邊), 연강(沿江)에 기초한 것이며, 초기에 전면적으로 이루어진 것이 아니라 단계적으로 조심스럽게 추진된 것이다. 우선 중국정부는 정치, 경제적 고려 하에 화남지역에 시범적으로 4개의 경제특구를 설립하여 화교 및 외국인 직접투자를 유치하고 외국자본과 기술도입으로 특구경제가 비약적으로 발전함에 따라 14개 연해개방도시, 장강삼각주, 산동반도 등 연해개방구(沿海開放區), 윈난성, 헤이룽장성 내의 국경도시, 푸둥신구(浦東新區)와 장강유역의 내륙도시를 차례로 개방하여 외국인 직접투자를 유치하고 결국에는 중국전역에 걸쳐 전방위(全方位) 대외개방을 추진해 왔다.

<표 3-1> 중국의 대외개방 추진일정

연도	대외개방 사항
1980	선쩐 등 4대 경제특구 설립 결정
1984	다롄(大連) 등 14개 연해항만도시 개방 결정
1984	다롄 등 10개의 국가급 경제기술개발구 설립 인가
1985	장강삼각주 등 3개 연해경제개방구 설립 인가
1988	산동반도와 요동반도를 추가로 지정
1988	하이난성을 경제특구로 지정
1990	상하이 푸둥신구를 개발하고 개방하기로 결정
1990	상하이 와이가오챠오 보세구 설립 인가
1991	만저우리 등 4개의 국경무역지점 개방
1992	베이징 등 53개 하이테크산업개발구 설립 인가
1992	톈진항 등 14개 보세구 설립 인가 헤이허시 등 13개 국경도시 개방 우한 등 6개 장강유역도시 개방 하얼빈 등 15개 성과 자치구의 수도 개방
1999	서부대개발의 추진으로 서부지역 수도에 국가급 경제기술개발구 설립이 인가되어 49개로 늘어남
2000	다롄 등 15개 도시에 수출가공구 설립 인가
2005	상하이 양산항에 국가급 보세항구 설립 인가
2006	톈진 빈하이 신구를 종합개혁시범구로 지정
2007	충칭, 청두 국가급 특구로 지정
2009	청위(成渝)경제권 지정, 관중(關中)-톈수이(天水)경제권 지정
2010	충칭양장(兩江)신구 지정
2011	저장저우산(舟山)군도신구 지정
2012	간쑤란저우(蘭州)신구 지정, 광둥광저우남사(廣州南沙)신구 지정
2013	상하이 자유무역지대 지정
2014	산시시샌(西咸)신구 지정, 구이저우구이안(貴安)신구 지정
2018	하이난성 자유무역항 지정

＊ 자료 : 王子先, 中國對外開放與對外經貿30年, 北京, 經濟管理出版社, 2008. 32-52쪽.
최근 중국 인터넷자료정리

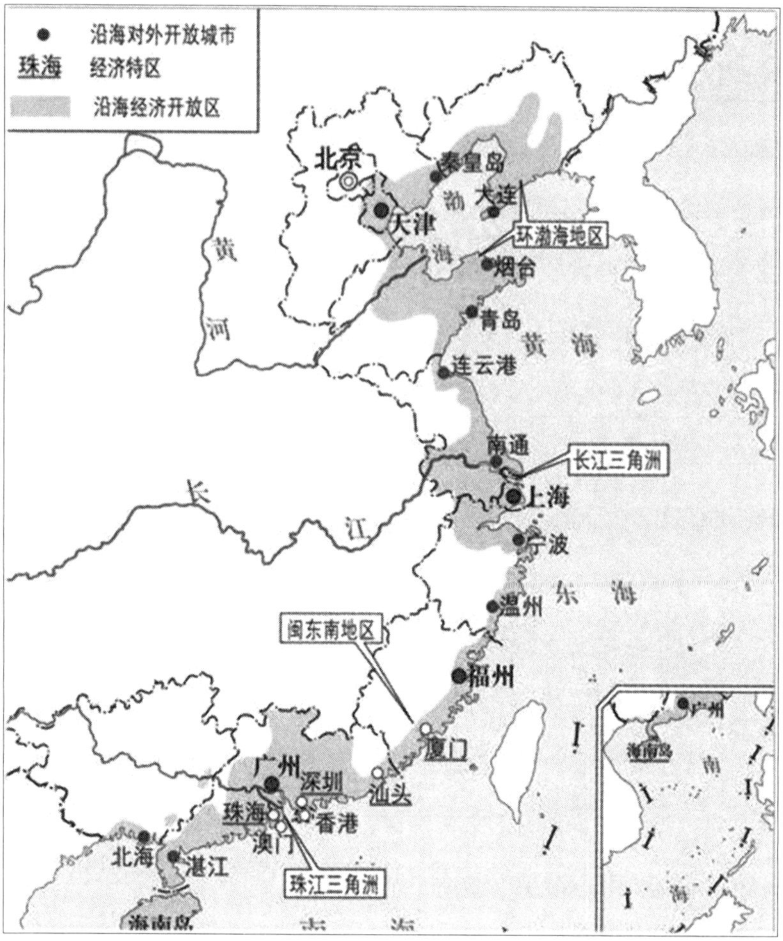

* 자료 : 搜狗搜索, <沿海對外開放示意圖>

<그림 3-1> 중국 대외개방 지도

1) 연해지역 개방

중국의 연해지역은 장강삼각주(長江三角洲), 주강삼각주(珠江三角洲), 민남삼각주(閔南三角洲), 산동반도, 요동반도 등을 포함하는 지역으로 인구는 약 2억 명, 18000㎞를 따라 300여 개의 항만이 있고 농업과 공업이 발달하여 대외개방의 양호한 조건을 구비하고 있다.

(1) 경제특구

1979년 9월 중국 국무원은 광둥, 푸젠(福建)에 특수정책을 실시하고 대외경제활동에 비교적 많은 자주권을 부여한다는 방침 하에 선쩐(深圳), 주하이(珠海), 산터우(汕頭), 샤먼(厦門)을 수출특구로 지정하고, 1980년 5월에는 명칭을 경제특구로 개정했다. 1988년에는 하이난성(海南省)을 경제특구로 추가 지정하고 1990년에는 상하이 푸둥지역을 개방하여 경제특구에 준하는 특수정책을 실시할 것을 결정했다.[1] 중국이 경제특구를 설치한 목적은 수출지향형 경제발전을 가속화하고 이곳을 외국자본과 기술, 선진적인 경영관리기법 등을 도입하는 교량 및 서구자본주의들과의 접촉 및 경제개혁의 실험장으로 이용하고자 하는 것이었다. 또한 이 지역이 연해지역에 위치해 있어 국제시장으로의 상품수출과 해외로부터 원자재 수입에 유리하며 광둥과 푸젠이 대부분 해외 화교의 고향이라는 점, 자유무역항인 홍콩에 가까운 것 등 지리적인 요인과 함께 1997년 홍콩의 중국귀속을 준비하는 정치적 요인도 반영되어 있었다.

경제특구에는 수많은 화교자본과 외국자본이 유입되어 특구경제가 비약적으로 발전했다. 1994년 5개 경제특구의 공업생산액은 1515.2억 위안으로 특구설립 당시에 비해 50여 배에 달하고 대외무역은 511억 달러로 전체 중국무역의 21.1%를 차지했다. 특히 선쩐경제특구의 경우 1979-2006년까지 GDP는 1.96억 위안에서 5813.56억 위안으로 증가하고 연평균성장률은 무려 35.87%에 달했다.

(2) 연해 개방도시와 경제기술 개발구

1984년 5월 중국정부는 경제특구를 성공적으로 운영한 경험을 토대로 14개 연해개방도시를 지정하였는데, 다롄(大連), 진황다오(秦皇島), 톈진(天津), 칭다오(青島), 옌타이(煙台) 롄윈강(連雲港), 난퉁(南通), 상하이(上海), 닝보(寧波), 온저우(溫州), 푸저우(福州), 광저우(廣州), 잔장(湛江), 베이하이(北海) 등이 이에 해당된다. 대외개방을 점에서 선으로 확대함으로써 개방지역은 연해지역 해안선을 따라 골고루 분포되고 더욱 많은 외국인

1) 王子先, 中國對外開放與對外經貿30年, 北京 : 經濟管理出版社, 2008. 35-59쪽.

직접투자를 유치할 수 있게 되었다.

1984-1988년까지 이들 연해개방도시에 다롄, 진황다오, 톈진, 칭다오, 옌타이, 롄윈강, 난퉁, 닝보, 광저우, 푸저우, 민항(閔行), 홍챠오(虹橋), 차오허징 등 14개 국가급 경제기술개발구 설립을 인가했다. 이 개발구는 1999년 서부대개발 추진으로 인해 49개로 늘어나서 2015년까지 쑤저우공업원구(蘇州工業園區), 상하이진챠오(上海金橋)수출가공구, 닝보다쎄(寧波大榭)경제기술개발구, 샤먼하이창(廈門海滄)투자구, 하이난양푸(海南洋浦)개발구 등 6개 단지를 포함하여 219개의 국가급 개발구가 있다.

이들 개발구에 외국인투자가 활발하게 진행되어서 급속한 경제성장이 이루어졌다. 2006년 국가급 개발구의 실제외자이용과 대외무역액은 각각 147.12억 달러, 2830.94억 달러로 중국전체의 각각 23.34%와 16.08%를 차지했다. 국가급 개발구 GDP는 무려 1조 137억 위안으로 전년대비 24.04% 증가했으며 중국전체 12.7% 증가율과 비교해 보면 상당히 빠른 성장을 했다.

(3) 대외개방구

1985년 2월에는 장강삼각주, 주강삼각주, 민남삼각주(閔南三角洲) 등을 대외개방구로 지정하고 1988년에는 산동반도, 요동반도도 추가로 지정했다. 대외개방이 선에서 면으로 확대됨에 따라 연해개방도시와 주변의 많은 도시·군의 연계로 동부 연해지역에 주강, 장강, 환발해 등 3대 지역경제권이 형성되는 토대가 마련될 수 있었다.

(4) 하이테크산업 개발구

1991년 상하이, 톈진, 광저우 등 고급인력이 밀접한 26개 중대형 도시에 하이테크산업개발구 설립이 인가되었고 1992년에는 25개 도시가 새롭게 추가되었으며 여기에 1988년과 1997년에 세워진 베이징 신기술산업 개발구와 산시양링(陝西楊凌) 신기술산업 개발구를 포함하여 2018년까지 모두 168개나 된다. 중국정부는 이들 개발구를 하이테크산업 기지, 대외개방 창구, 과학과 경제를 결합한 종합시범구로 육성하기 위해 기반시설 건립에 필요한 자금을 제공하고 세수, 수출입관리, 해외출국 등에서 우대조치를 취하고 있다.

2006년 하이테크산업 개발구 취업자는 약 573.7만 명인데, 그 중에서 연구자는 59.8만 명, 외국유학에서 귀국한 자도 2.2만 명에 달했다. R&D지출은 1054억 위안으로 전체 매출액의 2.9%를 점하며 상위 5개 하이테크산업 개발구는 중관촌과기원구(中關村科技園區), 상하이장강(上海張江), 선쩐, 시안(西安), 청두(成都) 등이다. 2006년 53개 개발구의 총생산액은 1조 2049억 위안으로 중국전체의 5.8%를 차지했다.

(5) 보세구

보세구는 3가지 기능을 갖고 있는데, 보세창고, 상품전시 등 무역서비스와 중계무역, 수출가공 등이다. 1990년 6월 상하이 와이가오챠오(外高橋)보세구가 처음으로 설립 인가되고 1992년에는 톈진항(天津港), 다롄, 선쩐푸톈(福田), 샤터우쟈오(沙頭角), 옌톈(鹽田), 닝보, 칭다오, 장자항(張家港), 푸저우(福州), 샤먼, 광저우, 산터우, 하이난, 주하이 등 14개 보세구가 설립 인가되어 중국 전체 15개의 보세구가 탄생했다.

2007년 15개 보세구의 총 부가가치액과 매출액은 각각 1800.85억 위안과 1.25조 위안으로 전년대비 21.0%, 23.1% 증가하고 무역총액과 외자유치액은 각각 1291.24억 달러, 144.92억 달러로 전년대비 17.6%, 12.9% 증가했다. 그 후 추가로 설립되어 2018년까지 32개의 보세구가 있다.

(6) 자유무역구

자유무역구는 자유로운 외국선박의 진출을 허용하고 수입화물에 대해 관세와 쿼타를 부과하지 않는 자유항의 확대 개념이다. 2013년 9월 중국에서 처음으로 설립된 상하이 자유무역구는 푸동공항보세구, 와이가오챠오(外高橋)보세구, 보세물류원구, 양산(洋山)보세항 등을 포함하며 면적이 28.78㎢나 된다. 이 구역내에서는 외국자본이 독자적으로 은행과 신용정보회사, 영리병원 등을 설립할 수 있고 관세가 없다. 위안화 자유환전이 허용되고 법인세도 25%에서 15%로 낮아진다. 여기서는 중국정부가 차단해 온 트위터,

페이스북, 뉴욕타임즈의 이용도 자유롭다. 중국의 자유무역구는 상하이외에 광둥, 톈진, 푸젠, 랴오닝, 저장, 허난, 후베이, 충칭, 쓰촨, 산시(陜西) 등을 포함하여 12개나 된다.

2) 국경지역과 연강·내륙지역 개방

(1) 국경지역

국경지역은 1991년 중국정부가 동북지역 국경도시인 만저우리(滿洲里), 단둥(丹東), 쉐이펀허(綏芬河), 훈춘(琿春) 등의 대외개방을 시작으로 1992년 덩샤오핑의 남순강화(南巡講話)에 의한 대외개방 확대추세에 따라 국경주변의 동북, 서북, 서남의 3대 대외개방 지역이 형성되었다. 동북지역은 러시아, 독립국가연합, 몽고, 동유럽국가 등을 대상으로 삼아 후이청(會城), 수이펀허, 헤이허(黑河), 만저우리, 얼롄하오터(二連浩特), 헤이허(黑河) 등 대외개방도시를 중심으로 내이멍구, 헤이룽장, 지린성 내에 커다란 대외개방구가 형성되었다.

서북지역은 독립국가연합, 동유럽, 파키스탄, 서아시아국가들에 대해 신장(新疆)위구루자치구를 중심으로 5,400㎞국경선에 걸쳐 이닝(伊寧), 보러(博樂), 타청(塔城) 등 국경도시가 개방되었다. 또한 연해지역에 있는 롄윈항(連雲港)에서 출발, 이 지역을 통과하여 유럽에 도달하는 아시아유럽간 횡단열차가 운행되어 이 지역 경제교류가 더욱 확대될 전망이다.

서남지역은 인도, 미얀마, 라오스, 베트남, 방글라데시 등 국가들을 대상으로 삼아 주로 윈난성과 광시좡족자치구의 국경도시에서 국경무역이 진행되고 있다. 현재 윈난성에는 원팅(畹町), 루이리(瑞麗), 허커우(河口), 광시장족 자치구에는 핑샹(憑祥), 둥싱(東興) 등 국경도시에 국경 경제협력구가 설립되어 있다.

(2) 연강 · 내륙지역

연해, 연변지역이 개방된 후, 1992년 8월에는 중국정부가 상하이 푸둥지역을 핵심으로 장강유역도시와 내륙지역도시를 개방하여 연해개방도시에 상당하는 특수정책을 실행하기로 결정했다. 특히 양자강개방지역은 상해 포동으로부터 쓰촨성(四川省) 충칭(重慶)까지 장강삼각주 14개 도시 및 8개 지역이 포함되며, 총면적은 33만㎢, 인구는 1.7억명, 경제력은 전국의 20%를 점한다.

이 지역의 국가 중점사업은 상하이 푸둥신구와 장강 삼협댐 건설이다. 1992년에는 우후(蕪湖), 져우장(九江), 황스(黃石), 우한(武漢), 웨양(岳陽), 충칭(重慶) 등 6개 장강유역도시, 하얼빈(哈爾濱), 장춘(長春), 후허하오터(呼和浩特) 등 국경에 접한 3개의 성과 자치구의 수도, 그리고 스쟈좡(石家莊), 타이웬(太原), 허페이(合肥), 난창(南昌), 정저우(鄭州), 창사(長沙), 청두(成都), 궤양(貴陽), 시안(西安), 란저우(蘭州), 시닝(西寧), 인촨(銀川) 등 12개의 성과 자치구의 수도를 개방했다. 그 후에도 지속적으로 조건에 부합하는 내륙도시를 개방해 왔다.

3. 지역발전 전략의 변화

중국의 지역발전 전략은 마오쩌둥시기 내륙중심의 균형발전 전략에서 덩샤오핑시기 동부 연해지역을 우선적으로 발전시키는 불균형발전 전략으로 전환되었다. 후진타오시기에 와서는 중국을 4대 권역으로 구분해서 발전시키는 균형발전 전략으로 바뀌었다가 시진핑시기 들어와서는 도시화, 세계화와 연계하고 권역을 연결시키는 지역발전 전략을 추진하고 있다.

1) 후진타오시기 지역발전 전략

4대 권역은 서부, 동북, 중부, 동부 연해지역 등을 의미하는데, 1999년 서부대개발 발표를 시작으로 2002년 동북진흥, 2004년 중부궐기 등 지역발전 전략이 차례로 발표되어 추진되었다.[2] 동부 연해지역 또한 자주혁신과 국내경쟁력 강화를 통해 우선적으로 현대화를 실현시킨다는 목적으로 지역발전 전략이 추진되었다.

<표 3-2> 중국 11·5규획기간 중앙정부가 공포한 지역발전전략

	명칭	공포일	관련규획
3대경제권	주강삼각주	2009. 1	주강심긱주지역 개혁발전 규획요강 (2008-2020)
	장강삼각주	2008. 8	장강삼각주 개혁개방심화에 관한 지도
	징진기	2010. 5	징진기(京津冀)도시권 구획규획 보고
8대경제구	서북부만	2008. 2	광시장족자치구 북부만경제구발전규획
	청위	2009.12	청위경제구 구역규획 초고 완성
	관중-톈수이	2009. 6	관중-톈수이경제구 발전규획
	해협서안	2009. 5	국무원 푸젠성 하이샤(海峽)서안경제구건설을 지지하는 견해
	장쑤연해	2009. 6	장쑤연해지역 발전규획
	헝친	2009. 8	헝친(橫琴)총체적 발전규획
	랴오닝연해	2009. 7	랴오닝연해경제벨트 발전규획
	황허삼각주	2008.12	황허삼각주 효율적 생태경제구발전규획
	두만강구역	2009. 8	중국 두만강지역협력개발 규획요강- 창지투(長吉圖)는 개발개방 선도 지역
8대종합개혁시험구	푸둥신구	2005. 6	종합개혁시험 총체방안
	빈하이신구	2007. 3	톈진 빈하이(濱海)신구 종합개혁시험 총체방안
	청두	2007. 6	청두시 도농 종합개혁시험 총제방안
	충칭	2007. 6	충칭시 도농 종합개혁시험 총제방안
	우한도시권	2007.12	우한도시권 종합개혁시험 총제방안
	창주탄도시군	2007.12	창주탄도시군 종합개혁시험 총제방안
	선전	2009. 5	선전 종합개혁시험 총제방안
	선양	2010. 4	선양 종합개혁시험 총제방안

* 자료 : 李冀 嚴漢平, 〈中國區域經濟差異演進趨勢分析〉, 《經濟問題》, 2010年第12期, 15쪽.

2) 史育龍, 〈중국의 지역발전과 지역경제구조〉, 《한중경제포럼》, 제12-03호, 2012. 7. 20, 2쪽.

따라서 11차 5개년 규획시기(2006-2010)에는 도시군[3] 중심의 지역발전전략이 처음으로 입안되었는데 지역별로 경제발전 중심이 되는 도시 및 도시군이 지정되었다. 중국정부는 중국 전체지역을 3대 경제권(주강심각주, 장강삼각주, 징진지), 8대 경제구(청위경제구, 관중-텐수이경제구 등), 8대 종합개혁시험구(푸둥신구, 빈하이신구, 청두, 충칭, 우한도시군, 창주탄도시군, 선전, 선양)로 지정하여 공포하였다. 또한 2009년에는 푸둥신구에 이어 텐진에 있는 빈하이신구를 제2의 국가급신구로 지정하고 2010년에는 총칭 종합개혁 시험구내에 양장신구(兩江新區)를 제3의 국가급신구로 지정하였다.

2) 시진핑시기 지역발전 전략

12차 5개년 규획시기(2011-2015)에 들어와서는 지역별 도시화전략이 적극 추진되었는데, 주체공능구(主體功能區)와 국가급신구 추가지정, 그리고 신형도시화전략이 대표적인 지역발전정책이다. 중국 국무원은 2011년 6월 전국주체공능구규획(全國主體功能區規劃)[4]을 공포하였는데, 주요 내용은 부존자원과 기존의 발전 잠재력, 그리고 미래 인구분포, 지역경제, 국토이용, 도시화 등 요인을 감안하여 국토공간을 3개의 우선개발구와 18개의 중점개발구로 나누어서 발전시킨다는 것이다.

우선개발구에는 베이징, 텐진 등 도시를 포함한 환발해지역, 상하이 등 도시를 포함 장강삼각주지역, 광저우와 선전을 포함 주강삼각주지역 등이 포함된다. 주로 중서부지역이 해당되는 중점개발구에는 지중남(冀中南)지역, 타이위안(太原)도시군, 후바오어위(呼包▨榆)지역, 하창(哈長)지역, 동룽하이(東隴海)지역, 장화이(江淮)지역, 해협(海峽)서안

3) 공간적으로 특정지역에 집중하여 분포하고 서로 다른 규모와 유형의 여러 도시들이 일정한 자연환경과 교통조건을 기초로 도시간의 내재적 연계를 강화하면서 도시 간 네트워크를 형성·발전시키는 도시집합체.

4) 주체공능구는 개발방식에 따라 우선, 중점, 제한, 금지 등 4개의 개발구로, 개발내용에 따라 도시화지역, 농산품주요생산구, 중점생태공능구 등 3가지 형태로, 개발주체에 따라 국가급과 성급으로 각각 구분된다. (國務院, 國務院關于印發全國主體功能區規劃的通知, 2011. 6 .9)

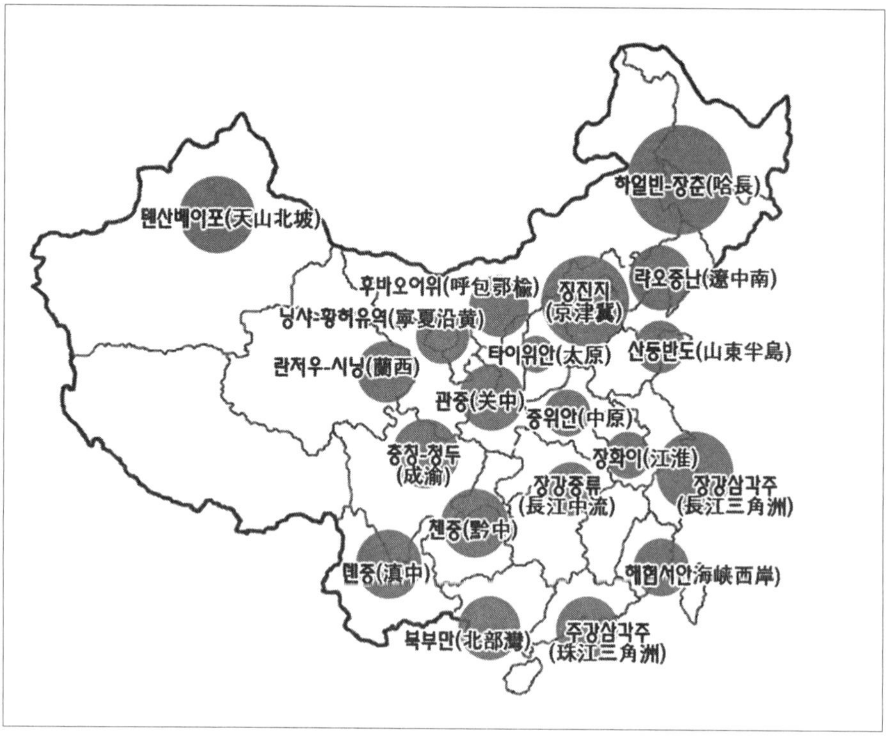

<그림 3-2> 중국 신형도시화전략 도시군 분포

경제구, 중위안(中原)경제구, 장강중류지역, 북부만지역, 청위지역, 친중(黔中)지역, 뎬중(滇中)지역, 짱중남(藏中南)지역, 관중-텐수이지역, 란저우(蘭州)-시닝(西寧)지역, 닝샤(寧夏)황하연안경제구, 텐산베이포(天山北坡)구 등이 포함된다.

이 시기에는 국가급신구 5곳이 추가로 지정되는데 2011년 저장성(浙江省)에 있는 저우산(舟山)군도신구, 2012년 간쑤성에 있는 란저우신구와 광둥성에 있는 광저우남사(廣州南沙)신구, 2014년 산시성(陝西省)에 있는 시센(西咸)신구와 구이저우성(貴州省)에 있는 구이안(貴安)신구 등이 차례로 국가급신구로 지정되었다.[5] 또한 2014년에 중국 국무원은 국가신형도시화규획(國家新型城鎭化規劃)[6]라는 도시화전략을 공포하는데 주요 목적은

5) 百度百科, 〈國家級新區〉 2014, 2. 23.

6) 선진국과 개발도상국의 도시화율이 각각 80%, 60% 정도인데 중국은 53.7%에 불과하기 때문에 도시화전략을 추진하게 되었다. 특히 동부지역의 도시화율이 62.2%인데 반해 서부지역의 도시화율이

도시화수준과 질의 향상을 위해서 지역별 도시화를 가속화하는 것이다.

지역 도시화전략에 있어서 전국주체공능구규획에서 정한 지역구분과 유사하며 동부지역에서는 환발해지역을 빼고 징진기(京津冀)도시군을 넣어서 장강삼각주와 주강삼각주을 포함하여 3대 도시군으로 구분한 점에서 약간의 차이가 있다.

최근에는 권역간 협력을 강화하기 위해서 지역을 대내외적으로 연결하여 발전시키는 광범위한 지역발전전략이 추진되고 있다. 2014년 말 베이징에서 거행된 중앙경제업무회의(中央經濟業務會議)에서는 서부, 동북, 중부, 동부 등 4대 권역 지역발전을 지속적으로 추진하고 각 지역 간 협력발전을 위해서 일대일로(一帶一路), 징진기(京津冀)협력발전, 장강경제벨트 등 3대 전략을 중점적으로 추진해야 한다고 결정했다. 3대 전략은 2015년 전인대 12기 3중전회에서도 <정부업무보고>를 통해 발표되었다.

중국의 일대일로 구상은 육상의 실크로드 경제지대와 해상의 실크로드로 구분되는데 전자는 육상으로 중앙아시아와 러시아, 유럽대륙까지 연결하는 프로젝트이며 후자는 해상으로 중국 연해와 동남아시아, 남아시아, 인도양을 거쳐 유럽과 남태평양까지 연결하는 프로젝트이다.[7] 또한 장강경제벨트구상은 장강유역의 11개 성시를 포괄하여 경제적으로 통합하고자 하는 광역경제 발전 프로젝트이다. 여기서 육상 실크로드 경제지대는 기존의 서부대개발 및 권역 내 도시군 전략에 바탕을 두고 있으며 장강경제벨트의 경우 장강삼각주 도시군과 우한도시군, 그리고 서부의 청위도시군의 연결과 협력발전에 핵심을 두고 있다. 3대 지역발전전략은 현재 13차 5개년 규획(2016-2020)에 포함되어 적극적으로 추진되고 있다.

44.8%로 낮기 때문에 서부지역에 자원이용과 발전 잠재력이 큰 지역의 도시화를 가속화시켜 새로운 발전중심으로 삼아 주변지역 경제발전에 파급시킨다는 내용도 포함되어 있다. <國務院, 國家新型城鎮化規劃(2014-2020), 2014. 3. 16>

7) 김수한·유다영, 〈중국 신창타이(新常態)시기 지역발전의 재구성 - 3개 지지대 전략의 대두〉, 《한중 Zine INChinaBrief》, Vol.288, 2015. 4.3, 4-17쪽.

4. 서부지역 개발과 장강경제벨트

1) 서부지역 개발

(1) 서부대개발 평가

서부지역은 산시(陝西), 닝샤후이족, 간쑤, 칭하이, 신장위구르, 네이멍구, 충칭, 쓰촨, 구이저우, 윈난, 시짱, 광시좡족 등 12개의 성, 시, 자치구를 포함한다. 인구는 3.6억 명으로 중국 전체인구의 27%를 차지하며 면적은 686.7만㎢로 중국 전체면적의 71%를 차지한다. 이 지역은 2000년대 시작된 서부대개발 추진으로 상당한 경제성과를 이루었다. 2000-2010년까지 연평균 경제성장률은 11.9%로 전국평균보다 높고 1인당GDP는 4,624위안에서 22,476위안으로 4.86배 증가하였으며 수출입총액도 172억 달러에서 1283.9억 달러로 7.8배 증가하여 연평균 무역증가율이 26%에 달했다.[8] 또한 고정자산투자는 6,111억 위안에서 61,892억 위안으로 10.13배 증가하여 연평균 증가율이 26%에 달했으며 1인당 도시가처분소득도 5,648위안에서 15,806위안으로 2.8배 증가하여 연평균증가율이 10.3%에 달했다.

2010년까지 서부지역에 시행된 중점적인 SOC건설이 120여건으로 무려 2.2조 위안이 투입되었다. 이로 인해 새로 증설된 도로와 철도길이가 85만Km와 8,500Km이고 민간공항이 81개에 달해 전국공항 총수의 49%를 점함으로써 기반시설이 많이 확충되었다.

비록 서부대개발의 추진으로 공업화와 도시화에 필요한 기반시설이 많이 개선되었지만 서부지역이 갖고 있는 고질적인 문제, 즉 자연환경, 역사, 경제기반 등으로 인해 동부지역과의 경제력 격차는 아직도 상당히 크다. 통계에 의하면 2000년 동부와 서부지역 GDP격차는 3조 4365억 위안, 1인당 GDP격차 7192위안, 고정자산투자 격차 1조 1374억 위안, 도시주민 1인당 가처분소득 격차가 2451위안이었으나 2010년에는 그 격차가 각각

8) 黃明輝, 〈新時期西部地區經濟發展問題硏究〉, 《華節學院學報》, 2013年 第7期, , 113쪽.

15조 622억 위안, 2조 3878위안, 5조 3962억 위안, 3725위안으로 더욱 벌어진 것으로 나타났다. 서부지역 도시화율 또한 41%로 전국평균보다 낮아서 동부지역에 비해 도시 수가 적고 규모가 작으며 발전이 더딘 상태에 있다.

(2) 서부지역 중심축의 형성

서부지역 경제중심축으로는 청위경제구와 관중-텐수이경제구가 주목을 받고 서삼각경제권이 논의 중에 있다.

청위지역은 장강상류에 위치하며 자연자원이 풍부하고 서부지역에서 가장 인구가 많고 공업기반이 양호한 지역이다. 그래서 이 지역이 동부지역의 3대 경제 중심축인 주강삼각주, 장강삼각주, 징진기 등과 같이 중국 내륙지역 경제중심축이 되어 주기를 기대하면서 청위경제구가 2011년에 국무원에 의해 비준되었다.

지역범위는 충칭시의 31개 구·현과 쓰촨성의 15개 시로서 인구 9840.7만 명, 지역면적 20.61만㎢이다.[9] 이 경제구는 서부지역 핵심 경제중심지, 전국 현대화산업기지, 내륙개방심화 시범구, 도농통합발전 시범구, 장강상류생태 안전보장구 등의 건설을 지향하면서 충칭과 청두를 경제발전 핵심으로 국제화 도시로 조성하고 하천과 철도를 따라 벨트를 구성하여 지역균형 발전을 추진하며 에너지, 금속, 천연가스, 삼림 등 자연자원을 기반으로 장비제조업, 자동차와 오토바이 및 관련 부품산업, 전자정보산업, 민간항공과 헬리콥터산업, 금속과 소재산업, 석유화학산업, 경방직산업, 천연약재 중심의 의약산업 등 8대 주력 산업과 관광, 물류, 금융 등 서비스 산업을 발전시키는 지역발전 계획을 추진하고 있다.[10]

관중-텐수이지역은 실크로드의 출발점으로 유라시아대륙을 연결하는 중심지에 위치하며 경제기반이 양호하고 유구한 인문환경을 갖춘 지역이다. 청위지역에 이어서 또 하

9) 金鳳君, 〈成渝經濟區發展的基礎, 潛力與方向〉, 《經濟地理》, 31卷12期, 2011.12, 19쪽.

10) 김천규외, 《중국서부지구 지역발전계획의 특성 및 도시경쟁력 분석연구》, KIEP, 연구보고서 13-50, 2013. 61-62쪽.

나의 서부지역 경제중심축이 되기를 기대하면서 2009년 중국 국무원에 의해 비준되었다.[11]

지역범위는 산시성(陝西省)의 시안(西安), 셴양(咸陽) 등 7개시와 일부 구·현, 그리고 간쑤성(甘肅省)의 톈수이시를 포함하는데, 인구 2,842만 명이고 면적은 7.98만㎢이다. 관중-톈수이경제구는 중국 내륙경제개방전략기지, 과학기술자원개혁시범기지, 선진제조업 중점기지, 현대첨단농업기지, 화하(華夏)문명발현의 역사문화기지 등의 건설을 지향하면서 2020년까지 인구 3,100만명[12], 지역총생산액 1조 6400억 위안, 1인당 지역총생산액 5만 3000위안, R&D가 GRDP에서 차지하는 비중 6.0%, 도시화율 60% 등의 달성을 목표로 두고 있다.[13]

관중-톈수이경제구의 지역공간 구조계획은 '1핵1축3벨트의 체계를 구축하는 것이다. 1핵은 시안·셴양이고 1축은 바오지, 퉁촨, 웨이난, 상뤄, 양링, 톈수이 등의 2차 핵심도시이며, 3벨트는 시안-옌안(延安)-위린(榆林)벨트, 시안-룽둥(隴東)-칭양(慶陽)벨트, 시안-한중(漢中)-안캉(安康)-룽안(隴南)벨트이다. 항공우주산업, 장비제조업, 제어선반, 자동차, 특고압송변전설비, 전자·통신설비, 공정기계, 특수전용설비, 태양에너지전지, 자원산업과 문화, 관광, 물류·유통 등 서비스산업을 발전시키는 계획을 추진하고 있다.

충칭, 청두, 시안 등 핵심도시를 중심으로 주변지역을 결합하여 서부지역 경제발전 중심축으로 발전시키는 서삼각경제권(西三角經濟圈)의 구상이 논의되고 있다. 2012년 2월 국가발전개혁위원회가 공포한 《서부대개발 "12·5규획"》에는 충칭, 청두, 시안 지역협력을 추진하여 새로운 경제발전중심을 육성해야 한다는 내용이 포함되어 있다. 그러나 중국정부가 서삼각경제권을 공식적으로 인정하거나 비준한 적이 없어서 아직은 중국학자들이 형성 가능성을 연구하고 문제를 제기하는 단계에 있다.

서삼각 경제권의 형성은 중국정부가 적극적으로 추진하고 있는 장강경제벨트와 육상

---

11) 國家發展改革委員會, 〈國家發展改革委關于印發關中-天水經濟區發展規劃的通知〉. 2009. 6. 10.

12) 관중-톈수이경제구 2007년 경제지표는 인구2842만 명, 지역총생산 3765억 위안 1인당 지역총생산 1만 3200위안, R&D가 GDP애서 차지하는 비중 2.7%, 도시화율 43%임.

13) 王滿倉, 〈關中-天水經濟區的發展戰略和實施規劃〉, 《西部論叢》, 2009年第9期, 35쪽.

실크로드의 연결고리가 된다는 점에서 상당한 의미가 있다. 그러나 이 경제권이 형성되기 위해서는 교통문제가 우선적으로 해결될 필요가 있다. 이 지역은 주강삼각주, 장강삼각주, 징진기 등에 비해 지형이 복잡하고 핵심도시 간에 거리가 많이 떨어져 있다. 충칭과 청두는 300Km 정도이지만 시안과 청두, 충칭은 거리가 500-600Km나 된다.[14] 따라서 충칭, 청두, 시안 등 도시를 축으로 사통팔달의 빠른 종합교통운수망을 구축해야 하는 당면과제를 안고 있다.

2) 장강경제벨트

(1) 구축계획

장강경제벨트는 장강유역의 상하이, 충칭 등 2개의 직할시와 장쑤, 후베이, 쓰촨 등 9개의 성省을 포함하는 거대한 지역경제권이다. 이 지역은 편리한 수륙교통, 풍부한 지하자원과 관광자원, 튼튼한 공업기반, 광대한 소비시장, 우수한 연구인력 등 양호한 경제발전여건을 갖추고 있다. 벨트내의 인구와 GRDP가 중국전체의 40%가 넘는 중요한 지역임에도 불구하고 T자형 지역발전 전략이 제대로 추진되지 않아서 장강 중상류지역이 지역발전에서 소외되었다가 2000년대 들어와서 서부대개발과 중부굴기 등의 추진으로 지역발전의 토대가 마련되었다. 최근에는 장강경제벨트 구축사업이 신실크로드 사업과 함께 국책사업으로 지정되면서 고도성장할 수 있는 좋은 기회를 맞이하게 되었다.

장강경제벨트는 양자강 '황금수로'를 따라서 동서로 연결되어 접하고 있는 상하이(上海), 장쑤(江蘇), 저장(浙江), 안후이(安徽), 장시(江西), 후베이(湖北), 후난(湖南), 충칭(重慶), 쓰촨(四川), 윈난(雲南), 구이저우(貴州) 등 11개 성시(省市)를 포함한다. 이 벨트의 토지면적은 205만㎢로서 중국 전체면적의 21%를 차지하며 2015년 기준으로 지역총생산액(GRDP)와 인구는 각각 중국전체의 44.5%와 42.7%를 차지하고 있다.[15]

---

14) 何立軍, 〈"西三角"經濟圈的階段性發展路徑〉, 《開發硏究》, 2014年 第3期, 6쪽.

15) 羅清和, 〈長江經濟帶:一種流域經濟開發的依據, 歷程, 問題和模式選擇〉, 《深川大學學報》, 第33卷

장강경제벨트 구축계획은 2020년까지 발전목표를 수치로 정해 놓고 장강 생태환경 보호, 종합교통망 구축, 혁신 산업전이·고도화, 신형도시화 , 전방위 대외개방 신축 등을 추진한다. 장강수로를 중심으로 도로와 철도연계와 확대, 장강삼각주와 장강중류, 청위 등 3대 도시군의 형성, 전략적 신흥 산업의 발달과 장강삼각주 일부산업의 장강중상류 이전, 신실크로드경제권과의 연계 등을 주요 내용으로 하고 있다.

<표 3-3> 지역 GDP가 전국에서 차지하는 비중(%)

종류	지표	2014년	2017년	2020년
혁신능력	규모이상 공업기업 특허수 전국 비중(%)	44.8	49	53
	신제품 매출액 비중(%)	51	54	59
	R&D가 지역 GDP에서 차지하는 비중(%)	1.47	2.1	2.5
산업구조	전략적 신흥산업이 GDP에서 차지하는 비중(%)	7	12	17
	서비스업 부가가치액이 GDP에서 차지하는 비중(%)	44	51	54
경제발전	지역 GDP가 전국에서 차지하는 비중(%)	41.6	42	43
	수출규모(천억 달러)	10.7	12	15
	주민평균소비수준(만 위안)	1.85	2.2	2.7

* 자료 : 國家發展和改革委員會, 〈關于印發{長江經濟帶創新驅動産業轉型昇級方案}的通知〉, 發改高技 {2016}440號, 2016.3.2.

6期, 2016. 11, 90쪽.

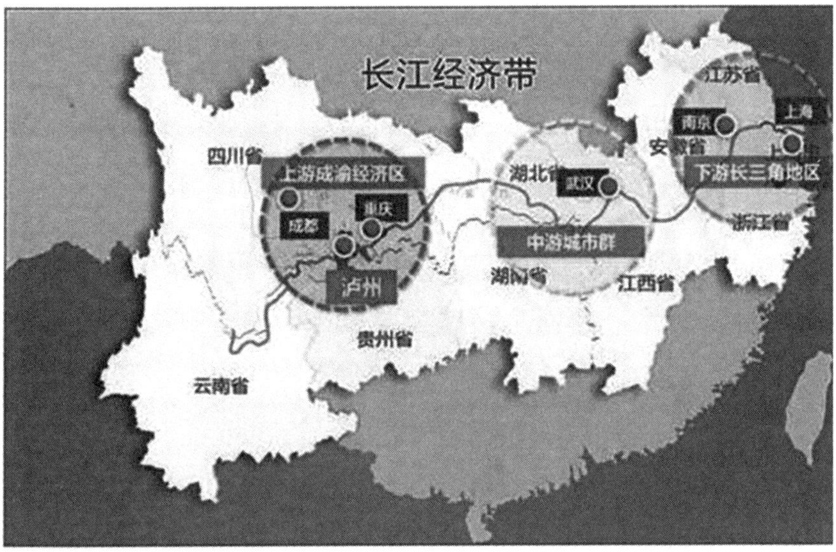

※ 자료 : Baidu(百度)圖片, 〈長江經濟帶〉

<그림3-3> 장강경제벨트 지역범위와 3대 성장극

장강경제벨트 공간구조계획은 일축(一軸), 양익(兩翼), 삼극(三極), 다점(多点)의 지역발전 형태를 구축하는 것이다. 일축은 장강 황금수로를 활용하는 것인데 상하이, 우한, 충칭 등을 핵심으로 장강 주요도시를 노드로 삼아 장강 친환경 발전 축을 구축하여 생태환경 보호, 종합교통망 구축, 혁신산업 발전과 도시화, 전방위 대외개방협력, 장강 상중하류 협력발전 등을 추진한다는 계획이다. 양익은 장강 주축을 양쪽에서 호위하는 형태로써 장강 북쪽은 상하이-청두 운송로, 남쪽은 상하이-루이리(瑞麗) 운송로로 통하여 장강 인근 성, 시의 협력강화와 산업클러스터를 형성하는 것이다.[16]

삼극은 장강삼각주도시군, 장강중류도시군, 청위경제구(成渝經濟區)을 중심으로 파급효과를 발휘하여 장강경제벨트 3대 성장 극을 만드는 것이다. 장강삼각주는 국제 대도시인 상하이를 활용하여 난징, 항저우, 허페이 등의 국제화 수준을 향상시켜서 세계수준의 도시군 건설을 목표로 삼고 과학기술, 제도혁신, 산업고도화, 친환경발전 등에서 선두역할을 발휘하여 국제경쟁우위를 가속화시킨다는 계획이다. 장강중류는 우한, 장사,

16) 百度百科, <長江經濟帶發展規劃綱要>, 2017. 4. 8.

난창을 중심으로 3대 도시 협력체를 조직해 자원, 산업체분업, 도시 간 협력 등을 모색하고 호수, 습지와 경작지 보호를 강화하며 도시군의 종합경쟁력과 대외개방 수준을 향상시킨다는 계획이다. 청위경제구는 충칭, 청두 핵심도시기능과 국제화 수준을 향상시키고 경제발전과 생태환경을 조화롭게 추진한다는 계획이다. 마지막으로 다점(多点)은 삼극을 제외한 지급시(地級市)가 해당되는데 자원·환경 기반 강화, 도시기능 개선, 우위산업 개발, 특색도시 건설, 핵심도시와 협력 강화 등을 추진한다는 계획이다.

<표3-4> 장강경제벨트 교통망 현황과 발전목표

지표	단위	1978	2013	2020
내륙운하 항로거리 - 1 등급 항로	만km	8.9 0.29	8.9 0.67	8.9 1.2
철도운영거리 - 고속철도	만km	1.4 0	2.96 0.4	4 0.9
도로 통행거리 - 국가급 고속도로	만km	35 0	188.8 3.2	200 4.2
오일가스파이프	만km	0.06	4.4	7.0
도시궤도교통운영거리	km	0	1089	3600
민용공항	개	20	74	100
장강간선 교량(터널포함)	개	-	89	180
여객수송량	억명	-	181	310
화물물동량	억톤	-	179	270

* 자료 : 國務院, 〈長江經濟帶綜合立體交通走廊計劃(2014-2020)〉, 2014. 9. 12.

장강은 중국 중서부지역과 동부 연해지역을 연결하는 중요한 물류 수상통로이기 때문에 장강 하류의 간선에서는 12.5m 심수(深水)항로를 난징까지 확대하고 중상류에서는 항로를 정비하며 삼협(三峽)댐과 갈주패(葛州壩)댐의 선박 항행용 갑문을 확대해서 수상운송 지체현상을 해소할 계획이다. 또한 상하이, 우한, 충칭 등을 항운(航運)센타로 발전시키고 장강에 접한 여러 도시들의 항구건설을 가속화함과 동시에 각 항구 주변의 철도, 도로 등 교통인프라를 강화해서 장강유역 개발구 및 물류단지와 항구간의 연계를 강화할 계획이다. 그리고 상하이 국제항공 허브와 충칭, 청두, 쿤밍, 구이양(貴陽), 창사. 우한, 난징, 항저우 등 지역항공 허브를 축으로 하는 항공교통망을 구축하고 여러 도시에 공항을 신설하여 장강경제벨트내 공항수를 100개까지 확대할 예정이다.

<표 3-4> 장강 상중하류 지역 산업발전 계획

중점지역	산업발전 계획
장강 상류지역	- 충칭, 청두, 쿤밍, 구이양 등 도시중심으로 산업발전 - 신흥기술과 제품개발, 서비스업 발전 - 자원요소 원가와 시장 장점 활용 - 장강 하류지역 산업 유치, 하류지역 개발구와 협력
장강 중류지역	- 우한, 창주탄, 파양호, 환강皖江 등 도시권 건설 추진 - 철강, 유색금속, 건자재, 자동차, 장비제조업 발전, 경공업, 방직 등 국제경쟁력 강화, 서비스업 발전 - 징저우(荊州), 상난(湘南), 간난(贛南), 완장(皖江) 등 도시에 국가급 장강삼각주산업 유치 시범구 건설
장강 하류지역	- 전 세계 영향 미치는 선진제조업, 서비스업 센터 발전 - 장강 중상류지역과 협력하여 고소모, 고오염 산업이전 - 혁신산업, 국제분업 선도지역, 벨트내 혁신 선도역할

* 자료 : 國家發展和改革委員會, 〈關于印發{長江經濟帶創新驅動産業轉型昇級方案}的 通知〉, 發改高技{2016}440號, 2016.3.2.

(2) 산업발전과 대외개방계획

장강경제벨트는 식량 총생산량이 중국전체의 1/3, 전자정보, 장비제조, 유색금속, 방직 등 공업비중이 중국전체의 50% 이상을 차지하며 국제경쟁력을 갖춘 LCD, IC회로, 자동차, 바이오의약, 항공우주산업, 풍부한 R&D인적자원 등 상당한 경제발전 여건을 갖추고 있다.

<표 3-5> 장강경제벨트 5대 중점산업과 10대 전략적 신흥산업 배치계획

	산업	산업배치계획
중점산업	신형디스플레이	허페이, 우한, 상하이, 충칭, 청두 등
	고성능집적회로	상하이, 후베이, 장쑤, 충칭 등, 8인치와 12인치 웨이퍼 생산
	선진교통궤도 장비제조	주저우(珠州), 충칭, 난징, 청두 등, 열차와 지하철 차량 제조
	자동차	상하이, 우한, 충칭, 안후이, 창주탄지역, 청두, 저장, 난창 등, 완성차 제조 및 신에너지자동차 발전
	전자상거래	장강 전자상거래 시범도시 위주
전략적 신흥산업	바이오의약	상하이, 쿤밍, 충칭, 우한, 타이저우(泰州), 창사, 허페이, 난장, 청두, 난징 등 바이오의약, 의료기기, 구이저우, 윈난, 쓰촨, 후베이 등 현대 중의약산업
	연구설계서비스	상하이, 난징, 충칭, 우한, 창사, 항저우, 청두 등
	검측서비스	상하이, 자싱(嘉興), 충칭, 구이저우, 차사 등
	소프트웨어 정보기술서비스	상하이, 난징, 청두, 우한, 창사, 항저우, 충칭, 구이양 등 디지털 차세대 정보통신 발전
	신소재	상하이, 저장, 장쑤, 장시, 윈난, 후베이, 후난, 충칭 등 신소재 산업경쟁력 강화
	현대물류	상하이, 충칭, 우한, 닝보寧波, 청두 등 도로, 철도, 수로 복합운송, 특화물류원구 배치
	현대금융서비스	상하이, 충칭, 우한, 창사, 항저우, 청두 등
	에너지절약 환경보호	청두, 창사, 항저우, 충칭 등, 환경보호, 수질처리, 대기오염과 폐기물처리 능력 강화
	신에너지장비 산업	쓰촨, 상하이, 장쑤, 저장 등 원전설비, 쓰촨, 상하이, 장쑤, 후난, 충칭 등 풍력발전설비, 상하이, 장쑤, 장시, 안후이 등 태양광 발전설비
	항공우주산업	상하이, 청두, 창주탄, 안쉰(安順), 우후蕪湖, 충칭 등 항공우주산업 발전, 우한, 난창 등 비행기 설계와 제조 발전

* 자료 : 國家發展和改革委員會, 〈關于印發{長江經濟帶創新驅動産業轉型昇級方案}的通知〉, 發改高技 (2016)440號, 2016.3.2.

그러나 지역 불균형발전과 자주혁신 능력부족, 중저가 부가가치산업 과잉 등 여러 가지 문제점을 안고 있기 때문에 이러한 문제를 해결하기 위해서 2020년까지 정보기술, 바이오, 첨단장비, 에너지절약과 환경보호, 신소재, 신에너지, 친환경자동차 등 전략적 신흥 산업의 자주혁신 능력을 향상시키고 장강 상중하류지역 산업의 합리적 배치와 산업 이전을 추진하며 정보화와 연계된 서비스업의 비중을 늘림과 동시에 중국전체에서 차지하는 소비, 수출 등의 경제비중을 확대시킨다는 계획이다.

장강경제벨트 대외개방 신축은 우선 상하이 자유무역 시범구 건설을 더욱 가속화하여 투자, 무역, 금융, 기타 방면에서 제도혁신을 통해 국제적인 틀과 환경을 만들고 경험과 사례를 장강경제벨트 내 다른 도시에 파급하여 전체적인 대외개방 수준을 높인다는 전략이다, 또한 윈난성과 인도, 미얀마, 라오스, 태국 등을 연결하는 교통통로를 건설하고 국경도시, 국경협력구, 국경대외개방구 등지에서 인적교류, 가공물류, 관광 등에 관한 특수정책을 실시하며 윈난성을 서남주변국가의 대외개방 시험구이자 중국서부지역 성(省)들이 해외로 진출하는 선행구로 만든다는 계획이다.

이밖에도 장강경제벨트와 실크로드경제벨트와 연계하는 대외개방이 가장 중요하다고 볼 수 있는데, 충칭과 쓰촨을 실크로드경제벨트와 연계하는 교통 요충지로 개발하는 것으로 충칭-유럽노선(渝新歐), 청두-유럽노선(蓉新歐) 등 중국과 유럽을 연결하는 국제운송능력을 강화하여 중앙아시아와 유럽지역에 대한 수출입화물 흡수 능력을 증강시킨다는 계획이다. 이 계획대로 진행된다면 앞으로 중국 중서부지역 화물들이 구태여 상하이항까지 가서 유럽까지 먼 길을 돌아서 갈 필요가 없기 때문에 쓰촨 혹은 충칭에서 출발하는 국제철도운송이 크게 증가할 것으로 예상된다.

참고문헌

김종득·김장호, 중국무역환경론, 두남,

김홍석·김미숙, 중국의 對서방 외자도입현황과 문제점, 산업연구원, 1990,

王紹熙 主編, 中國對外貿易概論, 北京 : 對外貿易教育出版社, 1994,

王子先, 中國對外開放與對外經貿30年, 北京 : 經濟管理出版社, 2008.

李冀·嚴漢平, 〈中國區域經濟差異演進趨勢分析〉,《經濟問題》, 2010年第12期

李冀·嚴漢平, 〈中國區域經濟差異演進趨勢分析〉,《經濟問題》, 2010年第12期

徐承紅, 〈重慶兩江新區發展戰略研究〉, 西南財經大學, 區域經濟學,《碩士學位論文》, 2013. 4

黃明輝, 〈新時期西部地區經濟發展問題研究〉,《華節學院學報》, 2013年第7期

金鳳君, 〈成渝經濟區發展的基礎, 潛力與方向〉,《經濟地理》, 31卷12期

王滿倉, 〈關中-天水經濟區的發展戰略和實施規劃〉,《西部論叢》, 2009年第9期

李慶濤, 〈"西三角" 經濟圈發展與西部扶貧開發戰略研究〉,《經濟視角》, 2013年 第9期

何立軍, 〈"西三角" 經濟圈的階段性發展路徑〉,《開發研究》, 2014年第3期

羅清和, 〈長江經濟帶: 一種流域經濟開發的依據, 歷程, 問題和模式選擇〉,《深川大學學報》, 第33卷6期

國家發展和改革委員會, 關于印發{長江經濟帶創新驅動産業轉型昇級方案}的通知〉, 發改高技{2016}440號

國務院, 〈關于依託黃金水道推動長江經濟帶發展的指導意見〉, 國發{2014} 39號

제4장 중국의 경제성장

1. 중국경제의 세계적 위치
2. 경제성장의 변화
3. 경제성장의 변동요인
4. 경제성장의 제약요인
5. 경제성장의 전망

1. 중국경제의 세계적 위치

1) 규모경제

중국은 세계 2위 경제대국으로 부상했다. 중국 지난 40여 년간 연평균 9.5%가 넘는 높은 경제성장률을 기록했고, 2010년에는 일본을 넘어 세계 제2위 경제대국이 되었다. 2018년 세계은행이 발표한 세계 GDP 순위는 미국이 20.5조 달러로 세계 1위이고 중국(13.7조 달러), 일본(5.0조 달러), 독일(4.0조 달러), 영국(2.8조 달러), 프랑스(2.8조 달러), 인도(2.7조 달러) 순이며, 한국은 1.6조 달러로 12위를 차지했다. 또한 2002년 1,135달러에 불과했던 중국의 1인당 GDP는 2018년 9,470 달러로 8.3배 수준으로 올라섰지만, 여전히 세계 순위 71위에 머물러 있으며 2020년 10,000 달러 달성을 목표로 하고 있다.

2) 세계의 공장

중국은 저렴한 중국산을 세계시장에 공급하는 세계의 공장 역할을 하고 있다. 2010년 중국의 제조업 생산규모는 1조 9222억 달러에 달해 1조 8550억 달러의 미국을 누르고 세계 1위 제조업 국가로 부상했다. 중국은 현재 방직, 의류, 가전, 의약, 전자, 자동차, 기계, 철강, 시멘트, 화학비료 등 10개의 제조업에 해당하는 80여종의 생산량에 있어서 세계 1위를 차지하고 있다. 특히 자동차는 생산과 시장규모에서 세계 1위를 차지하고 있으며 핸드폰, PC, TV, 모니터, 전화교환기(PBX), 디지털카메라 등 전자정보제품의 생산도 세계 1위를 차지하고 있다.

3) 무역규모

중국은 세계 1위 무역대국이며 한국의 최대 교역대상국이다. 2018년 무역규모는 약 4.6조 달러로 세계 1위이고, 수출규모와 외환보유고도 각각 2.5조 달러, 3.1조 달러로 세계 1위를 차지하고 있다. 2004년 중국은 한국의 최대 교역대상국으로 부상한 후 2018년에는 한·중교역규모가 2,686억 달러로 한·미교역규모(1,316억 달러)의 두 배가 넘고 한국의 대중국 수출규모도 1,621억 달러로 대미국 수출규모(727억 달러)의 두 배를 초과하여 중국은 모름지기 우리의 최대 수출시장이다.

2. 경제성장의 변화

경제발전 이론에 의하면 빈곤의 악순환 상태에 빠져 있는 저개발국가가 악순환의 고리를 끊어 버리고 지속적인 경제발전 궤도에 오르기 위해서 전면적인 자본투자가 요구된다. 80년대 경제개혁을 추진한 중국은 대외개방을 통해 외국자본을 유치하여 공업화를 추진하고 WTO가입과 시장개방을 통해 중국경제의 국제화를 꾀하면서 빠른 속도로 성장해 왔다. 중국의 경제성장률은 개혁 이전(1953-1978) 연평균 6.1%에 불과하지만 개혁 이후(1979-2018)에는 연평균 9.5%로 지난 30여 년간 비교적 고속성장을 이루어 왔다. 중국경제의 성장변화를 살펴보면 당시의 국내외 경제 환경의 변화와 중국정부의 개혁과 조정정책에 따라 성장과 하락을 반복하면서 파동을 이루는 있는데, 개혁이전 시기, 성장파동 시기, 고속성장 시기, 성장하락 시기, WTO가입 이후 시기 등 5개 시기로 구분할 수 있다.

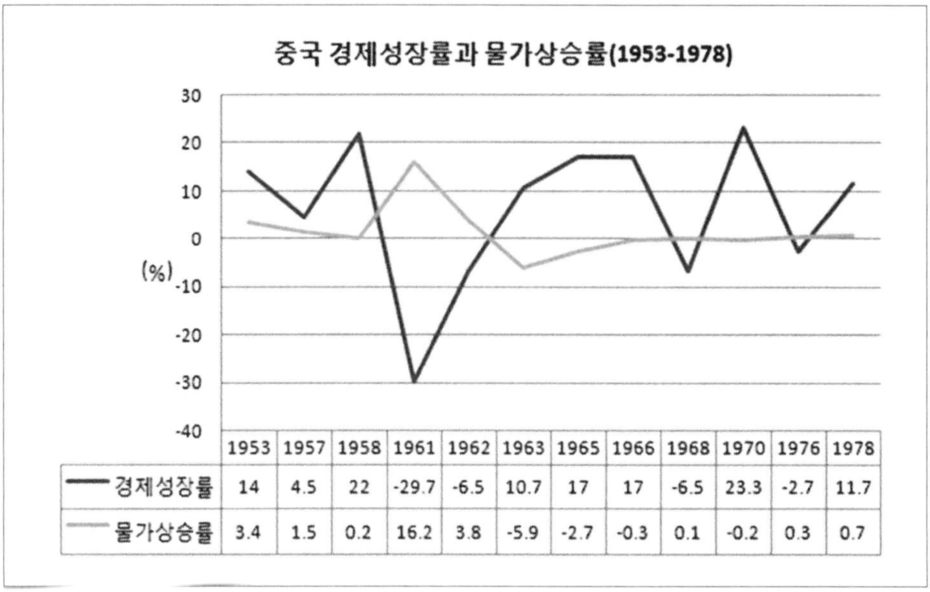

<그림 4-1> 중국 경제성장률과 물가상승률의 변화(1953-1978)

1) 개혁이전 시기(1953-1978)

이 시기는 사회주의 계획경제체로서 모든 생산수단은 공유제 위주이며 정부가 생산, 유통, 분배 등 모든 경제행위를 통제하고 중공업을 우선적으로 발전시키는 계획경제시기였다. 대체로 1차 5개년 계획(一五計劃), 대약진(大躍進), 경제조정, 문화대혁명, 신약진(新躍進) 등 5개 시기로 구분할 수 있는데, 경제변동을 살펴보면 경제주기가 5차례나 되며 개혁 이후와 비교하여 경제성장 변동 폭이 상당히 크다는 것을 발견할 수 있다.

이것은 중국이 건국초기에 국가를 경영해 본 경험이 없는 상태에서 소련식 사회주의 계획경제모델을 도입하여 무리하게 추진한 점, 노동력은 풍부하나 자본이 부족한 당시의 경제여건을 무시하고 농업국을 공업국가로 전환시키기 위해 조급하게 중공업 우선발전을 추진한 점, 계급투쟁과 좌경사상의 오류 등 중국정부의 정책실패와 정치 환경의 변화가 주요 원인이 된다고 판단된다.

한편, 1961년에는 대약진의 실패와 자연재해의 발생으로 인해 상품공급이 현저하게 부족하여 물가가 크게 상승했지만, 그 외에는 계획경제가 그대로 유지되어 물가 변동이 거의 발생하지 않았다.[1]

2) 성장파동 시기(1979-1991)

이 시기는 중국이 사회주의 계획경제의 실패를 인정하고 경제개혁과 대외개방을 점진적으로 추진한 시기로서 중국정부의 정책변화에 따라 개혁개방 초기(1979-1983), 개혁개방 중기(1984-1988), 경제조정(1989-1991) 등 3시기로 구분될 수 있다.

(1) 개혁개방 초기(1979-1983)

1978년 12월 제11기 3중 전회에서 농촌개혁이 선행되어야 함을 인정하고 농가생산책임제(農家生産聯産承包責任制)를 승인하자, 인민공사가 해체되고 그동안 공사소유로 되어 있던 가축, 대·중형 농기구, 농기계 등은 할인가격으로 농민에게 처분되었다. 농민이 재산권과 신분의 두 가지 측면에서 모두 해방되자 농민의 노동의욕이 높아지고 정부의 농산물 수매가격이 대폭 인상됨에 따라 식량, 면화를 비롯한 농업생산량이 크게 증가하였다. 또한 대외개방의 추진으로 화남지역에 4개의 경제특구가 설립되고 화교 및 외국의 자본과 기술이 도입됨에 따라 경제성장의 여건이 조성되었다.

그러나 경제개혁 바로 전단계인 신약진시기(1977-1978)에 정부가 공업생산 목표를 높이 설정하고 대량투자를 전개함에 따라 비록 경제성장률은 1978년 11.7%로 상승했지만 경기과열 현상이 일어나자 1979년부터 3년간 고정자산투자를 축소하고 은행대출관리를 엄격히 하는 등 경제조정정책을 실시하였다. 그 결과 1983년에는 물가상승률이 1.5%로 하락하여 경제가 안정되었다. 이 시기에는 농업성장률이 10%에 달해 경제성장을 주도하는 양상을 띠게 되었다.

1) 동아시아 경제연구원 역편, 중국경제의 이론과 실천, 일조각, 1997, 120-123쪽.

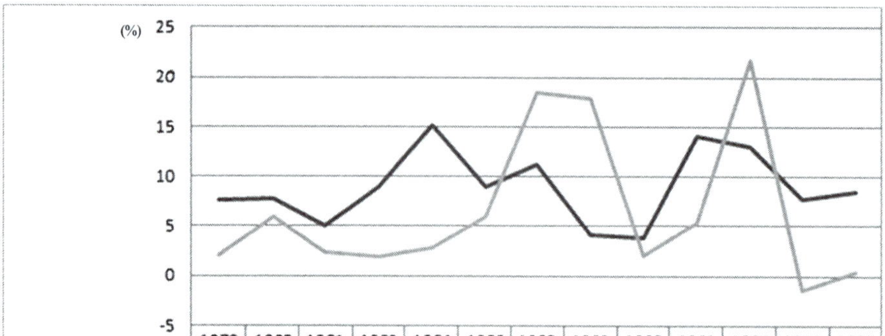

	1979	1980	1981	1982	1984	1986	1988	1989	1990	1992	1994	1999	2000
경제성장률	7.6	7.8	5.1	9	15.2	8.9	11.2	4.2	3.9	14.1	13	7.7	8.5
물가상승률	2	6	2.4	1.9	2.8	6	18.5	17.8	2.1	5.4	21.7	-1.4	0.4

<그림 4-2> 중국 경제성장률과 물가상승률의 변화(1979-2000)

(2) 개혁개방 중기(1984-1987년)

중국의 경제개혁은 1984년 제2단계인 도시개혁으로 그 중심이 전환되었는데, 이시기 개혁의 주요 대상은 국영기업이다. 기업개혁의 주요 목적은 공유제구조를 개편하여 공유제기업과 다양한 기업형태가 공존하는 구조로 개편하고 정부기관에 대한 기업의 종속성을 개선하며 기업활동에 경쟁원리를 도입함으로써 시장경제를 형성시키는데 있었다. 또한 1985년 이후에는 국유기업개혁의 일환으로 청부경영책임제, 공장장책임제 등이 시행되었다.[2] 대외개방에 있어서도 14개 항구도시, 장강삼각주, 주강삼각주, 산동반도, 요동반도 등이 외국투자가에게 개방되어 더욱 많은 외국자본과 기술이 도입되었다.

개혁개방의 적극적인 추진과 함께 20세기말 농공업생산액의 4배 달성을 국가전략목표로 지정함에 따라 고정자산투자가 급증하여 1984, 85년에는 경제성장률이 각기 15.2%, 13.4%로 급속히 성장하였다. 그러나 경기과열 현상이 발생하자 정부는 다시 고정자산투자를 통제하고 엄격한 대출관리를 실시하여 투자수요를 억제시켰다.

경제가 다소 안정되자, 1987년부터는 다시 경제개혁이 본격적으로 추진되어 은행대출

2) 임반석, 중국경제-두가지 기적의 딜레마, 해남출판사, 1999, 165-167쪽.

과 고정자산투자가 급증함에 따라 1987-88년에는 경제성장률이 각기 11.7%, 11.2%를 기록하였다. 그러나 투자불균형의 모순으로 부식품과 원재료 가격이 폭등하여 1988년 물가성장률이 18.5%에 달했다. 이는 1980년대를 통틀어 가장 높은 수치이며 국민들은 견디기 어려운 물가고에 시달리게 되었다.

(3) 경제조정 시기 (1988-1991년)

이 기간은 1988년의 높은 물가상승과 경제 질서의 혼란을 치유하기 위해 3년간의 경제조정정책이 실시된 시기이다. 이와 함께 1989년 '6·4 천안문사태'의 돌발로 경기가 침체되고 경제성장률이 크게 하락하며 물가 또한 개혁이후 가장 낮은 수준까지 떨어졌지만, 1991년부터는 경기가 점차 회복되기 시작하였다.[3]

이와 같이 성장파동시기에는 경제개혁과 대외개방으로 경제성장률이 증가하면 경기가 과열되어 물가가 상승하고 이에 정부가 경제조정정책을 실행하여 성장률이 하락하는 경우가 세 번이나 반복되면서 그때마다 파동을 그리고 있다.

3) 고속 성장 시기(1992-1995)

이 기간은 중국경제가 새롭게 도약하여 고속성장을 달성하는 중요한 시기라 할 수 있다. 1980년대 후반에 최고조에 달하던 경기과열과 사회혼란이 예상보다 빠른 속도로 진정되어 1991년부터는 경제가 회복되기 시작했지만, 천안문사건 해결을 계기로 발언권이 강해진 보수파들이 경제개혁에 대해 계속해서 부정적인 문제를 제기하였다.

이에 대해 등소평은 국민들에게 경제개혁은 지속되어야 한다는 신념을 심어주기 위해 1992년 초에 광둥성 선쩐을 방문하여 남순강화(南巡講話)를 시행했다. 같은 해 3월 제7기

3) 이근·서석흥, 중국의 모택동과 등소평시기 경제발전 모델의 비교분석, 경제발전연구 제2호, 1996, 55-56쪽.

전국인민대표대회 5차 회의에서는 경제조정정책의 종결과 개혁개방의 새로운 가속화 방침이 선포되었고, 10월에 열린 제14차 중국공산당 전국대표대회에서는 중국이 지향해야 할 목표체제로서 사회주의 시장경제체제가 정식으로 천명되었다.

이러한 정부의 확고한 의지가 반영됨에 따라 고정자산투자가 증가되고 수많은 외국인투자가 유치로 인한 급속한 경제성장으로 1992년, 1993년에는 각각 14.1%, 13.9%의 높은 경제성장률을 기록했다. 그러나 1993년, 1994년의 물가상승률이 각기 13.2%, 21.7%로 급격히 상승하고 경기가 과열되자 1995년 중국정부가 긴축정책을 실행하면서 경제성장률과 물가상승률이 조금씩 하강하기 시작했다. 여하튼 이 기간 중에 연평균 경제성장률은 13.0%로서 경제성장이 가장 빠른 시기였다고 할 수 있다.

4) 성장 하락 시기(1996-1999)

이 기간 중에는 9·5계획이 실행되었지만, 경제성장률이 줄곧 하락하고 성장파동이 없었던 것이 특징이다. 이 시기에도 경제개혁이 적극적으로 추진되었는데, 우선 금융기관의 구조조정, 금리의 시장화 등 금융체제개혁이 본격적으로 착수되고 그동안 좌파 및 기득권층의 저항과 민영화 확산 시비 때문에 제한적으로 추진되어 온 국유기업의 재산권 거래(주식제회사로의 전환, M&A, 파산, 분리매각, 비국유기업과의 合資 등)가 활발히 전개되었으며 이외에도 공공기관과 사회보장제도의 개혁 등이 추진되었다. 이와 같이 경제개혁의 폭이 상당히 확대되어 추진되면서 실업자가 많이 생기고 국민들의 미래에 대한 불안감을 가중시켰다.

대외개방 측면에서는 산업구조 고도화와 내륙지역 발전을 도모하는 방향으로 외자유치정책이 조정되고 WTO가입에 대비하여 외자기업에 대한 우대혜택을 줄이고 내국민대우를 부여하는 방향으로 전개되었다.[4]

4) 이창재·전재욱·조현준, 중국경제의 부상과 한국의 대응, 대외경제정책연구원, 정책연구 97-08, 1997,

1993-95년에 '고성장, 고물가'로 과열되었던 경제가 1996년에는 9.9% 경제성장에 8.3% 물가상승률을 기록, '연착륙'에 성공했다고 평가될 정도로 안정되었다. 그러나 1997년부터는 공산품 재고급증, 유효수요의 하락, 아시아 외환위기의 영향 등으로 내수가 부진한 가운데 물가상승률이 빠르게 하강하여 경기침체에 빠져들고 경제성장률이 더욱 하강하기 시작했다.

이에 따라 중국정부는 1998년부터 내수 진작을 위해 국채를 발행하고 은행대출을 확대하는 등 적극적인 재정정책을 추진했지만, 1999년에 여전히 소비수요가 부진한 가운데 수출까지 감소하는 현상이 나타나서 경제성장률이 7.7%로 하강했다. 물가상승률 또한 -1.4%로서 개혁개방 이후 가장 낮은 수치를 나타냈다.[5]

5) WTO가입 이후시기

(1) 성장회복시기(2001-2007)

이 기간에는 대외적으로 중국의 WTO 가입과 시장개방, 대내적으로 10·5계획과 11·5계획의 추진으로 중국경제가 다시 고속 성장하는 시기로 볼 수 있다. 2000년 아시아 지역 국가들이 외환 위기에서 차츰 벗어나기 시작하고 2001년 중국의 WTO 가입과 시장개방으로 대외경제가 활발해 지면서 수출이 급증했다. 또한 10·5계획(2001-2005)이 적극 추진되었는데, 주요목표는 고도성장을 지속하여 2010년 GDP를 2000년의 2배로 증가시키고 연평균 7%정도의 상장속도를 유지하며 2005년에는 1인당 GDP 9400위안을 달성하는 것이다.

24-27쪽.

5) 周紹朋, 拉動經濟增長需要處理好的幾個關係, 中國工業經濟, 2000年第1期, 10쪽.

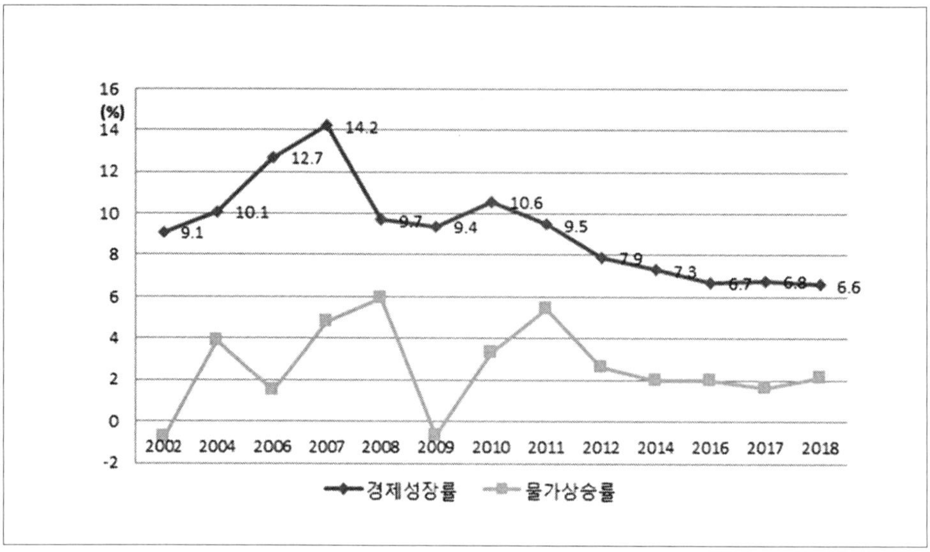

<그림 4-3> 중국 경제성장률과 물가상승률의 변화(2001-2018)

그 결과 2003-2005년 3년간 중국은 두 자리 수의 경제성장률을 기록하며 빠르게 성장했다. 그러나 2004년 고정자산투자가 25%가 넘어서고 물가상승률이 4%에 근접하는 등 경기과열 현상이 나타나자 중국정부는 긴축정책을 실행했다. 그럼에도 불구하고 2005년 경제성장률은 전년에 비해 증가폭이 크지만 물가상승률은 1.8%로 하락했다.

2003년 새롭게 출범한 후진타오 정부는 덩샤오핑의 선부론(先富論)보다는 균부론(均富論)과 균형성장을 강조했다. 그래서 11·5계획에는 조화로운 사회발전 추구가 포함되어 있는데, 이 계획의 주요목표는 안정적으로 고도성장을 지속하여 2010년 GDP를 2000년의 두 배로 증가시키고 연평균 7.5%의 상장속도를 유지하며 2010년에는 1인당 GDP 1만 9270 위안을 달성하는 것이다.

그러나 2006년과 2007년 경제성장률은 각각 12.7%, 14.2%로 2000년대에서 가장 빠른 경제성장을 했으며 2007년 물가상승률은 4.8%까지 올랐다. 중국인민은행은 경기과열을 막기 위해 6차례 금리 인상하고 9차례 지급준비율을 인상했다.

<표 4-1> 10·5 계획과 11·5 계획의 추진내용 비교

	정책 목표	정책 추진 방향
10·5 계획	지속적 고도성장	- 고도성장의 지속(2010년 GDP를 2000년의 두 배로 증가, 연평균 7% 성장, 일인당 GDP 9, 400위안
	기업 및 경제구조 조정	- 산업구조 고도화 정책 추진 - 정보화 사회 건설 - 지역간, 도농간 균형발전(서부대개발, 동북3성 개발)
	소득증대를 통한 국민생활 수준개선	- 도시와 농촌지역의 물질 및 문화수준 향상 - 사회보장제도 정비
	개혁·개방과 과기 수준 발전	- 경제발전과 구조조정을 과학기술 혁신에 의존 - 첨단기술산업의 발전 도모 - 인재배양과 교육발전 도모
11·5 계획	안정속 빠른 성장	- 연평균 8% 성장 달성
	성장방식 전환	- 양적 성장에서 질적 성장방식으로 전환 - 자원절약형, 환경친화적 성장 - 새로운 공업화 모델 창출
	혁신체제 구축	- 자주혁신 능력제고 - 혁신을 새로운 성장동력으로 설정 - 산업구조 고도화 추진
	조화로운 사회 발전 추구	- 공업과 도시가 농업과 농촌을 지원하여 새로운 사회주의 농촌 건설 - 동부 연해의 발달된 지역이 중서부 내륙의 낙후된 지역을 지원

* 자료 : 이문형외, 중국 제11차 5개년 계획의 산업정책 방향과 시사점, 산업연구원, 2005. 33쪽.

<표 4-2> 중국 11·5규획의 주요지표 완성 상황

지표	2005년	규획 목표		완성상황	
		2010년	연평균 성장률(%)	2010년	연평균 성장률(%)
GDP(조 위안)	18.5		7.5	39.8	11.2
일인당 GDP(위안)	14185		6.6	29748	10.6
서비스산업 부가가치 비중(%)	40.5		<3>	43.0	<2.5>
R&D경비지출이 GDP에 차지하는 비중(%)	1.3	2	<0.7>	1.8	<0.5>
도시화율(%)	43.0	47.0	<4>	47.5	<4.5>
도시 등록 실업률(%)	4.2	5.0		4.1	

* 주 : < >는 5년간 누적치임.
* 자료 : KIEP북경사무소 브리핑, 국민경제 및 사회발전 제12차 5개년 규획강요(초안), KIEP대외경제정책연구원.

(2) 성장하강시기(2008-2018)

이 기간에는 미국의 금융위기와 유럽의 재정위기로 인한 세계경제 침체의 영향을 받아 중국경제가 하락하는 시기로 파동을 나타낸다. 2008년 중국은 경기과열에 의한 물가상승과 미국의 서브프라임 사태로 인한 경제성장 둔화 등 두 가지 문제에 직면했다. 같은 해 11월에는 경제위기를 타개하기 위해 2010년까지 4조 위안(약 800조원, 미화 5860억 달러)을 주택건설, 사회간접자본(SOC) 확충 등 10개 부문에 투입하는 경기부양정책을 발표했다.

그 결과 2009년에는 비록 경제성장률이 9.4%까지 하락했으나 2010년에는 10.4%로 반등했다. 경제침체로 물가는 2009년 -0.7%까지 하락했으나 2010년에는 다시 3.3%로 올랐다.

2011년부터 시행된 12·5규획(2011-2015)에서는 연평균 경제성장률을 11·5규획(2006-2010) 목표치 7.5%에 비해 다소 낮은 7.0%로 정했는데, 이것은 중국이 앞으로 5년간 성장일변도보다는 민생안정과 복지를 중시하는 질적인 성장으로 성장 기조를 선회하면서 안정적인 성장을 유도한다는 의지가 반영된 것으로 볼 수 있다. 또한 2016년부터 추진 중인 13·5규획(2016-2020)에서도 연평균 경제성장률 목표치를 6.5%로 정하고 중고속 성장을 유지하며 균형발전을 강화하고 민생수준을 제고한다는 정책내용을 포함하고 있다.

중국의 경제성장률은 2011년부터 하락하는 추세이며 2016년 성장률은 6.7%로 1980년말 천안문사태 이후 가장 낮은 수준을 기록했는데, 이는 대외적으로 미국 금융위기와 유럽의 재정위기로 인한 세계경제의 침체가 큰 영향을 미치고 대내적으로는 경제구조조정도 영향을 미친 것으로 판단된다. 2017년 세계경제의 침체회복으로 중국 경제성장률이 6.8%로 잠시 반 등했으나 2018년에는 중미 무역마찰 영향으로 6.6%로 다시 하락했다.

<표 4-3> 12·5 규획의 추진내용

	정책목표	정책방향
12·5 규획	안정적이고 비교적 빠른 경제성장	- 연평균 GDP성장률 7%, 도시 등록 실업률 5%내 - 도시 신규 취업인구 4, 500만명
	경제구조의 전략적 조정	- 내수확대 매카니즘 구축, 주민소비 촉진 - 제조업 핵심경쟁력 강화, 전략적 신흥산업 육성 - 서비스산업 발전, 적극적인 도시화 추진 - 사회주의 신농촌 건설 가속화
	과학기술 교육수준 향상	- 9년 의무교육 수준 향상 - R&D 경비지출이 GDP에서 차지하는 비중 2.2%로
	자원절약과 환경보호	- 에너지 절약, 온실가스 배출 절감. - 순환경제 발전, 저탄소 기술 보급 - 글로벌 기후변화에 적극 대응
	인민생활 지속적 개선	- 경제발전과 구조조정을 과학기술 혁신에 의존 - 민생보장과 개선 - 도시와 농촌 주민의 소득 증대 - 소득분배 조정, 공동부유의 길 견지 - 양로보험 실시 확대, 도시의 보장성 주택 건설

* 자료 : KIEP북경사무소 브리핑, 국민경제 및 사회발전 제12차 5개년 규획강요(초안), KIEP대외경제정책연구원. 2011. 3.21.

<표 4-4> 12·5규획기간 주요 목표

지표	2010년	2015년	연평균 성장률(%)
GDP(조 위안)	39.8	55.8	7
서비스산업 부가가치 비중(%)	43.0	47.0	<4>
R&D경비지출이 GDP에 차지하는 비중(%)	1.8	2.2	<0.4>
도시화율(%)	47.5	51.5	<4>
도시 등록 실업률(%)	4.2	5.0	4.1

* 주 : < >는 5년간 누적치임.

* 자료 : KIEP북경사무소 브리핑, 국민경제 및 사회발전 제12차 5개년 규획강요(초안), KIEP대외경제정책연구원.

<표4-5> 13·5 규획의 주요정책

	정책목표	정책방향
13·5 규획	중고속 성장 유지	- 연평균 GDP성장률 6.5% 이상 유지 - 2020년GDP와 주민소득 2010년의 2배 달성 - 공업화정보화융합발전, 농업현대화, 중첨단산업수준, 선진제조업, 신산업발전, 서비스업비중제고
	혁신주도 발전	- 창업 및 혁신 연계발전 통해 요소생산성 제고 - 과학기술접목하여 핵심기술 혁신, 자주혁신역량, 전면적 강화
	균형발전 강화 향상	- 소비의 경제성장률 기여도 제고 - 도시화개선. 호적인구 도시화율 제고 - 지역 균형발전의 새로운 프레임 형성 - 대외개방 확대, 수출입구조 최적화
	민생수준 제고	- 공공서비스(취업, 교육, 의료.사회보장, 주택) 완비 - 교육현대화, 생산가능인구의 교육연한 증대 - 충분한 일자리공급, 소득격차, 중산층 증가 - 농촌과 지역의 탈빈곤
	국민소양 함양 및 사회문명 수준제고	- 중국의 꿈과 사회주의핵심가치관 함양, 상호부조, 도덕, 법치의식 제고 - 공공문화 서비스체계, 문화산업 발전 - 중화문화 영향력 지속확대
	생태환경 총체적 개선	- 녹색, 저탄소 수준 제고 - 에너지효율 제고, 오염물질 재출 감소 - 주체공능구 분포와 생태안전보호망 기본 형성
	제도의 성숙화 -정형화	- 각 영역의 기본제도 및 시스템정비 - 인민민주완비, 법치정부, 사법 공신력 제고 - 철저한 인권보장, 실질적 재산보호 - 개방형경제의 신체제 기본 형성 - 중국 특색의 현대적 군사체계 완비 - 당 건설의 제도화 수준제고

* 자료 : KIEP북경사무소 브리핑, 국민경제 및 사회발전 제13차 5개년 규획요강, KIEP대외경제정책연구원. 2016. 3. 29.

<표4-6> 13·5규획 목표수치

지표	2015년	2020년	연평균 성장률(%)
GDP(조 위안)	67.7	92.7	6.5
서비스산업 부가가치 비중(%)	50.5	56.0	<5.5>
R&D경비지출이 GDP에 차지하는 비중(%)	2.1	2.5	<0.4>
도시화율(%)	56.1	60.0	<3.9>
인터넷보급율(%)	40.0	70.0	<30.0>

* 주 : < >는 5년간 누적치 임. 자료 : KOTRA베이징무역관

3. 경제성장의 변동요인

GDP(국내총생산)는 크게 공급부문과 수요부문으로 구분되는데, 두 부문의 구성요소가 되는 산업구조, 소비수요, 고정투자, 수출 등은 일국의 경제성장률을 결정하는 주요 변동요인이 된다.

1) 산업구조

공급 측면에서 GDP(국내총생산)는 1차 산업, 2차 산업 및 3차 산업을 합한 것이다. 산업구조는 각 산업이 GDP에서 차지하는 비중을 말하는데, 개발도상국은 1차 산업 비중이 높다가 산업구조 고도화 과정을 통해 2, 3차 산업 비중이 높아지면서 공업국가로 탈바꿈한다.

중국의 산업구조는 1980년대 농업과 노동집약산업 위주에서 90년대에는 석유화학, 철강, 기계전자, 건설, 정보통신 등의 주로 자본·기술집약 산업 위주로 전환되어 갔다. 그러나 전환속도가 완만하고 다양한 소비수요 변화에 부합하지 못한 결과로 선풍기, 세탁기 등 전통적인 경공업제품은 공급과잉으로 재고가 증가하는 반면, 자동차, 에어컨, 고급 전자제품, 컴퓨터, 주택 등 새로운 고가용 소비품의 공급이 효율적으로 이루어지지 않는 구조적인 문제를 겪었다.

<표4-7> 중국 경성장률과 물가상승률의 추이(1953-2016년)

1953-1986년				1987-2018년			
주기	연도	경제성장률	물가상승률	주기	연도	경제성장률	물가상승률
1	1953	14.0	3.4	8	1987	11.7	7.3
	1954	5.8	2.3		1988	11.2	18.5
	1955	6.4	1.0		1989	4.2	17.8
	1956	14.1	0.0		1990	3.9	2.1
	1957	4.5	1.5				
2	1958	22.0	0.2	9	1991	9.3	2.9
	1959	8.2	0.9		1992	14.1	5.4
	1960	-1.4	3.1		1993	13.9	13.2
	1961	-29.7	16.2		1994	13.0	21.7
	1962	-6.5	3.8		1995	11.0	14.8
3	1963	10.7	-5.9	10	1996	9.9	8.3
	1964	16.5	-3.7		1997	9.2	2.8
	1965	17.0	-2.7		1998	7.8	-0.8
	1966	17.0	-0.3		1999	7.7	-1.4
	1967	-7.2	-0.7		2000	8.5	0.4
	1968	-6.5	0.1				
4	1969	19.3	-1.1	11	2001	8.3	0.7
	1970	23.3	-0.2		2002	9.1	-0.8
	1971	7.0	-0.7		2003	10.0	1.2
	1972	2.9	-0.2		2004	10.1	3.9
					2005	11.4	1.8
					2006	12.7	1.5
					2007	14.2	4.8
					2008	9.7	5.9
5	1973	8.3	0.6	12	2009	9.4	-0.7
	1974	1.1	0.5		2010	10.6	3.3
	1975	8.3	0.2		2011	9.5	5.4
	1976	-2.7	0.3		2012	7.9	2.6
6	1977	7.8	2.0	13	2013	7.8	2.6
	1978	11.7	0.7		2014	7.3	2.0
	1979	7.6	2.0		2015	6.9	1.4
	1980	7.8	6.0		2016	6.7	2.0
	1981	5.1	2.4		2017	6.8	1.6
7	1982	9.0	1.9	14	2018	6.6	2.1
	1983	10.8	1.5				
	1984	15.2	2.8				
	1985	13.4	8.8				
	1986	8.9	6.0				

* 자료 : 劉樹成, 中國經濟周期波動的新階段, 上海 : 上海遠東出版社, 1996, 7쪽 ; 中國統計年鑑

이러한 산업구조 조정문제를 해결하기 위해 중국정부는 시장에 직접 개입하여 10개 항목의 산업구조 조정정책을 실행하고 재정지출과 세제상의 혜택을 통해 과학기술산업 육성에 주력했다.[6]

특히 2000년대 들어와서 산업구조 고도화 전략의 추진으로 중화학공업과 첨단산업이 동시에 발전하고 WTO가입에 의한 시장개방으로 3차 산업이 더욱 발전하게 되었다. 이와 같이 부가가치가 높은 2, 3차 산업의 육성으로 중국경제가 더욱 빠르게 성장하는 결과를 가져왔다. 2015년에는 '중국제조 2025'를 발표하고 제조강국의 목표를 달성하기 위해 전진하고 있다.

2) 소비수요

(1) 소비비중

수요 면에서 중국 국내총생산은 주민소비와 정부소비를 합한 최종소비, 고정자본형성과 재고증가를 합한 자본형성 및 순수출 등 3가지 항목으로 구성되어 있다. 최종소비의 비중은 해마다 줄어드는 경향이 있지만, 그 비중이 거의 50%로 가장 크다. 최종소비 중에서 70%이상의 비중을 차지하고 있는 민간소비는 다시 도시주민 소비와 농촌주민 소비로 구분되는데 전자의 비중이 해마다 증가하여 또한 70% 이상의 비중을 차지했다. 또한 중국 도시주민소비 중에서는 식품소비가 가장 많아 약 30% 정도 차지하며 주거, 교통·통신, 교육·오락, 의료보건, 의류, 가정설비용품 순이다.

(2) 소비변화

개혁이후 소비변화를 살펴보면 경제조정시기(1989-1991)와 동아시아 금융위기(1998-1999)를 제외하고는 보편적으로 소비재소매증가율이 경제성장률보다 높은 수준을 유지

6) 傅豊誠, 當前大陸經濟形勢的診斷與前瞻, 經濟前瞻, 2000. 1. 5. 41쪽.

했다. 이것은 물론 중국경제가 급속히 발전하여 주민소득이 높아짐에 따라 소비지출이 대폭 증가한 결과이기도 하지만, 수요 측면에서 살펴보면 이러한 소비수요의 증가는 시장의 상품공급을 확대하여 산업을 발전시키고 결과적으로 경제성장을 촉진시키는 중요한 원동력이 되어 왔다. 그러나 1990년대 중반 이후부터 소비재 소매증가율이 둔화되면서 중국경제가 내수부진과 경기침체에 빠지는 현상이 나타났다.

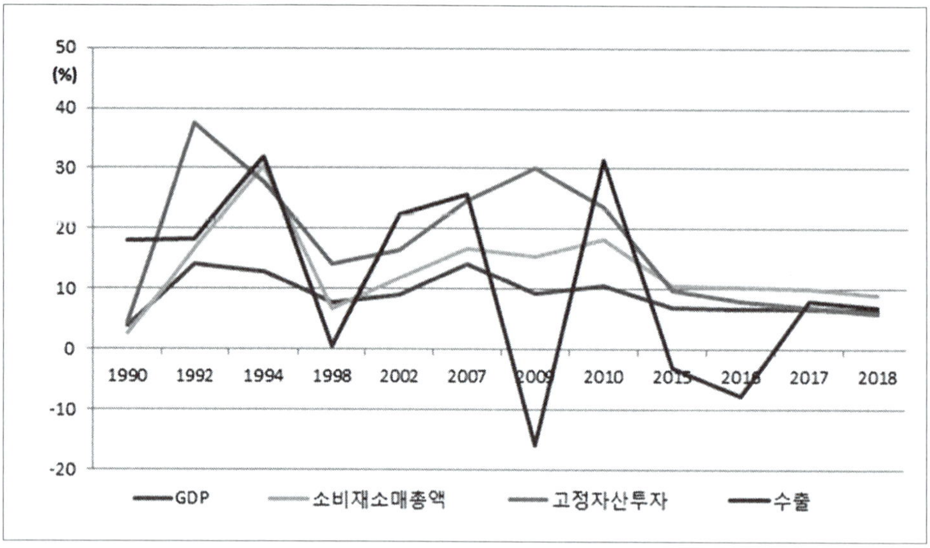

<그림 4-4> 중국 GDP 수요 면에서의 변화

이러한 소비부진 현상의 원인에 관해 대체로 4가지로 분석된다.

첫째는 상품공급이 상품수요를 초과하여 중국시장이 이전의 생산자 중심의 시장형태에서 소비자 중심의 시장형태로 전환되고 주민간의 소득격차가 벌어지면서 다양한 소비 집단이 형성되어 과거와 같은 소비열이 형성되기 어려운 점이다.

둘째는 중국정부가 시행하는 사회복지제도의 개혁의 결과로 교육, 의료, 주택, 취업, 연금 등 부문에서의 개혁으로 인해 주민들은 미래 소비에 대한 예측이 불확실해져 가급적이면 소비를 줄인다는 점이다.

셋째는 컴퓨터, 승용차, 주택 등 주민에게 필요한 고가품은 장기적인 화폐축척과정이 요구되기 때문에 현 상태에서 소비 열이 나타나기는 어렵다는 점이다.

넷째는 구조조정으로 하강(下崗)직원이 많이 생겨서 전체적으로 구매력수준이 떨어지고 이것이 정식직원의 소비활동에 영향을 준다는 것이다.

<표 4-8>. 수요별 국내총생산액의 증가율 변화

(단위 : %)

	GDP	소비재 소매 총액	고정자산투자	수출
1990	3.9	2.5	4.5	18.1
1992	14.1	16.8	37.6	18.2
1994	13.0	30.5	27.8	31.9
1996	9.9	20.1	18.2	1.5
1997	9.2	10.2	10.1	20.9
1998	7.8	6.8	14.1	0.5
1999	7.7	6.8	5.2	6.1
2000	8.5	9.7	9.3	27.8
2001	8.3	10.1	12.1	6.8
2002	9.1	11.8	16.4	22.3
2003	10.0	9.1	26.7	37.1
2004	10.1	13.3	25.8	35.4
2005	11.4	12.9	25.7	31.2
2006	12.7	13.7	24.0	27.2
2007	14.2	16.8	24.8	25.7
2008	9.7	22.7	25.9	17.2
2009	9.4	15.5	30.0	-16.0
2010	10.6	18.3	23.8	31.3
2011	9.5	17.1	23.8	20.3
2012	7.9	14.3	20.3	7.9
2013	7.8	13.1	19.1	7.8
2014	7.3	12.0	12.0	6.0
2015	6.9	10.7	9.8	-2.9
2016	6.7	10.4	7.9	-7.7
2017	6.8	10.2	7.0	7.9
2018	6.6	9.0	5.9	7.1

* 자료 : 中國統計年鑑, 中國統計公報2018

이와 같이 하강하는 소비열기를 진작시키기 위해 중국정부는 1998년 주택과 자동차에 대한 신용대출을 추진하고 1996-1999년까지 4년 동안 7차례에 걸쳐 예금이자율을 내리며 1999년 11월에는 이자 소득세를 부과하는 등 일련의 조치를 시행했으나 동년 소비재소매증가율이 6.8%에 불과해 별다른 효과를 얻지 못했다.[7] 그러나 2000년에 들어와서도 재정투자 확대와 더불어 저금실명제 실시, 공무원 봉급인상, 구정과 노동절 연휴기간 늘리기 등 적극적인 소비정책을 추진한 결과[8], 민간소비가 성장하여 2001년 소비품소매증가액이 전년대비 10.1% 증가했다.

WTO 가입 이후 서비스시장 개방으로 외국인 투자기업의 유통업에 대한 규제가 풀리고 산업구조 고도화 추진과 수출증대로 주민소득이 증대함에 따라 민간소비가 증가하기 시작했다. 소비자소매총액 증가율은 2004년 두 자리 수를 회복한 뒤 오름세를 보이면서 2008년 22.7%로 가장 높이 올라갔다가 2010년대에 들어와서 점차 낮아지는 추세를 보이고 있다.

2000년대 중반이후 민간소비가 급증한 원인을 분석하면 첫째는 도시화진전으로 저변이 넓어진 도시주민의 소득증가로 구매력이 높아진 것이다.

둘째는 도시 중산층의 성장으로 삶의 질에 대한 관심이 높아지면서 소비의 중심이 생활필수품에서 고가 내구소비재 및 서비스 상품으로 이전한 것이다.

셋째는 소비계층이 중장년층에서 소황제(小皇帝)로 성장해 온 젊은 층으로 옮겨 가면서 소비형태가 고급화로 전환된 것이다.

넷째는 신용사회 발전으로 고가 내구 소비재 구입을 위한 은행대출이 늘어나고 할부금융 및 은행카드를 이용한 소비지출이 급성장한 것이다.

---

7) 胡培兆, 供求失衡的市場判斷, 中國經濟問題, 2000年 第1期, 2쪽.

8) 中華經濟研究院, 大陸經濟動向, 經濟前瞻, 2000年9月5日, 13-14쪽.

3) 고정자산투자

수요 면에서 고정자산투자와 밀접한 관계에 있는 자본형성은 최종수요 다음으로 큰 비중을 차지하며 늘어나는 추세에 있다. 국가가 경제발전을 추진함에 있어서 고정자산투자는 경제성장의 중요한 원동력이 된다. 비록 소비수요가 크더라도 투자가 되지 않으면 경제성장은 이루어지지 않기 때문이다. 중국 국내총생산(GDP)에서 고정자산투자가 차지하는 비중은 45%정도로 소비 비중보다는 낮지만 투자의 견인성이 강하기 때문에 경제성장에 대한 기여도가 가장 높다. 예를 들면 1997년 중국 경제성장률은 8.8%인데, 그 중에서 소비, 투자, 수출의 경제성장 기여도는 각각 33.4%, 39.5%, 27.1%이다.

고정자산투자는 자금출처에 따라 국가투자(국가예산내 자금), 국내대출, 외자이용, 자기자본으로 구분되는데 이중에서 자기자본 비중이 대개 60% 이상으로 가장 높고 국가투자의 비중은 점차 낮아지는 추세에 있다.

개혁 후 고정자산투자의 변화를 살펴보면 경제조정기(1989-1991)를 제외하고는 대체로 투자증가율이 상당히 높은 편에 속하지만, 90년대 중반이후 부터는 점차 하락하기 시작했다. 그 이유는 대개 3가지로 요약된다.

첫째는 소비자 중심의 시장이 형성되면서 전통적인 내구성소비재가 공급과잉으로 공장가동률이 떨어지고, 부가가치가 높은 고가소비재는 기술투자 부족으로 수입에 의존, 투자수요를 대체하게 된 점이다.

둘째는 투자재원에 있어서 재정수입이 GDP에서 차지하는 비중이 줄곧 감소하여 국가투자가 고정자산투자에서 차지하는 비중 또한 줄어들고, 금융체제개혁 추진에 따라 부실채권으로 위험한 처지에 있는 금융기관들이 기업의 자금 대출에 신중을 기하고 있는 점이다.

셋째는 비효율적인 낙후한 국유기업이 시장에서 빨리 퇴출하고 새로운 유능한 민간기업이나 기타기업이 빈자리에 진출해야 투자수요가 생기는데, 실업에 의한 사회문제로 인해 어려움이 있고 결국 부실한 기업들이 협소한 시장공간에 존재하여 기업이윤율이 하락하고 투자위축으로 이어지는 점이다.

<표4-9> 고정자산투자 자금구조와 증가율

(단위 : %)

연도	투자총액	국가투자	국내대출	외자이용	자기자본
1982	100 (28.0)	22.7 (3.5)	14.3 (44.4)	4.9 (66.4)	58.1 (34.1)
1985	100 (38.8)	16.0 (-3.1)	20.1 (97.4)	3.6 (29.5)	60.3 (41.6)
1990	100 (2.4)	8.7 (7.8)	19.6 (16.0)	6.3 (-2.2)	65.4 (-1.2)
1992	100 (44.4)	4.3 (-8.7)	27.4 (68.4)	5.8 (46.9)	62.5 (41.0)
1996	100 (14.8)	2.7 (0.8)	19.6 (8.9)	11.8 (19.6)	66.0 (14.9)
1998	100 (13.9)	4.2 (71.8)	19.3 (15.9)	9.1 (-2.5)	67.4 (13.2)
2000	100 (10.3)	6.4 (13.9)	20.3 (17.5)	5.1(-15.5)	68.2 (8.7)
2005	100 (26.0)	4.4 (27.6)	17.3 (18.4)	4.2 (21.1)	74.1 (35.5)
2010	100 (23.8)	4.7 (15.7)	15.2 (20.2)	1.6 (7.9)	78.5 (28.4)
2015	100 (9.8)	5.3 (15.6)	10.4 (-6.4)	0.5 (-29.6)	83.8 (9.4)
2017	100 (7.0)	6.1 (7.8)	11.3 (8.7)	0.3 (-3.1)	82.3 (2.9)

* 주 : 괄호는 전년대비 증가율이고, 국가투자는 국가예산내 자금. 자기자본 부문은 기타투자 포함.

* 자료 : 中國統計年鑑

개혁이후 대체로 지속적으로 유입되어 중국 경제성장의 원동력이 되어 왔던 외국인 직접투자도 1997년 발생한 동아시아 금융위기의 영향으로 1998년에는 아주 소폭으로 증가하고 1999년에는 오히려 감소하여 고정자산투자 증가에 큰 기여를 하지 못했다.

이와 같은 투자위축에 의한 경기침체에서 벗어나고 경제성장을 증가시키기 위해 중국정부는 1998년 1,000억 위안의 국채를 발행하고 은행대출을 늘려 도합 2,000억 위안의 자금을 투입하며 공개시장 확대에 의한 화폐공급 등 적극적인 재정정책을 전개하였다. 그 결과 같은 해 국가투자와 고정자산투자액은 전년에 비해 각각 71.8%, 14.1% 증가하였다. 또한 1999년에도 600억 위안의 국채를 발행하여 국가투자를 증가시켰다. 그러나 민간투자가 활발하게 이루어지지 않아서 고정자산투자 증가율은 5.2%로 하락하였고 경제성장률도 7.7%로 추락하였다. 2000년도에 들어와서도 상반기에 적극적인 재정정책 방침에 따라 1000억 위안 규모의 국채를 새로 발행하여 서부대개발 사업이 추진되고 있는 중서부지역의 인프라건설에 투자했다.[9] 같은 해 고정자산투자는 전년에 비해 9.3% 증가했다.

9) 조선일보 2000년 7월 31일, 17판.

2008년 미국 서브프라임 사태의 여파로 중국이 유례없는 경제위기를 맞게 되자 중국 정부는 2010년까지 4조 위안을 쏟아 붓는 초대형 경기부양책[10]을 실행했다. 이로 인해 2009년 고정자산투자 증가율은 30.0%로 2000년대 들어와서 가장 높은 수치를 보였는데, 같은 해 수출이 전년대비 16.0% 감소했음에도 불구하고 경제성장률은 9.4%로 약간 둔화되었다.

2013년에 들어와서 세계경제의 침체로 중국수출이 둔화되어 경제성장률이 하락함에도 불구하고 중국정부는 양적완화에 의한 적극적인 투자유도를 하지 않고 있다. 그동안 경기부양을 위해 시중에 풀린 돈이 실물경제로 제대로 전달되지 않고 부동산으로 흘러가서 생긴 부동산 거품과 그림자 금융의 문제를 해결할 필요가 있기 때문이다. 또한 새로 등장한 시진핑 정부의 정책기조가 고속성장보다는 내수소비 진작, 중산층의 확대, 구조조정 등에 초점을 두기 때문에 이전처럼 적극적인 경기부양을 하지 않는 것으로 판단된다. 2018년 중국 고정자산투자 증가율은 5.9%로 2000년대 들어와서 가장 낮은 수치를 보이고 있다.

4) 수출

순수출의 경우 비록 비중이 4%이하로 가장 낮지만 수출은 중국 경제성장을 견인하는데 중요한 역할을 했다. 개혁 이후 중국의 대외무역은 외국인투자 유치와 함께 빠르게 발전해 왔다. 수출이 GDP에서 차지하는 비중은 1978년 5%에서 2007년 37%로 높아졌다가 2018년에는 14%로 낮아졌다. 특히 1994년 단일환율제도 시행[11]과 2001년 WTO 가입으로 수출이 빠르게 증가하여 경제성장의 중요한 요인으로 작용했다.

10) 철도건설(2006-2010) 2조 위안, 임대형 주택건설 등 주거안정사업, 농촌 도로·관개 등 기반시설 확충, 철도·도로·공항 등 사회간접자본 확충, 의료·문화·교육사업 확대, 생태환경 보호, 가술혁신 산업 고도화 구조조정사업, 자연재해복구사업, 양곡·농기구 보조금 확대 등 농민소득증대사업, 부가가치세 개혁을 통한 기업 세금부담 경감, 상업은행 대출규제 폐지

11) 王小魯, 中國經濟增長的可持續性與制度變革, 經濟研究, 2000年第7月, 10쪽.

그러나 2009년에는 미국의 금융위기로 인해 중국수출이 크게 감소되어 경제성장에 큰 기여를 하지 못했다. 2007년과 2009년 중국 소비와 순수출의 경제성장 기여도를 분석하면 전자는 39.6%에서 49.8%로 높아진 반면에 후자는 17.9%에서 -37.4%로 낮아졌다. 2018년 또한 순수출의 경제성장 기여도가 마이너스로 돌아서면서 GDP 증가율도 하향세를 보였다.

4. 경제성장의 제약요인

1) 소득격차

중국은 개혁개방 이후 30여 년간 빠른 속도로 경제성장을 이룩했지만 계층간, 도농간, 지역간 소득격차가 더욱 확대되었다. 2013년 1월 중국 국가통계국이 발표한 자료에 의하면 중국의 지니계수는 개혁개방이래 지속적으로 높아져 2008년 0.491로 최고치를 기록한 후, 줄곧 하락해 왔다. 2018년 현재 0.474에 머물러 있다. 이는 세계평균 0.44보다 높은 수치로 중국의 소득분배가 불균형 상태에 있음을 보여준다.

계층간 소득격차를 살펴보면 도시기준으로 상위 20% 고소득층과 하위 20% 저소득층의 소득격차가 무려 10.7배인 것으로 나타났다. 다른 OECD 36개국과 비교하면 중국의 소득격차는 1위인 멕시코의 7.2배보다 더 큰 것으로 나타난다.

도농간 소득격차[12]는 개혁개방이래 지속적으로 벌어져서 2009년 3.2배까지 차이가 나다가 2010년부터 개선되고 있다. 2006년 1월 농업세가 폐지되고 글로벌 금융위기 이후 대다수 농민공이 속하는 단순노무직의 임금 상승률이 평균 임금 상승률보다 높았던 것

12) 도시주민 1인당 가처분소득을 농촌주민 1인당 가처분소득으로 나눈 값.

이 도농 소득격차 개선에 기여한 것으로 파악된다. 2018년 도농간 소득격차는 2.7배로 근래 몇 년간 지속되고 있다.

동부와 서부의 지역간 소득격차는 1인당 지역내총생산(GRDP)을 기준으로 2003년 2.48배로 사상 최고치를 기록했다. 2011년에는 1.92배 수준으로 하락했는데 이는 서부대개발과 중부굴기(中部崛起)전략이 적극적으로 추진된 결과로 파악된다. 두 지역의 소득격차는 1인당 가처분소득을 기준으로 2013년 1.7배에서 2017년 1.66배로 점차 축소되고 있다.

소득격차는 농민데모, 군중시위 등 사회불안 요인을 조성하고 경제적 부작용을 초래한다. 소비성향이 높은 중저소득층은 쓸 돈이 많지 않고, 고소득층은 사치품소비가 많지만 해외에서 소비한다. 이렇게 되면 개인소비가 빨리 증가하지 않아서 중국정부가 추진하는 내수시장 활성화 정책은 차질을 빚게 된다.

2) 부패

권력을 이용한 부의 축척, 자산의 해외도피 등 부패사건은 중국정부의 엄한 처벌에도 불구하고 지속적으로 발생되어 왔다. 중국 최고인민검찰원이 공개한 자료에 의하면 2000년 중국 최고인민검찰원이 공안부와 공조하여 부패공무원 단속에 나선 이후, 2011년까지 12년간 약 18, 487명을 적발한 것으로 나타났다. 또한 중국에서 부정부패를 저지르고 해외로 도피하여 생활하고 있는 사람이 최소 1만 명 이상이며 대부분 국유기업 사업단위 및 국유금융기관의 고위직 출신으로 이들이 소지하고 나간 자금이 무려 1조 위안으로 추정되었다.

이와 같은 부패의 심각성을 각인한 시진핑 총서기는 2012년 11월 후진타오 주석으로부터 권력을 이양받자마자 부패와의 전쟁을 선포하고 부정부패 척결 의지를 실천으로 옮겨 왔다. 그 결과 중국 최고사정기관인 중앙기율검사위원회는 2017년 제19차 공산당 전국대표대회를 앞두고 지난 5년간 차관급 280명, 국장급 8600명의 부패를 적발했다고 공식 발표했다. 그래서 시진핑 지도부의 반부패대책에 대한 중국 국민들의 만족도는 2012년 75%에서 2016년 92.9%까지 치솟았다. 이러한 적극적인 반부패정책 추진으로 시진핑 신변 위협 설까지 등장했지만, 국영 석유기업을 주무르며 막대한 재물을 부정축재한 정치국 상무위원 저우융캉(周永康), 충칭시 서기 보시라이(薄熙來) 등 저항세력을 제거함으로써 집권체제를 공고하게 다지고 나아가서 2018년에는 막강한 권한을 가진 '국가감찰위원회'를 신설하여 강력한 권위주의를 바탕으로 부정부패를 척결해 나갈 수 있게 되었다.

3) 실업

실업은 소비수요를 감소시켜서 경제성장을 가로막는 요인이 된다. 최근 중국은 대졸자의 증가와 경제성장 둔화로 고학력 실업과 농민공 실업문제가 크게 대두되었다. 도시지역 등록실업률은 1990년 2.5%, 2000년 3.1%, 2008년 4.2%, 2010년 4.1%, 2018년 3.8%로 공식통계로는 안정적인 추세를 보이고 2008년 5.8%를 기록한 미국과 7.8%인 독일 선진국들에 비해 양호한 수준이지만 이 수치가 중국의 실제 실업상황을 반영한다고 보기는 어렵다.

중국의 공식 실업률 통계의 가장 근본적인 한계는 조사대상자가 한정되어 있다는 점이다. 도시호구를 가진 사람만이 신고할 자격이 있기 때문에 농촌호구를 가진 농민공은 배제되어 있고 실업자로 인정받으려면 남성은 50세, 여성은 45세가 넘으면 안 된다.

2008년 글로벌 금융위기가 왔을 때 수출기업이 밀집한 주강삼각주 지역의 수많은 농민공들이 실직했다. 농촌수입증가에 큰 기여를 하는 농민공들의 대량실업은 농촌소득감소로 이어져 농촌 소비시장의 활성화에 부정적인 영향을 미쳤다. 2018년 현재 중국 전체 농민공의 수는 2억 8,836만 명에 달한다.

중국은 1999년도 대학 신입생부터 대학정원을 대폭 늘리기 시작해 졸업생수가 같은 해 114만 명에서 2018년 820만 명으로 7배 넘게 늘었다. 반면에 중국경제는 고속성장기에서 중속성장기로 내려와서 신규 취업 증가 속도가 둔화되었다. 이에 따라 대졸 취업난이 심각한 사회문제가 되고 있다.

2018년 중국 도시 신규취업자수는 1,361만 명으로 지난 5년간 1,300만 명 이상을 유지하고 있는데 중국 교육부 발표에 의하면 올해 대학졸업자는 약 834만 명 될 것으로 추산되고 있다. 최근 중국경제가 안으로는 GDP증가율과 기업이윤이 하락하고 밖으로는 미중무역마찰이 지속되고 있는 상황에 직면하여 대졸자의 취업은 더욱 어려울 것으로 예상된다.

4) 부채

최근 중국 지방정부의 부채는 상당히 심각한 것으로 나타났다. 중국 지방채 규모는 2008년 이후 기하급수적으로 늘어났다. 글로벌 금융위기 여파를 막기 위해 중국정부가 대출조건을 완화하고 인민(人民)은행이 유례없는 통화완화책을 실행했다. 그렇게 풀린 돈 때문에 중국 전역의 성(省), 직할시, 자치구들이 진 빚은 10조-20조 위안(약 1800-3600조 원)으로 추정된다. 이는 중국 국내총생산(GDP)의 20-40%에 해당하는 규모이다.

중국 지방정부들은 중앙정부가 지방채 직접 발행을 금지하자, 특수목적법인(SPV 특정 프로젝트를 위해 만든 뒤 목적 달성 후 해산되는 일종의 페이퍼컴퍼니)을 활용해 지방정부가 추진하는 인프라건설 프로젝트의 이름을 SPV에 붙인 뒤 이를 앞세워 채권을 발행했다. 이러한 자금차입은 은행시스템 밖에서 제대로 규제를 받지 않는 '그림자금융'을 통해 이루어져서 그 부채규모가 얼마인지 제대로 파악하기 어렵다. 국제 신용평가사 피치 보고서에 의하면 지방정부투자기관(LGFV)의 채권 발행 규모는 4조 위안에 달한다고 한다.

기업부채 또한 중국이 당면한 문제이다. 국제결제은행(BIS)에 의하면 2015년 말 기준

GDP 대비 가계·기업·정부(금융부문 제외) 부채비율은 254.8%로 미국의 250.6%를 넘어섰다. 이중에서 GDP대비 기업부채 비율은 2008년 말 98.6%에서 2015년 말 170.8%로 폭증하여 부채액은 17조 8천억 달러로 미국(12조 7천억 달러)보다 훨씬 많고 한국(1조 4천억 달러)의 13배에 달하는 수치이다. 2018년 중국 국무원이 전국인민대표대회에서 보고한 국유기업의 총부채는 335조 8000억 위안으로 중국 GDP의 3.6배에 해당하는 규모이다.

이렇게 기업부채가 증가한 원인은 중국이 2008년 글로벌 금융위기와 2010년 유럽 재정위기 극복을 위해 자체적으로 경기부양정책을 추진하고 미국과 영국, 일본 등 선진국들이 푼 자금을 대거 흡수, 국유기업 중심으로 투자를 대대적으로 늘리며 부채기반의 성장을 했기 때문인 것으로 풀이된다. IMF 조사에 의하면 중국 기업부채 중 75%는 제조업과 같은 전통 산업군의 국유기업이 차지하고 있으며, 이 기업들이 활동하는 산업 부문은 극심한 과잉공급이 발생했는데, 퇴출해야 할 국유기업들이 정부지원과 부채에 의존해 연명하면서 심각한 '좀비기업' 문제에 직면한 것으로 나타났다.

5. 경제성장의 전망

장기적인 관점에서 중국경제의 성장요인은 수요 면에서 높은 투자율(저축률, 인프라 건설, 외국인투자유치), 거대한 내수시장 등이고, 공급면에서 노동력 풍부, 노동생산성과 기술향상 등이며 이외에도 실용주의적 국민성 등 기타 요인이 있다. 반대로 장애요인으로는 전환기 경제체제의 불안전성, 국유기업의 비효율성, 자원부족, 소득격차, 부패, 환경오염 등이 있다. 이러한 내부요인과 세계경제환경 변화라는 외부요인을 함께 분석해야 중국경제성장의 장기적인 전망이 가능할 것이다.

1) 장기적 전망

1996년에 중국의 GDP는 약 6조 8,500억 위안(약 8, 200억 달러)에 달했는데, 이는 미국, 일본, 독일, 프랑스, 영국, 이탈리아에 이은 세계 제7위의 경제규모에 해당되며, IMF는 구매력평가기준으로 중국을 세계 3위의 수준으로 평가했다. 이를 바탕으로 중국경제의 미래를 낙관적으로 예측하는 보고서가 등장하기 시작했는데 그 중의 하나는 워싱턴 대학의 미국 비즈니스연구소(Center for the Study of American Business)가 1996년 11월초에 발표한 보고서이다. 이 보고서에서는 중국의 GDP가 2005년경에 일본을 추월하고 2020년에 12조 달러에 달해 미국을 앞지를 것이라고 예측했다.

<표 4-8> 중국경제의 장기적 전망

연도	중국경제 예측내용
1996	미국 비즈니스연구소(Center for the Study of American Business) - 2005년 일본 추월, 2020년 GDP 12조 달러로 미국 추월
1996	<중국 사회과학원 보고서> - 경제성장률 1996-2010년 8% 이상, 2011-2020년 6% 내외, 2021-2050년 3.5%; 2020년 중국 GDP 15조 위안(구매력 평가 기준 1달러 = 1.2위안, 12.5조 달러), 미국 GDP 예상규모 11.8조 달러
1997	<세계은행 China 2020 보고서> - 2020년까지 연평균 성장률 6.6%, 세계 2위 수출국
2003	<도이치뱅크 보고서> - 향후 10년간 7% 이상 성장률, 2017년 세계 2위 경제대국
2004	<골드만삭스 보고서> - 2008년 경제규모 세계 3위, 2016년 일본 추월, 2041년 미국 추월 - 2050년 새로운 G7 : 중국(45조 달러), 미국(35조 달러), 인도(28조 달러), 일본, 브라질, 러시아, 영국
2009	<골드만삭스 보고서> - 중국 경제규모 미국 추월, 2041년에서 2027년으로 앞당김
2009	<미국 카네기재단 보고서> - 중국 경제규모 2035년 세계 1위

* 자료 : 각종 신문자료 정리

이렇게 중국경제의 미래를 예측하는 보고서들은 이미 예측이 틀린 것도 있지만 예측이 맞는 지 기다려 봐야 하는 것도 있다. 이 중에서 골드만삭스 보고서는 주의해서 지켜볼 필요가 있는데, 2027년에는 중국이 미국을 제치고 세계 제1의 경제대국이 된다고 예측했다. 그러나 최근에는 중국의 현재 상황을 일본이 '잃어버린 10년'에 빠져 들기 전인 1980년대 버블 시대와 유사하다는 견해도 나오고 있고 무엇보다도 미국의 중국 견제와 지속되는 중미 무역 분쟁으로 인해 중국수출이 큰 타격을 받고 있어서 골드만삭스 예측대로 되기는 쉽지 않을 것 같다.

2) 단기적 전망

중국은 현재 공산당 창당 1921년부터 100년째 되는 2020년에는 샤오캉(小康)사회, 1인당 소득 1만 달러를 달성하고 2010년 GDP의 두 배를 달성한다는 큰 목표를 향해 전진하고 있어서 최근 미중 무역 분쟁이 심각해지고 있는 상황에도 불구하고 금년 경제성장률 목표를 지난해 '6.5%' 내외보다 약간 하향 조정한 6.0-6.5%로 잡았다.

올해 중국의 경제성장률은 대외적으로 유로존의 붕괴나 미중 무역 분쟁의 격화, 대내적으로 부동산과 신용 버블 붕괴 등 최악의 사태가 발생하지 않는다면 경착륙하지 않고 6.2-6.4% 사이에서 정해질 것으로 예상된다. 통계자료에 의하면 2019년 1사분기 경제성장률은 작년 동기 대비 6.4%를 나타내고 있으며 작년 3분기부터 하향추세에 있다.

공급 면에서 중국정부는 '중국제조2025' 구상을 경계하는 미국을 의식하여 '신(新)성장동력육성'이라는 용어를 사용하며 첨단산업을 발전시키고 있다. 그러나 과잉부채, 생산성 향상 둔화, 노동인구 감소 등으로 이러한 산업육성이 쉽지 않다는 견해도 있다.

국내 소비는 최근 몇 년간 점진적으로 하향하는 추세에 있다. 이는 반부패와 정풍운동으로 음식숙박업 소비, 사치품 등 고급소비 관련 소매판매가 부진한 것도 작용을 한 것으로 파악된다. 올해는 중국정부가 경기부양책으로 증치세(부가가치세)와 사회보험료 인

中國財政經濟出版社, 1992. 9.
國家計委長期規劃和産業政策司 編著, 國民經濟和社會發展'九五'計劃和2010年 遠景 目標綱要 400 題解答, 北京 : 經濟科學出版社, 1996. 4.
國家計委政策硏究室編, 邁向2020年的中國, 北京 : 中國計劃出版社, 1997.9.
趙石寶, 中國市場概論, 北京 : 中國經濟出版社, 1990.6.
劉方棫, 九十年代中國市場消費戰略, 北京 : 北京大學出版社, 1994.
勵無畏, 轉型中的中國經濟, 上海 : 上海人民出版社, 1998. 8.
劉國光, 21世紀初的中國經濟增長, 中國工業經濟, 1999年第4期.
劉樹成, 中國經濟週期波動的新階段, 上海 : 遠東出版社, 1997.
羅德明, 中國經濟 : 運行與發展, 北京 : 社會科學文獻出版社, 1998.
沈坤榮, 中國經濟的轉型與增長 - 1978 - 2008年的經驗硏究, 南京 : 南京大學出版社, 2008.
郭鐵民, 中國經濟的發展與改革, 北京 : 社會科學文獻出版社, 2006.
秦海英, 新中國經濟學60年, 北京 : 中國財政經濟出版社, 2010.
王夢奎, 中國 : 經濟發展與社會和諧, 北京 : 人民出版社, 2006.
高連奎, 中國經濟未來十年, 北京 : 中華工商聯合出版社, 2012.
何干强, 當代中國社會主義經濟, 北京 : 中國經濟出版社, 2004.
Barry Naughton, 中國經濟 : 轉型與增長, 上海 : 上海人民出版社, 2010.
林毅夫, 中國經濟, 北京 : 中國財政經濟出版社, 2003.
陳佳貴, 2012年中國經濟形勢與豫測, 北京 : 社會科學文獻出版社, 2011.

王小廣, 政策趨向, 從抑制需要向刺激需求轉變, 中國工業經濟, 1998年第8期.
王小魯, 中國經濟增長的可持屬性與制度變革, 經濟硏究, 2000年第7期.
李曉西, 經濟形勢分析與豫測, 中國工業經濟, 1999年第1期.
馬建堂, 投資趨勢與投資政策, 中國工業經濟, 2000年第5期.
傅豐誠, 大陸經濟動向, 經濟前瞻, 2000年9月5日.
周添城, 從政企關係比較兩岸經濟發展策略, 中國大陸硏究, 42卷10期, 1999.10.
周紹朋, 拉動經濟增長需要處理好的幾個關係, 中國工業經濟, 2000年第1期.
洪淑芬, 大陸擴大內需與其外貿之關係, 中國大陸硏究, 42卷12期, 1999. 12.
胡培兆, 供求失衡的市場判斷, 中國經濟問題, 2000年第1期.
胡少維, 關于我國固定資産投資走勢的分析與豫測, 金融硏究, 1999年第12期.
高輝淸, 2000年第一季度工業景氣調査, 中國工業經濟, 2000年第3期.
祁京梅, 1998年我國地區經濟發展形勢比較分析和豫測, 未來與發展, 1998年 第1期.
金碚, 中國的新世紀戰略 : 從工業大國走向工業强國, 中國工業經濟, 2000年第5期.
國家統計局, 中華人民共和國1999年國民經濟和社會發展統計公報, 中國統計, 總第218期, 2000.3.
張偉, 淺議市場經濟條件下消費變化的趨勢, 市場經濟硏究, 1998年 第4 期.
楊西京, 中國消費品市場的特徵與前景, 財貿經濟, 1997年 第12期.
<供給政策與需求政策的關係>課題組, 加大供給結構調整政策在促進經濟增長中的作用, 中國 工業 經濟, 2000年第3期.

邊裕淵, 大陸的經改理論及成長來源之分析, 中共硏究, 34卷2期, 2000. 2.

逢錦聚, 1997年宏觀經濟形勢評析及1998年宏觀經濟走勢展望, 中國經濟問題, 1998年 第4期.

劉樹成, 中國經濟波動分析, 中國工業經濟, 2000年第5期.

劉立峰, 1997-1998年 : 固定資産投資形勢分析, 經濟管理, 1998年第2期.

景學成, 當前中國經濟運行狀況及今明兩年走勢, 金融硏究, 1999年第12期.

傅豐誠, 當前大陸經濟形勢的診斷與前膽, 經濟前瞻, 2000. 1.

邊裕淵, 大陸經濟發展轉換點之硏究, 中共硏究, 31卷4期, 1997.4.

傅豐誠, 中共建政五十年來的經濟發展, 中國大陸硏究, 42卷9期, 1999.9.

康四維, 以系統理論比較毛澤東的馬克思主義中國化與鄧小平的建設有中國特色的社會主義, 中共硏究, 29卷12期, 1995.12.

中國統計年鑑, 國家統計局, 北京 : 中國統計出版社, 1998.

Qiao Yu, "Capital Investment, International Trade and Economic Growth in China : Evidence in the 1980-90s, China Economic Review, Vol.9(1), 1998.

제 2부

중국의 산업

제5장 WTO가입 이전 중국 산업정책

1. 산업정책의 전개과정
2. 산업정책의 성과분석
3. 산업정책의 당면과제

산업정책이란 정부가 특정산업 활동이나 시장기제에 개입하여 자원배분을 효율화시킴으로써 자국의 산업특화를 목표하는 방향으로 유도하는 일련의 전략적 정책체계를 말한다.[1] 정부 주도의 산업화는 공업선진국을 목표로 경제개발을 추진하는 개발도상국에게는 필수과정이다. 중국은1979년 경제개혁과 대외개방이 시작된 이후 WTO 가입 이전까지 정부 주도의 산업화가 활발하게 전개되었다. 특히 공업부문에서 수많은 외국기업들이 막대한 자본과 다양한 기술을 가지고 중국으로 진출함에 따라 중국 산업이 급속히 발전하여 세계 제조업 생산기지로 부상했다. 중국정부도 선진 산업국가 실현을 목표로 발전계획과 정책을 수립하여 산업화전략을 적극 추진하고 특히 산업구조의 조정에 총력을 기울였다.

1. 산업정책의 전개과정

1) 계획경제시기

(1) 중공업 우선 발전

중국은 1949년 중화인민공화국을 건립 후, 경제체제 면에서 소련식 계획경제를 도입하고 발전 노선 면에서 스탈린식 경제발전모델을 추종했다. 이 모델의 특징은 고도경제발전을 위해서 중공업, 특히 철강과 기계공업에 집중적으로 투자하고 농업과 경공업의 희생을 바탕으로 중대형 자본집약산업의 발전을 추구하는 것이다.[2] 그래서 과거 중국 사회주의 계획경제하의 산업정책은 보편적으로 중공업 우선발전에 중심을 두고 추진되었다.

1) 김세원·안세영, 산업정책론, 박영사, 2003, 6쪽.

2) 鄭竹園,『中共經濟的診斷』, 台北, 聯經出版事業公司, 1985, 14쪽.

<표 5-1> 중국 기본건설투자의 투자구조변화

(단위 : 억 위안, %)

연도	총투자금액	투자비중				
		농업	경공업	중공업	에너지산업	운송통신산업
1·5기간	588.47	7.1	6.4	36.2	12.4	15.3
2 5기간	1206.09	11.3	6.4	54.0	17.1	13.5
1963-65	421.89	17.6	3.9	45.9	15.1	12.7
3 5기간	976.03	10.7	4.4	51.1	15.9	15.4
4 5기간	1763.95	9.8	5.8	49.6	17.6	18.0
5 5기간	2342.17	10.5	6.7	45.9	20.9	12.9
6 5기간	3410.09	5.1	6.9	38.5	20.4	13.3
7·5기간	7349.09	3.3	7.5	51.7	28.6	13.4
8·5기간	23584.31	1.1	6.0	44.9	24.9	19.8
9·5기간	56326.83	2.3	3.3	24.8	18.3	25.5
2001	14820.10	2.9	3.0	26.3	19.3	27.8
2002	17666.62	3.3	3.5	22.1	18.0	24.9

* 주 : 에너지산업은 전력, 석탄, 석유, 석유가공, 가스 등을 포함. 중공업은 에너지산업을 포함한 수치임.

* 자료 : 中國經濟年鑑 1986, Ⅲ-51, 52, 53쪽. 中國統計年鑑 1992, 158쪽
中國固定資産投資統計年鑑(1950-1995), 110-111쪽. 中國統計年鑑 1996-2003.

우선 1953년 중국정부가 처음으로 시행한 1·5계획(一五計劃 : 제1차 5개년 경제개발계획, 1953-57년)의 주요 특징을 살펴보면 정부가 농업잉여를 이용하여 공업 분야, 특히 철강, 금속, 기계, 화학, 에너지산업 등 중공업분야에 적극 투자한 것으로 나타났다. 이 시기의 기본건설투자의 투자구조를 살펴보면 농업, 경공업, 중공업 등에 대한 투자비율이 각각 7.1%, 6.4%, 36.2% 인 것으로 나타나는데 중공업 투자비중이 경공업에 거의 6배나 되는 것으로 보아 중공업에 과도하게 편중된 불균형투자가 전개된 것을 알 수 있다.

1958년부터 시작된 2·5기간(1958-62년)에도 철강생산을 위주로 하는 중공업육성전략이 적극적으로 시도되었다. 물론 이 당시 경제정책은 오병거(五並擧)[3] 균형발전을 시행하는 것으로 계획되어 있지만, 마오쩌둥(毛澤東)을 중심으로 하는 중국지도층이 좌경사상

3) 오병거(五並擧)는 공업과 농업, 중공업과 경공업, 중앙공업과 지방공업, 대형공업과 소형공업, 서양식 생산방식과 전통적 생산방식 등 5가지를 병행하여 발전시키는 것이다.

을 고취시키면서 대약진(大躍進)운동을 전개하여 거의 모든 인민들이 철강생산에 투입됨에 따라 중공업투자가 크게 증가했다. 이 시기의 기본건설투자액은 약 1,206 억 위안으로 1·5기간에 비해 2배가 넘고 중공업 투자비중도 54.0%로 가장 높은 수치를 기록했다. 그러나 이러한 대약진운동은 실패로 돌아가고 인민들은 가혹한 노동과 기근에 시달려 대략 3000만 명이 죽는 결과를 초래했다.

(2) 경제조정

이 당시 중국 경제위기를 구하기 위해 1963년부터 1965년까지는 류사오치(劉少奇), 덩샤오핑(鄧小平) 등 실용주의자들이 전면에 등장하여 중공업투자를 완화시키고 기본건설투자를 중지하거나 감소시키며 경제발전의 우선순위를 농업, 경공업, 중공업 등으로 하는 경제조정정책을 시행하였다.[4] 이에 따라 이 시기의 기본건설투자액은 약 422억 위안으로 대폭 감소하고 투자구조에 있어서도 농업비중이 17.6%로 대폭 확대된 반면, 중공업 비중은 45.9%로 감소하여 실질적인 경제조정이 이루어지게 되었다.

(3) 편중된 중공업 투자

경제조정이 성공한 후, 중국은 3·4기간(1966-70년)을 준비하지만, 1966년 마오쩌둥에 의한 문화대혁명(文化大革命)이 발생하여 이 계획은 공포되지도 못하고 사장되었으며 4·5기간(1971-75년), 5·5(1976-80년)도 마찬가지 결과를 가져 왔다. 그러나 이들 시기에는 전국적으로 좌경사상이 팽배되어 있어 중공업이 중시되었다. 1976년 마오쩌둥의 죽음과 사인방(四人幫)의 숙청으로 대권을 잡은 화궈펑(華國鋒)이 1978년 공업, 농업, 국방, 과학기술의 4개 현대화를 주장하여 10년 계획(1976-85년)을 세우고 산업발전을 추진했는데, 무리하게 외자를 도입하여 자본집약산업을 중점적으로 발전시키려고 했다. 그 결과, 1978년 기본건설 투자에서 중공업, 농업, 경공업 등의 투자비중이 각각 54.7%, 10.7%,

---

4) 邊裕淵, 大陸工業結構之變遷」,『大陸經濟改革與台灣經濟發展策略研討會實錄』, 台北, 時報文化事業有限公司, 1985, 340-341쪽

5.4%를 차지하게 되어 또다시 중공업에 과도한 투자가 이루어졌다. 따라서 중국 사회주의 계획경제시기에는 보편적으로 중공업에 편중된 투자가 이루어졌다.

2) 시장경제시기

(1) 농업과 경공업 우선발전

1979년 중국은 사회주의 계획경제시기에 30년간 공업발전을 추구했지만 인민생활 수준은 크게 개선되지 않았다. 경제체제는 물론이고 산업구조 또한 상당히 왜곡되어서 경제위기 상황에 처하게 되었다. 이에 덩샤오핑을 중심으로 구성된 중국지도부는 같은 해 4월 중앙공작회의(中央工作會議)를 개최하여 '조정, 개혁, 정돈, 제고'(「調整, 改革, 整頓, 提高」)팔자방침(八字方針)[5]의 경제정책을 시행하기로 결정했다. 여기서 조정(調整)은 산업구조의 조정을 의미하며 투자우선순위를 사회주의 계획경제시기와는 반대로 농업, 경공업, 중공업 순으로 두는 것을 말한다.

이에 대한 세부방침으로 1980년에는 중국 국무원에 의해 경공업발전을 위한 6가지 우선지원정책이 발표되는데, 주요 골자는 에너지와 원자재 공급, 설비와 시설개조, 은행대출, 기간산업건설, 외자도입과 기술인수, 교통운송 등 6가지를 경공업 부문에 우선적으로 지원한다는 것이다.[6] 1982년에 전국인민대표대회 5차 회의에서 통과된 6·5계획(1981-85년)의 주요원칙 중에는 산업구조에 관해서 농업과 소비재공업을 크게 육성하고 동시에 에너지, 교통운수 등 사회간접자본 시설투자를 강화한다는 내용이 포함되어 있다. 이 시기에는 농업, 경공업, 중공업 등 투자비중이 각기 10.5%, 6.7%, 45.9%로 5·5기간에 비해 농업과 경공업 투자비중이 비록 소폭 증가했으나 중공업 투자비중은 대폭 줄어든 것으로 파악된다.

---

5) 팔자방침이란 산업구조의 조정(調整), 경제체제의 개혁(改革), 적자기업의 정돈(整頓), 경제업무 효율의 제고(提高) 등 4가지 경제정책을 의미한다.

6) 羅德明,『中國經濟:運行與發展』, 北京, 社會科學文獻出版社, 1998, 311-317쪽.

<표 5-2> 중국 주요공업의 기본건설투자액과 비중의 변화

(단위 : 억 위안, %)

		1985년		1995년		2001년		2002년	
		투자액	비중	투자액	비중	투자액	비중	투자액	비중
광업·벌목	석탄	55.11	12.3	189.39	5.8	94.72	2.2	111.91	2.1
	석유, 가스	33.17	7.4	190.60	5.8	502.74	11.6	521.15	9.9
	철광			20.62	0.6	5.80	0.1	7.59	0.1
	비철금속			14.11	0.4	13.74	0.3	16.51	0.3
	비금속광물			13.89	0.4	5.66	0.1	6.82	0.1
	목재, 대나무 벌목	6.49	1.5	9.15	0.3	21.66	0.5	15.54	0.3
에너지·원자재	전력, 난방공급업	107.86	24.2	1124.15	34.7	1980.16	45.5	2458.61	46.9
	석유가공업			109.23	3.4	71.74	1.6	89.96	1.7
	화학공업	53.79	12.0	429.75	13.3	178.04	4.1	212.47	4.1
	비금속광물가공	27.38	6.1	126.99	3.9	64.17	1.5	115.01	2.2
	철금속압연가공	34.77	7.8	242.94	7.5	73.79	1.7	111.28	2.1
	비철금속압연가공	17.26	3.9	54.92	1.7	50.91	1.2	69.26	1.3
중공업	조립금속			15.64	0.5	32.76	0.7	61.67	1.2
	기계·장비	47.48	10.6	46.37	1.4	81.84	1.9	125.40	2.4
	운수장비			126.16	3.9	106.20	2.4	155.42	3.0
	전기기기			19.34	0.6	42.27	1.0	64.09	1.2
	전자·통신기기			70.26	2.2	298.57	6.9	322.41	6.2
	의료·정밀기기			5.70	0.2	12.96	0.3	45.71	0.9
경공업	식품제조업	17.49	3.9	82.08	2.5	81.57	1.9	128.32	2.4
	방직업	20.74	4.6	29.35	0.9	54.81	1.3	74.52	1.4
	의복봉제업	0.25	0.1	5.69	0.2	24.94	0.6	39.96	0.7
	피혁, 모피	0.64	0.1	2.88	0.1	14.73	0.3	23.59	0.4
	가구제조업			4.40	0.1	8.36	0.2	15.57	0.2
	제지업	3.38	0.8	27.31	0.8	44.69	1.0	34.57	0.6
	인쇄업			11.05	0.3	16.63	0.4	26.35	0.5
	의약공업			20.43	0.6	57.08	1.3	100.57	1.9
	화학섬유공업			38.90	1.2	28.57	0.6	32.35	0.6
	고무제품제조업			4.59	0.1	13.61	0.3	10.31	0.2
	플라스틱제조업			5.84	0.2	44.49	1.0	55.67	1.1

* 주 : 기본건설투자 금액에서 광공업부문 총 투자액은 1985년 446.49억 위안, 1995년 3236.34억 위안, 2001년 4349.88억 위안, 2010년 5236.37억 위안임.

* 자료 : 中國統計年鑑 1996, 2002, 2003. 中國固定資産投資統計年鑑(1950-1995)

(2) 기초산업의 강화

7·5기간(1986-90년)에서는 대외개방에 의한 외국기업의 중국진출로 가공업의 과열과 기반시설의 부족현상문제가 제기되어 에너지와 원자재공업을 발전시킴과 동시에 일반 가공업의 적절한 조정, 사회간접자본 시설투자 강화, 그리고 기계전자공업의 육성에 관한 내용이 포함되었다. 이 시기 기본건설투자의 투자구조를 살펴보면 원자재공업과 연관되는 중공업 투자비중이 대폭 늘어났는데, 특히 에너지산업에 대한 투자가 많이 증가했다.

이와 같이 경공업에 속하는 소비재공업의 육성은 동부 연해지역 대외개방에 의한 외국인투자 유치의 확대로 중국경제를 급속히 성장시키는 결과를 가져오지만, 한편으로는 에너지, 원자재, 교통건설 등 기초산업의 상대적인 부족현상으로 산업부문간의 불균형을 초래하고 지역간 산업발전 격차를 심화시키는 폐단을 가져왔다.

이 문제를 해결하기 위해 1989년 중국 국무원은 <산업정책의 요점에 관한 결정(關于當前産業政策要點的決定)>이란 정책을 발표했다. 주요 내용은 제조업을 장려업종(농업과 농기계, 경방직, 기초공업, 기계전자, 하이테크, 고부가가치 수출업종), 제한업종(저성능 기계전자, 에어컨 등 에너지 소모 상품, 국내 원자재 결핍의 고소비 상품, 자원낭비와 환경오염업종), 정지업종(무허가 비철금속광·탄광, 노대된 방식기계) 등으로 엄격히 구분하여 산업발전 우선순위를 정하며 에너지, 원자재, 교통건설 등 기초산업을 중점적으로 육성한다는 것이다. 또한 목표달성을 위한 정책수단에 있어서 계획, 재정, 금융, 세무, 물가, 대외무역, 공상행정관리(工商行政管理) 등 핵심부서들이 긴밀하게 협조한다는 내용이다.

8·5기간(1991-95년) 산업부문을 살펴보면 여전히 농업과 기초산업 육성이 강조되고 다만 지역간 불균형 발전을 해소하는 견지에서 내륙지역과 소수민족자치구 지역경제를 발전시킨다는 내용이 추가되어 있다.

(3) 산업지도목록과 기간산업

8·5기간 말에는 <자동차공업 산업정책(1994. 2)>, <1990년대 국가산업정책 요강(1994. 3)>, <외국인투자 산업지도목록(1995. 6)> 등 일련의 산업정책이 공포되어 구체적으로 시행됨으로써 기계, 전자, 석유화학, 자동차, 건설 등 기간산업으로 부상하게 되었다.[7] 이 시기 기본건설투자의 특징은 전반적으로 운송통신에 대한 투자비중이 19.8%로 대폭 증가하여 정책이 계획대로 반영된 점이다.

(4) 자본집약산업 육성

90년대 중반에 들어와서 중국의 산업발전이 노동집약산업에서 자본집약산업으로 전환되어 가는 시기로 진입히는데 이런 측면에서 9·5기간(1996-2000년)의 계획은 상당히 의미가 있다고 본다. 이 계획에서 산업구조와 관련되는 핵심내용은 산업구조 고도화로 1차 산업을 강화하고 2차 산업을 조정, 향상시키며, 3차 산업을 적극 육성한다는 것인데, 공업부문에 있어서는 여전히 에너지, 교통, 통신 건설 등 사회간접자본시설 투자가 강조되었다. 특별한 것은 기계, 전자, 석유화학, 자동차, 건설 등 5가지 자본집약산업이 경제성장을 이끄는 국가기간산업으로 지정되어 육성되고 제조업의 구조조정과 경영효율향상으로 국제경쟁력을 강화시킨다는 내용이 들어 있다는 점이다.

이 시기에 산업정책의 주요 조치로는 <외국인투자 산업 지도목록 개정(1998. 1)>, <국가가 중점적으로 발전을 장려하는 산업, 제품, 기술 목록(1998. 1 제정, 2000. 7 개정)>, <소프트웨어 산업의 가속 발전에 관한 정책(2000)>, <집적회로 산업발전의 장려에 관한 정책(2000)> 등이 있다. 중국 주요공업의 기본건설투자의 비중변화를 살펴보면 에너지·원자재산업에 대한 투자비중이 절반이상을 차지하며 전자와 통신설비 투자비중이 가장 빠른 속도로 확대되고 있음을 알 수 있다.

---

7) 김주영,『중국의 주요 산업별 육성전략과 시사점』, 한국수출입은행 조사자료실, 2001. 9, 2-4쪽.

3) WTO 가입 전후시기

90년대 말 공급과잉에 의한 국내경기 침체와 아시아 금융위기에 의한 대외부문 부진을 잘 극복한 중국경제는 21세기에 들어와서 중국의 WTO 가입으로 새로운 기회와 도전에 직면하게 되었다. 이런 측면에서 21세기에 시작되는 10·5기간(2001-2005년)은 상당히 중요한 시기가 아닐 수 없다.

이 시기의 공업구조와 연관된 계획을 살펴보면 우선 산업구조를 고도화하여 국제경쟁력을 강화시키는데 그 목적을 두고 있다. 즉 전통산업의 기술 개조를 통해 노동집약산업의 비교우위를 높이고, 또한 하이테크산업과 신흥 산업을 육성하며 정보화 구축을 통해 공업화를 촉진시키도록 하는 것이다.

이외에도 이전시기와 마찬가지로 농업부문과 지역균형개발이 포함되어 있는데, 특히 서부대개발이 국가 핵심 사업으로 계획되어 있어 지역간 경제력 격차를 줄이려는 중국정부의 강력한 의지를 엿볼 수 있다. 그리고 이 시기에는 석탄, 석유, 석유화학, 화학, 전력

철강, 금속, 기계, 자동차, 건자재, 경공업, 방직, 의약, 종이, 환경, 첨단기술 등 16개 주요 산업별 발전전략이 수립되고, 북경, 상해, 강소 등 각 지역별 10차 5개년 계획이 공포됨에 따라 이전보다 더욱 구체적이고 세밀한 계획이 마련되어 추진되었다.

<표 5-3> 중국 10·5기간 주요공업의 발전계획[8]

	공업	주요 업종	주요계획
시기별	전통산업	원자재: 정밀화공, 스테인레스, 시멘트, 비료, 약품, 냉열강판 기계장비: 선반, 제어기, 발전설비, 금속, ·석유화학플랜트, 도시교통설비, 종이, 방직기계 경공업: 고급종이, 신형가전, 화학섬유, 고급당면, 브랜드 의복, 농산물가공 건축: 건축설계, 건자재	· 전통산업 기술개선 · 외국자본, 기술 도입 · 품질개선, 에너지소모 · 환경경방지, 노동생산성향상 · 종합적인 교통건설 구축 · 에너지구조 개선
	하이테크산업	고속정보망, 집적회로, 디지털 전자, 광전자 소재, 인공위성, 신형로켓, 분사형 비행기, 컴퓨터, 정보통신, 생명공학, 한약	· 외국자본, 기술도입 · 벤처투자제도 완성 · 차스닥 시장건립
업종별	자동차산업	디이(第一), 동펑, 상하이 등 3대 자동차 위주로 구조조정	·2-3개의 대형 자동차 그룹 ·5-10개 자동차 부품 그룹
	석유화학산업	sinopec, petrochina 등 대형기업 위주로 구조조정	·정유공장 구조조정 ·일괄적 석유화학단지 조성
	철강산업	바오산, 안산, 우한, 서우강 등 대형철강기업 위주로 구조조정	·대기업의 생산집중도 상향 ·沿海, 沿江지역 시설확충
	첨단기술산업	정보통신, 디지털 전자, 항공우주, 생명공학 등 육성	·12개 프로젝트 추진 ·20개 전략적 부문육성

＊ 자료 : 10·5계획요강과 각 산업발전계획 정리

---

8) - 12개 프로젝트는 차세대 광대역 통신망, 0.25 미크론 이상의 집적회로, HDTV, 제3세대 디지털 이동통신 시스템, TV 위성 직접 중계시스템, 고속전철, 30-70인승 터빈 분사형비행기, 생명공학, 농업시범사업, 석탄액화가스, 고부가 선박, 석턴정화 기술 개발임.
- 20개 전략적 중점분야는 소프트웨어, 전자상거래, 정보 보안시스템, 디지털전자제품, 신형 액정 모니터, 전자부품 소재, 한약, 마이크로 전자재료, 신소재, 정보통신망, 공장자동화, 디지털 제어시스템, 첨단 교통시스템, 환경산업, 전지, 청정연료 자동차, 소규모 인공위성, 인공위성 응용산업, LCD기술 응용산업임

2. 산업정책의 성과분석

1) 공업성장

(1) 공업기업의 증가와 다양화

우선 공업기업의 수가 대폭 증가하고 소유제 구조도 다양해졌다. 1978년 공업기업의 수는 34.84만개에 불과한데 1999년에는 792.99만개로 크게 증가하고, 동년 국유기업과 비국유기업으로 연간 매출액 500만 위안 이상의 기업총수는 16.2만개에 달하고 2002년에는 18.16만개로 증가한 것을 알 수 있다. 또한 공업기업 소유제구조에 있어서 국유기업과 집체기업의 수가 점차 감소하는 가운데 주식합작제기업, 유한책임회사, 주식회사 등 새로운 기업형태와 민간기업, 외국인 투자기업이 점차 늘어나는 것으로 나타났다.

<표 5-4> 중국 공업부문의 변화

(단위 : 만개, 백억 위안)

	1952	1978	1985	1995	1999	1999#	2001	2002
<공업기업수>		34.84	518.53	734.15	792.99	16.20	17.13	18.16
국유기업		8.37	9.37	11.80		6.13	3.45	2.94
집체기업		26.47	174.21	147.50	165.92	4.26	3.10	2.75
민간기업			334.78	568.82	612.68	1.46	3.62	4.92
외상기업			0.17	5.40	6.23	2.68	3.15	3.44
<공업생산액>	3.49	42.37	97.16	918.94	1261.11	727.07	954.49	1107.76
국유기업	2.66	32.89	63.02	312.20	355.71	222.16	172.29	172.71
집체기업	0.11	9.48	31.17	336.23	446.07	124.14	100.52	96.19
민간기업	0.72		1.80	118.21	229.28	32.45	87.61	129.51
외상기업			1.17	107.22	200.78	189.54	272.20	324.59

* 주 : 1952-1999년 농촌공업기업까지도 포함한 전체공업기업, 1999#-2002년 국유공업기업과 연간매출액 500만 위안 이상의 비국유공업기업, 외상기업은 중국에 투자한 외국인투자기업으로 홍콩·대만기업도 포함

* 자료 : 중국통계연감 1984, 1986, 1999, 2002, 2003.

특히 2002년에는 연간 매출액 500만 위안 이상의 민간기업 수가 4.92만개로 이미 집체기업 수(2.75만개)와 국유기업 수(2.94만개)를 훨씬 초과하고 외국인 투자기업수가 꾸준히

증가하여 3.44만개에 달하며 주식합작제기업, 유한책임회사, 주식회사 수가 각각 1.02만개, 2.25만개, 5998개로 증가했다. 이런 상황은 중국정부의 강력한 기업개혁 실행으로 인해 많은 국유기업의 매각, 합병, 주식제 전환이 이루어지면서 국유기업은 감소하는 반면에, 시장경제의 발달로 많은 민간기업들이 탄생하고 또한 대중국 외국인 투자가 활발하게 전개된 결과로 볼 수 있다.

(2) 공업생산액 증가

공업생산액도 1952년에는 349억 위안에 불과하지만 1978년에는 4,237억 위안으로 증가하고 1999년에는 12.61조 위안에 달해 1978년의 30배 정도나 된다. 그리고 1978-2002년 까지 연평균 공업성장률은 11.72%에 달해 공업이 중국의 경제성장을 주도하고 선인차 역할을 해 왔으며 국민경제에서 중요한 위치를 차지하고 있음을 알 수 있다.

이러한 공업발전에 따라 중국 공산품은 세계시장에서 두각을 나타내고 있는데, 특히 석탄, 시멘트, 철제, 냉장고, 세탁기, 칼라TV 등 원자재와 가전제품 생산은 수년째 세계 1위를 차지하고 있으며 화학섬유와 발전량에 있어서도 세계2위를 차지하고 방직, 의류, 신발, 완구, 플라스틱 등 경공업제품에서도 절대적인 국제경쟁력을 갖고 있다.

2) 공업구조

(1) 경공업과 중공업 구조

우선 경중구조를 살펴보면 1·5기간 직전 1952년에는 중공업 비중이 35.5%에 불과하나 중공업 우선발전 전략의 시행으로 1·5기간이 끝나는 1957년에는 그 비중이 45.0%로 증가한 것을 알 수 있다. 다시 1962년에는 1958년부터 시작된 대약진의 영향을 받아 52.8%까지 증가하다가, 결국 1965년에는 경제조정의 영향으로 48.4%로 감소하게 되었다. 중공업 비중은 문화대혁명의 발생으로 다시 증가하기 시작하여 1978년에는 56.9%까지 상승하였으나 1979년부터 시작된 경제개혁과 산업구조 조정으로 1980년에는 52.8%로 다시 하강했다. 그러나 1990년대 중반에 들어와 기계, 전자, 화학 등 중공업 육성전략이 수립되면서 중공업 비중이 상승기미를 보이다가 2001년과 2002년에는 각각 60.6%, 60.9%로 이미 60%대에 진입하였다.

<표 5-5> 중국 공업구조의 변화

(단위 : 억 위안, %)

연도	공업생산 총액	경중구조		중공업구조		
		경공업	중공업	채굴업	원자재	가공업
1952	349(29.9)	64.5(23.5)	35.5(43.5)	15.3	42.8	41.9
1957	704(11.5)	55.0(5.7)	45.0(18.4)	14.6	39.7	45.7
1962	920(-16.6)	47.2(-8.4)	52.8(-22.6)	14.2	41.3	44.5
1965	1402(26.4)	51.6(47.7)	48.4(10.2)	11.2	39.7	49.1
1970	2117(32.6)	46.1(19.9)	53.9(44.3)	8.5	38.0	53.5
1975	3207(15.5)	44.1(13.2)	55.9(17.2)	12.1	35.1	52.8
1978	4237(13.5)	43.1(10.9)	56.9(15.6)	12.0	35.5	52.5
1980	4681(9.3)	47.1(18.9)	52.8(1.9)	11.3	37.8	50.9
1985	9716(21.4)	47.1(22.7)	52.9(20.2)	11.5	35.2	53.3
1990	23924(7.8)	49.4(9.2)	50.6(6.2)	9.5	34.3	56.2
1995	91894(30.9)	47.3(26.1)	53.0(34.9)	7.9	32.5	59.6
1999	72707(7.3)	49.2(4.9)	50.8(9.1)	10.0	39.4	50.6
2000	85674(17.8)	39.8(11.7)	60.2(22.2)	10.5	40.5	49.0
2001	95449(11.4)	39.4(10.4)	60.6(12.1)	9.2	40.4	50.4
2002	110776(16.1)	39.1(15.2)	60.9(16.6)	8.7	38.8	52.5

* 주 : 1952-1995년, 농촌공업기업을 포함한 전체공업기업 1999-2001년, 국유공업기업과 연간 매출액 500만원 이상의 비국유 공업기업. 괄호는 전년대비 증가율임.

* 자료 : 중국통계연감 1991, 56-57쪽 중국통계연감 2000-2003

(2) 중공업 내부구조

중공업 내부구조를 살펴보면 채굴업 비중은 1952년 15.3%로 출발하여 2001년 9.2%까지 대체로 하강추세에 있다. 한편 가공업 비중은 사회주의 계획경제시기에 대체로 증가추세를 보이고 1980년대 중반부터는 더욱 증가하여 8·5기간의 마지막 해인 1995년

59.6%에 달했다가 그 이후 2000년대 들어와서 대체로 50% 정도에 근접해 있다. 그리고 원자재 비중은 사회주의 계획경제시기에 대체로 하강추세를 보였는데, 1980년대 들어와서도 계속해서 하강추세를 보이면서 1995년에는 32.5%까지 축소되었다가 2000년대 들어와서 40% 정도로 확대되었다.

(3) 주요공업의 생산비중 변화

중국 주요공업 생산비중의 변화를 살펴보면 중공업분야에서 운수설비제조업, 전기기기제조업, 전자·통신설비제조업은 뚜렷한 증가추세를 보이는데, 특히 전자·통신설비제조업은 1985년 3.5%에서 2002년 10.2%로 확대되어 가장 빠른 속도로 영역이 확장되는 추세에 있다.

반면에 일반 및 공작기계업종은 1985년 11.0%로 중공업 부문에서 가장 큰 비중을 차지하고 있었는데 최근 전자통신업 등 새로운 공업부문의 발달로 밀려나는 추세에 있으며 2001년에는 6.1%로 그 비중이 감소되었다.

원재료·에너지 분야에서는 석유가공업이 1985년 2.5%에서 2000년 5.2%로 증가하여 가장 빠른 속도로 발전하고, 나머지 화학공업, 건자재제조업, 철금속압연가공업, 비철금속압연가공업은 크게 변동이 없다. 단지 철금속압연가공업의 비중이 1985년 5.5%에서 2001년 6%에 진입한 것은 우리가 눈여겨 볼 필요가 있다.

광업 분야에 있어서 석탄 채굴업은 그 비중이 점차 감소하는 추세에 있고 석유·가스 개발업은 1985년 1.9%에서 2001년 2.9%로 증가하여 발전하는 추세에 있다. 그리고 나머지 철광 채굴업, 비철금속 채굴업, 건자재 등은 크게 별다른 변화가 없다.

또한 경공업 분야에서 생산비중이 대체로 하향추세에 있다. 우선 방직업과 식품제조업은 1985년에 각각 16.3%, 11.3%로 그 생산비중이 가장 높아 그 당시 중국공업을 선도했는데 2002년에는 각각 5.7%, 6.1%로 감소하여 중공업 분야에 밀리게 되었다. 비록 제지업, 의약공업, 플라스틱제조업 등이 근소한 증가추세를 보이고 있으나, 나머지 경공업 업종은 생산비중이 축소되거나 아니면 별다른 변화를 보이고 있지 않다.

<표 5-6> 중국 주요공업생산액과 비중의 변화

(단위 : 억 위안, %)

		1985년		1995년		2001년		2002년	
		생산액	비중	생산액	비중	생산액	비중	생산액	비중
광업·벌목	석탄	193.75	2.3	1156.16	2.1	1531.28	1.6	1980.76	1.8
	석유, 가스	161.32	1.9	1428.46	2.6	2780.05	2.9	2756.59	2.5
	철광	14.68	0.2	111.93	0.2	191.03	0.2	225.46	0.2
	비철금속광물	34.39	0.4	322.17	0.6	419.15	0.4	463.90	0.4
	비금속광물	35.79	0.4	364.92	0.7	373.52	0.4	419.21	0.4
	목재, 대나무 벌목	41.88	0.5	164.93	0.3	112.12	0.1	111.63	0.1
에너지·원재료	전력, 난방공급업	272.73	3.3	2440.55	4.4	5087.70	5.3	5889.05	5.3
	석유가공업	211.32	2.5	2028.12	3.7	4587.76	4.8	4784.98	4.3
	화학공업	545.69	6.6	3819.79	7.0	6303.66	6.6	7220.05	6.5
	비금속광물가공	374.56	4.5	3018.36	5.5	4026.02	4.2	4557.04	4.1
	철금속압연가공	429.64	5.2	3660.22	6.7	5707.31	6.0	6492.36	5.9
	비철금속압연가공	185.33	2.2	1372.29	2.5	2369.17	2.5	2599.98	2.3
중공업	조립금속	233.28	2.8	1650.72	3.0	2852.27	3.0	3294.38	3.0
	기계·장비	912.30	11.0	4112.23	7.5	5857.58	6.1	7066.86	6.4
	운수장비	353.63	4.3	3303.28	6.2	6474.95	6.8	8359.27	7.5
	전기기기	361.14	4.4	2594.30	4.7	5481.07	5.7	6142.00	5.5
	전자·통신기기	291.56	3.5	2530.48	4.6	8990.25	9.4	11288.64	10.2
	의료·정밀기기			425.70	0.8	937.67	1.0	1089.62	1.0
경공업	식품제조업	940.59	11.3	5195.85	9.5	5725.58	6.0	6744.27	6.1
	방직업	1150.40	16.3	4604.00	8.4	5621.56	6.0	6370.79	5.7
	의복봉제업	199.29	2.3	1470.15	2.7	2596.25	2.7	2914.91	2.6
	피혁, 모피	76.54	0.9	974.41	1.8	1572.63	1.6	1801.46	1.6
	가구제조업	49.94	0.6	226.03	0.4	434.85	0.4	524.21	0.5
	제지업	147.22	1.8	1014.46	1.8	1804.28	1.9	2081.54	1.9
	인쇄업			411.59	0.7	726.03	0.8	825.56	0.7
	문교체육용품			371.06	0.7	680.72	0.7	782.08	0.7
	의약공업	142.71	1.7	961.26	1.7	2040.86	2.1	2378.44	2.1
	화학섬유공업	103.30	1.2	809.94	1.5	1022.49	1.1	1121.82	0.9
	고무제품제조업	144.45	1.7	619.88	1.1	893.82	0.9	1064.60	1.0
	플라스틱제조업	158.22	1.9	1127.65	2.1	2136.60	2.2	2487.92	2.2

* 자료 : 中國統計年鑑 1986,1996, 2002,2003

결론적으로 말해서, 중국의 공업발전패턴은 대체로 중국정부의 산업정책 변화에 따라 전환되어 왔다고 볼 수 있다. 즉 사회주의 계획경제시기에는 중국정부의 중공업 우선 발전전략에 따라 중공업 생산비중이 보편적으로 높았으나, 개혁개방초기에는 노동집약형 외국인투자 유치와 경공업 우선 발전 정책에 따라 식품공업과 방직공업을 중심으로 노동집약형 산업이 발전하여 중공업 생산비중이 줄어들고, 반대로 경공업 생산비중은 늘어나게 되었다.

그러나 90년대 들어와서는 원자재 공업의 발전수요 증가와 기계, 전자, 석유화학, 자동차, 건설 등 산업분야를 적극 육성하려는 중국정부의 산업정책 추진으로 전자·통신설비제조업, 전기기기제조업, 운수설비제조업, 석유가공업 등을 포함하는 중공업 생산비중이 빠른 속도로 증가하게 된 것이다.

3. 산업정책의 당면과제

1) 소비구조와 공업구조의 괴리

90년대 들어와서 중국의 산업구조가 노동집약산업 중심에서 자본기술집약산업 중심으로 점차 전환되어 가고 있지만 전환속도가 완만하여 빠른 소비변화에 부응하지 못함에 따라 고부가가치 제품에 대한 유효공급이 제대로 이루어지지 않고 전통적인 공업제품에 대한 공급과잉 문제가 발생했다.

90년대 초 방직과 가전제품 분야에서 시작된 공급과잉이 90년대 중반이후에는 철강, 석탄 등 원자재 분야까지 확대되었는데 1999년 상반기 조사된 통계에 의하면 조사대상 605종 상품 중 80%가 넘는 484종이 공급초과인 것으로 나타났다. 이러한 공급과잉에도 불구하고 고부가가치 제품은 국내생산이 부족하여 외국에서 수입하고 있는데 철강의 경우 비록 1.4억여 톤을 생산하는 철강대국이지만, 당시 국내에서 생산할 수 없는 긴급히 필요한 냉열강판, 스테인레스 강판, 석유전용관 등 10여종 800만 톤 정도를 수입했다.

2) 기술투자 미흡

고부가가치 제품의 생산은 산업기술의 발전을 통해서 이루어진다. 중국정부도 이점을 인식하고 기술도입과 산업기술개발정책을 추진하여 왔으나 투자가 아직 미흡한 실정이다. 통계에 의하면 기술개조투자가 전체 고정자산투자 중에서 차지하는 비중, 기술개조 투자 중에서 은행대출이 차지하는 비중, 기술개조 투자 중에서 공업항목이 차지하는 비중은 90년대 초부터 시작해서 줄곧 하향세에 있었다. 90년대 초에는 그 비중이 각각 18.6%, 41.4%, 76.2%나 되었는데, 1998년에는 각각 15.68%, 18.42%, 54.59%로 축소되었다.[9] 또한 1998년 R&D 경비가 GDP 중에서 차지하는 비중은 0.64%로 비록 개발도상국 0.45%보다 약간 높은 수준이지만 선진국의 1/5에 불과하여 상당히 미흡했다.

3) 자본집약산업 편중 문제

개발도상국이 선진공업국으로 변신하기 위해서는 노동집약산업 중심에서 벗어나 자본기술집약산업 중심으로 산업구조가 고도화되는 것이 급선무이지만, 중국의 경우 인구대국이라는 점을 고려하지 않을 수 없다. 중국은 세계에서 저렴한 노동력을 가장 많이 보유한 국가이다. 이러한 이유로 수많은 외국기업들이 중국으로 진출하고 있으며 저렴한 중국산은 국제시장 가격경쟁력이 높아 해외시장을 잠식해 왔다. 있다. 만일 중국이 급속한 산업구조의 고도화를 추진한다면 노동집약산업이 상대적으로 위축되어 실업문제가 더욱 가중되고 중국산 경공업제품의 국제경쟁력에도 영향을 미칠 가능성이 높다.

---

9) 胡剛,『論我國工業結構昇級與産業組織結構調整』,『工業經濟』, 2002.2, 29-30쪽

중국은 산업고도화 과정에서 산업기술에 대한 적극적인 투자로 자본기술집약산업을 육성하여 고부가가치 제품에 대한 유효공급을 촉진시키고 동시에 취업, 중국산 경공업 제품의 국제경쟁력 유지, 노동력 전이 등의 요소를 감안하여 노동집약산업도 함께 발전시키는 과제를 안고 있다.

4) 지역산업의 발전과제

(1) 지역산업의 낙후

중국 동부 연해지역과 내륙 중서부 지역간 소득격차가 크게 벌어진 가운데 중국정부가 서부대개발을 통해 내륙지역 경제개발을 추진하고 당해지역에 적합한 지역산업을 육성하는 것 또한 중요한 당면과제이다. 중서부지역은 사회간접자본 시설이 취약하고 신흥공업보다는 전통적 기초공업의 비중이 크고 제조업 산업기술수준이 낮으며 상품개발 능력이 현저히 떨어진다. 이 지역 공장들은 주로 철강, 기계, 석유, 석유화학, 의약 등 기초산업과 원자재공업과 관련된 것으로 정부의 계획경제하에 지어진 낙후된 공업기지에 위치해 있다.

지역별 제조업 통계에 의하면 동부 연해지역에 속하는 광둥, 장쑤, 저장, 산둥, 푸젠 등 5개 성(省)의 제조업이 전국에서 차지하는 비중은 1980년의 25.4%에서 1999년에는 48.8%로 무려 23.4%나 증가했으며, 반면에 중서부지역은 37.7%에서 27.1%로 10.6%나 감소했다. 이것은 개혁개방 이후 중국 제조업의 중심이 중서부지역에서 동부 연해지역으로 이전된 것을 의미하며 중국정부의 대외개방과 연해지역 개발전략 추진의 결과로 볼 수 있다.

(2) 중앙과 지방의 입장차이

이러한 지역간 경제력 격차를 축소하기 위해 중국정부는 10·5계획에 서부대개발을 포함시키고 막대한 국가자본을 투입하여 중서부지역에서 교통, 통신 등 사회간접자본 시설을 확충하고 있다. 이 기초시설을 바탕으로 어떻게 지역에 적합한 지역산업을 발전시키고 지역경제를 활성화시킬 것인가는 지방정부의 몫이다.

그래서 지방정부 입장에서는 투자항목이 노동집약산업이든, 자본기술집약산업이든, 사회간접자본시설 투자이든 가리지 않고 속히 외국인투자와 국내민간투자를 유치하여 지역공업을 발전시키려고 할 것이다. 그러나 중앙정부 입장에서는 전국적인 산업배치를 감안하여 원자재가 풍부한 중서부지역에는 지역특성에 맞는 공업을 발전시키려고 하기 때문에 서로 불협화음이 발생하게 된다.

물론 지역경제를 발전시키기 위해서는 지역특성에 적합한 산업에 집중적으로 투자하여 낙후된 시설을 개선하고 공업구조를 고도화하는 것이 원칙이지만, 중국의 경우 중서부지역, 특히 농촌에 있는 잉여노동력과 잠재적인 농촌시장을 감안한다면 노동집약산업을 병행하여 발전시키는 산업정책도 필요하다.

참고문헌

김용준 편저,『중국산업별 현황과 전망』, 서울, 성균관대학교 출판부, 2000
김익수,『중국의 공업발전전략과 산업정책』, 서울, 대외경제정책연구원, 정책연구 93-15, 1993
신태용,『중국의 산업정책 전개와 한중산업협력 방향』, 산업연구원, 연구보고서 373호, 1996. 2
유동길외,『공업화전략의 이론과 실제』, KIET 연구보고서, 1989
이경태,『산업정책의 이론과 현실』, 산업연구원, 1991
김주영,『중국의 주요산업별 육성전략과 시사점』, 한국수출입은행 조사자료실, 2001

江小涓,『中國工業發展對對外經濟貿易關係的研究』, 北京, 經濟管理出版社, 1993
李長明,『中國經濟發展研究』, 北京, 經濟管理出版社, 1997
李京文,『中國經濟 : "十五"豫測與21世紀展望』, 北京, 社會科學文獻出版社, 2001
李京文主編,『21世紀中國經濟大趨勢』, 沈陽, 遼寧人民出版社, 1998
呂東,『中國工業經濟的改革與發展』, 北京, 經濟管理出版社, 1992
吳敏一,『中國工業化理論和實踐探索』, 杭州, 浙江人民出版社, 1991
周叔蓮,『中國工業發展與改革』, 北京, 經濟管理出版社, 1992
周叔蓮主編,『中國產業政策研究』, 北京, 經濟管理出版社, 1990
孫久文,『中國地域經濟實證研究-結構轉變』, 北京, 中國輕工業出版社, 1999
鄭竹園,『中國經濟的診斷』, 台北, 聯經出版事業公司, 1985
馬洪主編,『中國發展研究』, 北京, 中國發展出版社, 1998
劉國光主編,『2000年中國 : 經濟形勢分析與豫測』, 北京, 社會科學文獻出版社, 2000
厲无畏主編,『轉型中的中國經濟』, 上海, 上海人民出版社, 1998
國家及各省區市國民經濟和社會發展"十五"計劃綱要編/國家發展計劃委員發展規劃司編,『新世紀初的發展藍圖』, 北京, 民族出版社, 2001
邊裕淵,『大陸工業結構之變遷』, 台北, 時報出版公司, 1985
王亞平,「"十五"期間我國重點傳統工業發展趨勢」,『工業經濟』, 2001年 第8期
胡剛,「論我國工業結構昇級與產業組織結構調整」,『工業經濟』, 2002.2
胡軍·向吉英,「轉型中的勞動密集型產業 : 工業化, 結構調整與加入WTO」,『工業經濟』, 2000.9
陳淸泰,「產業結構調整與老工業基地改造」,『工業經濟』, 2000年 第3期
陳波·王浣塵,「論產業政策的傳導機制」,『經濟評論』, 2001年 第1期
張銳,「中國工業產品結構的調整-從農村市場讀出來的思想」,『工業經濟』, 2001年 第1期
張宇賢,「中國汽車工業發展戰略選擇」,『工業經濟』, 2001年 第8期
張世賢,「工業投資效率與產業結構變動的實證研究」,『管理世界』, 2000年 第5期
周叔蓮·王偉光,「科技創新與產業結構升級」,『管理世界』, 2001年 第5期
曹建海,「加入世貿組織與中國工業發」,『管理世界』, 2001年 第6期
盛華仁,「加快工業改組和結構優化昇級」,『工業經濟』, 2001.1
歐新黔,「產業政策調整將六面出擊」,『經濟政策信息』, 2001年 第22期
龐躍輝,「西部工業結構的現狀與調整」,『工業經濟』, 2000年 第9期

魏后凱,「中國區域基礎設施與製造業發展差異」,『管理世界』, 2001年 第6期

國家計委宏觀經濟研究院課題組,「促進我國工業結構調整和産業升級研究-家用電器 和通信設備 製造業的啓示」,『管理世界』, 2001年 第3期

中國統計年鑑 2003

中國輕工業年鑑 2002

中國經濟年鑑 2002

中國對外經濟貿易年鑑 2003

井上隆一郎,『中國の企業と産業』, 東京, 日本經濟新聞社, 1996

丸山伸郎,『中國の工業化と産業技術進步』, 東京, 亞細亞經濟研究所, 1988

影山僖一,『通商産業政策研究』, 東京, 日本評論社, 1999

Baizhu Chen, Yi Feng, "Openness and trade policy in China An industrial analysis", China Economic Review 11, 2000

제6장 중국 산업구조 고도화정책

1. 산업구조 고도화정책의 배경과 방향
2. 산업구조 고도화정책의 평가
3. 산업구조 고도화의 문제점

WTO 가입 이후 중국은 수출지향형 성장전략과 점진적인 시장개방을 추진한 결과, 연평균 9% 이상의 고도성장을 이룩하여 세계 2위 경제대국으로 부상하고 대외무역과 외국인투자 유치에서도 세계 1, 2위를 차지하며 외환보유고는 세계1위로 3조 달러를 초과하는 놀라운 경제성과를 보여 주고 있다. 이러한 눈부신 성과는 중국의 산업구조 패턴이 경공업 위주의 노동 집약산업 단계에서 중화학공업위주의 자본기술 집약산업 단계로 급속히 전환되는 과정에서 나타난 결과물이기 때문에 중국정부가 추진한 산업구조 고도화정책과 관련하여 주의 깊게 살펴볼 필요가 있다.

1. 산업구조 고도화정책의 배경과 방향

1) 추진배경

(1) 9·5기간 산업정책의 의미

산업구조 고도화는 선진공업국 달성을 목표로 경제개발을 추진하는 개발도상국이 반드시 거쳐야 하는 관문으로 한국이나 대만 같은 신흥공업국의 공업화 사례에서 보는 바와 같이 공업구조가 경공업에서 중화학공업 및 첨단산업으로 고도화되어 가는 현상을 의미한다. 중국에서는 90년대 중반이후에 이러한 현상이 서서히 나타나기 시작하는데, 그런 의미에서 9차 5개년 계획(1996-2000년)의 수립은 상당한 의미를 가진다. 이 계획에는 산업구조 고도화와 관련하여 1차 산업을 강화하고 2차 산업을 조정, 향상시키며, 3차 산업을 적극 육성함과 동시에, 향후 15년간(1996-2010년) 수리, 에너지, 교통, 통신 등 기초시설과 기초공업의 건설을 계속 강화하며 기계, 전자, 석유화학, 자동차, 건설 등 5개의 산업을 국가기간산업으로 지정하여 육성하며 가공업을 조정, 향상시켜 국내외 시장경쟁력을 강화한다는 내용이 포함되어 있다. 기계, 자동차, 석유화학 등 중화학공업은 전후방 연관효과가 높기 때문에 중국정부가 산업구조 고도화를 달성하기 위해 선택한 것으로 파악된다.

(2) 산업구조 고도화의 지체

이러한 산업구조 고도화정책의 추진으로 9차 5개년 계획시기에는 전자통신기기, 전기기기, 정밀기기 등의 생산비중이 증가함에 따라 경공업의 생산비중이 감소하고 상대적으로 중화학공업의 생산비중이 증가한 것으로 나타났다. 그러나 이 시기에는 대외적으로 아시아 금융위기의 영향을 받으면서, 대내적으로 중국의 산업구조가 노동집약산업 중심에서 자본·기술집약산업 중심으로 전환되어가는 과정에서 전환속도가 급속한 소비구조의 변화에 부응하지 못하여 고부가가치에 대한 유효공급이 제때에 이루어지지 않았다. 이러한 대내외적 환경으로 인해 산업구조 고도화는 중국정부의 의도대로 순조롭게 진행되지 않은 것으로 판단된다.

(3) WTO 가입 준비

90년대 말 중국의 WTO 가입협상은 중국 산업정책의 방향을 바꾸는 중요한 계기가 된다고 볼 수 있다. 중국은 1999년 11월 관세인하와 대폭적인 시장개방을 전제로 미국과 WTO 가입을 위한 쌍무협상을 타결하면서 시장보호를 지향하는 산업정책의 추진이 어렵게 되었다. 그래서 당시에 전개된 국유기업의 개혁에 부응하여 산업정책의 초점이 산업의 구조조정에 집중되었는데, 1999년부터 3년 내에 적극적인 퇴출정책과 구조조정을 통해 국유기업의 적자문제를 해결한다는 목표까지 제시되었다.[1] 따라서 산업구조 고도화를 위한 정부정책이 종전의 인위적인 육성정책에서 시장경쟁을 유도하는 방향으로 전환된 것을 알 수 있다.

1) 지만수외, 〈중국의 산업고도화 및 기업성장의 현황과 시사점 : 중국 위협의 재평가〉, 《KIEP정책연구》 05-10, 2005. 12. 84-85쪽.

2) 10·5기간 산업정책

9·5기간에는 공산품의 공급과잉, 국유기업 개혁과 WTO 가입의 추진 등 국내외 상황이 변화하는 가운데 중국정부는 10·5계획(2001-2005년)을 수립하게 되는데, 2001년 3월 제9기 전국인민대표대회 4차 전체회의에서 통과된 <10·5계획(국민경제와 사회발전 10차 5개년계획)>에는 국내문제를 해소하고 시장개방을 대비한다는 목적이 잘 반영되어 있다.

(1) 10·5계획의 산업정책 방향

이 계획의 경제구조 조정 목표는 산업구조 고도화를 통해 국제경쟁력을 강화하여 2005년에는 산업구조 비중을 부가가치 기준으로 13%, 51%, 36%, 종업원 구성기준으로 44%, 23%, 33%로 향상시키며 GDP에서 R&D경비가 차지하는 비중을 1.5%(2000년 0.9%)로 늘리는 것이다. 이 목표를 달성하기 위해 시장지향, 기업주체, 기술진보 등 3가지 산업구조 고도화 방침이 마련되고 5가지 정책방향이 제시되었다.

첫째는 공업개조로 시장경제규범에 따라 투자방향을 인도하여 맹목적인 규모 확대와 중복건설을 방지하고 기술도입과 자주혁신을 결합하여 전통 산업의 개조[2]를 강화하며 나아가서 노동집약산업의 비교우위를 발휘하는 것이다.

둘째는 기업조직구조의 고도화로 전문화된 분업협력, 규모경제와 시장경쟁 매카니즘에 따라 대기업이 주도하고 대기업과 중소기업간 협력체계를 구축하는 것이다.

셋째는 하이테크산업의 발전으로 하이테크산업[3]과 신흥공업을 적극 육성하여 새로운 비교우위를 형성하는 것이다.

---

2) 경공업(고급종이, 신형가전, 화학섬유, 고급당면, 브랜드의복, 농산물 정밀가공); 원자재(정밀화공, 스테인레스, 냉열강판, 고급비료, 약품); 장비제조업(선반, 제어기, 기초부품, 신형발전설비, 석유·화학플랜트, 도시교통설비, 종이·방직기계, 건축업(건축설계, 건자재)

3) 고속정보망, 집적회로, 생명공학, 신형분사형 여객기, 신형로켓, 디지털전자, 신형액정 모니터, 광전자소재, 인공위성, 한약

넷째는 정보화를 통한 공업화로 컴퓨터와 네트워크 기술을 응용하여 관리체계를 향상시키는 것이다.

다섯째는 동북지역 등 노후화된 공업기지의 개조와 구조조정을 추진하는 것 등이다.

이 시기 산업구조 고도화 정책방향의 특징은 비교우위의 적극적인 활용을 강조하고 있다는 점에서 9·5계획에서 제시한 인위적인 산업육성전략과는 차이가 있으며 90년대 말 산업구조 고도화 정책의 변화를 그대로 반영한 것으로 볼 수 있다.

(2) 10·5계획 공업구조 조정

또한 2001년에는 산업구조 고도화 정책과 관련하여 국가경제무역위원회에서 <10차 5개년계획 공업구조 조정계획요강>(十五工業結構調整規劃綱要)가 발표되었는데, 전자정보, 기계장비, 자동차, 석유화학 등 자본기술 집약산업의 비중증가, 에너지 구조 고도화 및 서부 에너지 개발촉진 등을 제시하고, 연평균 공업성장률 약 9%, 2005년에는 기계전자제품의 수출비중이 약 50%, 첨단기술상품 수출비중을 20%로 확대시킨다는 구체적인 목표를 정하고 있다.

이에 따라 기계, 자동차, 야금, 비철금속, 정유, 석유화학, 화학, 의약, 석탄, 건자재, 경공업, 방직, 전력, 황금 등 14개 주요 산업별 발전정책이 수립되었는데, 구조조정과 외국인 투자 유치에 의한 산업발전이 주된 내용이며 종전보다 구체적이고 세밀한 계획이 마련된 것으로 파악된다.

<표 6-1> 중국 산업별 10·5계획의 주요 정책

구분	주요 정책 내용
철강	- 목표는 기술진보, 산업구조 고도화 및 기업 연합 재조직을 통한 구조조정 활성화, 자원배분 개선, 전문화된 분업 실현, 중복투자 방지, 규모의 효율성 및 경쟁력제고
자동차	- 외국선진업체와의 제휴를 활용하여 자동차기업의 2-3개 대형그룹화를 통한 산업구조 조정, 독자 기술개발 능력 제고, 부품산업의 질적 개선에 역량 집중 - WTO가입을 계기로 무역장벽 및 각종 규제를 완화, 소비수요 촉진
석유화학	- 구조조정을 통한 경쟁력 강화, 외자도입 등을 통한 자본경영의 강화 및 자산 건전성과 투자 수익률 제고, 기술혁신을 통한 석유화학의 육성
섬유	- 소재산업을 적극 육성하여 섬유소재 수출에서 경쟁우위 확보 - 대규모 재정지원을 통해 기술, 설비 선진화
조선	- 대형 조선소 중심의 통합화, 실적부진 조선소에 대한 구조조정 강화 - 벌커 등 일반상선에서 부가가치 높은 선박건조, 제품 및 기술수준 고도화
기계	- 기술개발과 구조조정을 통해 산업구조 고도화 추진 - 시장에 필요한 주요제품 발전, 국제경쟁력 갖춘 대형 기업그룹을 육성
시멘트	- 구조조정 강화(저급 품질생산의 소형공장 폐쇄), 신기술의 대형공장 건설 - 환경오염 방지 및 고품질 시멘트 수요에 부응하기 위해 기술개발 적극 추진
전력	- 60만 Kw급이하 발전설비에 대한 기술 국산화 실현 - 전력산업 기본법 정비와 행정절차 간소화 등 해외투자 유치를 위한 기반 마련 - 동부지역 신규발전소 건설, 서부전력 동부수송사업 지속 등 균형적 경제성장
의약	- 현대 바이오 기술육성, 한약 현대화, 원료의약품 경쟁력 강화 - 기술혁신 및 설비투자 세제지원, 첨단설비와 기술도입관련 관세삼면 - 중복, 과잉투자 억제 및 의약품 유통시장 점진적 개방
제지	- 외자유치를 통한 투자자금 확보, 기술도입을 통한 기술수준 향상

* 자료 : 한국산업은행 조사부, WTO가입이후 중국신산업정책과 대응방안, 2002. 1

이러한 산업구조 고도화정책의 추진상황은 업종별 투자증가율의 변화를 통해 살펴볼 수 있는데 10·5기간(2001-2005년) 전기기계, 일반기계, 수송장비, 석유화학 등 중화학공업의 투자증가율이 상승하는 추세를 나타내는 반면에 방직, 의류신발들 경공업의 투자증가율은 둔화되는 추세를 나타내고 있다.

(3) 자동차와 철강공업 발전정책

중국은 2004년에 신(新)자동차 산업 발전정책을 제정하는데, 그 이유는 종전의 자동차 산업정책에는 합작 사업 후 일정기간 내에 국산화율을[4] 이행하도록 요구하였으나, WTO 가입 이후 5년 내(2006년 이전)에 이를 폐지하거나 수정해야 하기 때문이다. 이 정책의 주요 내용은 2005년부터 모든 자동차와 그 부품에 대해 상표 등록을 의무화하도록 하는 것, 독자적인 자동차 기술개발을 위해 R&D 센터 설치를 적극 권장하는 것, 국제 경쟁력을 갖춘 수개의 기업(그룹)을 형성하는 것, 주식상장 자동차 기업에 있어서 외국인 법인 투자자의 지분 합계액이 중국측 대주주의 지분 합계액을 초과하지 못하도록 하는 것, 자동차 수입부품 조달이 40%를 초과할 때 완성차 수입과 동일한 관세를 부과하는 것 등이다.[5] 이 정책은 WTO 가입에 의한 시장개방이 추진되는 상황에서 중국정부가 외국기업으로 부터 자동차 산업을 보호하고 육성시키기 위해 수립한 조치로 풀이된다.

또한 2005년 4월에는 철강 산업정책을 발표하는데, 고도성장으로 인한 철강의 과잉생산과 철강기업의 구조조정 문제를 해결하기 위한 것으로 주요 내용은 구조조정과 합병을 통해 10대 철강사의 생산량을 현재 총생산의 35% 수준에서 2010년까지 50%, 2020년까지 70%로 끌어 올린다는 것과 연간 생산 500만 톤 이상의 철강업체들에 대해 외자가 50% 이상의 지분 소유를 금지하는 것이다. 이 정책은 상술한 철강 산업 10·5계획과 비교해서 구조조정의 연도별 목표를 구체적으로 지정한 점에서 중국정부의 구조조정에 대한 강력한 의지를 엿볼 수 있다.

---

4) 자동차 합작 생산기업은 국산화율이 1차년도 40%, 2차년도 60% 이었음.

5) 한국수출입은행 해외경제연구소, 〈중국 자동차산업 정책변화로 관련 진출기업 전략수정 불가피〉, 2004. 8. 13, 10쪽.

3) 11·5기간 산업정책

(1) 정책배경

이 시기에는 10·5기간 고도성장의 결과로 소득수준이 향상되어 유리한 경제적 환경이 조성된 면도 있지만, 고도성장의 부작용을 해소해야만 하는 불리한 면도 있었다. 2000년대 중반 중국은 경제와 대외무역에서 빠른 속도로 성장하여 GDP 기준으로 세계 5위, 무역총액 기준으로 세계 3위를 차지하며 경제대국으로 부상하였다. 이에 따라 국민소득과 소비수준이 크게 향상되어 산업구조 조정과 도시화를 촉진시킬 수 있는 유리한 환경이 조성되었다. 그밖에 WTO 가입이후 점진적으로 추진된 시장개방의 확대 또한 외국기업의 대중국 투자를 더욱 증대시키는 요인으로 경제성장에 유리한 작용을 하게 되었다. 그러나 경제성장의 부작용으로 나타난 심각한 빈부격차, 실업, 자원부족, 환경오염 악화 등의 문제점을 해결해야만 하는 상황에 처하게 되었다 .

(2) 정책방향과 발전방안

이러한 경제적 환경 속에서 중국정부는 11·5계획(2006-2010년)을 수립하게 되는데, 2006년 3월 제9차 전국인민대표대회 4차 전체회의에서 통과된 <11·5계획(국민경제와 사회발전 11차 5개년 규획)>에는 안정적으로 고도성장하면서 상술한 문제점들을 해결하려는 중국정부의 뜻이 반영되어 있다.

또한 산업구조 고도화의 목표는 산업, 상품, 기업조직 등의 구조를 합리적으로 조성하여 2010년에는 GDP에서 차지하는 서비스 비중을 부가가치 기준으로 43.3%(2005년 40.3%), 종업원 구성기준으로 35.3%(2005년 31.3%)로 향상시키며 GDP에서 R&D 경비가 차지하는 비중을 2%(2005년 1.3%)로 늘리는 것이다.

산업구조 고도화 정책과 관련하여 시장지향, 기업주체, 자주혁신 3가지 산업구조 고도화 방침 하에 노동집약산업의 경쟁우위 발휘, 상품구조, 기업조직 , 산업분포 등의 조정,

기술수준과 종합경쟁력의 향상 등 3가지 정책방향과 하이테크산업 발전[6], 장비제조업의 발전[7], 에너지공업 발전고도화[8], 원자재공업구조와 분포의 조정[9], 경방공업 수준의 향상[10], 정보화 추진 가속화 등 6가지 발전방안이 제시되었다.

11차 5개년 계획은 전체적으로 성장과 분배를 함께 중시하며 양에서 질로 전환하는 성장방식을 채택한 점에서 10·5계획과는 근본적으로 차이가 있다. 그러나 산업구조 고도화 방침과 정책방향에서 두 계획을 비교하면 내용면에서 별다른 차이가 없다. 단지 중요도면에서 11·5계획에서는 "자기혁신"을 중시하여 방침 안에 상향배정한 점, 발전방안에 있어서도 산업별로 자세하게 나열하고 에너지절약과 환경보호를 강조한 점, 에너지공업과 원자재공업 발전을 중시하여 각 항목으로 배정한 점 등에서 약간의 변화를 엿볼 수 있다.

---

6) 전자정보(집적회로, 소프트웨어와 신형부품, 광전기통신, 무선통신, 고성능컴퓨터, 네트워크설비); 생명공학(생물의약, 생물농업, 생물자원, 생물제조); 항공우주산업(신형 주력기, 대형 비행기, 헬리콥터, 첨단엔진·설비, 통신·항해·원격탐지 등 인공위성 및 그 응용); 신소재(특수기능소재, 고성능 구조소재, 나노소재, 복합소재, 환경보호 및 에너지 절약소재)

7) 자동차(엔진, 전자, 부품, 토종브랜드 승용차, 에너지절약, 환경보호, 신형연료를 사용하는 자동차개발); 조선(대형조선설비, 화물선, 유조선, 컨테이너선, 고부가가치의 신형선박과 해양기술장비)

8) 석탄(대형석탄기지 건설, 청결생산시스템 구축, 고효율 청정연소·연기탈황 개발, 석탄화공과 석탄액체연료개발); 전력(고효율 환경보호의 대형화력발전, 낙후된 소규모 화력발전 철거, 원자력발전소 적극 건설, 서전동송의 3대 송전선로와 전국 네트워크 연계); 석유(석유천연가스 시추능력 강화, 해외합작개발 확대, 석유비축기지 확장)

9) 금속(철강산업의 구조조정, 국제경쟁력 갖춘 철강그룹 육성, 알구미늄·납·구리·아연의 총량을 통제하고 정밀가공과 합금소재 발전, 희토류·텅스텐·주석·안티몬 자원보호하고 희토류의 첨단기술 산업에의 응용); 화학(석유화학산업 배치 재조정, 소형 저효율의 석유정제 장치 조정, 대형 에틸렌 항목으로 재배치, 기초화공원료와 정밀화공 발전, 오염도 높은 화공기업 폐쇄, 의약용 화학산업을 발전시키고 특수 원료약을 개발, 한약자원의 개발 강화와 한약자원기지 건설); 건자재(신기술의 대형공장 건설, 낙후된 공장 폐쇄, 에너지절약과 환경보호의 새로운 건축자재 개발)

10) 경공업(정보통신, 생명공학, 환경보호 등의 신기술을 이용하여 경공업 개조, 종이공업원료 조정, 식품공업의 정밀가공수준 향상, 가전, 플라스틱, 피혁 및 기타 경공업의 신상품 개발과 품질향상); 방직공업(방직공업의 기술함량과 자가브랜드 비중 제고, 고효율적이고 차별화된 환경보호 섬유와 재생섬유 개발, 비단과 천연섬유 개발)

(3) 산업구조 조정과 전략산업 육성

중국은 산업구조 고도화를 범정부 차원에서 강력히 추진하기 위해 2005년 12월 국무원 명의로 <산업구조 조정 추진에 관한 임시규정>과 <산업구조 조정 지도목록>을 제정, 발표하는데 여기에는 산업구조 조정의 중점내용 및 장려분야, 제한분야, 도태분야에 대한 구체적인 정책이 제시되어 있다.[11] 즉 3차 산업의 경우 장려업종이 311건으로 제조업(215건)보다 더 많고, 제조업의 경우 하이테크 산업일수록 장려산업의 비중이 높고 저위 산업일수록 제한 또는 도태의 비중이 높다.[12]

그밖에 연구개발과 기술혁신을 통한 첨단제조업과 소재산업의 육성, 전통제조업과 첨단제조업의 접목, 자원절약적, 환경친화적 생산구조 형성. 반도체. 항공기, 생명공학, 하이브리드 자동차 등 국가전략산업 육성 등 산업정책이 제시되어 있는데[13] 산업구조를 고도화하려는 중국정부의 의지가 잘 반영되어 있고 11차 5개년 계획의 산업정책과도 연관성이 있음을 발견할 수 있다. 특히 산업구조 고도화를 위한 핵심 수단이 자주혁신이라는 점에서 11·5규획의 산업구조 고도화 방침과 일맥상통하고 있음을 알 수 있다.

4) 12·5기간 산업정책

(1) 정책배경

중국은 베이징 올림픽, 상하이 엑스포, 광저우 아세안게임을 성공적으로 개최하였고 11·5규획에서 확정된 주요 목표와 임무를 원만하게 완성하여 세계 2위의 경제대국과 무역대국으로 부상했으나, 급속한 경제성장의 부작용인 심각한 빈부격차, 자원부족, 환경오염 악화 등의 고질적인 문제점은 이전과 마찬가지로 해결되지 않았고, 세계경제의 성

11) 정영수, 〈중국 산업정책의 변화 - 4가지 대응 포인트〉, KOTRA, 기획조사 06-053, 2006. 6, 4쪽.

12) 이문형, 《중국의 산업구조 고도화와 글로벌 전략》, 산업연구원, 2006, 31-33쪽.

13) 산업자원부 중국협력기획단, 〈'중국 산업구조 조정정책' 전문수록〉, 중국경제 기초정보 시리즈 제 2006-2호, 2006. 4.12, 5-7쪽

장변화에 따라 크게 영향을 받는 취약한 구조적인 문제점을 드러냈다.

(2) 정책방향과 발전방안

이러한 국내외 환경 속에서 중국정부는 12·5규획(2010-2015년)을 수립하게 되는데, 2011년 3월 제11차 전국인민대표대회 4차 전체회의에서 통과된 <12·5규획(국민경제와 사회발전 11차 5개년 규획)>에는 안정적으로 성장하면서 상술한 문제점들을 해결하려는 중국정부의 뜻이 반영되어 있다.

산업조정의 구체적인 목표수치를 설정하고 있는데, 2015년에는 GDP에서 차지하는 서비스 비중을 부가가치 기준으로 47%(2010년 43.0%)로 향상시키고 GDP에서 R&D 경비가 차지하는 비중을 2.2%(2010년 1.8%)로 늘리는 것이다. 내수확대의 걸림돌이 되는 낮은 도시화율을 제고하기 위해 2010년보다 4% 증가한 51.5%로 목표를 설정하고, 에너지 절감과 환경보호를 위해 단위 GDP당 에너지소모를 16% 낮추며 단위 GDP당 이산화탄소 발생률을 17% 낮추는 목표를 설정했다.

또한 최근 세계경제 침체로 새롭게 부각된 실업문제를 해결하기 위해 도시 등기 실업률을 5% 미만으로 억제하고 4500만 개의 도시지역 일자리 창출을 목표로 설정하며, 서민생활 안정을 도모하고 주택가격 상승압력을 낮추기 위해 앞으로 5년간 서민주택 3600만 호 건설을 계획했다.

<표 6-2> 중국 산업별 12·5규획

산업	주요 내용
농업	- 농업, 농촌경제 발전을 위한 4대 과제 제시 (공급보장, 수확확대, 기초확충, 지속발전) - 도농 격차 축소 및 공업화, 도시화 차원에서 추진
엔진니어링기계	- 시장규모 8500억 위안, 기중기시장 900억 위안으로 확대 - 샤궁(夏宮), 롱장(龍江) 등 11개 대형기업 육성
문화산업	- 시장규모 1조 5000억 위안으로 확대 - 문화산업의 발전방식을 내수 위주로 전환
철강업	- 구조조정, 에너지 절약, 오염물 배출 감소 - 낙후시설, 대대적 도태, 신기술 개발 강화
정보산업	- 산업구조 고도화, 내수확대, 3망 융합, 지능화 추진 - R&D센터 설립, 해외기업 인수 확대
자동차	- 2015년 자동차 보유량을 2010년의 2배 규모로 확대 - 이산화탄소 배출량 30% 감축
하이브리드 자동차	- 기술개발, 기술표준 가속화, 산업사슬 형성 추진 - 산업화 개발, 신비즈니스 모델 연구 노력
고급전력망	- 5년간 2700억 위안 투자(11·5규획의 13배 이상)
의약	- 산업화, 규모화, 집약화, 국제화 등 4화 추진 - 바이오의약 집중 육성, 기술제품 혁신, 표준강화
비철금속	- 알루미늄, 아연 등 10종 생산량 4100만 톤 내 통제 - 낙후시설 대거 도태, 대형기업 10개 육성
해양엔지니어링	- 5년간 3000억 위안 투자 - 해양석유가스 개발 및 관련 서비스, 시추설비 확충
석탄	- 강력한 구조조정 추진 및 신규진입 엄격 제한 - 대표적인 고투자, 고오염산업으로 신에너지화 전환
석유화학	- 2000만 톤급 정유생산기지 다수 확보 추진 - 100대 기업이 전체 산업의 2/3를 점유토록 대형화 추진
가전	- 백색가전은 에너지 절감, 중국 로컬기업 경쟁력 강화
제지	- 낙후기업 대거 도태, 생존기업 대형화 육성
교통운수	- 기초건설시설, 물류업, 에너지절감차량, 운수장비 - 전국적 지능형 교통망(ITS) 구축 추진
유통	- 국유 상업자본 시장지배력 강화 추진 - 브랜드, 지재권, 국제경쟁력 갖춘 대형업체 30개 육성

* 자료 : 國家發展和改革委員會, 工業和信息産化部, 商務部

이 기간 중에 고부가가치 산업발전과 관련해서 제조업의 핵심 경쟁력을 향상시키고 전략적 신흥 산업을 육성하기 위해 18개 핵심산업과 7대 신흥전략산업이 선정되었다.

18개 핵심산업에는 농업, 엔진니어링기계, 문화산업, 현대식 서비스업, 철강업, 정보산업, 자동차, 하이브리드자동차, 고급전력망, 의약, 비철금속, 해양엔지니어링, 석탄, 석유화학, 제지, 교통운수, 유통 등이 포함되며 이들 업종에는 에너지절감과 친환경 원칙이 공통으로 적용된다.

7대 신흥전략산업은 에너지절약형 환경보호, 신정보처리기술, 바이오, 첨단장비제조, 신에너지, 신소재, 신에너지 자동차 등이다. 중국정부는 세수 및 금융관련 지원을 늘려 민간자본의 투자를 유도하고 '외국인 투자 지도목록'을 수정해서 외국 자본의 신흥전략산업 투자를 장려할 계획이다.

12차 5개년 규획은 전체적으로 성장과 분배를 함께 중시하며 양에서 질로 전환하는 성장방식을 강조한 점에서 11·5규획과는 큰 차이가 없다. 그러나 12·5규획에서는 목표 달성을 위해 '내수확대'라는 새로운 정책을 제시한 점, 환경보호 목적을 달성하기 위해 목표수치에 'GDP 단위당 이산화탄소 배출량' 항목을 추가하는 등 구체적인 정책을 제시한 점에서 약간의 변화가 있다고 볼 수 있다.

(3) 산업발전전략

12·5규획이 시작된 2011년부터 2015년까지 중국에서는 성·시(省·市)별, 업종별 12·5규획이 지속적으로 발표되어 왔다. 업종별로는 농업, 철강업, 조선업, 첨단장비제조업, 전자정보제조업, IT·소프트웨어, 의약산업, 중의약, 바이오산업, 생물산업, 신소재, 에너지발전, 에너지절약·환경보호, 태양광산업, 서비스, 금융업, 국내무역, 문화산업, 고령산업 등에 관한 개별적 12·5규획이 제시되었고, 신흥전략 산업발전 12·5규획도 발표되었다.

중국 국가발전개혁위원회는 2011년 수정을 거쳐 새로운 '산업구조 조정 지도목록(2011년 본)'을 발표했는데, 장려항목 750개, 제한항목 750개, 도태항목 426개 등 총 1, 399개 조로 이루어진 지도목록은 전략적 신흥산업 발전과 자주혁신, 그리고 생산시설 과잉산업

<표 6-3> 중국 7대 신흥전략산업의 핵심 육성부문

산업	주요내용	주관부처
에너지절약형 환경보호	- 자동차, 가전 등 에너지절약 및 혁신강화 - 철강·공업부문 낙후설비 도태, 구조조정	발전개혁위원회
신정보기술	- 3망(전신, 컴퓨터, TV네트워크) 융합 - 고성능 집적회로 및 하이테크 S/W개발	공업신식부
바이오	- 바이오농업, 바이오제조업, 바이오헬스	발전개혁위원회
첨단장비제조	- 궤도교통시설, 해상석유가스 엔지니어링, 첨단선반, 공작 및 절삭기계류 개발	공업신식부
신에너지	- 태양광, 풍력, 바이오소재, 핵융합, 지열	발전개혁위원회
신소재	- 나노 중심의 신소재, 복합소재 응용	공업신식부
신에너지 자동차	- 전기자동차, 하이브리드카, 태양력자동차, 수소에너지 자동차	공업신식부

* 자료 : 國家發展和改革委員會

에 대한 제한과 유도에 역점을 두었다. 장려항목에는 산업업그레이드 차원에서 신에너지, 도시레일교통장비, 종합교통운송, 공공안전과 비상제품 등 14개 부류가 추가되었고, 서비스업 발전차원에서 현대서비스업, 금융서비스업, 기술서비스업 등 7개 부류가 신설되었으며 서비스업 장려항목 112개로 늘어났다.

또한 전략적 신흥산업 육성과 자주혁신을 반영하기 위해 중대장비 자동화제어시스템, 고속 정밀베어링, 레일카 교류전력 구동시스템, 신에너지자동차 핵심부속품, 해양공학 전용작업선, 해양공학 장비 등을 장려류에 포함시켰다.

이 위원회는 2011년 상무부와 공동으로 '외국인투자 산업지도 목록(2011년 수정)'을 발표했는데, 고 오염, 고에너지 소비, 자원소모형과 거시조정 업종은 종전대로 엄격하게 제한하고 고급 장비제조, 전략적 신흥산업, 서비스업은 미래 외국인 투자 장려분야로 설정했다. 전략적 신흥 산업으로는 신연료자동차 핵심부품 제조와 차세대 인터넷 시스템 설비가, 서비스업으로는 자동차 충전소, 벤처투자기업, 지적재산권 서비스, 해양석유오염처리 기술서비스, 전문기능훈련 등 9가지가 장려항목으로 추가되었고 의료기관, 금융리스회사 등은 외국인 투자 제한항목에서 허가항목으로 변경되었다.

(4) 중국제조 2025

중국 국무원은 2015년 5월 '중국제조 2025'를 발표하는데[14], 그 이유는 그동안 제조업이 국민경제 발전에 있어 중요한 원동력을 제공해 왔으나, 질적 성장 측면에서 여전히 발전국가에 비해 낙후된 수준에 머물러서 자주혁신 역량이 부족하고 핵심기술 및 첨단설비 분야에서 높은 대외 의존도를 보이고 있으며, 기업 중심의 제조업 혁신 시스템의 개선이 시급하기 때문이다.

이 정책의 주요 내용으로 1단계(2015-2025) 세계 제조업 강국 수준에 진입; 2단계(2026-2035) 세계 제조업 강국 중에서 수준을 중 등 이상으로 제고; 3단계(2036-2045) 세계 제조업 강국에서의 선도적 지위 확보 등 단계적 목표가 제시되어 있고 제조업의 혁신능력 제고, 기초역량 강화, 구조조정과 최적화 추진, 국제화 발전 수준 제고, 제품의 품질 및 브랜드 구축 강화, 녹색제조의 전면적 추진, 10대 중점분야의 획기적인 발전 추진, 서비스형태 제조와 생산성 서비스업의 적극 발전 추진, 정보화와 공업화의 심층 결합 등 9대 주요임무, 그리고 5대 중점과제와 10대 중점 산업분야 등이 포함되어 있다.

(5) 인터넷플러스(인터넷+)

중국정부는 세계 최대의 인터넷 및 모바일 인구를 갖고 있는 장점을 적극 활용하여 인터넷과 제조업을 융합하고 정부·공공·금융 부문을 인터넷과 연결하기 위하여 2015년 7월 '인터넷 플러스 행동계획'을 발표했다. 인터넷 플러스는 모바일, 클라우드 컴퓨팅, 빅데이터, 사물인터넷 등 인터넷 기술과 전통산업간의 융합을 통해 신종 업종을 육성하는 전략으로 창업, 제조업, 농업, 스마트에너지, 금융, 공공서비스, 고효율 물류시스템, 전자상거래, 원활한 교통체계, 녹색 생태계, 인공지능 등 11개 중점 분야와 인터넷을 결합하여 국가경쟁력을 제고시키며 인터넷강국으로 나아가는 중국정부의 야심찬 계획이다.

---

14) 대외 경제정책연구원 북경사무소, 중국제조 2025 문건의 내용 및 평가, 2015. 06. 18.

<표 6-4> '중국제조 2025'의 5대 중점과제

프로젝트 분류	세부내용
제조혁신능력센타	- 차세대정보기술, 스마트제조, 신소재, 바이오의약 - 산업기초 및 핵심기술 R&D, 인재개발 - 2020년까지 약 15개, 2040년까지 40개 건설예정
스마트제조	- 주요 제조공정의 스마트화 및 로봇 대체 - 생산공정 스마트 컨트롤, 공급사슬 최적화 - 중점분야 스마트 공장 및 디지털작업 현장 건설
공업기반 강화	- 인센티브 및 리스크에 대한 보상매커니즘 구축 - 핵심 기초부품, 선진공업, 기초재료 사용에 대한 지원 - 4대 공업기반 연구센타 설립, 공공서비스 플랫폼 - 2020년까지 핵심기술 부품 및 기초소재 40% 국산화 실현
친환경제조	- 전통제조업 에너지효율 제고, 수질오염 방지, 자원순환 이용 - 2020년까지 1000개 친환경 시범공장 및 100개의 시범단지 건설, 중점 업종 주요 오염물질 배출강도 20% 하락, 2025년까지 친환경 제조분야 세계 선도적 지위 확립
첨단설비	- 대형 항공기, 항공기 엔진, 가스터빈, 에너지 절감형 및 신에너지 기차, 해양프로젝트 설비 및 최첨단 선박 등 중점분야 혁신 - 2020년까지 상기 분야 자주 R&D 및 기술응용 실현, 2025년까지 첨단설비 시장내 보유 지식재산권 확대, 기초조립기술 역량강화

※ 國務院, <中國製造2025>

5) 13·5기간 산업정책

(1) 산업구조 고도화

13·5규획(2016-2020)은 시진핑 정부의 핵심정책이자 '20년 샤오캉(小康 중산층사회) 사회건설을 위한 마지막 5개년 경제규획이라는 점에서 정치경제적으로 의미가 크다. 이 기간 동안 연간 GDP 성장률을 6.5% 이상으로 유지하고 서비스업의 GDP 비중을 2020년까지 56% 수준으로 확대한다는 기본 목표를 설정하고 있다. 또한 서비스업의 질적인 성장

도모로 인해 질적 수준을 향상시키고 제조업 구조조정에 따른 노동력을 흡수하는 계획도 포함되어 있다.

<표6-6> 중국 13·5 규획의 주요정책

<산업정책> 중국제조2025, 전략적 신흥산업, 서비스업 육성 - 6대 신흥산업 : 차세대정보기술산업, 신에너지자동차, 생명과학, 친환경, 첨단설비제조 및 원자재 데이터 혁신 (12.5규획 계속) - 12대 전략적 신흥산업 : 첨단반도체, 로봇, 첨단소재, 차세대항공설비, 공간기술 종합서비스, 스마트교통, 스마트의료, 고효과 에너지저장분포관리시스템, 고성능에너지절약 및 친환경산업, 선진화공플랜츠장비 (13·5규획 신규) - 서비스업 질적성장 도모 : 제조업 구조조정에 따른 노동력 흡수 필요, 생산성 서비스업 전문화, 생활형 서비스의 고품질화, 관광업 발전, 교육, 의료, 문화, 인터넷, 물류 등 서비스업 영역 개방확대
<과학기술정책> 과학기술프로젝트와 정보화 - 6대 과학기술 프로젝트 : 항공엔진, 심해통신시설, 양자통신, 뇌과학, 인공지능, 우주기술 - 9대 대형공정 : 종묘산업, 석탄청정, 스마트그리드, 통합네트워크, 빅데이터, 스마트제조업 및 로봇제조업, 신소재개발, 징진지환경, 건강보장 - 정보화 : 광대역보급, 사물인터넷, 클라우드컴퓨팅, 빅데이터, 국가 행정정보화, 전자상거래안전, 네트워크안전
<기타주요정책> - 신형도시화 지속추진, 도시화정책추진(호적제도, 녹색도시, 주택공급) - 친환경 : 풍력, 탱양광, 세일가스 등 신에너지 개발과 신에너지자동차, 환경보호세 - 개방확대 : 자유무역시범구 확대, 일대일로, 서비스업 외자규제 완화, 다자간 무역협정 추진 - 금융개혁 : 금리 자유화, 자본시장 개방, 위안화 국제화 지속 실시

* 자료 : 國家發展和改革委員會

이 밖에도 중요한 산업정책으로 '중국제조 2025'를 포함한 산업 업그레이드를 그대로 추진하고 12·5규획기간 추진했던 신에너지 자동차 등 6대 산업을 한층 더 발전시키는 한편, 12대 전략적 신흥산업을 추가로 지정해서 향후 전략적 신흥산업의 부가가치가 GDP의 15%에 도달케 한다는 세부 목표를 설정하고 있다.

(2) 산업구조조정

중국 국무부는 2013년 철강, 시멘트, 유리, 조선 등 업종의 심각한 과잉생산능력 문제를 해결하기 위해 이들 산업에 속한 기업들을 구조 조정하는 정책을 발표한 적이 있다. 그러나 2016년에 와서도 철강의 과잉생산 문제가 여전히 심각한 상태로 남아 있어서 다시 발표되고 새롭게 추가된 석탄업종 또한 에너지절감과 대기환경오염으로 인해 과잉생산능력이 심각해지자 국무부는 이 업종의 과잉생산능력을 해결하는 정책을 발표하게 되었다. 정책의 주요 골자는 이 업종의 신규투자를 엄격하게 통제하거나 금지하고 기술, 환경보호, 에너지소모, 규모 등이 표준에 부합하지 않으면 퇴출시킨다는 내용이다.

2. 산업구조 고도화정책의 평가

1) 양적 성장과 산업구조 고도화

WTO가입 이후 중국은 제조업의 규모가 양적으로 크게 성장하였다. 통계자료에 의하면 2017년 제조업매출액은 101조 9597억 위안으로 2000년 7조 1701억 위안의 14배에 해당한다. UN통계자료에 의하면 2016년 중국 제조업 부가가치는 3조 799억 달러로 전 세계의 24.5%를 차지하는데, 이는 세계 제2위인 미국 2조 1830억 달러보다 훨씬 초과한 수치이며 미국과 세계 제3위인 일본을 합한 것과 비슷한 수치이다. 또한 제조 업종별로는 500종의 주요 공업제품 중 220여 종이 세계 제1위를 차지하고 있다. 특히 방직, 의류, 석탄, 시멘트, 철강, 기계, 자동차, 가전, IT 등의 공업제품에서 세계 제1위의 생산량을 차지하고 있다.

중국정부의 산업구조 고도화정책 추진에 따라 산업구조가 크게 개선되었다. 산업구조의 변화를 살펴보면 2005년에는 부가가치 기준으로 1차와 3차 산업에서 목표수치를 초과 달성하여 산업구조가 많이 개선되었다. 12·5규획기간(2011-2015)의 3차 산업인 서비스업 부가가치 비중 목표는 47%인데 2015년 서비스업이 차지하는 비중은 50.2%로 초과 달성했다[15].

<표 6-7> 중국 산업별 GDP 구성과 취업구조의 변화

(단위 : %)

	GDP 구성			취업구조		
	1차산업	2차산업	3차산업	1차산업	2차산업	3차산업
1995	19.9	47.2	32.9	52.2	23.0	24.8
2000	15.1	45.9	39.0	50.0	22.5	27.5
2005	12.1	47.5	40.5	44.8	23.8	31.4
2010	10.1	46.8	43.1	36.7	28.7	34.6
2015	8.9	40.9	50.2	28.3	29.3	42.4
2017	7.9	40.5	51.6	27.0	28.1	44.9

* 자료 : 중국통계연감 2018

최근 서비스업은 인터넷과 연관되어 새로운 업태가 등장하면서 빠르게 발전하고 있다. 2013-2016년까지 서비스업 부가가치 연평균증가율은 8.0%로 GDP성장률보다 0.8% 높으며 2016년 전자상거래 규모는 29.2조 위안에 달한다. 13·5규획기간 서비스업 부가가치 비중 목표를 56%로 잡았기 때문에 서비스업이 더욱 빠른 속도로 성장할 것으로 판단된다.

2) 중화학공업과 첨단산업 발전

10·5기간 중화학공업의 비중이 크게 확대된 것으로 나타나는데, 특히 철강, 유색금속, 자동차, 전자통신설비 등 업종들이 급속한 성장을 보이면서 전체 공업성장에 대한 기여

15) 세계은행 자료 : 2016년 GDP대비 서비스업 부가가치 비중은 미국 77%, 일본 68.8%, 독일 61.9%, 한국 53.7%, 세계평균 65.1%

도가 모두 50%가 넘어섰다. 이와 같이 중화학공업이 빠른 속도로 성장한 주요 원인은 첫째 투자율[16]이 36% 이상을 유지함으로써 개혁개방 이후 투자율이 가장 높은 시기라는 점이다. 둘째는 고정자산투자의 대부분이 교통, 에너지, 경제기술개발구, 부동산, 기업의 설비변경에 사용되었는데, 그 가운데 60%의 투자자금이 에너지, 원자재, 기계설비 등의 구매에 사용되어 중화학공업제품에 대한 왕성한 수요가 형성된 점이다. 셋째는 중국인의 소비구조가 생활용품에서 주택과 자동차 구매로 전환되면서 중화학공업제품에 대한 수요가 증가한 점이다. 넷째는 도시화가 급속도로 진행되는 가운데 옛 시가지와 도시개발, 인프라 구축에 필요한 강재와 건축자재의 수요가 증가한 점이다.

이러한 중화학공업의 발전은 <표6-8> 중국 제조업의 비중변화를 통해 업종별로 구분해서 살펴볼 수 있는데, 정보통신, 수송기계, 전기기기 등 자본기술집약형 산업의 비중이 상당히 증가한 것으로 나타나고 있다.

첨단산업[17]의 발전 또한 11차 5개년 계획시기를 통해 빠르게 이루어졌다. 이 시기 첨단산업의 연평균 성장률은 17.2%이고 2010년 첨단제품 수출액이 총 수출액에서 차지하는 비중은 31.2%로 2000년(14.9%)에 비해 상당히 늘어났다.

특히 전자 및 통신설비 분야에서 핸드폰, IP교환기, 소형컴퓨터, 모니터, 컬러TV, DVD 등의 제품수출량은 세계선두그룹에 속해 있으며 첨단제품 수출이 세계에서 차지하는 비중은 이미 6%를 초과했다. 2017년 현재 첨단제품 수출액이 총 수출액에서 차지하는 비중은 29.5%로 전년대비 0.8% 늘었으나 2010년에 비해 약간 줄어든 상태에 있다.

---

16) 자본형성율로써 자본형성(고정자산투자)이 GDP에서 차지하는 비중임. 2001-2005년까지 각각 36.5%, 37.9%, 41.0%, 43.2%, 42.7%임. 中國統計年鑑 2007.

17) 유엔이 제정한 산업분류기준에 따르면 중국의 의약제조업, 항공 및 우주설비 제조업, 전자 및 통신설비 제조업, 컴퓨터 및 사무설비 제조업, 의료설비 및 의료기기 제조업 등은 첨단산업으로 분류됨.

<표 6-8> 중국 제조업의 비중 변화

(단위 : %)

	1995	2000	2010	2017
음식료품·담배	16.9	11.1	10.0	7.7
방직업	8.7	6.8	4.7	4.3
제지출판	2.6	2.9	2.3	1.5
석유가공	6.5	5.9	4.8	5.0
화학원료	10.2	7.6	7.9	6.3
의약제조	2.3	2.4	1.9	2.5
화학섬유	1.3	1.6	0.8	0.8
플라스틱·고무	1.8	3.6	3.2	1.9
비금속가공	4.7	4.9	5.3	3.0
철강제조	12.0	6.3	8.5	7.2
유색금속가공	3.6	2.9	4.6	5.2
조립금속	1.1	3.4	3.3	2.1
기계장비	8.7	7.0	9.3	5.6
수송기계	8.1	7.1	9.1	11.3
전기기기	2.8	6.4	7.1	6.5
전자통신	3.0	10.2	9.0	12.8
정밀기기	0.7	1.2	1.3	0.8

* 주 : 각 연도 공업총생산액 기준(2017년만 공업제품매출액 기준), 음식료품 담배 항목은 농식품 가공업을 포함.
* 자료 : 중국통계연감, 각년도판. 中華人民共和國國家統計局(www.stats.gov.cn)

3) 자동차·로봇산업 발전

중국은 급속한 경제발전으로 2009년부터 세계 제1의 자동차 생산국이자 소비국으로 성장했다. 중국의 자동차산업은 1956년 소련의 원조 하에 건설된 디이자동차(第一汽車)를 시작으로 80년대 개혁개방 이후 글로벌 자동차기업들과 합작으로 승용차 위주의 생산을 하면서 지속적으로 발전하여 자동차를 해외로 수출하고 전기차를 생산하는 단계에 이르렀다. 2017년 중국 자동차 생산규모는 2,900만대 정도로 유럽 2,000만대, 미국 1700만대와는 큰 차이가 있으며 자동차 보유량은 2.2억 대로 미국에 이어 세계 2위이다.[18]

18) 中國社會科學院工業經濟研究所, 2018中國工業發展報告-改革開放40年, 北京 : 經濟管理出版社,

중국 승용차시장은 VW, GM, Toyoda, Nissan, Ford, Hyundae, Honda 등 글로벌브랜드가 장악해 왔지만 최근 로컬브랜드가 약진하고 있다. 상하이자동차그룹, 장안(長安)자동차, 둥풍(東風)그룹, 지리(吉利)자동차, 베이징자동차그룹, 창청(長城)자동차 등 기업들이 생산한 로컬브랜드 판매량은 각각 백만 대를 넘었으며 이중에서 상하이 자동차 그룹의 로컬브랜드 판매량은 282만 대에 달한다.

신에너지자동차산업도 중국정부의 적극적인 정책 추진으로 빠르게 발전하고 있다. 2016, 2017년 연속 53% 정도의 높은 성장률을 보이면서 판매규모는 2012년 1.28만 대에서 2017년 77.67만 대로 증가하고 이중에서 전기자동차 판매비중이 70-80%에 달한다. 2017년 말까지 중국 신에너지자동차 보유량은 153만 대에 달한다.

로봇산업은 기계, 전자, 제어, 센서, AI 등 여러 분야의 선진기술을 종합한 산업으로 1962년 미국이 세계 최초로 로봇을 생산한 후 50여년간 지속적인 연구와 발전이 있었다. 중국은 1985년 공업용로봇 제작을 국가 7·5 과학기술연구중점으로 정한 이래로 2015년 제시한 '중국제조2025'에서는 로봇산업을 국가전략산업으로 승격하고 2016년에는 '로봇산업발전규획(2016-2020)'을 발표하는데, 주요 목표는 2020년까지 완전한 로봇산업시스템을 구축하고 10만대의 자주브랜드 공업용로봇을 생산하며 서비스로봇 연간 매출액 300억 위안 초과 달성, 그리고 3개 이상의 국제경쟁력을 갖춘 선두기업을 육성하는 것이다.

중국 로봇 산업 규모는 세계 로봇 산업보다 더 빠른 속도로 확대되고 있다. 통계에 의하면 2017년 세계 로봇 시장규모는 232억 달러이고 2012-2017년까지 17%의 속도로 성장했으나 동년 중국로봇시장규모는 62.8억 달러이고 동기간 28%의 속도로 성장해 왔다.[19] 최근에는 기존 로봇기업 이외에도 BAT 등 인터넷기업과 거리(格力), 메이디(美的), 하이얼(海尔) 등 가전기업들이 로봇사업에 적극적으로 참여하기 때문에 중국 로봇 산업은 더욱 빠른 속도로 발전할 것으로 예상된다.

2018. 388-295쪽.

19) 中國社會科學院工業經濟研究所, 2018中國工業發展報告-改革開放40年, 北京 : 經濟管理出版社, 2018. 249-2259쪽.

4) 산업조직 구조개선

중국은 산업구조 고도화와 급속한 경제성장으로 초대형 기업그룹이 탄생하여 세계적인 다국적기업 항렬에 진입하고 있다. 세계 500대 기업에 속한 중국기업은 2000년에 고작 8개에 불과했지만 2017년에는 115개로 늘어났고 이중에서 3개 기업은 세계 10대 기업에 속해 있다.

3. 산업구조 고도화의 문제점

1) 공급과잉과 지방정부의 성장의지

일반적으로 공업생산능력이 시장의 유효수요를 초과할 때 공급과잉 현상이 발생한다. 중국에서는 90대 후반기에 발생한 공급과잉 현상이 2000년대 중반에 다시 재현되었다. 중국 상무부가 발표한 2005년 전반기 상품 수급관계 보고서에 의하면 600종의 주요 상품 중, 수급균형에 해당하는 상품은 161종으로 26.8%에 불과하고, 공급초과에 해당하는 상품은 철강[20], 전해 알루미늄, 철합금, 코크스, 유리, 시멘트, 자동차, 가전, 방직 등 모두 439종으로 73.2%인 것으로 나타났다.[21] 이와 같이 공급과잉이 초래된 원인은 일차적으로 고정자산투자 급증에 의한 것으로 볼 수 있다. 2002-2004년까지 고정자산투자증가율은 3년 연속 20%를 초과하고 2004년에는 44%로 최고조에 달했는데, 2005년에는 이렇게 대

20) 2005년 철강의 총 생산능력은 4억 7000만 톤이나 실제 수요량은 3억 7천만톤, 자동차의 총 생산량은 800만대이나 실제 판매량은 570만대.

21) 小石, 〈「十一五」時期中共經濟發展方向分析〉, 《中共研究》, 40卷4期, 2006.4. 64쪽.

량 투자에 의해 생산된 상품이 시장에 다량으로 공급되었다.[22] 2018년 1분기에 와서도 여전히 공급과잉으로 철강, 시멘트, 전해 알루미늄 등의 공장가동률은 70%도 되지 않는다.

이와 같이 고정자산투자가 급증하게 된 것은 2000년도 상반기에 중국이 대외적으로 WTO 가입, 세계경제 호황이라는 경제성장에 유리한 환경을 맞이하여 산업구조 고도화 정책을 적극 추진한 결과로 볼 수 있다. 여기서 간과할 수 없는 것은 지방정부의 과도한 성장의지에 의한 중복적인 과잉투자이다. 지방정부의 경우 중앙정부의 성장률 목표와는 상관없이 대부분 10% 이상 성장을 목표로 설정하는데, 이것은 지방의 중복적인 과잉투자를 초래하여 중앙정부의 산업구조 조정을 통한 산업구조 고도화 정책 추진을 어렵게 만드는 요인이 된다. 따라서 앞으로도 중앙과 지방간에 합리적인 산업재배치와 투자시스템이 구축되지 않는다면 이 문제는 쉽게 해결되지 않을 것이다. 그리고 현재 과잉생산으로 정리대상인 좀비기업들의 실업문제도 큰 난제가 될 수 있다.

2) 에너지 소모 과다, 환경오염

중국은 WTO가입이후 산업구조 고도화 정책의 추진으로 산업구조가 중화학공업 위주로 빠르게 전환되었지만 원자재와 에너지 소모과다로 인한 자원부족 및 환경오염 악화문제가 심각하게 대두되었다. 중국 국가발전개혁위원회는 2004년 세계 GDP에서 중국이 차지하는 비중은 4%에 불과하나 석유소비는 7.4%, 원탄소비는 31%를 차지하는 등 에너지자원 소비량 비중이 12%에 달한다고 보고한 바가 있으며 중국의 GDP 1단위당 에너지 소비량은 미국의 4배, 독일의 7배, 일본의 8배에 달하는 것으로 추정된다.[23] 특히 석유자원의 경우, 2017년 석유수입은 4억 톤으로 전년대비 10% 증가하고 이에 따라 석유 해외의존도는 67.4%에 달했는데, 이는 2010년에 비해서 13% 증가한 수치이다. 환경

22) 呂政, 〈中國工業結構的調整與産業升級〉, 《工業經濟》, 2007年第5期, 36-37쪽

23) 한국은행, 〈중국 11차 5개년 계획의 주요내용 및 달성전망〉, 해외경제정보 제2005-105호, 2005. 11. 28

오염에 있어서는 중국의 16개 도시가 세계에서 환경오염이 가장 심각한 20개 도시에 포함되었으며 수질오염이 전국토의 70%에 영향을 미치고 있는 것으로 조사되었다.

이런 상황에서 공업오염 방지 산업에 대한 투자 비중은 낮아지는 추세에 있다. 2000년 공업오염 방지 산업에 대한 투자액은 235억 위안으로 전체 환경오염 방지 투자액의 23.1%를 차지했는데, 2016년에는 819억 위안으로 그 비중이 8.9%로 낮아지고 이는 국제 평균수준 15%와는 현저한 차이를 보인다. 대기오염 물질 배출기준도 허술해서 그 표준이 유럽의 1.4배, 미국의 3배, 호주의 4.4배 정도 방만하다.

여하튼 2000년대 중반이후 중국정부가 추진하는 산업구조 고도화 정책을 살펴보면 자원의 이용효율을 높이기 위해 철강, 시멘트 등 중소규모의 자원집약형 공업기업의 구조조정을 강력히 추진해 나갈 것으로 예상되는데, 여러 산업에서 군소기업들이 시장을 분할하고 있고 지방정부와의 이해관계가 얽혀 있는 상황에서 이러한 정책이 철저히 실행되어 자원부족과 환경오염 악화 문제가 순조롭게 해소되기는 쉽지 않을 것으로 본다.

3) 자주혁신 부족

중국은 적극적인 외국인투자 유치를 통해 수출구조가 고도화되었지만 여전히 저렴한 노동력을 바탕으로 한 조립가공형태 산업에 의존하는 실정이다. 국제 분업에서는 주로 저부가가치 창출을 담당하기 때문에 자주혁신이 부족한 편이다. 중국 철강재의 수출단가는 600여 달러에 불과한데, 해외로부터의 수입단가는 1000달러를 초과한다든가 한국과 일본이 선박본체를 중국에서 제조하고 본국으로 가져가서 조립하는 사례에서 알 수 있다. 통계에 의하면 중국 수출단가가 비록 1993년 482달러에서 2017년 1858달러로 올랐지만 미국은 같은 기간 763달러에서 3615달러로 더 많이 상승한 것으로 나타난다. 특히 중국 첨단기술산업의 부가가치에서 외자기업이 차지하는 비중이 44.7%, 이중에서 ICT제조업은 79.6%에 달하는데 이것은 중국이 외국기업에 대한 기술의존도가 상당히 높은 반면 중국의 독자적인 핵심기술이 결여된 점을 잘 나타낸 수치이다.

또한 2005년 중국의 GDP대비 R&D투자비율은 1.3%에 불과한데, 미국, 일본, 한국은 각각 2.7%, 3.9%, 2.9%에 달하며 중국의 발명특허권 수량 역시 미국과 일본의 1/30에 불과하다는 사실을 감안할 때 중국의 독자적인 기술역량이 상당히 미흡함을 알 수 있다. 2007년 중국의 GDP대비 R&D투자비율은 1.49%에 불과한데 이는 10차 5개년 계획 목표(1.5%)에도 미치지 못하는 수치이며 2012년에도 1.97%에 달했지만 11차 5개년 계획 목표(2%)와는 약간의 차이가 있다. 12·5기간(2011-2015)에도 계획목표는 2.2%이지만 2015년 2.07%에 불과하며 이는 한국 4.23%, 일본 3.29%와 분명한 차이가 있다. 13·5기간(2016-2020) 계획목표는 2.5%인데 2017년 현재 2.13% 상태에서 중국정부가 기술개발에 더욱 박차를 가하지 않는다면 달성하기 어려울 목표가 될 것이다.

참고문헌

김세원·안세영, 《산업정책론-산업구조조정을 중심으로》, 박영사, 2003.

오영석·이진면, 《개방경제하에서의 산업구조 고도화와 그 성과측정에 관한 연구 - 한국과 선진국간 비교분석 -》, 산업연구원, 2006.

이재기, 《현대한국산업론》, 신론사, 2007.

김용선, 〈중국 산업정책의 전개과정과 당면과제 - 공업구조를 중심으로 -〉, 《중국학연구》 제27집, 2004. 3.

대외경제정책연구원 북경사무소, 중국제조 2025 문건의 내용 및 평가, 2015. 06. 18.

산업자원부 중국협력기획단, 〈중국 산업구조 조정정책' 전문수록〉, 중국경제 기초정보 시리즈 제 2006-2호, 2006. 4.12

이문형, 《중국의 산업구조 고도화와 글로벌 전략》, 산업연구원, 2006

이문형외, 《중국 제11차 5개년 계획의 산업정책 방향과 시사점》, 산업연구원, 2005.

정영수, 《중국 산업정책의 변화 - 4가지 대응 포인트》, KOTRA, 기획조사 06-053, 2006. 6,

조철, 《중국의 산업구조고도화가 한국주력산업에 미치는 영향과 대응전략》, 산업연구원, 2016.

지만수외, 《중국의 산업고도화 및 기업성장의 현황과 시사점 : 중국 위협의 재평가》, KIEP정책연구 05-10, 2005. 12

한국수출입은행 해외경제연구소, 〈중국 자동차산업 정책변화로 관련 진출기업 전략수정 불가피〉, 2004. 8. 13

한국산업은행 조사부, 〈WTO가입이후 중국신산업정책과 대응방안〉, 2002. 1

김화섭, 〈중국 제12차 5개년 계획의 평가와 시사점〉, KIET산업경제, 2011. 7.

中國社會科學院工業經濟研究所, 2009中國工業發展報告-新中國工業60年, 北京 : 經濟管理出版社, 2009.

張其仔, 中國産業競爭力報告(2012), 北京 : 社會科學文獻出版社, 2011.

小石, 〈「十一五」時期中共經濟發展方向分析〉, 《中共研究》, 40卷4期, 2006. 4.

王岳平, 〈黨的十六大以來我國的産業政策及結構調整進展〉, 《工業經濟》, 2008年第3期,

中國社會科學工業經濟研究所, 《中國工業發展報告-改革開放40年》, 北京 : 經濟管理出版社, 2018.

中國共産黨第十四屆中央委員會第五次全體會議, 〈中共中央關于制定國民經濟和社會 發 展"九五"計劃和2010年遠景目標的建議〉, 1995. 9. 28

中華人民共和國國家和改革委員會, 〈中華人民共和國國家國民經濟和社會發展第十個五年計 劃綱要〉, 2001.3.15

呂政, 〈中國工業結構的調整與産業升級〉, 《工業經濟》, 2007年第5期.

金碚, 〈世界分工體系中的中國製造業〉, 《工業經濟》, 2003年第8期.

周淑蓮·王偉光, 〈科技創新與産業結構優化昇級〉, 《管理世界》, 2001年第5期.

林昱君, 〈中國「十一五」貿易發展戰略之調整〉, 《經濟前瞻》, 2006. 9. 5

郭克莎, 〈我國工業結構變動在加入WTO后面臨的綜合性影響〉, 《工業經濟》, 2003年第8期.

郭峰濂, 盛水源, 〈我國高新技術産品對外貿易發展特点, 問題及對策〉, 《外貿經濟, 國際貿易》, 2007年第3期

國家信息中心經濟豫測部宏觀政策方向研究課題組,〈開闢中國新政 - "十一五"規劃綱要 的經濟解讀〉,《國民經濟管理》, 2006年第5期

中國經濟網,〈樊綱 : 中國要大力發展重化工業〉, 2005. 8. 27

新華社信息北京,〈國家經貿委制定十五'工業結構調整規劃綱要〉, 2001.11, 23

新華網,〈中華人民共和國國家國民經濟和社會發展第十一個五年規劃綱要〉, 2006.3.16

新華網,〈張國寶 : 我國工業結構調整問題至關重要潛力很大〉, 2007. 3. 18

新華網,〈林毅夫 : 目前的重工業熱不合中國國情〉, 2004. 12.22

www.zjjmw.gov.cn,〈上半年工業結構調整出現積極變化〉, 2008. 7. 24.

中華人民共和國國家統計局(www.stats.gov.cn)

國民經濟和社會發展統計公報.

中國統計年鑑

中國統計摘要

제7장 중국 전자정보산업

1. 전자정보산업의 발전과 구조변화
2. 전자정보산업의 무역현황과 국제경쟁력 변화
3. 한중교역에 미치는 영향
4. 시사점·

1. 전자정보산업의 발전과 구조변화

1) 전자정보산업의 발전현황

(1) 국내외적 위치

전자정보산업[1]은 중국 공업생산과 수출에서 가장 큰 비중을 차지하며 일부 제품의 생산량은 세계 1위를 점하고 있다. 2010년 현재 전자정보산업의 공업생산액은 약 6조 4477억 위안으로 중국 전체 공업생산액의 9.2%를 차지하고 수출액은 약 5911억 달러로 중국 전체 수출의 37.5%를 차지함으로써 국내 공업 중에서 가장 중요한 위치에 있다.

또한 같은 해 생산량이 무려 10억 개가 넘는 핸드폰을 비롯하여 PC, TV, 모니터, 전화교환기(PBX), 디지털카메라 등 전자정보제품의 생산량은 각각 세계생산량의 절반 이상을 점하고 있고, 축전기, 저항기, 전자변압기, 전기음향부품, 광케이블, 인쇄회로기판, 리튬이온전지와 태양전지 등의 전자부품 생산량도 세계 1위를 차지하고 있으며 전자부품의 세계시장 점유율은 30% 정도로 추산되고 있기 때문에[2] 중국 전자정보산업이 세계적으로도 중요한 위치에 있나고 볼 수 있다.

(2) 발전추세

전자정보산업은 중국의 개혁개방 이후 정부 주도하에 빠른 속도로 성장해 왔다. 1980년대에는 중국정부는 전자 공업부를 통해 컴퓨터산업의 발전을 추진하고 90년대 후반에는 정보화와 공업화를 연계하여 정보산업을 우선적으로 발전시킨다는 목적으로 이동통신과 통신 관련 산업의 발전을 추진했다. 그 결과 2001년 전자정보 공업생산액은 1조

1) 한중 제조업 중분류 체계를 비교해 보면 본 장에서 한정하는 전자정보산업 범위가 중국에서는 표준산업분류번호 401 - 409에 해당되고 한국에서는 표준산업분류번호 300과 321 - 323에 해당됨. (오상봉, 한중 표준산업분류체계 비교연구, 산업연구원, Issue Paper 2007-230, 2007)

2) 송병준, 〈부품소재산업의 중국시장 분석과 진출전략 연구〉, 산업연구원, 2010. 104-121쪽.

3,571억 위안으로 1980년 100억 6천만 위안의 135배가 넘으며 1980-2001년까지 연평균 증가율은 28.3%에 달하는 것으로 나타났다.

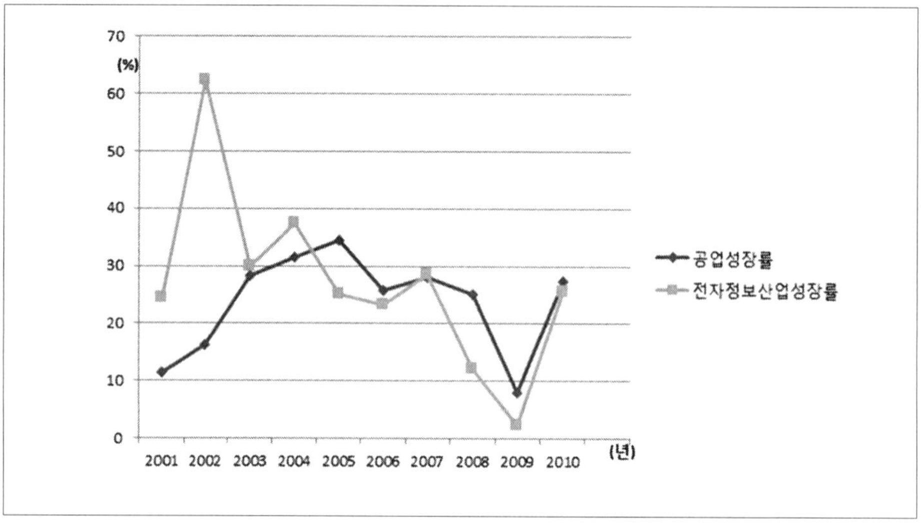

<그림 7-1> 중국 공업과 전자정보산업 성장률의 변화(2001-2010)

2000년대 들어와서도 중국 국무원은 <소프트웨어산업과 집적회로산업 발전정책>을 발표하여 전자정보산업 육성에 총력을 기울이고 2002년에는 국가정보화 부처가 <중국 전자행정 구축에 관한 견해>를 제시하여 정치, 경제 등 각 분야에서 정보화 건설을 적극 추진했다. 또한 2006년 <정보산업 과학기술발전 11차 5개년 계획 및 2020년 중장기 계획 요강>에서는 집적회로, 전자부품, 전자소재, 디스플레이[3] 기술 등이 발전목표로 선정되었는데, 집적회로의 경우 국산화율을 제고시켜, 정보보안과 국방 부문에서의 사용비중을 70% 이상으로, 통신과 디지털가전분야에서의 사용비중을 30% 이상으로 올린다는 목표치가 설정되었다. 또한 전자부품 연구개발체계를 구축하여 선진국과의 격차를 5년 이내로 축소시키고 전자부품에 대한 중국내 수요를 기본적으로 충족시키는 목표도 함께 제시되었다.

3) 디스플레이는 컴퓨터로 처리된 내용을 브라운관에 그대로 옮겨 표시하는 출력장치.

<표7-1> 중국 전자정보산업의 공업생산액과 연평균성장률

(단위 : 억 위안, %)

	공업생산액 (억 위안)			연평균성장률 (%)
	2001년	2005년	2010년	2001-2010년
통신설비	2221.7	5769.1	9452.7	18.7
방송설비	24.9	212.8	535.4	41.6
컴퓨터와 주변기기	1565.9	10210.6	19166.3	35.2
영상음향가전	1341.2	3535.9	4567.7	16.6
전자부품	2286.7	8017.1	21999.8	29.6
수동소자	1563.3	4724.0	12020.7	30.0
능동소자	723.4	3293.1	9979.1	30.9
전자측정설비	60.5	194.6	970.6	40.6
전자공업전용설비	239.3	540.8	2367.9	52.0
전자정보기전		1796.2	1928.0	16.6
전자정보산업	8448.7	30650.3	64477.8	26.1
공업전체	95449.0	251619.5	698591.0	24.9

* 주1 : 수동소자(축전기, 저항기, 인쇄회로기판 등), 능동소자(반도체, 집적회로, LCD[4]기판 등) 전자공업전용설비(반도체, 집적회로, LCD 등 생산설비), 전자정보기전(광케이블, 전지 등)

* 주2 : 2005-2010년까지는 국유기업 및 연간 매출액 500만 위안 이상의 비국유기업

* 자료 : 中國電子信息産業統計年鑑(綜合篇) 2001-2010.

이에 따라 전자정보산업의 고속성장이 이루어졌는데, 2001-2010년까지 전자정보 공업생산액의 연평균 증가율은 26.1%로 전체 공업성장에 비해 더욱 빠른 속도로 성장해 왔다. 또한 증가추세를 살펴보면 2000년도 상반기에는 30%가 넘는 고속성장을 하다가 중반이후 점차 둔화되면서 2009년에는 2.4%까지 급격히 떨어지고 2010년에는 25.5%로 반등하는 양상을 보이고 있다. 이것은 미국에서 발생한 금융위기 여파로 중국경제가 직접적인 영향을 받아서 나타난 결과로 판단된다.

4) TV나 노트북, 태블릿 PC에 쓰이는 화면표시장치로 유리기판 사이에 액정을 넣은 뒤 전류를 흘려 영상을 표현함.

2) 전자정보산업의 구조변화

(1) 생산구조 변화

전자부품은 중국 전자정보산업에서 가장 큰 비중을 차지하며 비교적 빠른 속도로 성장해 왔다. <표7-1>을 살펴보면 2010년 전자부품의 비중은 2001년 27.1%에 비해 7% 늘어나 34.1%에 달하는 것으로 나타났다. 그 다음으로 컴퓨터와 주변기기의 비중은 29.7%인데 이는 2001년 18.5%에 비해 무려 10% 이상 증가한 수치이다. 그러나 통신설비와 영상음향가전의 비중은 각각 14.7%, 7.1%로 2001년에 비해 상당히 줄어든 것으로 나타났다.

이러한 변화는 연평균 성장률로도 확인할 수 있는데, 2001-2010년 전자부품의 연평균 성장률은 29.6%로 전자정보산업 전체보다 더욱 빨리 성장했다. 10년간 성장의 변화는 전자정보산업과 마찬가지로 2000년대 중반이후 증가율이 둔화되다가 2009년 -1.3%로 대폭 하락하고 2010년 다시 36.2%로 급증했다. 이 기간에 연평균성장률이 가장 높은 항목은 전자공업전용설비로 52.0% 이고 그 다음이 방송설비, 전자측정설비, 컴퓨터와 주변기기 순이다. 그러나 통신설비, 영상음향가전, 전자정보기전 등의 연평균성장률은 전자정보산업에 비해 낮은 것으로 나타났다.

전자부품 중에서 가장 중요한 품목 중의 하나가 LCD라고 할 수 있는데, 중국 또한 차세대 TFT-LCD 생산라인 구축을 위해 심혈을 기울여 왔다. 1988년 지린성(吉林省)전자그룹이 일본 도시바로부터 1세대 TFT-LCD 생산라인을 도입한 이후 북경동방과기(北京東方科技)그룹이 2002년에 3.8억 달러를 투자하여 한국 현대 BOEHYDIS의 3개 TFT-LCD 생산라인을 매수했다. 2003년에는 12.5억 달러를 투자하여 북경에 5세대 TFT-LCD 생산라인을 구축하고 2007년에는 생산능력을 매월 9만 편의 유리기판을 생산하는 공장으로 확장시켰다. 그리고 2008년에는 중국 허페이시(合肥市) 지방정부 주도하에 처음으로 LCD TV에 사용되는 6세대 TFT-LCD 생산라인이 구축되었다.[5] 11·5기간에는 자주혁신

5) 中國科學技術協會,《2008-2009電子信息學科發展報告》, 北京, 中國科學技術出版社, 2009, 59-115쪽.

을 강조하여 TFT-LCD, PDP, TD-SCDMA 등 생산기술 개발에 큰 성과가 있었고, 2018년에는 중국 최대 디스플레이 제조사인 BOE가 충칭에 OLED(유기발광다이오드)패널 제조공장을 건설 중인데 완공시 삼성디스플레이와 맞먹는 생산규모를 갖추게 된다.

전자부품 중에서 또 하나의 중요한 것이 집적회로이다. 2018년 중국 집적회로 수출입 총액은 3967억 달러로 단일품목으로 규모가 가장 크며 수출 846억 달러, 수입 3121억 달러로 무역수지 적자액이 무려 2275억 달러나 되기 때문에 그동안 중국정부는 자주혁신을 위해 노력해 왔다. 직접회로 산업의 발전은 1985년 전자공업부 소속의 충칭반도체연구소가 우시(無錫)마이크로전자연합회사 설립을 시작으로 1988년 상해에 처음으로 중외합자회사가 탄생하고 1998년에는 0.9 마이크로미터의 6인치 웨이퍼 6000장을 생산하는 능력을 갖추게 되었다. 2011년 소프트웨어와 집적회로 산업을 강화하는 정책 추진으로 베이징, 상하이, 장쑤(江蘇), 선쩐(深圳) 등 지방정부와 민간 기업이 대규모 자본을 투입하기 시작했다. 2000년 98사에 불과하던 집적회로 설계업체들이 2010년에는 582사로 크게 증가했다. 2018년에는 메모리 반도체업체들의 시설투자 규모가 무려 110억 달러에 달하는데 대표적인 기업이 중국 국영 반도체 기업인 칭화유니그룹의 자회사인 YMTC(양쯔메모리테크놀로지스)와 이노트론, 푸젠진화반도체 등이다. 중국반도체업종협회 발표자료에 의하면 2017년 중국 집적회로산업 매출액은 5411.3억 위안에 달하며 전년대비 24.8% 증가한 것으로 나타났다.[6] 비록 중국이 세계 제2위 집적회로 소비시장이지만 중국기업의 규모와 국제경쟁력은 글로벌 기업에 비해 상당히 낮아서 2017년 말까지 집적회로 매출액이 세계 20위권에 들어가는 기업이 하나도 없는 실정이다.

(2) 기업구조 변화

중국 전자정보제품의 생산은 대체로 외국인 투자기업(홍콩·대만기업 포함)에 의해서 이루어지고 있으나 생산비중은 예전에 비해 점차 줄어들고 있다. 2010년 전자정보산업 외

6) 中國社會科學院工業經濟研究所, 2018中國工業發展報告-改革開放40年, 北京 : 經濟管理出版社, 2018. 261-267쪽.

국인 투자기업의 생산비중은 70%가 넘고 그 중에서 외국인 독자기업과 이 37.3%로 가장 높고 그 다음 홍콩·대만기업이 22.2% 차지했다. 반면에 중국기업의 생산 비중은 30%에도 미달인데, 이중에서 민영기업은 10.1%에 달하고 국영기업은 고작 1.6%에 불과했다.

<표 7-2> 중국 전자정보 생산기업 구조변화

(단위 : 사, 만 명, 억 위안, %)

	2005			2010		
	기업수 (사)	직원수 (명)	생산액 (억 위안)	기업수 (사)	직원수 (명)	생산액 (억 위안)
총계	16007	550.5	30650.3	20983	880.3	64477.8
국내기업(%)	59.5	32.2	20.6	60.3	32.5	27.8
국영기업	3.6	3.1	1.2	1.0	1.6	1.6
집체기업	3.7	2.5	2.1	0.8	1.4	1.2
민영기업	32.4	10.8	11.3	42.1	14.9	10.1
홍콩 대만기업(%)	19.6	28.2	21.5	17.3	27.2	22.2
외국인 투자기업	20.9	39.6	57.9	22.4	40.3	50.0
독자기업(%)	13.8	30.5	35.2	16.8	33.2	37.3

* 자료 : 中國電子信息産業統計年鑑(綜合篇) 2005-2010.

2005년과 2010년 전자정보제품의 생산 비중의 변화를 살펴보면 외국인 투자기업(홍콩·대만기업 포함)의 생산비중은 2005년 79.4%에서 7.2%가 줄었으나, 이중에서 외국인 독자기업과 홍콩·대만기업의 생산비중은 오히려 늘었다. 또한 중국기업의 생산비중은 2005년 20.6%에서 7.2%가 늘었는데, 그 중에서 국영기업은 늘었지만 민영기업은 오히려 줄었다. 따라서 전체적으로는 정보전자제품 생산의 외국인 투자기업 의존도가 약간 낮아졌지만 외국인 독자기업은 전혀 영향을 받지 않은 것으로 파악된다.

3) 전자정보산업의 문제점과 발전전략

(1) 문제점

2000년대 들어와서 중국의 WTO가입과 외국기업의 적극적인 현지투자가 전개되는 상황에서 중국정부는 산업구조 고도화전략의 일환으로 전자정보산업의 발전에 박차를 가해 왔다. 그 결과 이 산업은 연평균성장률 26.1%의 빠른 속도로 성장하여 중국공업 생산과 수출에서 가장 큰 비중을 차지하는 주축산업으로 부상했지만, 자주혁신 부족, 외국기업과의 경쟁력 격차, 내수부진, 기술무역장벽 등 반드시 해결해야 하는 몇 가지 문제점을 안고 있다.

첫째는 자주혁신 부족이다. 중국은 적극적인 외국인투자 유치를 통해 산업구조와 수출구조가 고도화 되어 가고 있지만 여전히 저렴한 노동력을 바탕으로 한 조립가공형 산업에 의존하는 실정으로 국제 분업에서는 저부가가치 창출을 담당하여 자주혁신이 필요하다. 전자정보산업의 자주혁신을 위해서는 막대한 연구개발 투자가 이루어져야 하는데 아직도 미흡한 실정이다, 2006년 중국 전자정보산업 연구개발 투자비는 370.5억 위안(47.5억 달러에 해당)으로 같은 해 상위 7개 다국적기업의 연구개발 투자비에도 미치지 못했다. 예를 들면 지멘스 63억 달러, IBM 61억 달러, 삼성 59억 달러, 인텔 58억 달러, 노키아 48.9억 달러 등 7개 기업의 연구개발비가 상당히 크다. 시장연구기관인 IC Insights 발표 자료에 의하면 2018년 세계 집적회로산업 자본지출에 있어서 삼성전자 자본지출은 약 200억 달러, 인텔 145억 달러, SK하이닉스 115억 달러, TSMC 105-110억 달러 규모이나 중국은 전체 집적회로기업의 자본지출이 110억 달러인 것으로 나타났다.

둘째는 중국기업과 다국적기업과의 규모격차 문제이다. 컴퓨터 분야에서 중국의 레노보 2008년 매출액은 164억 달러인데, 이는 다국적기업 HP와 DELL의 1/16, 1/10에 불과하다. 영상음향가전 분야에서 중국 제일의 기업 하이얼의 2008년 매출액은 미쓰비시의 15%에 불과하다.

셋째는 내수부족현상이다. 자주혁신으로 개발한 핵심기술이 산업경쟁력으로 전환되는 시스템이 형성되지 않았다. 중국은 항상 과학기술 연구비 투입이 부족하고 모험투자 발전이 느린 상황에 처해 있는데, 기업이 국내기술을 구매하여 사용하는 비중이 낮기 때문에 국내연구기관이 개발한 기술성과를 흡수하는 능력이 부족하여 기술시장의 수요와 공급이 어긋나는 문제에 봉착해 있다.

넷째는 에너지 소모 과다와 환경보호 문제이다. 중국의 산업구조가 중화학공업 위주로 빠르게 전환되면서 원자재와 에너지 소모과다로 인한 자원부족 및 환경오염, 무역장벽 문제가 심각하게 대두되었다. 최근 세계적으로 산업 생태환경 개선 열기가 고조되면서 칼라TV 수출에 에너지절감과 환경보호라는 새로운 장벽이 생겼다. EU가 대표적인 경우인데, RoHS, WEEE, REACH 등 규정을 만들어 전자정보제품의 생산과 회수에 관한 명확한 자료를 제출케 했다. 이제 에너지절감과 환경보호는 이미 중국 전자제품 수출기업의 국제경쟁력에 영향을 미치는 중요한 요소가 되었다.

(2) 발전전략

중국은 2000년 <소프트웨어산업과 집적회로산업 발전정책>을 시작으로 2006년에는 <정보산업 과학기술발전 11차 5개년 계획 및 2020년 중장기 계획요강>을 발표했는데, 주요내용은 자주혁신을 강조하여 집적회로의 국산화율을 높이자는 것이다.

그리고 2009년에는 미국의 금융위기 여파로 중국경제가 직접적인 영향을 받은 상황에서 <전자정보산업 조정과 부흥계획>이 발표되었는데, 전과 마찬가지로 자주혁신 강화가 요구되고, 전자정보산업의 주요 분야에서 핵심기술 취득, 독자 브랜드의 시장영향력 확대, 내수시장 확대조치 등의 내용을 담고 있다.

대외적으로는 미국의 금융위기 여파와 유럽의 재정위기 영향으로 세계경제 침체가 지속되는 상황, 내부적으로는 자주혁신으로 외국기업 의존도가 약간 낮아졌지만 아직도 전자부품 국산화율이 미흡한 상황에서 2012년에는 <전자정보산업 12·5 발전계획>이 발표되었다. 주요내용을 자세히 살펴보면, 2011-2015년까지 전자정보산업 부가가치 연평균성장률 12% 이상, 전략적 신흥산업의 매출액 연평균 증가율 25% 달성, 전자부품(수동소자, 능동소자)와 집적회로의 매출액 연평균 증가율 각각 10%, 25%, 18%로 유지하는 것을 목표로 한다.

<표 7-3> 중국 전자정보산업 발전전략

항목	발전목표
정보산업 과학기술 발전 11차 5개년 계획 및 2020년 중장기 계획요강 (2006년)	- 집적회로, 소프트웨어, 핵심부품, 전자전용설비 계측기, 전자소재 등 분야에서 기술특허 취득 - 집적회로 국산화율 제고, 정보보안과 국방부문 사용비중을 70% 이상, 통신과 디지털 가전분야 사용비중 30% 이상 올림. - 전자부품 연구개발 체계 구축, 중국내 수요를 기본적으로 충족시킴. - 2020년까지 대량의 지적재산권의 핵심기술을 취득함.
전자정보산업 조정과 부흥계획 (2009년)	- 리딩기업 국제경쟁력 강화, 독자 브랜드의 시장영향력 확대 - 집적회로, 신형 디스플레이, 소프트웨어 등 분야에서 핵심기술 취득 - 농촌정보화 등 내수시장 확대조치 - 자주혁신 강화, 전자정보제품과 서비스의 지적재산권 보호 강화
전자정보산업 12·5 발전계획 (2012년)	- 12·5기간(2011-2015) 일정규모 이상의 전자정보제조업 매출의 연평균 증 가율 10% 내외 유지. 2015년까지 10조 위안 돌파. - 공업 부가가치 연평균 성장률 12% 이상, 전략적 신흥산업의 매출 연평균 증가율 25% 달성. - 제품의 부가가치와 일반무역의 비중 높임 - 리딩기업의 핵심역량과 독자 브랜드의 시장영향력 강화, 5-8개의 매출액이 1, 000억 위안을 넘어서는 대형 리딩기업을 육성. 100대 기업의 R&D투자가 매출에서 차지하는 비중을 5% 이상, IT기술영역의 발명특허 신청 누계총량이 130만건 정도에 달하도록 함. 집적회로, 신형 디스플레이어, 핵심부품, 주요 전자소재 및 전자전용설비 계측기 등 분야에서 핵심 원천기술 확보. - IC회로제품은 국내 시장수요의 약 30% 충족시킴. 칩 제조업의 규모생산기술이 12인치, 32/28나노공정에 달하게 하며 평면 TV 패널 국내산 이용률 80% 이상, 완벽한 TD-LTE 산업체계 구축. - 컴퓨터, TV 등 완제품의 에너지 효율 제고, 구리 회수재활용률 80% 이상 - 납, 수은, 카드뮴 등 유해물질 사용억제, 전기전자제품의 회수처리 제고 - 2015년 집적회로 생산량 1500억개, 매출액 3300억 위안, 연평균 성장률 18%, 집적회로의 세계시장점유율 15% 정도. - 2015년 전자부품(수동소자)매출액 18, 000억 위안 초과, 연평균성장률 10%, 능동소자 1800억 위안, 연평균성장률 25% 유지.

* 자료 : 中國工業和信息化部, 〈信息產業科技發展"十一五"規劃和2020年中長期規劃綱要〉, 2006. 8. 4, 電子信息產業調整和振興規劃〉, 2009. 4. 15. 〈電子信息製造業"十二五"發展規劃〉, 2012. 2. 24.

그리고 자주혁신과 관련하여 100대 기업의 R&D투자가 매출에서 차지하는 비중을 5% 이상, IT기술 영역의 발명특허 신청 누계총량이 130만 건 정도, 집적회로 등 주요 전자부품의 핵심 원천기술 확보, 집적회로제품은 국내 시장수요의 약 30% 충족시키는 등의 내용을 담고 있다. 또한 전자정보산업의 대형 리딩기업 육성과 에너지절감·환경보호에 관한 내용도 포함되어 있다.

2. 전자정보산업의 무역현황과 국제경쟁력 변화

1) 무역추이

중국 전자정보산업은 대외무역에서도 큰 비중을 차지하며 수출은 중국전체에 비해 약간 빠른 성장을 수입은 약간 느린 성장을 해왔다. 2010년 전자정보산업의 대외무역은 약 1조 127억 달러로 중국 전체 무역의 34.1%을 차지했다. 이중에서 수출은 약 5911억 달러에 달해 총수출에서 차지하는 비중이 37.5%로 2005년 35.2%에 비해 2.3% 늘었으나, 수입은 4216억 달러로 그 비중이 30.2%이며 2005년 33.4%에 비해 오히려 3.2% 줄었다.

이러한 변화는 <표 7-4>중국 전자정보제품 수출입 증가율의 변화를 통해서 확인할 수 있는데, 2005-2010년 전자정보제품 수출의 연평균증가율은 20.3%로 전체 수출보다 약간 높은 반면, 수입의 연평균증가율은 16.2%로 전체 수입보다 약간 낮은 것으로 나타났다. 수출과 수입증가율은 모두 2007년부터 점차 둔화되어 2009년 급격한 감소세로 떨어졌다가 반등하는 양상을 보였다.

<표 7-4> 중국 전자정보제품 수출입 증가율 변화

(단위 : %)

	수출			수입		
	2005	2010	2005-2010 연평균증가율	2005	2010	2005-2010 연평균증가율
중국전체	28.4	31.3	19.0	17.6	38.7	17.4
전자정보	29.2	29.3	20.3	21.9	34.0	16.2
전자부품						
수동소자	19.0	33.9	26.8	18.0	28.4	20.7
능동소자	28.0	52.7	25.2	28.5	32.0	17.0
컴퓨터와 주변기기	27.5	29.2	18.2	24.0	31.3	15.0
영상음향가전	23.4	15.5	18.7	5.0	20.5	8.3

* 자료 : 中國電子信息産業統計年鑑(綜合篇) 2005-2010

항목별로는 전자부품에 속하는 수동소자와 능동소자의 수출, 그리고 수동소자의 수입은 모두 비교적 빠른 증가세이나, 컴퓨터와 주변기기, 영상음향가전 수출입은 비교적 느린 증가 추세이며, 이중에서 영상음향가전 수입의 연평균 증가율은 고작 8.3%로 가장 느린 증가 추세를 나타냈다.

전자정보제품의 무역수지 비중도 크게 늘어났다. 2005년 전자정보제품의 무역수지는 476억 달러로 전체 무역수지에서 차지하는 비중이 50%도 안됐지만 2010년 전자정보제품의 무역수지는 1695.5억 달러로 그 비중이 무려 93.4%에 달했다.

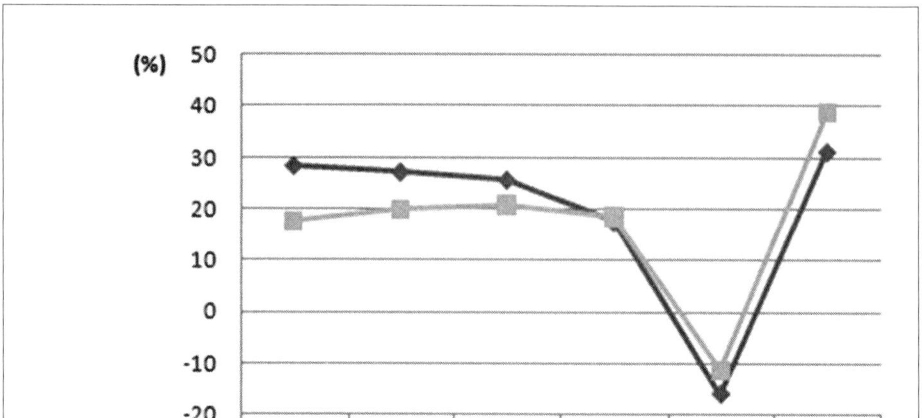

	2005	2006	2007	2008	2009	2010
수출증가율	28.4	27.2	25.7	17.5	-16	31.3
수입증가율	17.6	19.9	20.8	18.5	-11.2	38.7

* 자료 : 中國電子信息産業統計年鑑(綜合篇) 2005-2010

<그림 7-2> 중국 전자정보제품 수출입 증가율 추이(2005-2010)

2) 무역상품 구조변화

전자부품은 전자정보제품 무역에서 가장 큰 비중을 차지하며 수출과 수입 모두 크게 증가했는데, 수입이 수출보다 더 빠르게 증가했다.

2010년 전자부품의 무역액은 4313.4억 달러로 전자정보제품 무역에서 차지하는 비중이 42.6%에 달하는 것으로 나타났다.<표7-5 참조> 또한 전자부품의 수출과 수입이 차지하는 비중은 2005년 각각 15.6%, 53.6%에서 2010년 25.5%, 66.6%로 크게 확대되었다.

품목별로 살펴보면 전자부품에서 가장 큰 비중을 차지하고 있는 집적회로의 수출비중은 5.1%에서 4.4%로 약간 축소되고 수입비중은 36.7%에서 37.2%로 근소하게 늘어났다. LCD기판의 경우는 반대로 수출비중이 늘어나고 수입비중이 줄어드는 양상을 보이지만, 두 품목 모두 무역수지 적자폭이 상당히 큰 편으로 경쟁력이 취약하다는 것을 알 수 있다.

<표 7-5> 중국 전자정보제품 무역구조 변화

(단위 : 억 달러, %)

	2005		2010	
	수출	수입	수출	수입
전체상품	7619.5	6599.5	15777.5	13962.4
전자정보산업	2681.7	2205.6	5911.5	4216.0
<통신설비>	433.6 (16.2)	160.3 (7.3)	1027.2 (17.3)	231.0 (5.5)
전화교환기	13.3	0.8	31.5	13.2
팩스기	4.6	1.5	43.5	1.6
핸드폰	206.6 (7.7)	12.0 (0.5)	467.4 (7.9)	10.3 (0.2)
핸드폰부품			217.6	118.0
<방송설비>	92.2 (3.4)	32.0 (1.4)	91.3 (1.5)	62.3 (1.5)
방송카메라	0.1		0.2	0.1
방송설비부품			14.1	20.3
<컴퓨터>	1247.8 (46.5)	633.4 (28.7)	2171.8 (36.7)	589.8 (14.0)
PC	37.1	0.6	72.6	2.2
노트북	299.0 (11.1)	6.5 (0.3)	953.3 (16.1)	4.3
프린터	69.9	7.7	48.4	9.9
LCD모니터	145.4	8.7	96.2	7.7
HDD	41.1	72.3	99.2	157.2
CD기	38.1	32.4	27.0	41.8
디지탈카메라	55.3	10.0	70.7	23.1
<영상음향가전>	416.3 (15.5)	88.0 (4.0)	876.6 (14.8)	130.1 (3.1)
칼라TV	50.5	0.4	148.3	0.1
DVD기	73.3	0.6	55.6	0.5
<전자부품>	419.2 (15.6)	1182.9 (53.6)	1505.9 (25.5)	2807.5 (66.6)
축전기			29.6	75.5
저항기			11.2	17.4
인쇄회로기판			112.1	120.8
집적회로	137.5 (5.1)	810.2 (36.7)	292.5 (4.9)	1569.9 (37.2)
트랜지스터	16.1	53.2	42.9	80.5
리튬이온전지			37.2	46.2
LCD기판	108.5 (4.0)	274.9 (12.5)	264.6 (4.5)	467.8 (11.1)
칼라TV부품	11.8	3.5	27.4	2.9
음향장치	37.9	14.1	51.4	16.7
전자측정설비	72.5 (2.8)	109.0 (4.9)	238.7 (4.0)	395.3 (9.3)

* 주 : 괄호는 전자정보제품에서 차지하는 비중.

* 자료 : 中國電子信息産業統計年鑑(綜合篇) 2005, 2010.

품목별로 살펴보면 전자부품에서 가장 큰 비중을 차지하고 있는 집적회로의 수출비중은 5.1%에서 4.4%로 약간 축소되고 수입비중은 36.7%에서 37.2%로 근소하게 늘어났다. LCD기판의 경우는 반대로 수출비중이 늘어나고 수입비중이 줄어드는 양상을 보이지만, 두 품목 모두 무역수지 적자폭이 상당히 큰 편으로 경쟁력이 취약하다는 것을 알 수 있다.

컴퓨터와 주변기기는 전자정보제품 수출에서 가장 큰 비중을 차지하며 수출입 비중이 모두 축소되었지만 수입비중이 수출비중보다 더 줄어드는 추세에 있다. 2010년 컴퓨터와 주변기기의 수출액은 2171.8억 달러로 전자정보제품 수출에서 차지하는 비중이 36.7%로 가장 크며 이 항목의 수출과 수입이 차지하는 비중은 2005년 각각 46.5%, 28.7%에서 2010년 36.7%, 14%로 크게 축소되었다. 그러나 무역수지 흑지상태에서 수입비중이 수출비중보다 더 줄었기 때문에 강한 경쟁력을 유지할 것으로 본다. 품목별로는 가장 큰 비중을 차지하는 노트북의 경우 수출비중은 늘어나지만 수입비중은 줄어드는 추세이기 때문에 또한 더욱 막강한 경쟁력을 가질 것으로 판단된다.

핸드폰과 칼라TV의 경우 수출은 늘어나고 수입은 감소하는 추세에 있다. 2010년 핸드폰과 칼라TV의 수출액은 467.4억 달러, 148.3억 달러로 2005년에 비해 두 배 이상 증가했지만, 수입액은 10.3억 달러, 0.1억 달러로 오히려 감소했다. 이 두 품목 또한 무역수지 흑자폭이 상당히 커질 것으로 예상된다.

3) 수입대상국 구조변화

중국 전자정보제품 대한국 수입규모는 크게 확대되었는데, 중국 전체수입에서 한국이 차지하는 수입비중은 1위이며 항목별로는 통신설비와 수동소자가 각각 1위, 방송설비, 능동소자, 전자소재가 각각 2위, 컴퓨터 3위, 영상음향가전이 4위에 랭크되어 있다. 또한 중국 전자정보 수입시장에서 한국산의 점유율은 전체적으로 약간 증가하였다.

<표 7-6> 중국 전자정보제품의 국가별 수입구조 변화

(단위 : 억 달러, %)

	2005년			2010년		
	일본	한국	대만	일본	한국	대만
전자정보	322.5 (14.7)	359.3 (16.3)	397.6 (18.1)	586.7 (14.0)	740.4 (17.6)	712.8 (16.9)
통신설비	14.3	36.7	8.6	18.3	38.6	11.1
방송설비	12.3	2.1	3.2	15.6	12.7	1.7
컴퓨터	63.2 (10.0)	123.2 (19.4)	119.3 (18.9)	62.1 (10.6)	49.6 (8.4)	30.2 (5.2)
영상음향가전	16.0 (18.2)	6.4 (7.3)	9.4 (10.7)	18.3 (14.1)	9.3 (7.1)	16.9 (13.0)
전자부품	175.8 (15.1)	182.5 (15.7)	246.4 (21.2)	325.1 (12.0)	586.9 (21.6)	618.6 (22.8)
수동소자	48.0 (22.8)	21.3 (10.1)	36.8 (17.5)	145.2 (16.0)	250.3 (27.5)	206.0 (22.7)
능동소자	127.8 (13.4)	161.2 (16.9)	209.6 (22.0)	179.9 (10.0)	336.6 (18.6)	412.6 (22.9)
전자소재	8.9	1.9	3.9	20.6	19.1	18.5
전자측정설비	32.0 (29.4)	6.3 (5.8)	6.9 (6.4)	126.6 (32.1)	24.2 (6.1)	15.8 (4.0)

* 주 : 괄호는 각 항목이 전체 수입에서 차지하는 비중임.
* 자료 : 中國電子信息産業統計年鑑(綜合篇) 2005-2010.

항목별로 다르게 나타나는데 통신설비와 컴퓨터는 감소하는 반면, 방송설비, 전자부품, 전자측정설비는 증가하는 추세이고 영상음향가전은 반전하는 추세에 있다.

중국 전자정보제품의 주요 국가별 수입구조를 살펴보면, 전제적으로 한국, 대만, 일본 순이며 구조적으로는 통신설비와 능동소자에서는 한국이 우세하고, 방송설비와 컴퓨터, 영상음향가전, 전자측정설비 등에서는 일본이 우세하며 능동소자에서는 대만의 시장점유율이 높은 것으로 나타났다.

수입구조 변화를 살펴보면 한국은 방송설비, 수동소자, 능동소자, 전자측정설비에서 중국시장점유율이 늘어난 반면 컴퓨터와 영상음향가전에서 줄었으며, 일본은 컴퓨터와 전자측정설비에서 대만은 영상음향가전, 수동소자, 능동소자에서 각각 시장점유율이 증가한 것으로 나타났다. 앞으로 한국은 중국 전자측정설비시장에서 일본과 치열한 시장경쟁이 예고되고 영상음향가전과 전자부품시장에서는 대만과의 한판 승부가 펼쳐질 것으로 예상된다.

4) 무역주체 구조변화

중국 전자정보제품 무역에서 외국인 투자기업의 수출과 수입은 모두 큰 비중을 차지하고 있으나, 예전에 비해 그 비중이 약간 줄었다. 2010년 이 제품무역에서 외국인 투자기업의 수출과 수입이 차지하는 비중은 각각 81.1%, 79.9%에 달하는데, 이중에서 외국인 독자기업만 해도 64.7%, 63.7%에 달한다. 중국기업으로는 민영기업 수출입이 차지하는 비중이 각각 8.8%, 10.0%로 국영기업보다 큰 것으로 나타났다. 또한 2005년과 2010년 수출입 비중의 변화를 살펴보면 외국인 투자기업과 중국 국영기업의 수출입 비중은 모두 약간 줄어든 반면에, 중국 민영기업의 수출입 비중은 크게 늘어난 것을 발견할 수 있는데, 전자정보산업에서는 민영기업의 무역활동이 활발하게 전개되고 있는 것으로 파악된다.

<표7-7> 중국 전자정보제품 무역주체 구조변화

(단위 : %)

	2005		2010	
	수출비중	수입비중	수출비중	수입비중
외국인 독자기업	66.3	66.3(69.4)	64.7	63.7(67.3)
중외합자기업	19.2	16.7(15.8)	16.4	16.2(15.7)
국영기업	7.4	10.4(8.0)	6.8	8.6(6.2)
민간기업	3.4	4.0(3.7)	8.8	10.0(9.0)
집체기업	1.8	1.3(0.5)	2.3	1.2(0.4)

* 주 : 괄호는 중국 전자부품 수입에서 무역주체가 차지하는 비중임. 외국인 투자기업은 홍콩 대만의 투자기업도 포함
* 자료 : 中國電子信息産業統計年鑑(綜合篇) 2005-2010.

5) 국제경쟁력 변화

수출상품의 국제경쟁력을 평가하는 기준으로는 대개 해외시장점유율과 무역특화지수가 사용되는데 여기서는 무역특화지수 분석을 통해 중국 전자정보산업의 국제경쟁력을 살펴본다.

무역특화지수[7](TSI : Trade Specification Index)는 각 품목의 수출입 차이를 해당품목의 교역규모(수출입의 합)로 나눈 값으로, 수출에 있어서 상대적 비교우위를 나타내는 지표이다

$$TSI = X-M / X+M \ (X : 수출액,\ M : 수입액)$$[8]

중국 전자정보산업의 국제경쟁력을 분석하기 위해 2005년과 2010년의 무역특화지수를 비교해보면, 통신설비와 컴퓨터, 영상음향가전 부문의 무역특화지수가 개선되어 전자정보산업의 국제경쟁력이 약간 향상되었지만, 전자부품, 방송설비, 전자측정설비 등 부문은 국제경쟁력이 더 취약해진 것을 알 수 있다. <표7-8 참조> 다시 말하면, 통신설비와 컴퓨터는 무역특화지수가 약간 개선되었지만 수출우위단계에 머물러 있고 영상음향가전은 수출특화단계로 올라갔다. 그러나 전자부품과 전자측정설비는 수입우위단계에 있으면서 무역특화지수가 더 내려가고 방송설비는 수출우위에서 수출강균형으로 한 단계 하락했다.

또한 품목별로 살펴보면, 핸드폰, PC, LCD모니터, 칼라TV, DVD기 등 제품이 그대로 수출특화단계에 있고 팩스기와 칼라TV부품이 수출특화단계로 올라갔다. 축전기와 트랜지스터는 수입우위단계에 있고 전자부품에서 가장 큰 비중을 차지하는 집적회로와

---

7) 무역특화지수는 -1과 1사이의 값을 갖는데, 0에서 -1로 갈수록 수입특화의 정도가 높아지며 0에서 1로 갈수록 수출특화의 정도가 높아진다. 지수의 값이 0~1인 경우에는 해당상품이 무역흑자를 기록하여 국제경쟁력이 있음을 뜻하며 0~-1이면 무역적자를 기록하여 경쟁력이 약함을 의미한다. 그리고 경쟁력 수준에 따라 여섯 가지 유형으로 구분되는데, 수출특화(0.7~1.0), 수출우위(0.3~0.7미만), 수출강균형(0~0.3미만), 수입특화(-0.7~-1.0), 수입우위(-0.3~-0.7미만), 수입강균형(0~-0.3미만) 등이다

8) 신현수·이원복, 〈한·중·일 제조업의 경쟁력 비교분석〉, 〈KIET산업경제〉, 2003년 3월호, 9쪽.

LCD기판은 각각 수입특화와 수입우위단계에서 수입우위와 수입강균형단계로 한 단계 올라가서 국제경쟁력이 약간 향상되었다.

<표 7-8> 중국 전자정보제품 무역특화지수 변화

	2005	2010
전자정보산업	0.10	0.17
<통신설비>	0.46	0.63
전화교환기	0.89	0.41
팩스기	0.51	0.93
핸드폰	0.89	0.96
핸드폰부품		0.29
<방송설비>	0.48	0.19
방송카메라		0.33
방송설비부품		-0.18
<컴퓨터>	0.33	0.57
PC	0.97	0.94
노트북	0.96	0.99
프린터	0.80	0.66
LCD모니터	0.89	0.85
HDD	-0.27	0.23
CD기	0.08	-0.21
디지탈카메라	0.69	0.51
<영상음향가전>	0.65	0.74
칼라TV	0.98	0.99
DVD기	0.98	0.98
<전자부품>	-0.48	-0.53
축전기		-0.44
저항기		-0.27
인쇄회로기판		-0.04
집적회로	-0.71	-0.69
트랜지스터	-0.53	-0.30
리튬이온전지		-0.11
LCD기판	-0.43	-0.28
칼라TV부품	0.54	0.81
음향장치	0.46	0.51
전자측정설비	-0.20	-0.25

* 자료 : 中國電子信息産業統計年鑑(綜合篇) 2005, 2010.

3. 한중교역에 미치는 영향

1) 중국 전자정보제품의 對한국 무역추이

중국의 WTO 가입이후 한중 전자정보 상품교역과 무역수지 규모는 크게 확대되어 왔다. 2010년 한중 전자정보 무역액은 1007.8억 달러로 2002년 127억 달러에 비해 약 8배 정도 확대되어 한중무역의 48.7%을 점하고 있다. 또한 이 산업부문에서 중국의 한국에 대한 무역수지 적자액은 무려 473억 달러에 달하고 해마다 확대되고 있다는 점에서 우리에게는 효자산업이라고 말할 수 있다.

중국 전자정보제품의 대한국 수출규모는 비교적 작지만 상대적으로 수출이 점차 증가하는 추세에 있으며 수입규모는 비교적 크면서도 상대적으로 수입증가가 지속되는 추세에 있다. 2005-2010년 중국 전자정보제품의 대한국 수출과 수입의 연평균증가율은 각각 22.8%, 19.2%로서 동기간 중국 전자정보제품 해외 수출과 수입의 연평균 증가율 20.3%, 16.2%와 비교하면 각각 2.5%, 3% 정도 높은 수치를 보인다. 이것은 전자정보제품의 한중교역이 다른 국가들에 비해 활발하게 전개되고 있음을 의미하는 것이다.

<표 7-9> 중국 전자정보산업의 對한국 수출입 추이

(단위 : 억 위안, %)

	총무역액 (A)	전자정보 무역 (B)	수출액 (C)	수입액 (D)	B/A	C-D
2002	358.9	127.0	32.6 (21.4)	94.4 (106.7)	35.4	-61.8
2005	1119.3	455.1	95.8 (14.6)	359.3 (31.0)	40.7	-263.5
2007	1598.5	708.1	164.0 (30.8)	544.0 (21.1)	44.3	-380.0
2008	1860.7	809.1	239.6 (46.1)	569.5 (4.0)	43.5	-329.9
2010	2071.1	1007.8	267.4 (29.3)	740.4 (29.3)	48.7	-473.0

* 주 : 괄호는 전년대비 증가율임.

* 자료 : 中國電子信息産業統計年鑑(綜合篇) 2002-2010. 中國統計年鑑 2011.

<표 7-10> 중국 전자정보제품의 대한국 수출입증가율 변화

(단위 : %)

	수출			수입		
	2005	2010	2005-2010	2005	2010	2005-2010
전자정보	14.6	24.1	22.8	31.0	41.0	19.2
전자부품 수동소자 능동소자	 23.9 5.4	 38.8 32.7	 23.1 25.1	 18.2 56.5	 34.6 47.3	 27.7 23.8
컴퓨터와 주변기기	10.2	30.4	21.7	21.0	53.8	16.5
영상음향가전	21.8	13.4	2.3	-3.0	32.0	6.4

* 자료 : 中國電子信息産業統計年鑑(綜合篇) 2005-2010

특히 중국 전자부품의 대한국 수입증가율은 상대적으로 높다. 2005-2010년 중국 전자부품(수동소자, 능동소자) 수입의 연평균증가율은 20.7%, 17.0%에 불과한데, 동기간 대한국 전자부품 수입의 연평균증가율은 무려 27.7%, 23.8%에 달해 거의 6-7% 정도 차이가 난다. 아직은 우리의 전자부품의 대중국 수출경쟁력이 유지된다고 볼 수 있는데, 그러나 능동소자의 경우 2005년 중반이후 대중국 수출증가율이 점차 둔화되는 양상이 뚜렷하게 나타나서 향후추세를 좀 더 지켜볼 필요가 있다.

영상음향가전의 한중교역은 비교적 소극적인 상태에 머물러 있지만 최근 우리의 대중국 수출이 증가하는 추세에 있다. 2005-2010년 중국 영상음향가전 대한국 수출과 수입의 연평균증가율은 2.3%, 6.4%로서 동기간 중국의 대외수출과 수입 연평균증가율 18.7%, 8.3%와는 큰 차이를 보이면서 적극적인 교역이 이루어지고 있지 않다. 그러나 2000년대 중반이후 우리 영상음향가전의 대중국 수출이 점차 증가하고 있는 것은 상당히 고무적인 현상이다.

2) 전자정보제품의 對한국 항목별 수출입 규모와 구조변화

(1) 항목별 수출규모와 구조변화

중국 전자정보제품의 대한국 수출규모는 크게 확대되었으나 한국으로의 수출비중은 상대적으로 낮은 수준에 있다. 항목별로는 통신설비와 컴퓨터 수출규모가 가장 크지만 한국에 대한 수출비중은 각각 7.3%, 2.9%에 불과하고 전자부품에 대한 수출비중도 6% 정도에 머물러 있다.

중국 전자정보제품의 대한국 수출비중은 2005년 3.6%에서 2010년 4.6%로 1% 정도 늘어난데 불과하며 항목별로는 방송설비, 전자소재, 통신설비, 컴퓨터, 전자측정설비 등이 증가하는 반면 음향가전과 전자부품은 감소하는 추세에 있다.

<표 7-11> 중국 전자정보제품 對한국 항목별 수출구조 변화

(단위 : 억달러, %)

	2005년		2010년	
	수출금액	비중	수출금액	비중
전자정보	95.8	3.6	267.4	4.6
통신설비	17.4	4.0	74.8	7.3
방송설비	1.4	1.5	5.4	6.0
컴퓨터	28.1	2.3	61.7	2.9
영상음향가전	17.6	4.2	15.9	1.9
수동소자	13.2	6.6	46.1	6.1
능동소자	14.9	7.0	45.8	6.8
전자소재	0.3	4.7	7.0	11.8
전자측정설비	2.9	4.0	10.6	4.5

* 주 : 비중은 각 항목이 전체 수출에서 차지하는 비중.

* 자료 : 中國電子信息産業統計年鑑(綜合篇) 2005-2010.

(2) 항목별 무역수지 변화

중국 전자정보제품 항목별 대한국 무역수지를 살펴보면, 통신설비와 컴퓨터를 제외한 나머지 항목에서는 모두 무역수지 적자 상태에 있는데, 대부분이 전자부품에 해당된다. 다시 말해서 우리의 전자부품은 한중교역에서 큰 비중을 차지하며 전자정보제품 무역수지 흑자의 대부분을 차지하면서 효자 항목으로 부상한 것이다.

항목별 무역수지 변화를 살펴보면 통신설비와 컴퓨터에서는 중국의 무역수지가 적자에서 흑자상태로 반전되었지만 전자부품, 전자소재, 전자측정설비 등 항목에서는 무역수지 적자가 확대되는 추세에 있는데 이중에서 수동소자가 가장 크게 확대된 것으로 나타났다.

<표 7-12> 중국 전자정보제품 항목별 대한국 무역수지 변화

(단위 : 억달러)

	2005	2008	2009	2010
통신설비	-19.3	29.6	30.6	36.2
방송설비	-0.7	-4.2	-28.7	-7.3
컴퓨터	-95.1	-116.1	15.1	12.1
영상음향가전	11.2	8.4	6.9	6.6
전자부품	-154.4	-228.8	-346.6	-495.0
수동소자	-8.1	-27.7	-152.7	-204.2
능동소자	-146.3	-201.1	-193.9	-290.8
전자소재	-1.6	-9.5	-9.7	-12.1
전자측정설비	-3.4	-5.5	-3.1	-13.6

* 자료 : 中國電子信息産業統計年鑑(綜合篇) 2005-2010.

4. 시사점

중국의 전자정보산업은 전체 공업생산과 수출의 각각 9.2%. 37.5%를 차지하고 일부제품은 세계1위를 차지하여 국내외적으로 중요한 위치에 있다. 이 산업은 2000년대 들어와서 10년간 공업생산액 연평균성장률 26.1%의 빠른 속도로 성장했는데, 상반기에는 30%가 넘는 고속성장을 하다가 중반이후 점차 둔화되는 추세를 보였다. 전자정보제품의 수출 증가속도는 수입보다 빨라서 2010년 무역수지가 무려 1695.5억 달러에 달하여 중국의 효자종목이며 전체적으로는 약간의 국제경쟁력을 갖추고 있다. 그러나 이 제품의 한중교역에서는 중국의 무역수지 적자액이 무려 473억 달러에 달해 취약한 경쟁력을 보이고 있다. 중국 전자정보제품의 대한국 수출규모는 비교적 작지만 수출 증가속도가 수입보다 빨라서 앞으로 무역수지 불균형이 조정될 가능성이 크다.

이 산업에서 가장 큰 비중을 차지하고 있는 전자부품은 2001-2010년 연평균성장률이 29.6%로 전자정보산업 전체보다 더욱 빠른 속도로 성장했으며 대체로 비슷한 성장추세를 보였다. 또한 전자정보제품 무역에서 가장 큰 비중을 차지하며 수입이 수출보다 빠른 추세에 있다. 그래서 전반적으로는 수입우위 단계에 속하면서 무역특화지수가 더 악화되어 국제경쟁력이 취약해졌다. 그러나 품목별로는 가장 큰 비중을 차지하는 IC회로와 LCD기판이 각각 수입특화와 수입우위 단계에서 수입우위와 수입강균형·단계로 한 단계 올라가서 국제경쟁력이 약간 향상되었지만, 두 품목 모두 무역수지 적자폭이 상당히 큰 편에 속한다. 2000년대 들어와서 중국은 더욱 많은 전자부품을 한국으로부터 수입해 왔기 때문에 무역수지가 적자폭이 더욱 확대되어 왔다. 앞으로도 우리의 전자부품 대중국 수출경쟁력은 당분간 유지될 것으로 본다.

이외에도 통신설비, 방송설비, 컴퓨터와 주변기기, 영상음향가전, 전자측정설비 등이 있는데, 비교적 빠른 속도로 성장해 왔다. 무역특화지수 변화를 살펴보면 통신설비 및 컴퓨터와 주변기기는 수출우위 단계에 그대로 위치하고 영상음향가전은 수출특화단계로 올라서 국제경쟁력이 강해졌지만, 방송설비는 수출강균형 단계로 내려가서 국제경쟁력이 약해지고 전자측정설비는 수입우위 단계에 그대로 위치한 것으로 나타났다. 이에 대해 중국의 대한국 무역수지 변화를 살펴보면 통신설비 및 컴퓨터와 주변기기에서는 무역수지가 적자에서 흑자상태로 반전되는 것으로 나타나는데, 이것은 한중교역에 영향을 주었다는 사실을 말해 주는 것이다. 그리고 영상음향가전의 한중교역은 비교적 소극적인 상태에 처해 있지만, 최근 이 항목에서 우리의 대중국 수출이 증가하는 추세에 있다는 점은 최근 중국의 도시화와 내수확대가 적극 추진되는 상황에 비추어 보아 상당히 고무적인 일이다.

종합적으로 말하면 2010년까지 중국 전자정보산업의 성장과 국제경쟁력 향상은 한중교역, 특히 한국의 대중국수출에 별다른 영향을 주지 않았고 전자부품 또한 마찬가지이며 단지 통신설비와 컴퓨터 등 일부 항목에 영향을 준 것뿐이다. 그러나 중국이 근래 전자정보산업 11·5발전계획에 이어 전자정보산업 12·5발전계획에서도 자주혁신을 강조하여 핵심원천기술을 개발하고 전자부품의 자급률을 높이기 위해 총력을 기울이고 있으며 또 한편으로는 한국, 일본, 대만 등 3국이 중국 전자정보시장을 놓고 치열한 경쟁이 예상되기 때문에 한중교역에 큰 영향을 받는 시기가 더 빠르게 다가올 가능성이 크다.

김세원 · 안세영, 《산업정책론-산업구조조정을 중심으로-》, 박영사, 2003.

강두용외, 〈금융위기 이후 한국경제의 중국 의존도 추이와 시사점〉, 〈e-KIET 산업경제정보〉, 제491호, 2010. 11. 23.

김용선 · 이정수, 〈WTO가입후 중국 부품산업의 발전현황과 효과〉, 〈중국학논총, 31집〉, 2010. 12,

박번순, 〈한중 교역구조의 변화와 대응〉, 〈SERI경제포커스〉, 제392호, 2012. 9. 4.

사효하, 〈중국 전자정보산업 정책변화와 한중협력전망〉, 산업연구원 주최 한중 국제세미나, 2010. 10. 6.

신현수 · 이원복, 〈한중일 제조업의 경쟁력〉, 〈KIET 산업경제〉, 2003년 3월호, 2003. 3. 1.

양평섭, 〈중국의 수입대체 가능성과 수출에의 영향〉, 중국 이슈리포트, 제2005-24, 2005. 12.19

이원복, 〈부품소재산업도 중국의 추격 거세〉, 〈e-KIET 산업경제정보〉, 제273호, 2005. 9. 14.

전자산업진흥회, 〈중국IT부품 · 소재산업의 국내외 위상 및 시장동향〉, 중국 이슈리포트, 제2006-18호 , 2006. 9. 1.

주대영, 〈중국 발전전략 전환에 따른 한국 전자산업의 대응전략〉. ISSUE PAPER 2006-209(산업연구원), 2006. 12

上海.財經大學産業經濟研究中心, 《2009中國産業發展報告》, 上海 : 上海財經大學出版社, 2009.

中國電子信息産業發展研究院, 《戰略性新興産業發展及應用實踐, 北京 : 機械工業出版社, 2011.

中國科學技術協會, 《電子信息學科發展報告2008-2009》, 北京 : 中國科學技術出版社, 2009.

中國社會科學院工業經濟研究所, 《2009中國工業發展報告-新中國工業60年》, 北京 : 經濟管理出版社, 2009.

任家華, 《中國電子信息企業創新升級》, 成都 : 西南財經大學出版社, 2009.

李廉水, 《中國製造業發展研究報告2009》, 北京 : 科學出版社, 2009.

李拓晨, 《 中國高新技術産業競爭力研究》, 北京 : 知識産權出版社, 2009.

周子學, 《2008-2009年電子信息産業經濟運行狀況與發展趨勢》, 北京 : 電子工業出版社, 2009.

張其仔, 《中國産業競爭力報告(2012)》, 北京 : 社會科學文獻出版社, 2011.

張其仔, 《中國産業競爭力報告(2010)》, 北京 : 社會科學文獻出版社, 2010.

孫林岩, 《全球視角下的中國製造業發展》, 北京 : 淸華大學出版社, 2008.

蔡昉, 《WTO框架下中國工業競爭力研究》, 北京 : 中國社會科學出版社, 2008.

國家發展和.改革委員會産業經濟與技》術經濟研究所, 《中國産業發展報告 (2008)》, 北京 : 經濟管理出版社, 2008.

盧福財, 《産業結構調整-中國工業經濟學會2010年年會論文集》, 北京 : 經濟管理出版社, 2011.

陳飛, 〈電子信息産業調整振興對策分析〉, 〈宏觀經濟管理〉, 2012年第6期.

中國統計年鑑

中國電子信息産業統計年鑑(綜合篇)

제8장 문화서비스 산업

1. 문화서비스 산업 현황과 구조변화
2. 문화서비스 산업의 국제경쟁력 변화
3. 당면과제와 시사점

문화산업은 문화콘텐츠를 중심으로 창의, 생산, 재생산, 소비 등이 서로 융합되어있는 산업으로 자원소모와 환경오염이 적은 대신 부가가치가 높고 지식과 기술혁신을 요하는 블루오션산업이기 때문에 미국, 유럽, 일본 등 선진국들의 주도적인 산업으로 지구촌 산업구조 고도화의 하나의 대표적인 산업이 되어서 국가 간 문화산업 경쟁이 치열하게 전개되고 있는 상황이다.

중국은 WTO가입이후 급속한 경제성장으로 산업구조가 고도화되어 제조대국에서 제조강국을 향해 나아갈 뿐만 아니라 국민소득 향상과 정부의 서비스 발전정책 추진으로 문화대국에서 문화강국으로 가는 시도를 하고 있다.

현재 중국의 문화시장 규모는 14억의 방대한 인구로 인해 미국에 이어 세계 2위를 차지하고 있지만 문화산업의 부가가치가 GDP에서 차지하는 비중은 낮은 상태이며 또한 국제경쟁력도 낮아서 장식과 공예품 등 문화상품의 수출비중이 크고, 반면에 판권 등 문화서비스는 수입에 의존하는 상황이다. 그러나 최근 인터넷산업 발전과 문화정책의 지속적인 추진으로 문화서비스 산업이 빠른 속도로 성장하고 있어서 그 추세를 주목할 필요가 있다. 더욱이 그동안 한중문화교류는 사드에 의한 센한링(限韓令)으로 인해 드라마, 음반, 영화, 게임 등 문화서비스 분야에서 경색되었지만 현재 점차 해빙기류가 형성되어가는 시점에서 향후 한중양국 문화서비스 협력강화를 위해서라도 중국 문화서비스 산업과 시장의 변화에 관해 자세히 분석할 필요가 있다.

1. 문화서비스 산업현황과 구조 변화

1). 문화산업의 개념과 위상

(1) 문화산업의 개념과 범주

문화산업에 관한 정의와 범주는 학자와 국가에 따라 달라서 통일되어 있지 않다. 영국학자 안디 프라트(Andy. Pratt)는 문화산업과 관련된 연구논문에서 "문화산업이란 문화콘텐츠를 중심으로 창의와 생산, 재생산, 소비가 상호 융합되어 이루어진 생산시스템"이라고 정의를 내리고 있다. 유네스코(UNESCO) 또한 문화산업 관련 보고서에서 "문화산업은 산업표준에 따라 문화상품과 서비스를 생산, 재생산, 보관 및 분배하는 일련의 활동"으로 정의하고 있다.

각국은 문화산업을 다양한 시각에서 보고 있는데, 미국은 엔터테인먼트 산업, 영국은 창조산업, 일본은 콘텐츠산업, 한국은 문화콘텐츠산업 등으로 칭하며 문화산업의 범주는 국가에 따라 약간의 차이는 있으나 대체로 문화예술, 출판, 방송, 영화, 음악, 공연, 광고, 문화소프트웨어 등을 포함하고 있다.

<표 8-1> 세계 주요국 문화산업의 분류

국가	명칭	분류
미국	엔터테인먼트 산업	문화예술, 출판, 방송, 영화, 음향, 정보서비스, 공연, 전시
영국	창조산업	문화예술, 출판, 방송, 영화, 음악, 공연예술, 디자인, 패션디자인, 광고, 건축, 레저 소프트웨어
일본	콘텐츠산업	문화예술, 서적, 방송, 영화, 음향, 음악, 게임, 애니메이션, 광고, 문화관광
한국	문화콘텐츠 산업	문화예술, 출판, 방송, 영화, 음악, 게임, 애니메이션, 콘텐츠소프트웨어, 디자인, 공연, 광고, 전시

* 자료 : 한국콘텐츠진흥원, <(2014)해외 콘텐츠시장 동향조사-총괄편>, 2014. 18쪽. 劉吉發等, 《文化産業學》, 北京 : 文化産業學, 經濟管理出版社, 2005. 17쪽. 林拓, 《世界文化産業發展前沿報告(2002-2004)》, 北京 : 社會科學文獻出版社, 2004. 210쪽. 문화체육관광부, 〈문화산업진흥기본법〉, 2009. 2. 6.

중국의 문화산업 개념은 2003년 중국 문화부가 발표한 <문화산업 발전의 지지와 촉진에 관한 몇가지 의견>(文化部關于支持和促進文化産業發展的若干意見)에서 볼 수 있는데, "문화산업은 문화상품의 생산에 종사하고 문화서비스를 제공하는 영업성 업무이다"라고 간단하게 정의하고 있다. 또한 2012년 국가통계국은 문화와 문화관련 산업은 사회대중을 위해서 문화상품과 문화관련 상품을 제공하는 생산 활동의 집합이라고 정의하면서 유네스코 <문화통계프레임 2009>의 분류방법을 참조하여 크게 문화상품의 생산과 문화관련 상품의 생산으로 양분하고, 관리의 필요성과 문화생산 활동의 특징에 따라 출판, 방송영화, 문화예술, 정보서비스, 창의설계, 여가오락, 공예미술품 생산, 문화상품 생산의 보조생산, 문화용품의 생산, 문화전용설비의 생산 등 10가지로 분류했다.

<표 8-2> 중국문화산업과 관련 산업의 10대 분류

분류명칭	세부내용
<문화상품의 생산>	
1. 신문, 출판, 발행서비스	뉴스보도, (도서, 신문, 잡지, 음성제품, 전자북) 등의 출판과 유통
2. 라디오, TV, 영화서비스	방송서비스, 영화와 영상프로그램 제작·방영, 영화방영, 녹음제작
3. 문화예술서비스	문예창작, 공연, 도서관, 문화유산보호, 박물관, 기념관, 대중문화활동, 문화연구와 사회단체서비스, 문화예술교육
4. 문화정보전송서비스	인터넷정보서비스, 유무선방송전송서비스, 위성전송서비스
5. 문화창의와 설계서비스	광고, 문화소프트웨어개발과 디지털콘텐츠, 건축설계
6. 문화여가오락서비스	공원과 관광지 관리, 야생동식물보호, 가무·전자오락· PC방 오락활동, 유원지, 촬영
7. 공예미술품의 생산	공예품과 도자기제품 제조와 판매, 장신구 판매
<문화관련 상품의 생산>	
8. 문화상품 생산의 보조생산	지적재산권서비스, 인쇄복사서비스, 문화매니저대리서비스, 문화무역대리와 경매서비스, 문화상품랜트서비스, 전시서비스
9. 문화용품의 생산	사무용품, 악기. 완구, 여가오락용품, TV 등 시청각설비, 폭죽, 문화용 종이, 문화용 잉크, 문화용 화학품, 장식용 조명, 전자사전, 문구용품·악기 등의 제조와 판매
10. 문화전용설비의 생산	인쇄전용설비, 라디오TV영화 전용설비, 환 등기·카메라·복사기 전용설비 등의 제조, 라디오TV영화 전용설비와 무대전용설비의 도매

* 자료 : 國家統計局, 文化及相關產業分類(2012), 2012. 7. 31.

문화서비스 산업은 문화예술, 관람, 미디어, 공연, 오락, 관광 등을 직간접적으로 제공하는 서비스산업으로 문화산업의 대부분이 여기에 해당된다.[1] 그러나 중국의 경우 문화산업에 상당 부분의 문화제조업이 포함되어 있다. <중국문화와 관련 산업통계연감(中國

1) 한상완, 〈문화서비스 산업의 특징과 발전 과제〉, 《VIP리포트》, 13-9 [통권 519호], 2013. 03. 21.

文化及相關産業統計年鑑)>에 의하면, 문화산업은 문화제조업과 문화도소매업, 문화서비스업으로 분류하는데, 문화서비스 산업은 <표8-2>에 나와 있는 것같이 출판, 방송영화, 문화예술, 정보서비스, 창의설계, 여가오락, 공예미술품 생산, 문화상품 생산의 보조생산 등을 포함한다.

(2) 문화산업의 세계적 위상

세계문화산업의 시장규모는 최근 유무선 네트워크 발달과 스마트기기 확산으로 디지털 방식에 의한 문화소비가 증가함에 따라 확대되는 추세에 있고 2020년까지 연평균 4.4% 성장할 것으로 전망된다. 국가별 시장규모[2]는 중국이 1,760억 달러(2015년 기준)로 미국에 이어 세계 2위이며 2020년까지 8.9%라는 높은 연평균 성장률을 보일 것으로 예상된다.[3] 또한 중국문화부가 발표한 중국문화소비지수(中國文化消費指數)에 의하면 중국 문화소비의 잠재수요는 4.7조 위안이지만 실제소비는 겨우 1억 위안에 불과하여 문화소비의 잠재력이 상당히 크며 올해 상반기까지 중국 인터넷 사용자 규모가 약 8억 명[4]으로 늘어나서 디지털 문화산업이 빠르게 발전할 수 있는 중요한 기반이 되고 있다.

반면에 현재 중국문화산업의 국제적 브랜드가치는 높지 않아서 미국의 영화산업, 일본의 애니메이션산업, 한국의 드라마산업, 독일의 출판업 등과 같이 유명한 산업을 찾아보기 힘들고, 문화산업이 GDP에서 차지하는 비중 또한 선진국의 경우, 10%를 초과하지만 중국은 아직 4%에 불과하다. 또한 중국 문화상품의 수출은 노동집약형에 속하는 장식과 공예품이 큰 비중을 차지하고 있으며 지식·기술집약형에 속하는 지적재산권 등 문화서비스는 주로 수입에 의존하고 있어서 해외시장에서의 문화서비스 경쟁력이 비교적 낮은 수준에 머물러 있다.

---

2) 2015년 기준 미국 7010억 달러, 중국, 일본, 영국, 독일, 프랑스, 한국 순임.

3) 한국콘텐츠진흥원, 2016 해외콘텐츠시장 동향조사, 2017. 1. 17. 19-22쪽.

4) 한국콘텐츠진흥원 북경비즈니스센터, <중국 인터넷사용자 규모 8억 초과>, 2018. 8.27.

2) 문화서비스 산업의 발전 현황

문화서비스 산업이 중국 전체 서비스 산업에서 차지하는 비중은 작지만 문화산업 중에서 가장 큰 비중을 차지하고 문화제조업과 문화도소매업의 비중이 줄어드는 반면에 문화서비스업의 비중은 늘어나는 추세에 있으며 빠른 성장을 보이고 있다. 중국통계연감(中國統計年鑑)자료에 의하면 2016년 중국 문화서비스 산업이 중국전체 서비스산업에서 차지하는 부가가치 생산액 비중은 고작 4.2%로 도소매업 18.5%, 금융업 16.2%와 비교하여 상당히 작은 것으로 나타났다.

<표 8-3> 중국문화 및 관련 산업의 업종별 부가가치 및 구성

(단위 : 억 위안 %)

연도	부가 가치	문화상품 제조업	문화상품 도소매업	문 화 서비스업	구성(%)		
					문화상품 제조업	문화상품 도소매업	문화 서비스업
2004	3,102	1,481	328	1,293	47.7	10.6	41.7
2008	7,166	2,945	527	3,695	41.1	7.4	51.5
2009	8,766	3,555	522	4,709	40.5	5.9	53.6
2010	11,052	4,391	638	6,023	39.7	5.8	54.5
2011	13,479	5,123	725	7,631	38.0	5.4	56.6
2012	18,071	7,253	1,187	9,631	40.1	6.6	53.3
2013	21,870	9,418	2,146	10,307	43.1	9.8	47.1
2014	24,358	10,201	2,386	11,952	41.6	9.7	48.7
2015	27,235	11,053	2,542	13,640	40.6	9.3	50.1
2016	30,785	11,889	2,872	16,024	38.6	9.3	52.1

* 자료 : 《中國文化及相關產業統計年鑑》

그러나 <표8-3>에서 보는 바와 같이 2016년 중국 문화서비스업이 중국문화산업에서 차지하는 부가가치 비중은 52.1%로 가장 크며, 비중변화를 보더라도 문화상품 제조업과 도소매업의 비중은 2004년 각각 47.7%, 10.6%에서 2016년 38.6%, 9.3%로 점차 감소하는 추세인 반면에, 문화서비스업의 비중은 2004년 41.7%에서 2016년 52.1%로 점차 증가하는 추세를 나타내고 있다. 특히 2016년 문화서비스업의 부가가치 증가율은 전년대비 17.5%로 전체 서비스산업 부가가치 증가율 7.8%, 문화제조업 7.6%, 문화도소매업 12.9% 등에 비해 상당히 빠른 속도로 성장했다.

3) 문화서비스 산업의 구조변화

중국 문화서비스 산업 중에서 문화창의와 건축설계 부문이 가장 큰 비중을 차지하고 있으며 문화정보와 방송·영화 부문과 함께 빠르게 성장하여 그 비중이 확대된 반면에 신문·출판·발행, 문화예술, 문화여가오락, 문화상품생산의 보조생산 등 부문은 그 비중이 축소되었다. <표8-4>를 살펴보면 2016년 문화창의와 건축설계 부문의 매출액은 약 2조 2, 258억 위안으로 전체의 54%를 차지하고 있으며 2012년에 비해 2배 이상 성장한 것으로 나타났다. 또한 문화정보와 방송·영화 부문도 마찬가지로 2배 이상 성장하여 전체에서 차지하는 비중이 각각 17.4%, 5.9%로 늘어난 반면에 신문·출판·발행, 문화예술, 문화여가오락, 문화상품생산의 보조생산 등의 매출액 비중은 2012년에 비해 각각 4.1%, 3.1%, 9.2%, 6.3%로 축소된 것으로 분석된다.

이와 같이 문화창의와 문화정보, 방송·영화 부문이 빠르게 성장한 것은 중국정부의 지속적인 문화정책 추진 노력과 인터넷 플러스 산업정책, 인터넷 인구의 확산에 크게 기인하는 것으로 볼 수 있다. 중국의 문화정책은 2000년대 WTO가입에 의한 시장개방으로 초래되는 문화가치관의 충격과 외국문화기업의 시장진입을 대비하기 위해서 처음으로 수립되었다., 2003년 문화산업 발전 지지와 추진(關于支持和促進文化産業發展的若干意見)을 시작으로 2017년 13·5시기 문화산업발전규획(十三五時期文化産業發展規劃)이 발표되기까지 문화산업의 발전과 수출증대, 외국인투자유치, 국제경쟁력 강화, 대외투자 등에 관한 10여개의 정책이 입안되어 추진되어 오고 있다.

<표 8-4> 중국문화 서비스산업의 구조변화(2012-2016)

(단위 : %, 만 명, 억 위안)

업종	2012			2016		
	종업원	매출액	자산	종업원	매출액	자산
문화서비스(%)	100.0	100.0	100.0	100.0	100.0	100.0
신문·출판·발행	6.9	7.8	9.2	3.6	4.1	6.0
방송·영화	4.3	4.9	6.3	4.7	5.9	7.5
문화예술	5.9	4.4	8.2	6.7	3.1	5.2
문화정보	12.1	15.1	13.9	10.6	17.4	19.1
문화창의와 건축설계	41.1	48.5	34.8	45.9	54.0	35.1
문화여가오락	22.2	12.8	20.0	20.5	9.2	18.2
문화상품생산의 보조생산	7.5	6.5	7.6	8.0	6.3	8.9
문화서비스 수치 (만 명, 억 위안)	520.6	22,085.2	39,498.6	862.7	41,220.6	100,843.1

* 자료 : 《中國文化及相關產業統計年鑑》

주요 문화정책에는 2004년 방송·영화산업발전 추진(關于廣播影視產業發展的意見), 2009년 문화산업진흥규칙(文化產業振興規劃), 2012년 문화와 관련 산업 분류(文化及相關產業分類), 2014년 문화창의와 설계서비스 및 관련 산업 융합발전 추진(關于文化創意和設計服務與相關產業融合發展的若干意見) 등이 있다. 특히 문화창의 부문에 속하는 문화소프트웨어와 디지털콘텐츠, 그리고 정보서비스 등은 2015년부터 시작된 인터넷 플러스 산업정책에 힘입어 인터넷과 문화산업이 융합 되면서 디지털출판, 모바일게임, 인터넷문학, 디지털미디어 등 디지털 문화산업이 빠른 속도로 발전하기 시작했다. 2015년 12월말까지 중국 인터넷 이용자는 6.88억 명, 모바일 이용자 6.2억 명까지 늘어나고 2018년 6월까지 각각 8.02억 명, 7.88억 명까지 증가했으며, 이에 따라 게임시장규모도 1,050억 위안으로 늘어나고 게임네티즌 규모가 5.3억 명에 달했다. 중국 국가인터넷정보사무실 발표자료에 의하면 2017년 중국 디지털경제규모는 27.2조 위안으로 전년대비 20.3% 증가하고 이는 중국 GDP의 32.9%를 차지하는 것으로 나타났다. 중국은 현재 디지털 경제규모에서는 세계 2위, 인터넷판매와 모바일결제 규모에서는 각각 세계 1위를 차지하고 있다. 최근에는 인공지능을 다루는 기업수가 증가하면서 2017년 인공지능 산업규모와 빅데이터 시장규모는 각각 152.1억 위안, 358억 위안에 달하는데 2020년에는 각각 350억 위안, 700억 위안에 달할 것으로 예측되고 있다.

4) 문화시장의 기업구조

앞서 살펴본 바와 같이 중국 문화시장은 세계에서 두 번째로 큰 시장이며 빠른 속도로 성장하고 있다. "중국문화산업발전보고(中國文化産業發展報告)"에 의하면 2016-2020년까지 중국 문화소비 지출은 약 2.5조 위안에서 4.6조 위안으로 연평균 증가율은 16.4%가 될 것으로 예측되고 있다. 특히 문화서비스 부문의 성장이 두드러질 것으로 예상되는데, 2017년 문화 및 관련 산업 전년대비 매출액 증가율 두 자리 수 10개 업종 중에서 인터넷 플러스를 기반으로 하는 문화 정보 서비스와 문화여가 오락서비스, 문화 예술 서비스 등이 각각 32.7%, 16.8%, 14.7%로 1-3위를 차지했다. 또한 2012-2016년까지 중국영화 흥행수입 증가율은 168%로 세계 제2의 영화시장으로 도약했다.

중국 문화서비스시장은 주로 국유기업과 국유지분 우위기업, 민간기업, 홍콩 · 마카오 · 대만기업과 외국인 투자기업 등이 차지하고 있으며 기업 수는 민간 기업이 가장 많으나 매출액은 국유지분 우위기업에 속하는 유한책임회사가 가장 많으며 이윤율[5]은 홍콩 · 마카오 · 대만기업이 가장 높고 외국인 투자기업이 가장 낮다. <표8-5> 2016년 규모이상 중국문화 서비스산업의 기업구조현황을 살펴보면 민간 기업이 11,094사로 가장 많고 매출액은 유한책임회사가 약 9,789억 위안으로 가장 많으며 홍콩 · 마카오 · 대만기업의 이윤 비중이 41.1%로 가장 높은 것으로 나타났다. 여기서 외국인 투자기업의 이윤 비중이

5) 이윤율(%) = (이윤/매출액) 100

6.5%로 낮고 이윤율도 6.5%로 상대적으로 낮은 것은 한 국가의 문화라는 특수성과 이 부문에 있어서 중국정부의 외국인 투자기업에 대한 제약이 영향을 준 것으로 추측된다.

<표 8-5> 규모이상 중국문화 서비스산업의 기업구조현황(2016)

(단위 : 사, 만명, 억 위안, %)

기업유형	기업단위(사)	종업원(만명)	매출액(억 위안)	이윤(억 위안)
국유기업	1,335 (5.4)	26.1 (8.8)	1,417.6 (5.6)	110.5 (3.4)
유한책임회사	9,521 (38.4)	119.3 (40.2)	9,789.3 (38.7)	797.1 (24.5)
주식회사	1,139 (4.6)	30.7 (10.4)	2,318.8 (9.2)	328.9 (10.1)
민간기업	11,094 (44.9)	81.3 (27.5)	6,072.7 (24.0)	522.3 (16.1)
홍콩·대만·마카오 기업	617 (2.5)	17.5 (5.9)	3,428.6 (13.6)	1,335.6 (41.1)
외국인 투자기업	699 (2.8)	16.8 (5.7)	2,143.7 (8.5)	138.8 (4.3)
기타	358 (1.4)	3.0 (1.0)	108.9 (0.4)	15.6 (0.5)
합계	24,763(100.0))	294.7(100.0)	25,279.6(100.0)	3,248.8(100.0)

* 주 : 규모이상 기업은 종업원 50인 이상 혹은 매출액 500만 위안 이상인 기업임. 괄호 안은 각 항목이 전체에서 차지하는 비중임.
* 자료 : 《中國文化及相關産業統計年鑑》

최근 중국은 문화산업의 질적 수준을 올리고 국제경쟁력을 향상시키기 위해서 문화기업의 브랜드가치 제고와 기업합병에 총력을 기울이고 있다. 중국인민대학 문화창의 기술연구원 주최로 개최된 “2017 중국문화기업 브랜드연회”에서 50개 기업순위가 발표되었는데, 1위 텐센트(騰迅)을 시작으로 망이(網易), 화차오청(華僑城), 바이두(百度), 둥팡밍주(東方明珠)순이고 영화기업인 화이브라더즈(華誼兄弟)와 완다영화(萬達電影)가 각각 8위와 13위를 차지했다. 그리고 상위 10대 문화기업 중에 7개 기업이 네트워크를 활용한 문화기업이며 50대 문화기업 중에서 디지털 창의업종이 전체의 44%를 차지할 정도로 디지털 창의산업이 문화산업의 핵심부문으로 자리 잡았다.

이들 기업 중에서 가장 활발하게 국내 혹은 해외 문화기업들의 인수합병을 추신한 기업은 텐센트와 완다영화를 계열사로 둔 완다그룹이다. 우선 텐센트는 86억 달러를 투자하여 핀란드 모바일 게임회사인 슈퍼셀(Supercell)의 지분 84%를 인수함으로써 디지털문화기업들의 추격을 어렵게 만들고 그 다음에는 China Music을 인수하여 새로운 텐센트 음악오락그룹을 탄생시켰다. 완다그룹은 본래 부동산투자로 성공한 기업인데 창업주인 왕젠린(王健林)이 문화산업에 큰 관심을 가지고 2012년 26억 달러를 투자하여 세계 2위의 미국 극장업체인 AMC엔터테인먼트를 인수하고 2016년 35억 달러를 투자하여 쥬라기공원을 제작한 미국영화사 레전더리엔터테인먼트를 인수했다. 2016년에는 문화산업 매출액이 완다그룹 전체의 1/4에 달해 그룹의 중요한 계열 산업으로 자리 잡았다. 이와 같이 대기업들이 문화 서비스 산업발전에 적극 참여함에 따라 빠르게 성장할 수 있는 계기가 마련되었다.

2. 문화서비스 산업의 국제경쟁력 변화

1) 문화서비스 무역의 구조적 변화

(1) 문화상품과 서비스 무역현황과 구조

중국 문화상품과 서비스 무역구조는 불균형 상태로 문화상품 수출규모는 세계에서 가장 크지만 문화서비스는 대부분 수입에 의존하고 있다. 중국 상무부 발표에 의하면 2017년 중국 문화상품 무역은 수출 881.9억 달러, 수입 89.3억 달러로 무역수지가 무려 792.6억 달러 흑자이지만 이와는 반대로 문화서비스 무역은 수출 61.7억 달러, 수입 232.2억 달러로 수입의존도가 큰 것으로 나타났다.

또한 중국 문화상품 수출은 대체로 수공예품과 시각미술품 등 노동집약형 제품의 비중이 가장 크며 도서출판과 음반·영상관련 출판물 등 지식·기술집약형 제품은 상당히 적다. 2016년 수공예품과 시각미술품의 수출액은 294억 달러로 전체대비 33.2%를 차지하고 있으나 도서, 잡지, 음반, 영화 등 출판물의 수출액은 45억 달러로 그 비중이 고작 5.1%에 불과한 것으로 나타났다.[6] 여기서 수공예품과 시각예술품의 수출은 대부분 외국 기업의 하청을 받아서 이루어지기 때문에 중국이 차지하는 부가가치는 상당히 낮다. 이와 같이 중국은 노동비용과 부존자원의 우위로 수많은 문화상품을 생산하고 수출하여 문화대국으로 간주될 수는 있지만 문화상품의 기술함량이 낮기 때문에 문화강국이 되기에는 상당히 미흡하다.

(2) 문화서비스 무역현황과 구조

문화서비스 주요 부문의 수출입구조에 있어서 정보통신서비스는 전체적으로 무역수지 흑자기조이지만 지적재산권사용료 및 문화와 레크리에이션 서비스는 전반적으로 적자기조이고 해마다 증가하고 있다. UNCTAD통계에 의하면 2017년 중국 정보통신서비스 수출액은 277.7억 달러로 2010년 104.8억 달러에 비해 2.6배로 확대되었는데, 이는 미국의 389.4억 달러[7]에 미치지 못하지만 한국의 43억 달러보다 6배 크다. 이 부문 무역수지는 전체적으로 흑자기조이지만 2015년을 정점으로 흑자폭이 감소하는 추세이다. 그리고 2017년 중국 지적재산권사용료 무역수지는 -238.1억 달러로 2010년 -22.1억 달러에 비해 적자폭이 10배 이상 불어났으며, 이는 미국 1,134.7억 달러, 일본 211.1억 달러 흑자와 크게 비교된다. 지적재산권사용료는 기술함량이 상당히 높은 문화서비스 부문인데 중국 문화서비스 수입에서 가장 큰 비중을 차지하고 있기 때문에 세계문화서비스 시장에서의 국제경쟁력이 낮을 수밖에 없다.

2015년도 들어와서 중국 문화서비스 주요 부문의 수출이 크게 증가하고 있는데, 이는 중국정부가 문화정책을 적극적으로 추진한 결과로 볼 수 있다. 2015년 정보통신서비스, 지적재산권사용료, 문화와 레크리에이션 서비스 등 수출은 전년대비 각각 27.8%, 58.8%, 3.3배로 크게 증가하고 2017년 지적재산권사용료 수출은 전년대비 3.1배로 폭증했는데,

6) 中國文化及相關產業統計年鑑 2017, 50쪽.

7) UNCTAD Data Center 통계정리

이는 중국정부가 추진한 문화정책, 즉 국무부가 발표한 대외문화무역 추진<關于加快對外文化貿易的 意見(2014)>. 서비스무역 발전 추진 <關于加快發展服務貿易的若干意見(2015)>, 상무부가 발표한 해외문화시장개척의 행동계획<開拓海外文化市場行動計劃(2016-2020)>, 문화부가 발표한 일대일로 문화발전 행동계획<"一帶一路"文化發展行動計劃(2016-2020)> 등 일련의 문화서비스 관련 정책 추진이 문화서비스 수출에 영향을 미친 것으로 판단된다.

<표8-6> 중국 문화서비스 무역의 부문별 수지변화(2010-2017)

(단위 : 억 달러)

	정보통신 서비스		지적재산권 사용료		문화와 레크리에이션 서비스	
	수출	무역 수지	수출	무역 수지	수출	무역 수지
2010	104.8	63.8	8.3	-22.1	1.2	-2.5
2011	139.1	88.8	7.4	-139.7	1.2	-2.8
2012	162.5	107.6	10.4	-167.1	1.3	-4.3
2013	171.0	94.8	8.9	-201.4	1.5	-6.3
2014	201.7	94.2	6.8	-219.3	1.7	-7.0
2015	257.8	145.5	10.8	-209.4	7.3	-11.4
2016	265.3	139.5	11.7	-228.1	7.4	-14.0
2017	277.7	85.9	47.6	-238.1	7.6	-19.9

* 자료 : UNCTAD Data Center (검색일 2018. 9. 28)

2) 문화서비스 무역의 국제경쟁력 변화

국제경쟁력은 한 나라가 상품과 서비스의 교역에 있어서 갖추고 있는 국제시장 개척능력과 시장점유능력, 이윤획득능력 등을 의미한다. 국제경쟁력 측정은 일반적으로 무역특화지수(TSI : Trade Specialization Index)와 현시비교우위지수(RCA : Revealed Comparative Advantage)를 사용하는데 이를 통해 중국 문화서비스 무역의 국제경쟁력을 살펴보고자 한다.

(1) 무역특화지수

무역특화지수는 특정시장에서의 특정품목의 국제경쟁력을 분석하는 지표로서 한 상품의 총수출액과 총수입액 그리고 전체 무역액을 이용해 상품의 비교우위를 나타내며 다음과 같이 정의된다.

$$TSIjk = (Xjk - Mjk) / (Xjk + Mjk)$$

위 식에서 Xjk와 Mjk는 j국가 k상품의 수출액과 수입액을 나타낸다. TSI의 값은 -1에서 1사이의 값을 가지며 -1로 갈수록 수입특화, 1로 갈수록 수출특화가 높아진다.

중국 문화서비스 국제경쟁력 추이(2010-2017)를 무역특화지수로 살펴보면 정보통신서비스는 수출우위에 있으나 국제경쟁력이 약해지고 있고 문화와 레크리에이션서비스는 수입우위에 있으나 국제경쟁력이 점차 개선되고 있으며 지적재산권사용료는 수입특화로 전혀 개선의 여지가 보이지 않다가 2017년 약간 개선된 것으로 분석된다. 그러나 2017년 중국 지적재산권 사용료 TSI지수 -0.7144는 크게 낮아서 동년 미국 TSI지수 0.8446과는 상당히 대조적이다.

<표8-7> 중국의 문화서비스 무역 부문별 TSI와 RCA 지수변화

	정보통신서비스		지적재산권 사용료		문화와 레크리에이션 서비스	
	TSI	RCA	TSI	RCA	TSI	RCA
2010	0.4375	0.6971	-0.8803	0.0778	-0.5102	0.0653
2011	0.4688	0.7925	-0.9042	0.0601	-0.5385	0.0574
2012	0.4949	0.8659	-0.8893	0.0854	-0.6232	0.0608
2013	0.3835	0.9013	-0.9188	0.0718	-0.6774	0.0697
2014	0.3046	0.9886	-0.9416	0.0478	-0.6731	0.0808
2015	0.3931	1.2194	-0.9065	0.0719	-0.4351	0.3478
2016	0.3566	1.2807	-0.9070	0.0801	-0.4861	0.3572
2017	0.1829	1.2360	-0.7144	0.2935	-0.5669	0.3507

* 자료 : UNCTAD Data Center (검색일 2018. 9. 28)

(2) 현시 비교우위지수

현시 비교우위지수는 Balassa가 고안한 지수로서 산업별 수출경쟁력을 평가하는데 널리 사용되는데 수출비중과 시장점유율을 감안하여 다음과 같이 정의된다.

$$RCAjk = (Xjk / Xwk) / (Xj / Xw)$$

여기에서 Xjk와 Xwk는 각각 j국가와 전 세계의 품목 k에 대한 수출액을 나타내며 Xj와 Xw는 그 국가와 전 세계의 수출총액을 의미한다. RCA지수 값이 1보다 작으면 국제경쟁력이 비교열위이고 1보다 크면 비교우위에 속한다.

중국 문화서비스 국제경쟁력 추이(2010-2017)를 현시 비교우위지수로 살펴보면 정보통신서비스는 비교열위에서 비교우위로 전환되어 수출경쟁력이 개선되어가고 있고 문화와 레크리에이션 서비스와 지적재산권 사용료는 모두 비교열위에 있으나 2015년을 정점으로 수출경쟁력이 많이 향상되고 있는 것으로 분석된다. 다른 나라와 비교해 보면 2017년 중국 정보통신서비스 RCA지수는 1.2360으로 한국 0.4989, 미국 0.5063, 독일 1.2280 등에 비해 높아서 선진국보다 수출경쟁력이 강한 것으로 나타나고, 동년 지적재산권사용료 RCA지수는 0.2935로 네덜란드 3.5382, 일본 3.1757, 미국 2.3042, 한국 1.1477 등과 상당한 차이를 보이며 수출경쟁력이 상당히 낮은 것으로 비교 분석된다.

3. 당면과제와 시사점

1) 문화서비스 산업의 당면과제

중국 문화서비스 산업은 정부의 문화정책 추진 노력과 인터넷 인구의 확산으로 인터넷을 접목한 문화서비스부문에서 빠르게 성장하고 있지만 선진국과 비교해 보면 아직은 법률체제 미비, 불공평한 시장경쟁, 정부규제, 낮은 국제경쟁력 등 당면과제를 안고 있다.

(1) 입법과 시장

중국에는 한국의 문화산업촉진법과 문화산업진흥기본법, 일본의 문화진흥예술기본법 등과 같은 법적 보장제도가 결여되어 있다. 물론 저작권법, 특허법, 광고법 등 문화서비스 산업관련 법규가 있지만 대부분의 문화산업정책은 중국 국무부, 문화부 등 하나의 부처가 입안한 규범에 불과하다. 2017년 3월 문화영역에서 최초로 입법된 영화산업촉진법은 중국 영화시장 질서를 바로잡는 데 기여를 하고 있다는 점에서 큰 의미가 있다.

사실 중국 문화시장은 시장관리가 법적으로 보장되어 있지 않아서 국유기업 혹은 국유지분 우위기업, 대기업 등은 유리한 반면 민간기업과 중소기업들은 불리한 불공평한 경쟁시장을 이루고 있다. 이 점은 문화시장의 자유경쟁시스템에 따라 수많은 문화기업들이 인수합병으로 시장주체가 되어 정부정책 결정에 영향을 미치는 미국의 상황과는 큰 차이가 있다. 그래서 2016-2020년까지 추진하는 문화부 '13·5시기 문화산업발전규획'에는 "문화시장 진입과 퇴출 시스템을 완비하고 각종 시장주체의 공평한 경쟁을 장려하여 각종 소유제 문화기업의 공동발전을 추진한다"는 내용이 포함되어 있는데 앞으로 중국정부가 이 계획을 적극 추진할수록 문화시장의 질서와 불공평 문제는 더욱 개선될 것으로 보인다.

(2) 정부규제

문화시장관리에 관한 법률체제가 완비되지 않은 상태에서는 정부규제가 강력한 통제 수단으로 작용한다. 합리적인 정부규제는 문화기업의 생산효율을 올리고 문화산업을 발전시키지만 부당한 규제는 문화산업의 발전을 가로막는 요인이 된다. 중국정부는 현재 한편으로는 국내 문화수요를 충족시키고 국제경쟁력을 향상시키기 위해 인터넷을 기반으로 하는 디지털문화산업 육성을 적극 추진하고 있지만 또 한편으로는 정치·사회적 요인으로 인터넷을 규제해야 하는 입장에 처해 있다.

2017년 국가신문출판광전총국(國家新聞出版廣電總局)은 인터넷 시청각 콘텐츠 창작 배급 관리 강화 통지(關于進一步加强網絡視聽節目創作播出管理的通知)를 발표하였는데, 주요 내용은 인터넷 시청각 콘텐츠도 라디오·TV 콘텐츠와 동일한 기준을 적용하여 방송할 수 없는 콘텐츠는 인터넷에서도 배급할 수 없다는 것으로 인터넷 동영상에 대한 강력한 규제내용을 담고 있다.[8] 또한 2018년 3월에는 국가신문출판광전총국(國家新聞出版廣電總局)을 해체하고 뉴스, 출판, 영화 등 문화서비스부문과 저작권 부처인 국가판권국(國家板權局)을 중공중앙선전부(中共中央宣傳部)로 이관하여 관리감독을 강화했다. 최근에는 온라인게임 이용시간 제한과 인터넷 검열을 강화하는 발표내용이 있었다. 중국은 현재 정부규제와 자유로운 문화시장체제 구축을 통한 문화서비스 산업발전 간의 좌표에서 합리적인 접점을 찾아야 하는 당면과제를 안고 있다.

(3) 국제경쟁력

중국은 일대일로(一帶一路) 노선에 있는 국가들에게 중국문화영향력을 확대하고 중국문화상품과 서비스를 수출하기 위해서 2017년 말까지 51개 국가에 135개의 공자학원(孔子學院)을 세우고 부수적으로 공자상점(孔子商店), 공자영화관(孔子影院), 공자문화서비스(孔子文化服務) 등을 설립했다. 그러나 이들 국가에는 이미 미국 등 선진국 문화상품과 서비스가 선점하고 있어서 그다지 성과를 올리지 못하고 있다. 이는 앞서 살펴본 바

8) 한국콘텐츠진흥원(KOCCA보고서), <중국 문화정책 강화, 한류기회는 어디에?>, 2018. 6. 22.

와 같이 중국 문화와 레크리에이션 서비스, 지적재산권 사용료 등 문화서비스 국제경쟁력은 아주 낮은 수준이어서 대부분 수입에 의존하고 있기 때문이다. 중국 영화시장의 예를 들면 2017년 상반기 국산 169편, 수입 52편이 상영되었지만 국산영화 흥행수입 비중은 38.5%로 수입영화보다 상당히 낮은 것으로 나타났다. 이것은 중국 문화서비스의 기술수준이 아직 낮아서 소비수준이 업그레이드 된 문화소비자에게 맞는 유효공급을 제대로 하지 못해서 나온 결과로 볼 수 있다.

중국이 문화서비스 산업의 질적 수준을 높이고 국제경쟁력을 향상시키기 위해서는 내부적으로 문화기업의 구조조정과 기업합병을 통해 기업규모를 확대시키고 대외적으로는 시장개방을 통해 외국문화서비스 산업발전의 선진 경험을 학습하여 기술함량을 높이고 자체브랜드 개발능력을 향상시킬 필요가 있다. '13·5시기 문화산업발전규획에'는 문화산업구조의 고도화를 통해 문화상품과 서비스의 유효공급을 확대시키며 문화산업 부문의 점진적인 시장개방과 외국인투자유치를 추진하고 문화기업과 외국의 유능한 문화기관과 협력을 통해 선진기술과 관리경험을 학습하여 국제경쟁력을 향상시킨다는 내용이 명시되어 있는데 중국정부가 이러한 계획을 적극 추진한다면 앞으로 문화서비스의 국제경쟁력이 상당히 향상될 것으로 본다.

2) 시사점

한중문화교류는 2004년 <대장금>을 시작으로 2014년 <별에서 온 그대>가 중국TV와 동영상사이트에서 파격적인 인기를 누리기까지 한류문화가 전파되면서 급속도로 증진되어 왔지만, 2016년에 시작된 사드(THAAD)에 의한 센한령(限韓令)으로 인해 드라마, 음반, 영화, 게임 등 문화서비스 분야에서의 한중교류는 냉각되어 왔다. 한국은행 경제통계시스템의 통계분석에 의하면 한국의 음향·영상 및 관련서비스 수출은 2016년 약 5.2억 달러에서 2017년 약 2.7억 달러로 대폭 감소했는데 이는 한국의 대중국 문화서비스 수출 감소가 영향을 미친 것으로 추론할 수 있으며 2017년 한국의 개인·문화·여가서비스와 정보통신서비스의 대중국 수출은 각각 6.9억 달러와 2.4억 달러로 2016년 약 7.8억 달러와 3억 달러에 비해 감소한 것으로 나타났다.[9]

최근 한중서비스 교류는 관광분야에서부터 점차 해빙되어가는 기미를 보이는데, 이러한 시점에서 향후 한중양국 문화서비스 교류를 더욱 증진시키기 위해 다음 2가지 사항을 고려하여 접근할 필요가 있다.

첫째로 중국은 세계 제2의 문화서비스 시장이면서 아직도 문화소비 잠재력이 상당히 큰 거대한 시장이지만 서비스 기술수준이 낮아서 소비자가 원하는 유효공급이 부족할 뿐만 아니라 국제경쟁력이 낮아서 문화서비스를 대부분 수입에 의존하기 때문에 문화서비스 기술을 보유한 한국 문화기업들의 대중국 수출 혹은 중국진출은 더욱 활발하게 추진될 필요가 있다. 그동안 중국 문화기업들도 동양적인 문화배경을 공유하고 있으면서 한 단계 높은 문화서비스기술 가진 우리 문화기업들의 지분을 인수하면서 상호협력을 추진해 왔다. 물론 최근 3년간 센한령(限韓令)으로 인해 상호문화교류가 경색된 면이 크지만 현재 중국이 문화서비스시장의 관리에 대한 법률체제가 완비되지 않은 상황에서 자국문화산업보호라든가 정치·사회적 이유로 규제를 강화하는 분위기도 무시할 수 없다. 그러나 앞으로 이러한 정부규제는 거시적 변화에 따라 언제든지 완화될 수 있고 중국정부가 문화서비스시장의 개방과 외국과의 협력을 통해 국제경쟁력 향상을 추진한다는 점과 무엇보다도 중국인들이 양질의 문화서비스를 원한다는 점을 감안할 때 우리 문화기업들은 문화콘텐츠 개발과 동시에 중국기업과의 협력을 적극적으로 추진할 필요가 있다. 특히 최근 영화산업촉진법의 시행으로 중국영화시장은 대규모 제작비가 투입되는 블록버스터 영화가 흥행하는 추세인데 한국 CG/VFX 기술은 중국 내에서 가성비가 좋다고 인정받고 있기 때문에 우리 기업은 현지 업체와의 전략적 제휴나 한중양국 각각의 장점을 살릴 수 현지화방식을 모색해야 할 것이다. 둘째로 우리 정부는 2018년 3월부터 진행 중인 한중FTA서비스·투자 후속협상에서 우리 문화기업들이 중국문화서비스

9) 한국은행 경제통계시스템 (검색일 : 2018. 12. 18)

시장을 자유롭게 진출할 수 있도록 영화, 비디오, 음반, TV방송, 공연 등 문화서비스 분야의 완전한 시장개방을 얻어낼 필요가 있다. 중국의 외국인투자 산업지도목록(2017)에서 도서, 신문, 정기간행물, 음반, 라디오·TV방송, 영화, 인터넷서비스 등 문화서비스 부문은 금지업종으로 분류되어 외국기업의 진출이 차단되어 있다. 다만 중국과 무역협정을 체결한 홍콩기업한테는 중국문화서비스시장의 대부분이 개방되어 있고 뉴질랜드는 영화와 TV방송에서, 한국은 영화만 공동제작이 가능하고 TV방송 공동제작은 후속협의를 위한 근거 규정만 두고 있다.[10] 한중 양국은 2015년 FTA체결 당시 제한적 방식으로 서비스·투자시장을 우선 개방하고 2년 이내에 높은 수준의 자유화를 목표로 후속협상을 열기로 합의를 해서 2018년 3월부터 시작해서 2019년 7월 현재까지 5차 후속협상을 진행 중에 있다. 협상결과가 어떻게 나올지 모르지만 홍콩에게 준 것만큼 문화시장이 열린다면 우리 문화기업들이 중국의 거대한 문화서비스 시장을 선점할 수 있는 좋은 기회가 될 것으로 본다.

10) 장혜선, 〈한중FTA서비스·투자후속협상, 중국 문화콘텐츠 유통규제 철폐가 관건〉, 《TRADE BRIEF(한국무역협회 국제무역연구원)》, NO.17, 2016. 9. 9.

참고문헌

류재기,《한눈에 알아보는 중국의 문화산업 시장》, 도서출판 대가, 2014.

강승호,〈중국 문화산업무역과 한중관계〉,《전자무역연구》, 14권2호, 2016.

김경영,〈중국 문화산업의 공급측 구조개혁(供給側改革)의의와 시사점연구〉,《한국콘텐츠 학회논문지》, 17권9호, 2017.9.

유일선,〈한·중 서비스 무역의 수출경쟁력 비교분석〉,《국제지역연구》, 제13권 제2호 2009.3.

장혜선,〈한중FTA서비스·투자후속협상, 중국 문화콘텐츠 유통규제 철폐가 관건〉,《TRADE BRIEF (한국무역협회 국제무역연구원)》, NO.17, 2016. 9. 9.

장환근·김상욱,〈중국 문화산업의 발전과 전망〉,《한국지식정보기술학회》, VOL6. NO6, 2011.6.

한상완,〈문화서비스 산업의 특징과 발전 과제〉,《VIP리포트》, 13-9 [통권 519호], 2013. 03. 21.

葉朗,《中國文化産業年度發展報告2016》, 北京 : 北京大學出版社, 2016.

葉朗,《中國文化産業年度發展報告2017》, 北京 : 北京大學出版社, 2017.

林拓,《世界文化産業發展前沿報告(2002-2004)》, 北京 : 社會科學文獻出版社, 2004.

陳少峰,《中國文化企業報告2017》, 北京 : 淸華大學出版社, 2017.

張曉明, 《中國文化産業發展報告2015~2016》, 北京 : 社會科學文獻出版社, 2016.

張廷興, 《中國文化産業史》, 北京 : 經濟日報出版社, 2016.

劉吉發等,《文化産業學》, 北京 : 文化産業學, 經濟管理出版社, 2005.

張春勝,〈“一帶一路”倡議下中國文化産業走出去路徑探究〉,《中國商論》, 20卷 155期, 2018.7.

範周,〈改革開放四十年中國文化産業發展歷程與成就〉,《山東大學學報》, 2018年 第4期.

範周, <回首與展望 : 新時代下文化産業發展新態勢>,《出版廣角》, 第310期, 2018.2.

張曉明,〈中國文化産業發展之歷程, 現狀與前瞻〉,《山東社會科學》, 2017年 第10期.

于同桐,〈從世界形勢看中國文化産業面臨的機遇和挑戰〉,《當代經濟》, 2017年 11期.

張春勝, <“一帶一路”倡義下中國文化産業走出去路徑探究>,《中國商論》, 2018年 第7期.

田子露,〈我國文化産業品牌戰略實施策略研究〉,《商業經濟》, 2017年第2期.

韓平,〈我國文化産業政府規制研究〉,《哈爾濱商業大學學報》, 2014年第1期.

許博,〈我國文化服務産業發展的機遇與挑戰〉,《企業導報》, 2016年第15期.

陳加友,〈論我國文化産業政策的調整與優化〉,《雲南民族大學學報》, 32卷2期, 2015. 3.

石佩霜,〈新常態下我國文化服務貿易結構優化的問題與提昇路徑〉,《對外經貿實務》, 2017年12期.

周慶山,〈我國數字文化産業發展趨勢, 挑戰與規制策略〉,《圖書情報工作》, 58卷10期, 2014.5,

秦建友,〈我國現行文化産業政策及發展探研〉,《中國商論》, 2018年第2期.

李雅,〈中國文化貿易發展現狀, 存在問題及對策研究〉,《價格月刊》, 總第480期, 2017.5.

朱文靜,〈我國文化貿易結構與貿易競爭力實證分析〉,《湖北經濟學院學報》, 8卷2期, 2010年3月.

翟登峰,〈我國文化企業跨國幷購的效應及風險研究〉,《財會研究》, 2017年第7期.

祁述裕,〈2000-2014年我國文化産業政策體系研究〉,《東岳論叢》, 2015年第5期.

《中國統計年鑑》

《中國文化及相關産業統計年鑑》

제9장 중국 소비재시장과 소매업

1. 소비재의 유통개혁과 시장개방
2. 소비재시장의 발전추이와 구조
3. 소매유통 프랜차이즈기업의 경쟁 현황
4. 소비재시장의 문제점

Andy C. Pratt. The cultural industries prpduction system : a case syudy of employment change in Britain, 1984-1991, Environment and Planning, 29(11), 1997.

Balassa B, The Theory of Research Integration, London : George Allen & Unwin Ltd, 1969.

최근 중국시장을 선점하려는 외국기업들의 시장쟁탈전이 치열하게 전개되고 있다. 1992년부터 중국정부가 WTO가입을 겨냥하여 유통업분야에 대해 단계적인 대외개방을 추진하고 2000년대 들어와서 WTO가입에 의한 유통시장이 완전히 개방되자, 외국기업들의 중국 유통시장 진입과 경쟁이 본격화되어 왔다. 최근 중국 소비재시장의 팽창에 따른 글로벌 프랜차이즈 소매기업들의 중국시장 경쟁이 치열해지는 시점에서 우리 소매기업의 적극적인 중국 진출이 필요하다.

1. 소비재[1]의 유통개혁과 시장개방

1) 사회주의 관점에서의 유통

모든 상품은 유통을 통해 생산자로부터 소비자에게 전달되며, 유통은 생산자와 소비자를 연계시킨다. 또한 상품유통은 도매와 소매의 두 고리를 포함하는 데, 도매는 생산자와 소매상과의 유통으로 생산과 소비에 대해 비교적 중요한 작용을 한다.

그러나 사회주의에 있어서 생산을 중시하고 상업을 경시하는 인식, 즉 생산부문만이 가치를 창조하고 유통업에서 획득한 이윤은 생산영역에서 획득한 이윤의 재분배에 불과하기 때문에 유통업의 발전은 마땅히 제한되어야 한다는 인식이 존재한다. 계획경제체제하에서는 모든 생산품이 국가의 계획적 분배에 따라 시장을 거치지 않고 이루어지기 때문에 유통이 불필요하다는 인식이 지배적이었다.[2]

그래서 중국 사회주의 계획경제체제에서는 중앙정부가 유통기관을 장악하여 단지 도

---

1) 인간이 생활을 영위하는 데 있어서 욕망충족을 직접적으로 목적으로 하는 경제재. 단용재, 반내구재, 내구재로 분류됨.

2) 馬克思恩格斯全集, 第46卷下冊, 1980年版, 145, 296쪽.

시의 국영상점(國營商店)과 농촌의 공소합작사(供銷合作社)만을 통해 상품이 유통되는 폐쇄적이며 단일적인 유통체제였다.

2) 유통관리제도의 개혁

(1) 초보단계(1978-1991)

1978년부터 시작된 유통관리제도 개혁의 초점은 과거의 잘못된 유통체제를 수정하여 시장경제에 부합하는 유통체제를 구축하는 것이었다. 그것은 바로 유통주체의 다양화, 유통경로의 다양화, 경영방식의 다양화, 유통순환의 감소 등이다.

유통주체의 소유제도 공유제를 주체로 국가, 집체, 개인으로 다양화시키고 <농촌집시시장(農村集市貿易, 농촌재래시장)>을 회복시킴과 동시에 도시 농산물시장을 개방했다. 또한 집체, 민영 등 각종 소유제 상점의 발전을 유도하고 국영상점(國營商店)과 공소합작사(供銷合作社)에 의한 독점적이고 단일적인 유통체제를 개혁했다. 이 결과 1984년 상업업체 수는 915만개로 1978년에 비해 6.2배가 증가했으며, 그 중에서 국영은 27.2만개로 40.1% 감소, 집체는 159.4만개로 55.86% 증가, 민영은 728.1만개로 근 40배 증가했다.

유통경로에 있어서 의약품을 제외한 모든 소비재 공산품에 대해 3단계 도매제도를 폐지하고 3단계 도매소(都賣所)를 기업형태의 조직으로 전환시켰는데, 1984년에 상하이, 텐진, 광저우에 위치한 국가관리 소속의 1급 도매소를 당해시(지방정부)관리하의 도매업체로 전환시키고 성(省)에 소속된 2급 도매소도 시소속 기업으로 전환시켰으며 도시에 위치한 소매기구를 다양화시켰다. 또한 생산자가 도매시장에 직판하거나 도매를 경유하지 않고 소매점에 직판할 수 있게 됨에 따라 생산자에서 소비자에 이르는 유통경로가 크게 단축되었다.

경영방식에 있어서 국영유통기업의 효율을 높이기 위해 1982년부터 1983년까지 경영청부책임제가 시행되었으며 1984년에는 국영 소형업체의 개조, 전업, 임대, 매매가 시범적으로 실시되었다. 1985년에는 중대형 국영 유통업체에 경영청부책임제가 점차 확산되어 1987년말 이 제도를 시행하는 국영 유통업체의 수는 13, 324개에 달하고 그 비중도 전체의 61.2%에 달했으며, 개조, 전업, 임대, 매매를 실시한 소형업체의 수도 이미 전체의 90%를 넘어섰다.

(2) 사회주의 시장경제 단계

중국정부는 1992년 제14차 중국공산당 전국대표대회에서 사회주의 시장경제체제를 공식적으로 표방함에 따라 유통관리제도의 개혁은 새로운 발전단계로 진입하게 되었다.

전국규모 혹은 지역규모의 도매시장이 신속하게 발전하여 시장규모가 부단히 확대되었다. 그중에서 양식, 철강재, 목재, 육류 및 기타 중요한 상품의 도매시장과 상품교역소 등이 100개가 되었다. 또한 1992년 이후에는 소매기업의 경영형태가 다양화되어 백화점, 전문점, 구매센타, 슈퍼마켓, 편의점, 연쇄점, 창고식 할인점, 우편구매, 직판 등 여러 업태가 병존하는 국면이 형성되었다.

특히 1992년부터는 중국정부가 유통개혁과 개방을 적극 추진함에 따라 200개가 넘는 상업행정부문이 주식제기업으로 전환되었는데, 예를 들면 산둥성 칭다오시(山東省青島市)상업국이 상업기업으로 개조되고 1995년에는 상하이시 정부가 제일(第一)상업국을 폐지하고 상하이 제일 백화점, 화련(華聯), 우의(友誼) 등 유통기업을 세웠다. 또한 92년부터 민간유통업체가 급속히 증가하여 유통부문에 중요한 자리를 차지하게 되었는 데, 1994년 말 전국에 등록된 사영유통기업은 14.46만 개, 투자자 29.8만 명, 근로자 134.1만 명으로 93년도에 비해 각각 91.3%, 85.5%, 89.5%가 증가하였다.

또한 1992년 7월에 중국 국무원은 베이징, 상하이 등 6개 주요 도시와 5개 경제특구 등 11개 도시에 하나 혹은 두 개의 중외합자 혹은 합작경영의 소매업을 허가하고, 95년에는 이들 도시에 중외합자경영 체인점을 허가함에 따라 세계적인 유통기업들이 중국시장으로 진출하게 되었다.

<표 9-1> 중국 국무원 비준 중외합자 소매업체 현황

순서	합자기업 명칭	도시	중국측 기업명칭	외국인투자 기업명칭
1	北京燕莎友誼商城	北京	北京友誼商業總公司	新城集團有限公司(싱가폴)
2	上海第一八佰伴公司	上海	上海第一百貨商店	八佰伴國際集團(일본)
3	天津華信商廈	天津	天津華聯商廈	信德集團(홍콩)
4	正大國際商業大廈	天津	天津立達集團	正大集團(태국)
5	上海華潤有限公司	上海	上海華聯	華潤集團(홍콩)
6	百盛第一百貨公司	青島	青島第一百貨商店	金獅集團(말레이시아)
7	大連國際商貿大廈	大連	大連商場	尼齊易株式會社(일본)
8	上海東方商廈公司	上海	上海市商業開發公司	上海實業有限公司(홍콩)
9	華聯百老匯有限公司	廣州	廣東省糖煙酒集團公司	國際百老匯集團(홍콩)
10	新東安有限公司	北京	北京東安集團	新鴻基有限公司(홍콩)
11	上海佳世客有限公司	上海	華越公司,上海申華公司	佳世客集團(일본)
12	汕頭特區金銀島公司	汕頭	汕頭中旅,天津華聯등	華僑陳世賢先生(태국)
13	廣州天河商業廣場	廣州	廣州佳景商貿公司	正大國際公司(홍콩)
14	青島佳世客有限公司	青島	青島市供銷合作社	佳世客集團(일본)
15	深圳沃爾瑪易初有限公司	深圳	深圳國際信託投資公司	沃爾瑪易初中國有限公司(홍콩)
16	武漢來來中心百貨商場	武漢	武漢中心百貨株式會社	豊群投資株式會社(대만)
17	中土畜萬客隆有限公司	北京	中國土畜産進出口總公司	萬客隆公司(네덜란드),豊群投資
18	華糖洋華堂商業有限公司	北京	中國糖業酒類集團公司	伊藤洋華堂公司,伊藤忠(일본)
19	鄭州丹尼斯百貨有限公司	鄭州	鄭州華聯商廈등	東裕電器公司

* 자료 : 中國 國內貿易部, 1998년 4月. 經濟前瞻(대만)의 大陸商業改革的進展與外資參與에서 재인용.

1998년에 중국 국무원이 허가해서 설립된 중외합자 소매기업은 모두 19사인데, 이 중에서 홍콩 7사, 일본 5사, 대만 3사, 나머지는 싱가포르, 태국, 말레이시아 등의 화교가 투자한 기업들이었다. 이밖에 지방정부가 허가한 중외합자 상업기업이 200-300사나 되는데, 이들 기업은 상술한 19사와는 달리 상품 수출입 권한이 없었다.

(3) WTO 가입 이후 유통업의 시장개방

WTO 가입으로 유통업의 시장개방은 더욱 확대되어 왔다. 2004년 6월 1일부터 외국기업이 중국 유통시장에 진출할 때 매출과 자산규모의 제한이 없어지고 소매업의 자본금 하한선도 폐지되며 독자적인 소매회사 설립이 가능해졌다. 이에 따라 중국내수시장에 많은 관심을 갖고 있는 미국, 유럽, 일본 등의 국제적 유통기업들은 중국시장을 선점하기 위해 치열한 경쟁을 벌였다. 중국 상무부 조사에 의하면 2004년 이전 12년간 총 314개 외국인투자 소매기업이 설립허가를 받았지만, 설립요건이 완화된 2005년도에만 1, 027개 기업이 설립허가를 받은 것으로 나타났다. 업종별로는 전문매장 57%, 대형슈퍼 26%, 백화점 13%, 편의점 4%로 전문매장이 가장 높은 비중을 차지했다. 당시 중국내 외국계 할인점 중 가장 규모가 큰 까르푸는 이미 76개의 점포를 운영하고 있었으며 우리나라 대표적인 유통업체 이마트는 7개 점포운영에 불과했다.[3]

2015년도에 들어와서 중국 유통환경에 새로운 변화가 일어나기 시작한다. 중국정부는 2015년 7월 '인터넷 플러스 행동계획'을 발표하고 이에 따라 인터넷을 유통과 접목하여 유통산업을 발전시키는 계획을 추진하고 있는데 결과적으로 '신유통(新零售)'[4]이라는 새로운 유통형태가 출현했다.

3) 한국수출입은행, 외자기업의 유통업진출 증가세 유지, 수은해외경제, 2006. 7, 64쪽.

4) 신유통은 빅데이터, 인공지능, 사물인터넷과 사용자 및 상품 데이터의 수집과 분석이 결합되어서 운영 효율 및 사용자 경험이 개선되고, 상품의 생산, 유통, 판매가 고도화되는 형태.

<표 9-2> 중국 유통업 허가 기준 변화

구분		구법령	신법령
외국기업 신청조건	소매	- 최근 3년간 연평균 매출액이 20억 달러 이상 - 최근 1년간 자산 2억 달러 이상	폐지
	도매	- 최근 3년간 연평균 매출액 25억 달러 이상 - 최근 1년간 자산 3억 달러 이상	폐지
최소 자본금	소매	- 연해지역 : 5000만 위안 이상 - 중서부 내륙 : 3000만 위안 이상	폐지(단, 회사법과 외국인 투자기업 납입자본 및 투자총액 관련 규정에부합하여야 함)
	도매	- 연해지역 : 8000만 위안 이상 - 중서부 내륙 : 6000만 위안 이상	폐지
지분비율	소매	- 3개사 초과 합자 체인점은 중국측 지분 51% 이상 (편의점, 전문점 제외) - 3개사 이하의 체인점을 소유한 합자편의점, 전문점은 중국측 지분 35% 이상	독자 가능
	도매	- 중국측 지분 51% 이상	독자 가능
프랜차이즈	도소매	- 연쇄점의 분점은 투자자가 직접투자한 직영연쇄점에 한함	외국 유통기업은 타인에 프랜차이즈 방식으로 점포를 개점할 수 있음
수입 규정	도소매	- 합자 상업기업의 연간 상품 수입 총액은 당해 본기업 상업 매출액의 30%를 초과하지 못함	폐지

＊ 자료 : 中國 商務部

2017년에 신유통 투자가 본격화되면서 총 172건에 625억 위안이 투자되었으며, 알리바바, 텐센트, 징둥 등 인터넷기업들이 온오프라인 유통기업들과 新생태계를 조성해 나가고 있다.[5] 이중에서 알리바바는 오프라인 유통생태계 확대를 위해 자체적으로 신선식품 판매를 전문으로 하는 슈퍼마켓 형태의 허마셴셩(盒馬鮮生)과 무인편의점, B2C 전문 쇼핑몰인 티몰(Tmall.com)의 오프라인 매장을 상하이와 항저우를 중심으로 운영하기 시작했으며, 약 50만 개의 지역 마트를 온오프라인 쇼핑 플랫폼 생태계로 편입시켰다. 알리

5) 오종혁, 중국 신유통(新零售)의 특징과 향후 전망, KIEP 북경사무소 브리핑, VOL.20 NO.5, 2018. 9. 28, 2-6쪽.

바바는 허마셴셩(盒馬鮮生) 설립외에 산장쇼핑(三江購物), 롄화(聯華), 바이롄(百聯), 가오신유통(高鑫零售) 등 10여 개 이상의 업체에 지분 투자를 통해 생태계를 확장해 나가고 있는데, 이러한 신유통 사업은 기존의 오프라인 유통채널(슈퍼마켓, 편의점, 백화점, 쇼핑센터)의 수익률 하락, 8억이 넘는 인터넷 인구와 모바일 사용자가 급증하고 있는 중국의 현 상황에서 빠르게 확산될 것으로 본다.

<표 9-3> 알리바바의 신유통 플랫폼 투자/운영 현황

시기	투자/운영 기업명	시가총액 (억 위안)	지분비중(%)	형태
2003. 5	타오바오(淘寶)	-	자회사	C2C 플랫폼
2008. 4	티몰(天猫)	-	자회사	B2C 플랫폼
2012. 4	티몰 슈퍼마켓	-	자회사	B2C 플랫폼
2014. 4	인타이(銀泰)	220	74	백화점+쇼핑센터
2014. 6	셴위(閑魚)	-	자회사	중고 거래 플랫폼
2015. 6	쑤닝(蘇寧)	-	19.99	-
2016. 1	허마셴셩(盒馬鮮生)	-	자회사	신선식품+오프라인 플랫폼
2016. 11	산장쇼핑(三江購物)	83	32	-
2017. 1	스지유통(石基零售)	272	38	정보시스템
2017. 5	롄화(聯華)	26	18	슈퍼마켓
2017. 5	바이롄(百聯)	236	MOU	슈퍼마켓+백화점
2017. 9	신화두(新華都)	63	10	슈퍼마켓+백화점
2017. 10	동방주식(東方股份)	16	15	호텔+쇼핑센터+슈퍼마켓
2017. 11	가오신유통(高鑫零售)	801	36.2	슈퍼마켓
2017. 12	쑤닝윈상(蘇寧云商)	1253	19.9/0.81(쑤닝)	거전판매+전자상거래+물류
2017. 12	중앙상창(中央商場)	86	인타이 합자	백화점+쇼핑센터
2017. 12	뉴스란(紐仕蘭新云)	-	15	유제품 생산
2018. 2	쥐란즈자(居然之家)	360	40	가구
2018. 8	스타벅스	-	-	커피전문점

* 자료:오종혁, 중국 신유통(新零售)의 특징과 향후 전망, KIEP 북경사무소 브리핑, VOL.20 NO.5, 2018. 9. 28, 8쪽.

2. 소비재시장의 발전추이와 구조

1) 발전추이

중국 소비재시장은 급속한 경제성장에 편승하여 그 규모가 지속적으로 확대됨에 따라 과거의 잠재적인 시장에서 현재 가시적인 시장으로 완전히 탈바꿈했다. 2018년 소비재 소매총액은 38조 987억 위안으로 1980년에 비해 약 177배 증가했다. 1992년 소매총액은 최초로 1조 위안을 돌파했고 2000년대 중반 이후 증가속도가 빨라져서 2008년에는 10조 위안, 2012년에는 20조 위안을 넘어섰다.

과거에는 소매총액이 1조 위안 늘어나는 데 3-4년의 시간이 소요되었으나 10조 위안에서 20조 위안으로 증가하는데 불과 4년이 채 걸리지 않아 2000년대 고도성장이 소비재시장 발전을 초래한 것으로 파악된다. 인터넷 상품판매도 빠르게 성장하여 소비재 소매총액에서 차지하는 비중이 확대되고 있다. 2018년 인터넷 상품판매액은 7조 198억 위안으로 전체 소비재 소매총액의 18.4%를 차지하는데, 2008년 1.3%에 불과한 것을 감안하면 10년 사이에 그 비중이 크게 확대된 것을 알 수 있다[6]

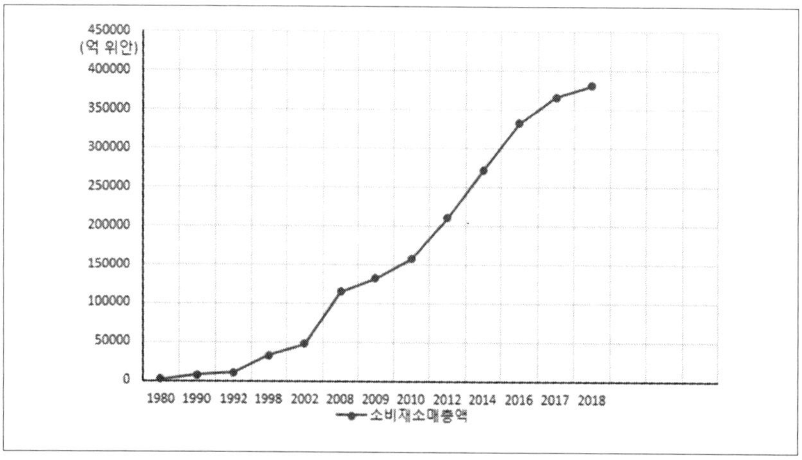

<그림 9-1> 중국 소비재 소매총액의 증가 추이

6) 荊林波, 中國商業發展報告(2013-2014), 北京 : 社會科學文獻出版社, 2014, 102쪽.

중국은 개혁개방 이후 총 4번의 소비 단계를 거쳐 왔는데, 첫 번째는 80년대 초 자전거, 재봉틀, 시계 등을 대표하는 라오싼젠(老三件), 두 번째는 90년대 초 냉장고, 세탁기, 칼라 TV 등을 대표하는 신싼젠(新三件), 세 번째는 90년대 말부터 2010년까지 자동차, 주택 위주의 소비 업그레이드, 2011년부터 현재까지 여행, 교육, 건강 등의 소비 업그레이드이다.[7]

2) 시장구조

(1) 소비재구조

중국 소비재소매는 소비 형태에 따라 상품소매와 요식으로 구분되는데 상품소매가 큰 비중을 차지한다. 2018년 상품소매총액은 33조 8271억 위안으로 전년대비 8.9% 증가하고 전체의 88.9%를 차지했다. 이중에서 업종별로는 석유제품, 생활용품, 음료와 식품, 가구, 약재, 화장품 등의 판매가 전년대비 9% 이상 증가했다.

업태별로 살펴보면 그동안 큰 비중을 차지하던 전문점과 슈퍼마켓 등의 매출액 비중은 축소되고, 반면에 낮은 비중을 차지하고 있던 편의점과 기타에 해당하는 무점포 판매 비중은 증가하는 추세이다. 전자상거래는 지역적으로 넓은 나라인 중국의 특성상 성장이 가장 기대되는 분야 중 하나이다. 중국 최대 전자상거래 업체인 알리바바 그룹은 2003년 인터넷 쇼핑업체 타오바오를 설립했는데 2014년말 소비자부문(C2C)에서 중국전체 1위로 시장점유율 95.1%를 차지하고 타오바오에 가입한 회원 수도 약 5억 명에 달했다.

7) 杜昕然, 改革開放四十年中國消費市場發展研究, 國際貿易, 2018年第10期, 30쪽.

<표 9-4> 중국GDP와 소비재 소매총액의 증가추이

(단위 : 억 위안, %)

	GDP	소비재 소매총액	소비재소매 총액증가율	소매물가 상승률	소비재소매총액 실질증가율
1980	7.8	2140.0	18.9	6.0	12.9
1990	3.9	8300.1	2.5	2.1	0.4
1992	14.1	10933.7	16.8	5.4	11.4
1998	7.8	33378.1	6.8	-2.6	4.2
2002	9.1	48135.9	11.8	-1.3	10.5
2008	9.7	114830.1	22.7	5.9	16.8
2009	9.4	132678.4	15.5	-1.2	14.3
2010	10.6	156998.4	18.3	3.1	15.2
2012	7.9	210307.0	14.3	2.0	12.3
2014	7.3	271896.1	12.0	1.0	11.0
2016	6.7	332316.3	10.4	0.7	9.7
2017	6.8	366261.6	10.2	1.1	9.1
2018	6.6	380987.0	9.0	-	-

* 자료 : 中國統計年鑑, 中國統計公報2018.

(2) 지역구조

민간소비는 도시주민소비와 농촌주민소비로 구분되는데 최근 중국전역에 도시화가 추진되면서 도시주민소비 비중이 증가하는 추세에 있다.

소비재소매는 도시소비가 큰 비중을 차지한다. 2018년 도시주민 소비재소매총액은 32조 5637억 위안으로 전년대비 8.8% 증가하고 전체의 85.5%를 차지했다. 이는 2005년 도시주민 소비재소매총액 비중 67.1%에 비해 18.4% 늘어난 수치이다.

지역별로 살펴보면 동부지역이 중국소비의 주요시장이다. 베이징, 텐진, 허베이, 랴오닝, 상하이, 장쑤, 저장, 푸젠, 산둥, 광둥, 광시, 하이난 등 12의 성(省)과 직할시의 소비재 소매총액이 전체에서 차지하는 비중이 60%가 넘으며, 이중에서 환발해지역이 22.1%. 양자강삼각주가 18.5% 차지하고 있다. 성별로는 중국에서 지역인구가 가장 많은 광둥의 비중이 제일 크며, 그다음에 산둥, 장쑤, 저장 순인데 산둥과 저장은 소비가 확장되는 추세에 있다.

서부지역은 소비규모가 작아서 동부지역과 큰 차이를 보이지만 중국정부가 12·5계획 기간 중에도 서부대개발을 가속화하고 도시화와 내수시장 진작정책이 적극 추진되어 소비시장이 점차 가시화되어 가고 있다. 2018년과 2000년 소비재소매총액의 지역별 비중을 살펴보면 동부 연해지역은 대부분 축소된 반면, 서부지역에 속한 충칭, 쓰촨, 산시(陝西) 등은 확대된 것을 알 수 있다.

<표 9-5> 중국 프랜차이즈 소매업의 업태별 점포수와 매출액 및 그 비중의 변화

(단위 : 개, 억 위안, %)

	2010		2017	
	점포수	매출액	점포수	매출액
합계	176792	27385.3	230563	35629.2
편의점	8.0	0.9	10.4	1.3
할인점	0.4	0.1	0.2	0.1
슈퍼마켓	18.6	10.1	13.0	9.9
대형마트	3.6	10.7	0.3	12.4
창고형회원매장	0.1	0.6	0.0	0.6
백화점	2.4	9.7	2.7	10.6
전문점	47.9	62.9	54.4	57.2
전매점	15.6	3.9	13.5	6.0
실내인테리어샵	0.1	0.2	0.0	0.1
직영센터	0.0	0.0	0.3	0.2
기타	3.2	0.8	5.2	1.5

＊ 자료 : 中國統計年鑑

<표 9-6> 중국 소비재소매총액 지역별 구조

(단위 : 억 위안, %)

	2000		2017	
	금액	비중	금액	비중
전체	34153	100.0	366262	100.0
베이징	1443	4.2	11575	3.2
텐진	737	2.2	5730	1.6
허베이	1614	4.7	15908	4.3
랴오닝	1848	5.4	13807	3.8
상하이	1722	5.0	11830	3.2
장쑤	2604	7.6	31737	8.7
저장	2299	6.7	24308	6.6
푸젠	1373	4.0	13013	3.5
산둥	2546	7.4	33649	9.2
광둥	4072	11.9	38200	10.4
광시	859	2.5	7813	2.1
하이난	172	0.5	1619	0.4
산시	629	1.8	6918	1.9
지린	811	2.4	7856	2.1
헤이룽장	1094	3.2	9099	2.5
허난	1787	5.2	19667	5.4
후베이	1789	5.2	17394	4.7
후난	1315	4.0	14855	4.1
충칭	643	1.8	8068	2.2
쓰촨	1524	4.5	17480	4.8
산시(陝西)	608	1.8	8236	2.2

* 자료 : 中國統計年鑑

(3) 소유제구조

중국개혁개방이전 사회주의 계획경제체제에서 상품유통은 주로 국가가 장악하고 있는 국영상점(國營商店)과 공소합작사(供銷合作社)에 의해 이루어 졌으나, 개혁개방 이후에는 유통업체의 소유제가 크게 국영, 집체, 민영의 3가지 형태로 분류되고 이 외에도 합영, 주식제, 외국인투자, 홍콩 ·마카오·대만기업 투자(港澳台商投資) 등 여러 가지 소유형태로 다양화되었다.

중국의 소매업은 내자기업이 압도적인 비중을 차지하고 있는데 이 중에서 유한책임기업과 민영기업 가장 큰 비중을 차지하고 있으며 성장속도가 비교적 빨라서 그 비중이 증가하는 추세에 있다. 반면에 집체기업, 주식합작제기업, 합영기업, 주식제기업 등의 매출액 비중은 축소되고 있다.

<표 9-6> 중국 규모이상의 소매업 소유제구조 변화

(단위 : 개, 억 위안, %)

	2006		2017	
	법인수	매출액	법인수	매출액
전체	23663	22460.5 (100.0)	99182	123085.3 (100.0)
<내자기업>	23119	19987.3 (89.0)	96810	107396.3 (87.2)
국유기업	2642	1595.2 (7.1)	1119	1122.9 (0.9)
집체기업	2000	499.6 (2.2)	1241	895.7 (0.7)
주식합작제기업	482	248.9 (1.1)	267	171.8 (0.1)
합영기업	191	153.5 (0.7)	102	93.2 (0.1)
유한책임기업	6224	6675.2 (29.7)	32572	49744.5 (40.4)
주식제기업	1086	4871.8 (21.7)	2337	15317.0 (12.4)
민영기업	10350	5832.8 (26.0)	58217	39768.8 (32.3)
홍콩 ·마카오·대만 투자기업	183	714.3 (3.2)	1448	7422.0 (6.0)
<외국인 투자기업>	89	1758.9 (7.8)	924	8266.9 (6.7)
합자기업	57	926.9 (4.1)	242	3246.8 (2.6)
독자기업	26	414.6 (1.8)	570	3904.2 (3.2)

* 주 : 괄호는 각송 소유세 기업이 진제 매출액에서 치지하는 비중임
* 자료 : 中國統計年鑑

중국 소매업에 투자한 외국인 법인 수는 빠르게 늘어났으나 이들이 차지하는 매출액 비중은 오히려 줄었으며, 투자형태에서는 단독투자 비중이 합자투자 비중을 추월했다. 또한 중국에 투자한 홍콩·마카오·대만 소매업의 매출액 비중은 외국인투자보다 낮지만 그 비중이 확대되는 추세에 있다.

3) 시장특징

(1) 공급과잉

중국 소비재시장이 판매자시장에서 구매자시장으로 전환되면서 공급과잉 현상이 나타나고 있다. 1990년대 후반 일부 소비재 품목에서 공급과잉이 발생했는데, 2005년도에 또 나타났다. 중국 상무부가 2005년 하반기 시장 수요공급 추세에 대해 조사한 결과에 의하면 600종의 주요 소비재 가운데 71.3%에 해당하는 428종이 공급과잉인 것으로 나타났다.

(2) 소비의 다원화

80년대 중국의 소비는 의식주 위주의 생계형 기초소비가 주를 이루었으나 90년대 이후 소득수준이 높아짐에 따라 식품 및 의류 소비비중이 하락세를 보이기 시작하고 가정소비재 지출이 점차 늘어났으며 2000년대 들어와서 세탁기, 냉장고 등 전통적인 가정소비재 지출비중이 크게 줄어들고 소비구조가 다원화되어 왔다. 개인의 만족, 자기계발, 생활환경 개선 등을 위한 소비의 증가세가 나타나면서 의료·보건, 교육·문화·오락관련 소비가 늘어나고 이에 따라 가구류, 화장품류, 의약품류 등의 소비가 증가하는 추세이다.

또한 중국 도시와 농촌의 격차, 지역간 격차, 직업간 격차 및 자원, 경제, 교통, 인구, 역사, 문화 등 요소의 장기적인 상호작용은 시장발전의 불균형을 유도했으며, 이로 인해 소비재 시장은 다원화 구조를 형성했다. 동시에 다원화된 시장 주체간의 경쟁은 수직적인 발전 구조를 심화시키고 있다.

(3) 이성적인 소비경향

중국 소비자의 소비경험이 갈수록 풍부해짐에 따라 이성적인 소비경향이 나타나고 있으며 자가용, 주택, 통신제품 및 신흥서비스업을 중심으로 하는 새로운 소비 항목의 시장이 안정적으로 증가하고 있다. 도시의 중·저 소득 계층과 농촌주민의 의식주 환경이 상당 부분 개선되었기 때문에 점차 문화, 교육 등 방면의 소비가 증가하고 있다. 또한 대·중 도시의 중·고 소득계층의 소비는 이미 실물소비와 서비스 소비가 병존하는 형태로 전환되었으며, 이에 따라 문화, 체육, 건강, 오락, 여가, 여행 소비가 명확히 증가하고 있다.

(4) 고급화 추세

중국 소비재 시장의 공급은 고급화 추세를 나타내고 있으며, 소비수요는 유명 브랜드를 선호하는 경향이 갈수록 명확해지고 있다. 중국 국산 브랜드의 적절한 가격과 실용적인 기능은 더욱 시장에 친숙하게 접근해서 여러 영역에서 우세를 차지하고 있다.

중국의 고소득층의 성장세는 세계에서 가장 빠른 것으로 알려져 있으며 브랜드와 명품을 통해 새로운 사치품 소비행태를 보이고 있다. 중국의 사치품 수요는 도시지역을 중심으로 화이트 컬러, 자영업자 등 특정계층이 주도하고 있으며, 소득격차가 점차 심화되면서 소위 '명품족'의 제품 충성도가 더욱 강화되는 추세에 있다.

(5) 소비의 세계화

중국 소비재 시장의 대외개방이 확대됨에 따라 중국 소비재의 품종, 품질, 가격, 서비스 등 시장경쟁에 상당한 영향을 주고 있으며, 이에 따라 주민소비도 갈수록 세계화되는 경향을 보이고 있다.

(6) 온라인 & 모바일 소비시장 확대

중국의 모바일 소비시장이 해가 갈수록 확대되는 추세이다. 중국 온라인정보센터의 통계에 따르면 2016년 오프라인 점포에서 네티즌들의 모바일 결제사용 비중이 50.3%까지 증가하고 2017년 광군제(11월 11일) 기간 동안 톈마오(天猫)에서 발생한 구매내역 중 모바일을 통한 결제 비중은 90%에 달하는 것으로 나타났다. 또한 소매업계의 온라인 활용도 증가로 온·오프라인이 융합이 전개되는데 소매기업들은 다양한 O2O(Online to Offline/Offline to Online)판매전략을 추진하고 있다.[8]

3. 소매유통 프랜차이즈기업[9]의 경쟁 현황

1) 전체규모

중국 경제성장과 국민소득 증가로 소비재시장이 빠르게 확대되고 소비재 시장규모 확대에 따라 소매유통 프랜차이즈 산업도 빠르게 성장해 왔다. 2018년 중국 100대 소매유통 프랜차이즈 기업의 판매액은 2.4조 위안으로 전년대비 7.7% 증가하고 2010년 1.6조 위안에 비하면 50% 증가하였다. 그러나 소비재소매총액에서 차지하는 비중은 오히려 10.6%에서 6.3%로 줄어들어 100대 기업 판매집중이 분산된 것으로 파악된다.[10]

업태별로는 대형마트와 백화점의 증가율이 둔화되고 편의점이 빠른 속도로 성장하고 있다. 2018년 100대 소매유통 프랜차이즈에 속하는 대형마트와 백화점의 판매액 평균성장률은 각각 2.5%, 3.5%로 상당히 낮은 수준인 반면에 편의점 증가율은 무려 21.1%에 달하며 한 해 동안 11,944개의 점포가 신설되고 가맹점 비중이 46%까지 확대되었다.

8) 박승혁, 최근 중국 소비시장 트랜드와 향후 전망, TRADE BRIEF, NO. 34, 2017. 12. 22. 3-6쪽

9) 중국에 프랜차이즈 경영방식이 도입된 것은 80년대 중반 중외합자 요식업들이 중국에 진입하면서부터이며 대체로 슈퍼마켓, 편의점, 우수상품전매, 대형종합상점쇄점, 패스트푸트, 서비스업, 호텔 등 8개 종류로 구분된다.

10) 中國連鎖經營協會, 2018年中國連鎖百强發布, 2019. 5. 9.

<표 9-7> 중국 10대 소매유통 프랜차이즈 기업의 현황(2018년)

(단위 : 억 위안, %, 개)

순위	기업명	주요형태	판매액	전년대비 증가율	점포수
1	쑤닝(蘇寧)전기	가전소매	3367.6	38.4	11064
2	궈메이(國美)전기	가전소매	1381.8	-10.1	2122
3	화룬완자(華潤萬家)	마트	1012.5	-2.3	3192
4	다룬파(大潤發)	마트	959.0	0.5	407
5	월마트(沃爾瑪)	마트	804.9	0.3	441
6	융후이(永輝)슈퍼	마트	767.7	17.4	1275
7	쥐란즈자(居然之家)	가구, 인테리어	710.0	13.1	303
8	충칭상사그룹	백화점	674.9	19.0	413
9	중스화이제(中石化易捷)	편의점	620.0	17.6	27259
10	롄화(聯華)슈퍼	마트	492.3	-2.9	3371

* 자료 : 中國連鎖經營協會

2) 시장집중도

중국 소매유통은 주요기업에 집중되어 있다. 2018년 중국 체인 소매유통 10대 기업의 판매액은 1조 791억 위안으로 100대 기업에서 차지하는 비중은 47.1%이다. 판매액으로는 쑤닝전기(蘇寧電氣)가 3367.6억 위안으로 1위를 차지하고 궈메이전기(國美電器), 화룬완자(華潤萬家), 다룬파(大潤發), 월마트(沃爾瑪) 등이 2-5위를 차지하며 중국에서 편의점 1위를 차지하고 있는 중스화이제(中石化易捷)가 9위를 차지했다.

3) 외자기업

외자기업은 1992년부터 중국 소매유통시장에 진출하여 2000년대 들어와서는 서비스 시장이 개방되자 더욱 적극적인 투자활동을 해왔다. 2018년 중국 외자 10대 소매유통 프랜차이즈 기업의 판매액은 3827억 위안으로 100대 기업에서 차지하는 비중은 15.9%이다.

판매액으로는 대만계 기업인 다륜파(大潤發)가 959억 위안으로 1위를 차지하고 그다음이 월마트(沃爾瑪), 까르푸(家樂福), 인타이(銀泰)상업 순이고 가구업체인 이케아(宜家)도 포함되어 있다. 2018년에는 외자 10대 소매유통 프랜차이즈 기업들 모두 전년에 비해 순위가 상승했으며 특히 홍콩 프랜차이즈 기업인 인타이상업과 왓슨, 그리고 대만계 기업인 진잉(金鷹)국제그룹의 전년대비 증가율이 두자리 수를 보이며 약진하고 있다.

<표 9-8> 중국 외자 10대 소매유통 프랜차이즈 기업현황(2018)

(단위 : 억 위안, %, 개)

2018년 기업순위	2017년 기업순위	기업명	판매액	전년대비 증가율	점포수
4	7	다륜파(大潤發)	959.0	0.5	407
5	8	월마트(沃爾瑪)	804.9	0.3	441
12	13	까르푸(家樂福)	474.6	-4.7	302
20	32	인타이(銀泰)상업	299.1	30.5	63
28	33	정저우데니스(鄭州丹尼斯)	238.4	9.0	450
29	41	진잉(金鷹)국제그룹	235.3	13.6	32
30	38	왓슨(屈臣氏)중국	234.1	10.3	3608
31	34	진장(錦江)메트로	213.0	4.9	94
35	43	마오예(茂業)국제지주	184.7	5.6	57
36	42	이케아(宜家)	183.6	3.8	26

* 자료 : 中國連鎖經營協會

현재 중국에는 토종 소매유통 프랜차이즈 기업들이 크게 성장하여 시장경쟁이 매우 치열해지고 있다.[11] 또한 인터넷을 활용한 구매방식이 크게 성장하면서 외자 소매유통 프랜차이즈 기업들의 변신이 요구되고 있다. 최근 월마트는 전자상거래업체인 징둥(京東)과 협력하여 식품배달사업을 시작했다. 까르푸 또한 인터넷기업인 텐센트와의 협력을 모색하고 있지만 작년 실적이 좋지 않아서 지분을 매각한다는 기사가 나오고 있다.

11) 조선일보, 까르푸도 철수 글로벌 유통사들 무덤된 중국, 2019. 6.25.

4. 소비재 시장의 문제점

1) 수요와 공급 불균형

투자와 소비의 불균형은 국내수요의 안정적인 확대에 불리하게 작용했고, 생산능력 과잉현상을 조성하여 시장의 수요와 공급 불균형을 유도했다. 1980년대 이후 소비재시장에는 시장열기가 과열되기도 하고 냉각되기도 하면서 수요와 공급 불균형이 발생했다. 1994년에는 시장열기가 과열되어 소비자물가상승률이 21.7%로 치솟는 반면에, 소비재의 상당부분이 공급초과의 국면에 놓이게 되었다.

이와 같이 소비재시장에 공급과잉과 공급부족이 병존하는 기이한 형태는 신구(新舊)체제가 병존하는 상황에서 산업구조의 변화는 느린 반면에 소비구조의 변화가 빠르기 때문에 발생되는 것으로 볼 수 있다. 2000년대 들어와서도 다시 시장열기가 과열되면서 2004년 물가가 3.9%까지 오르면서 공급과잉 현상이 나타났다.

현재 중국의 소비자들은 소비관념과 수준이 높아서 이전보다 제품의 안전성과 품질을 상당히 중시하기 때문에 국내 공급이 소비수요를 따라가지 못할 경우 해외로부터 직접 구매하는 경향이 있다.

2) 시장의 이중구조

도시와 농촌, 동부지역과 중서부지역의 불균형은 주로 가계소득과 소비환경의 차이에 의한 소비수준의 격차에서 온다. 개혁개방 초기에는 농촌개혁은 농촌부터 시작하였기에 농업생산량 증대에 의한 농가소득의 증가로 도시와 농촌시장의 격차가 점차 좁혀지다가 80년대 중반이후 도시개혁이 본격적으로 진행되면서 다시 격차가 벌어져서 두시장의 이중구조가 형성되었다. 대외개방도 동부 연해 지역부터 시작되어 지역간 경제력 격차가 크게 벌어진 상태에 있다. 중국정부는 이러한 격차를 줄이기 위해 도시화와 지역 발전전략을 추진하고 있다.

중국 농촌과 중서부지역은 미래 소비재 유통시장의 최대 잠재지역이라 할 수 있다. 이것은 세탁기, 냉장고, 칼라TV, 카메라 등 가전제품 분야에 있어서 동부 연해지역 도시시장은 이미 포화상태이거나 포화상태가 되어 가고 있는 반면에, 중서부지역과 농촌시장에서는 이들 제품에 대한 보유량이 낮아서 시장수요가 높기 때문이다.

3) 소비환경의 미비

품질이 조악한 가짜상품, 가격사기, 허위선전. 강제교역, 신속하지 못한 소비분쟁 해결 등 일부 문제점은 소비환경을 크게 해치고 있으며, 특히 현재 중국은 사회 경제발전의 전환기에 처해 있고 시장경제의 각종 법규가 아직 완벽하지 못하기 때문에 이러한 문제가 쉽사리 개선되지 못하고 있다.

4) 영세한 기업규모

전체적으로 볼 때 중국 소매업은 기업규모가 작다는 문제가 여전히 존재한다. 중국의 소매구조는 소규모의 상점이 매우 많은데 특히 개체(個體)상점이 상당수를 차지하고 있으며 개체상점의 평균 종사인원은 2명에 불과하다. 또한 대형 소매기업 역시 규모가 그리 크지는 않다. 2010년 규모이상 중국 내자 소매기업의 평균 종사인원은 86.7명인데 비해 중국에 진출한 외자 소매기업은 436명이 넘는다.

5) 사회보장의 불완전

현재 중국에서는 주택, 의료, 양로, 실업보험 등에 대한 개혁이 지속적으로 추진되고 있다. 이로 인해 상당 부분의 도시와 농촌주민들은 장래에 대한 불안으로 소비에 신중을 가하고 있다. 이것은 소비수요 증가를 제약하는 요소로 작용하고 있으며 앞으로도 당분간 지속될 것으로 본다.

김익수, 중국내수시장의 구조적 특성과 진입 유통장벽, 정책연구 95-03, 대외경제정책연구원, 1995.
이성근 · 배수현 공저, 새유통관리론, 서울 : 무역경영사, 1998.
최수웅, 中國의 流通管理制度 改革과 流通業 開放 展望, 연구보고 95-1,서울 : 대외경제정책연구원, 1995.
조현준, 중국 유통산업의 개방과 활용전략, 대외경제정책연구원, 정책연구 02-16. 2002.
한국무역협회, 변모하는 중국의 유통구조, 서울 : 한국무역협회, 1993. 11.
한형구, 중국 유통업의 대외개방과 우리나라의 진출방안, 지역경제, 1994.
금희연, 중국인의 라이프스타일, 서울 : 대한상공회의소 민간경제협회, 1997.
금희연, 중국시장의 소비패턴 변화와 마케팅 전략, 월간무역 371호, 1997.8
박진근, 경제학대사전, 박영사, 1999.
와타나 키요시, 13억 중국시장의 이해, 진리탐구, 2002.
KOTRA 정보조사본부, 신소비대국, 중국의 소비트랜드 분석, 2005. 3. 18.
전경련 중국산업연구센터, 중국 소비재시장의 발전추세와 정책동향, 중국산업동향분석 05-18, 2005. 11.
이은미, 연령별 소비구조 변화의 특징과 시사점, SERI 경제포커스, 제394호, 2012. 9. 18.
한국무역협회 상해지부, 중국진출 우리 기업의 중국 내수시장 평가 및 전망, 2011. 1.
邱大燮 主編, 商品流通經濟概論, 北京 : 中國商業出版社, 1994.
房愛卿, 我國消費需求發展趨勢和消費政策研究, 北京 : 中國經濟出版社, 2006.
柳思維, 中國商品市場發育研究, 長沙 : 湖南出版社, 1996.
孫尙淸 主編, 中國商品市場的發育與發展, 中國市場發展報告, 北京 : 中國發展出版社, 1996.
劉方棫, 九十年代中國市場消費戰略, 北京 : 北京大學出版社, 1994.
馮昭奎, 小山周三主編, 中日流通業比較, 北京 :中國社會科學出版社, 1996. 7.
趙石寶, 中國市場槪論, 北京 : 中國經濟出版社, 1990.6.
荊林波 · 中國商業發展報告, 北京 : 社會科學文獻出版社, 2012.
張偉, 淺議市場經濟條件下消費變化的趨勢, 市場經濟研究, 1998年第4期.
楊西京, 中國消費品市場的特徵與前景, 財貿經濟, 1997年 第12期.
劉樹棠, 打開大陸內銷市場之鑰, 貿易雜誌 第4期, 1998.5.
蕭新永, 開拓大陸市場的行銷迷思與導正策略, 貿易週刊 1761期, 1997. 9.
柳思維, 中國商品市場發育研究, 長沙 : 湖南出版社, 1996, 12
高 長, 從大陸第三産業外資政策看投資機會, 貿易週刊 1754期, 1997. 8.
萬典武, 20年的商品流通體制改革, 商業經濟研究, 1998.9.
許素華, 大陸零售商業的變遷與機會, 經濟前瞻, 1998年 5月 5日.
許素華, 大陸商業改革的進展與外資參與, 經濟前瞻, 1998年 11月 5日.
張偉, 淺議市場經濟條件下消費變化的趨勢, 市場經濟研究, 1998年第4期.
張世龍, 迎接零售大變革的浪潮以新的步伐邁向新的世紀, 商業經濟研究, 1998.9
楊西京, 中國消費品市場的特徵與前景, 財貿經濟, 1997年 第12期.
中國統計年鑑.
中國市場統計年鑑

제 3 부

중국의 국제통상

제10장 중국의 대외무역

1. 대외무역 추이
2. WTO가입과 FTA
3. 대외무역의 구조변화
4. 대외무역의 당면과제

중국은 본래 자력갱생과 대국경제모델로 인해 무역의존도가 낮았지만 , 개혁개방을 성공적으로 추진한 이후 중국경제가 점차 세계경제환경 속으로 접목되어 이제는 중국의 변화가 동아시아 경제성장에 영향을 미치고 반대로 세계경제의 판도변화가 중국에 영향을 미치는 밀접한 관계로 발전되었다.

중국을 진척에 두고 인적, 물적 교류를 통해 경제협력을 추구하고 있는 우리로서는 중국의 대외무역현황과 정책, 발전추이에 큰 관심을 가지고 지켜 볼 필요가 있으며 이는 세계시장에서 중국제품과의 경쟁을 통해 시장점유율을 지켜야 하는 우리 입장에서 중요한 관심사가 된다.

1. 대외무역 추이

중국의 대외무역은 경제개혁과 대외개방의 추진에 따라 빠른 속도로 성장하여 무역규모가 크게 확대되었다. 1978년 206.4억달러, 세계무역순위 32위[1]에 불과하던 무역규모가 2018년에는 4조 6230억 달러, 순위도 1위로 껑충 올라섰다. 총체적으로는 무역규모가 거의 224배가 넘도록 확대되었다. 수출규모도 2조 4784억 달러로 세계 1위이며 외환보유고 또한 3조 달러가 넘어 세계 1위를 차지하고 있다.

이에 따라 중국경제의 무역의존도가 크게 늘어났는데 1978년 10.7%에 불과하던 수치가 2004년에는 이미 75%에 달했다. 세계은행의 자료에 의하면 2004년 미국, 일본, 인도, 브라질의 무역의존도는 각각 24%, 22%, 42%, 31%인 것으로 나타났다. 2018년 중국의 무역의존도는 2010년대 금융위기에 따른 내수확대 전략의 추진으로 34%로 하락했다. 동년 미국, 일본, 한국의 무역의존도는 각각 20%, 30%, 71%이다.

---

1) 朱鐘棣, <新中國外貿體制改革的回顧與展望>, 財經研究(北京), 1999年 第10期, 39쪽.

중국무역의 발전추이를 살펴보면 그 당시 세계경제환경의 변화, 중국정부의 개혁과 조정정책, 무역정책 등에 따라 성장과 하락을 반복하면서 파동을 이루고 있다. 중국 대외무역 발전추이는 개혁이전시기, 단계적인 대외개방, 고속성장, 무역정책조정, WTO가입 이후 등 5단계로 구분될 수 있다.

1) 개혁이전시기(1950-1978)

이 시기의 대외무역은 대내외적으로 불리한 대외무역환경과 정부의 강력한 무역통제정책의 시행으로 제대로 발전하지 못하고 정체되었다. 50년대에는 유엔 금수(禁輸)조치로 서방국가와의 교역이 단절되어 소련 및 동구권의 공산국가와의 교역이 성행하였다. 60년대에는 중소관계의 악화로 일본, 프랑스 등 서방국가와의 교역관계를 성립했으나 1966년 문화대혁명이 발생하여 대외무역에 상처를 안겨 주었다.

70년대에는 유엔지위를 확보하면서 서방국가와 외교관계를 맺고 중미관계가 회복되어 서방국가와의 무역량이 크게 증가하였다.[2] 그 중에서 일본과의 교역이 신속히 증가하여 중국 제일의 무역파트너가 되었으며 홍콩과 미국이 그 뒤를 이었다.[3] 그래서 1950년 11.3억 달러에 불과하던 무역액이 1975년에는 147.5억 달러로 크게 늘어났다. 이 시기의 무역수지가 대부분 적자이지만 5억 달러 미만의 작은 수치인 것은 중국정부가 의도적으로 수출과 수입의 균형을 맞추려고 노력했기 때문이다.

2) 石廣生, <我國對外經濟貿易二十年>, 國際商報(京), 1998.12.18.

3) 薩公强, <中共的對外貿易發展模式及其經營管理模式>, 共黨問題硏究, 1991年 第22卷 第1期, 12쪽.

2) 단계적인 대외개방(1979-1991)

(1) 경제특구 설립

이시기의 대외무역은 대내외적으로 유리한 무역환경과 개혁개방정책, 수출드라이브 정책의 추진으로 빠르게 성장하였다. 70년대 2차례의 오일쇼크의 영향을 받아 침체에 빠져 있던 세계경제는 80년대 들어와서 회복되기 시작하고 국제분업을 추구하는 선진기업들의 활발한 국제투자활동으로 세계무역환경이 개발도상국에 유리한 방향으로 전개되었다. 중국은 저렴한 노동력을 기반으로 외국자본과 외국기술을 도입하기 위해 단계적인 대외개방을 추진하였다. 80년에는 광둥성과 푸젠성에 4개의 경제특구가 완성되어 많은 화교 및 외국인들이 삼자기업(三資企業)을 세우고 무역활동을 전개함에 따라 중국의 무역증가율이 급속히 상승하기 시작하고 무역적자가 19억 달러로 확대되었다.

그러나 급증하던 무역발전추세는 1982년에 무역증가율이 급격히 하락하게 되는데, 이것은 과열된 무역경기에 대해 중국정부가 강력한 수입규제조치를 취했기 때문이다. 중복도입으로 외화낭비가 심해서 국내산업 발전을 저해한다고 판단되는 기계설비 수입을 엄격히 통제하고 승용차, TV, 냉장고, 세탁기 등 소비성이 강한 상품을 수입규제대상에 포함시키며 광둥성 고급관리와 무역업자간의 부정부패를 감시하는 긴급조치를 시행하였다.[4]

(2) 대외개방 확대와 정책변화

1984년에는 대외개방의 범위가 동부 연해지역 14개 항구도시로 확대되면서 외국인 투자기업이 크게 늘어나고 투자설비 수입이 증가함으로써 무역활성화가 이루어지기 시작했다. 기업개혁의 실행으로 정부기관의 무역기업에 대한 간섭도 줄어들고, 일부 무역권한의 지방이양과 무역대리제의 실시가 있었다. 더욱이 내부결제환율이 사라지고 공정환율과 시장환율에 의한 이중환율제도가 형성되어 인민폐가 대폭 평가절하됨에 따라 해외

4) 오용석, 《중국의 대외무역과 韓中수출경쟁》, 대외경제정책연구원, 정책연구 93-36, 1993. 12. 58-65쪽.

시장에서 중국수출품의 가격경쟁력이 높아지게 되었다. 그래서 1985년의 무역증가율은 30.0%로 크게 증가했다. 그러나 85년에는 수입증가율이 54.2%로 수출증가율 4.6%보다 10배 이상 벌어지면서 무역수지 적자가 무려 149억 달러에 달했다. 이에 중국정부가 수입억제정책의 일환으로 <수입조절세>를 실시함에 따라 무역증가율이 둔화되었다.

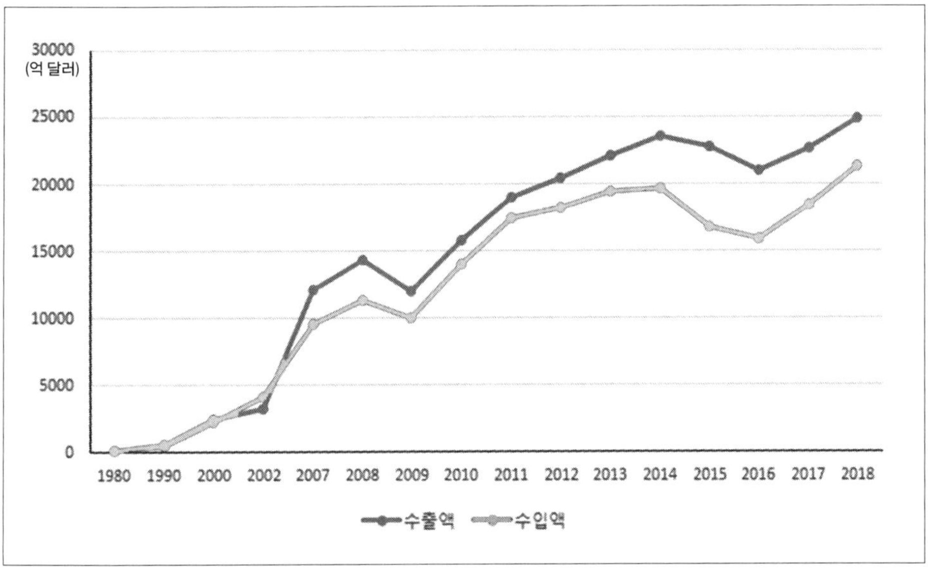

* 자료 : 中國統計年鑑. 2018 中國海關統計(http://www.customs.gov.cn)

<그림 10-1> 중국 대외무역 추이

1988년에는 대외개방의 범위가 다시 산동반도, 요동반도, 하이난 등 다른 지역으로 확대되면서 외국기업의 대중국투자가 가속화되어 수입증가율이 가파르게 상승하고 무역증가율도 대폭 상승했다. 그러나 경기과열로 인민이 생활하기 곤란한 정도에 이르기까지 물가상승이 이어지자 중국정부는 긴축정책(治理整頓)을 추진하고 1989년에는 천안문사건으로 중국경제가 위축되었다. 90년의 무역증가율은 3.4%로 하락하고 특히 90년의 수입증가율은 -9.8%로 대폭 떨어짐에 따라 89년까지 적자를 기록했던 무역수지가 처음으로 87.4억 달러의 흑자를 기록하게 되었다.

<표 10-1> 중국 대외무역과 외환보유고

(단위 : 억달러, %)

연도	무역총액	수출액	수입액	무역수지	외환보유고
1950	11.3	5.5	5.8	-0.3	
1978	206.4 (39.4)	97.5 (28.4)	108.9 (51.0)	-11.4	1.7
1980	381.4 (28.9)	181.2 (33.8)	200.2 (24.7)	-19.0	-12.9
1985	696.0 (30.0)	273.5 (4.6)	422.5 (54.2)	-149.0	26.4
1990	1154.4 (3.4)	620.9 (18.2)	533.5 (-9.8)	87.4	110.9
2000	4743.0 (31.5)	2492.0 (27.8)	2251.0 (35.8)	241.0	1656.7
2002	6207.6 (19.6)	3256.6 (22.3)	4130.9 (21.2)	303.6	2864.1
2008	25632.6 (17.9)	14306.9 (17.5)	11325.6 (18.5)	2981.3	19460.3
2009	22075.4(-13.8)	12016.1(-16.0)	10059.2(-11.2)	1956.9	23991.5
2010	29740.0 (34.7)	15777.5 (30.8)	13962.4 (38.8)	1815.1	28473.4
2014	43015.3 (2.3)	23422.9 (4.9)	19592.3 (0.6)	3830.6	38430.0
2016	36855.6 (-4.5)	20974.4 (-7.7)	15874.8 (-5.5)	5099.6	30105.0
2017	41071.6 (11.4)	22633.7 (7.9)	18437.9 (16.1)	4195.8	31399.0
2018	46230.4 (12.6)	24874.0 (9.9)	21356.4 (15.8)	3517.6	30727.0

* 주 : 괄호안은 전년대비 증가율임.
* 자료 : 中國統計年鑑. 2018 中國統計公報

3) 고속성장시기(1992-1995)

이 시기는 중국경제가 새롭게 도약하여 고속성장을 달성하는 중요한 시기라 할 수 있다. 1992년에 제7기 전국인민대표대회 5차 회의에서는 경제조정정책의 종결과 개혁개방의 새로운 가속화 방침이 선포되었다. 이에 따라 수많은 외국기업들이 대중국 투자를 전개했는데 이전과는 달리 세계적인 다국적기업과 각국의 대기업들이 중국으로 진출함에 따라 대외무역이 대폭 성장할 수 있는 여건이 조성되었다. 그래서 1992년 무역증가율은 22.0% 상승하고 80년대부터 꾸준히 증가해 온 무역의존도가 35.3%에 달해 이제는 중국경제가 세계경제환경 품안으로 들어가 밀접한 관계가 형성되었다.

(1) 무역과 외환관리 제도변경

1994년에 중국정부는 조세, 금융, 투자, 무역, 외환 등 여러 방면에 중대한 개혁을 추진하였다. 무역관리에 있어서는 수출입총액, 수출외환소득, 수입외환지출에 대한 전통적 관리방식인 지령성계획(指令성計畫)을 취소하고 지도성계획(指導性計劃)을 채택하여 국영무역기업의 경영효율을 모색했다. 외환관리에 있어서는 그동안 공정환율과 시장환율이 공존하는 이중환율제도를 폐지하고 시장환율을 표준으로 하는 단일환율제도를 실시하였다.[5] 이러한 제도변경으로 위안화가 50% 정도 대폭 평가절하되면서 중국 상품의 해외시장 가격경쟁력이 높아져서 중국수출이 크게 늘어났다. 그래서 1994년 수출증가율은 31.9%로 대폭 상승하여 수출액이 1000억 달러를 넘어섰고 1980년에 마이너스 수치를 기록했던 외환보유고도 500억 달러가 넘어서 무역대국을 향한 발걸음을 시작했다.

(2) 무역자유화 조치

90년대에 들어와서 중국은 사회주의 시장경제를 표방하고 무역자유화를 지향하는 보호무역정책을 추진하기 시작했다. 92년에는 225종의 수입상품에 대해 관세인하를 단행하고 수입조절세를 폐지하였으며 그 후에도 수차례 수입관세 인하를 단행하여 96년에는 평균 수입관세율이 23%까지 하락하게 되었다. 비관세장벽에 있어서도 92년 수입대체 상품목록 관리제도를 폐지하고 수입상품에 대해 목록관리를 시행하여 목록외 상품에 대해서는 무역경영권을 개방하고; 목록내 상품에 대해서는 지정된 수출입기업만이 취급하고 수출입상회의 감독과 협조를 구하게 했다. 93년에는 수입쿼터 허가증 대상품목의 수를 크게 축소시키기 시작했는데 95년 말까지 수입상품 허가증 관리상품은 본래 53종에서 35종으로 줄어들고 세목도 700여개에서 354개로 감소되었다.

---

5) 《中國宏觀經濟政策報告1997, 》 <'八五'以來的對外貿易政策>, 北京 : 中國財政經濟出版社, 1997. 159-161쪽.

4) 무역정책 조정시기(1996-2000)

(1) 우대제도 축소

단계적 대외개방시기(1979-91)에는 대외무역의 성장파동이 2, 3년간을 주기로 반복되는 것을 살펴볼 수 있었다. 그러나 이 시기에는 성장파동주기가 1년으로 짧은 것이 특징이다. 우선 1996년 무역증가율은 3.2%로 대폭 하락하였는데, 그 이유는 대외무역정책에 주요 변화가 있었기 때문이다. 수출상품 부가가치세[6] 환급율이 종전의 17%, 13%, 6%에서 9%, 6%, 3%로 줄어서 수출기업이 부담하는 비용이 증가했다. 비록 평균관세율이 35.3%에서 23%로 하락하고 176항목의 수입상품에 대한 수입제한허가증조치가 취소되어 수입이 증가할 수 있는 여건이 형성되었으나 원칙적으로 수입관세와 수입조절세에 대한 감면조치가 폐지되고 기계 설비수입에 정식으로 관세와 수입조절세가 부과됨에 따라 중국수입에 영향을 미치게 되었다. 또한 홍콩, 대만 등 화교상인들이 가공무역 명의를 이용하여 원자재를 밀수하거나 공산품 내수판매하는 것을 방지하기 위해 가공무역 수입원자재 은행보증금제도를 실시했다.

(2) 동아시아 금융위기 여파

1997년부터는 중국경제가 공산품 재고급증, 유효수요의 하락 등으로 내수부진과 경기침체에 빠진 가운데, 동아시아 금융위기가 시작되었고 98년에는 중국 대외무역에 심각한 영향을 미쳤다. 그래서 1998년 무역증가율은 1982년 이후 처음으로 마이너스로 하락하고 수출, 수입증가율도 각기 0.5%, -1.5%로 대폭 떨어졌다.[7] 이것은 동아시아 국가들

---

6) 중국의 부가가치세는 1994년 1월 세수부족을 보충하기 위해서 중국정부가 기존의 工商統一稅를 개혁하여 도입한 것으로 기본세율은 17%이고, 곡물·식용유 등 일부 품목은 13%임. 수출 부가가치세 환급제도는 수출물품에 한해 일정 부분의 부가가치세를 환급해 주는 것으로 수출상품의 대외경쟁력 제고를 위함. 환급율은 0-17%임. 여기서 환급율이 3%에 해당되는 물품은 석탄과 농산물; 환급율이 6%에 해당되는 물품은 농산물을 가공한 공산품과 부가가치세가 13% 적용된 물품; 환급율이 9%에 해당되는 물품은 부가가치세가 17% 적용된 물품임. (粵港信息日報, 1996. 1. 25, 5쪽)

7) 石家鑄, <亞洲金融危機對我國出口貿易的影響及對策>, 財經問題研究(大連), 1998.8. 32-36쪽.

이 금융위기에 의한 경기침체로 중국산 수입이 감소한 데 기인하며 또한 동아시아 국가들의 자국화폐가 평가절하되어 해외시장에서의 가격경쟁력이 높아짐에 따라 중국산 수출이 불리해졌기 때문이다.

중국정부는 사태의 심각성을 깊이 인식하고 수출증대를 위해 1998년 방직품 등 여러 상품에 대한 수출 부가가치세 환급율을 9%에서 11%로 상향조정하고 외국투자기업의 기계설비 수입에 대한 감면조항을 다시 회복시키며 수출금융을 확대시키는 등 수출촉진 정책을 적극 추진했다.[8] 그러나 동아시아 금융위기의 영향으로 별다른 정책적 효과를 나타내지 못했다.

2000년에 들어와서 무역증가율은 31.5%로 개혁개방 이후 가장 높은 수치를 기록했다. 중국무역이 이렇게 좋은 성적을 올릴 수 있었던 것은 대외적으로 동아시아 국가들이 경제가 회복되면서 중국 상품 수출여건이 상당히 좋아지고 정부의 수출시장 다원화전략의 실행으로 라틴아메리카, 아프리카, 대양주 등 신흥시장으로의 수출이 증가하였기 때문이다. 대내적으로는 정부가 여러 수출상품 부가가치세 환급율를 17%정도까지 상향조정하고 수출금융을 촉진시키며 제조업체의 수출권한을 확대한 것이 중요한 요인이 된다.

5) WTO가입이후(2001- 현재)

중국은 1986년 처음으로 WTO의 전신인 GATT에 가입을 정식으로 신청했으나 가입조건에 대한 기존 회원국가들의 의견차이로 실패하고 1995년 새로 출범한 WTO가입을 위해 부단히 노력한 끝에 2001년 11월 정식회원국 가입을 선포하기에 이르렀다. 이로 인해 세계무대에서 경제적 위상이 한층 올라가고 대외신인도가 향상되며 여러 가지 혜택으로 수출이 증가하는 장점을 누리지만, 가입 협상시 약조대로 무역장벽을 허물고 국내시장을 더욱 개방해야 하는 부담을 안게 되었다.

중국이 무역부문에서 시장개방을 약조한 사항을 살펴보면 공산품 평균관세율을 2005

8) 王思粵, <大陸對外貿易受金融風暴衝擊之評估與展望>, 經濟前瞻(台北), 1999.1. 88-89쪽.

년까지 현행 17%에서 9.4%로, 수입상품 평균관세율을 2010년까지 9.8%로 낮추기로 되어 있다.[9] 또한 2004년까지 모든 기업에게 대외무역권을 부여하고 2006년까지 수입허가증 관리제(현행 35종 373개 품목)와 수입쿼터제(현행 28종 245개 품목)를 완전히 폐지하는 내용을 포함하고 있다.

이에 대해 중국정부는 WTO 가입이후 4차례에 걸쳐 관세인하를 점진적으로 시행하여 2004년에는 공산품 평균관세율이 9.5%로 내리고 2005년에 또한 수입상품 평균관세율이 9.9%(2001년 평균관세율 15.3%)로 내림에 따라 약속이행을 비교적 잘한 것으로 나타났다.[10] 대외무역 경영권도 지속적으로 분산시키는 조치를 시행하여 2004년에는 대외무역법이 개정되어 개인도 수출입업무를 할 수 있고 그동안 국유기업이 독점한 석유, 곡물, 비료, 면화, 설탕 등 전략비축물자의 수입을 일반기업이 할 수 있도록 법적 토대가 마련되었으며 규제대상 품목도 지속적으로 줄어들어 2005년에는 수입허가증 관리대상 품목이 크게 3종류 83개 품목으로 축소됨에 따라 무역자유화가 더욱 빠르게 진행되었다. 그래서 2004년에는 중국 수입증가율이 36.0%로 상당히 높은 수치를 기록했다. 중국정부는 한편으로는 이와 같이 수입문턱을 낮춤과 동시에 또 한편으로는 자국내 소비자와 환경보호를 위해 CCC인증제도[11]와 RoHS(유해물질 제한지침)[12]를 실시했다.

수출부문에 있어서도 수출산업 구조조정에 박차를 가하고 수출관리제도를 국제수준에 적합하도록 개선하기 위해 지속적으로 노력해 왔다. 2004년에는 조선, 자동차, 가전 및 부품 등 11개 자본기술집약산업에 대해 수출환급세율 17%를 적용하고 다른 수출상품에 대해서는 13%를 적용하여 차별화에 의한 수출제품 구조조정을 유도했다. 또한

9) 오용석, 『현대 중국의 대외경제정책』, 나남출판사, 2004, 296-302.

10) 한국수출입은행, 『중국무역』, 2005. 4. 19, 1-11쪽.

11) 2003년부터 실시하는 일종의 상품검사제도로 중국내에서 생산, 유통되는 제품과 중국으로 수출되는 제품 중 강제인증 품목에 해당되는 제품은 반드시 IEC(국제전기표준협회) 및 중국국가표준에 준하여 안전 및 품질인증을 받아야 하며 CCC마크를 부착해야만 중국에서 판매가 가능함.

12) 중국에서 생산, 판매 및 수입하는 전자정보제품에 유해물질 사용을 규제하고 전자정보제품 폐기후 유발되는 환경오염을 통제 및 감소시키기 위해 제정한 것으로 EU의 RoHS지침을 모태로 하고 있다. 2007년부터 모든 전자정보제품에 대해 라벨 부착 및 정보공개를 하도록 요구함.

2005년에는 수출허가증 규제 대상품목을 수출쿼터허가증, 수출쿼터입찰관리, 수출허가증 등 3종류로 구분해서 수출체제의 간결화를 꾀하고, 미국과 유럽국가들의 섬유쿼터 폐지로 수출증가에 의한 무역마찰 해소차원에서 6개 품목에 수출세를 부과했다. 이러한 조치에도 불구하고 WTO 가입에 의한 수출경쟁력 향상으로 2004년에는 수출증가율이 35.4%로 상당히 높은 수치를 기록했는데, 이는 개혁개방 이후 가장 높은 수치이다.

중국의 WTO가입은 2000년도 대외무역 성장에 큰 영향을 미쳤다. 통계분석에 의하면 1978-2007년까지 수출과 수입의 연평균증가율은 각각 18.1%, 17.1%이지만, 2001-2007년까지 연평균증가율은 무려 28.8%, 25.6%에 달한 것으로 나타났다.

그러나 2008년 발생한 국제금융위기는 중국 무역발전에 심각한 영향을 주었다. 2009년 무역과 수출증가율은 각각 -13.8, -16.0%로 개혁개방 이후 가장 낮은 수치를 보였다. 2010년에는 대외무역이 다시 회복되는 양상을 보였으나 2012년에는 다시 둔화되어 무역과 수출증가율이 한자리 수에 머물러 있다. 특히 2015년부터는 무역과 수출 모두 감소하는 추세인데, 무역수지가 5000억 달러가 넘어서 통상마찰의 빌미가 되고 있다. 수출은 선진국 경기둔화와 2018년부터 가시화된 미중 무역 분쟁으로 증가세가 둔화될 것으로 예상된다.

2. WTO가입과 FTA체결

1) 중국의 WTO가입

(1) WTO 설립과 기능

WTO의 전신은 GATT, 즉 '관세 및 무역'에 관한 일반협정이다. GATT는 1930년내 많은 국가가 고관세, 술입 제한, 외환관리 등 보호무역정책을 실시함으로써 국제경제 질서가 무너지고 제2차 세계대전의 원인이 되었다는 인식하에 자유롭고 평 등한 국제무역을 위해 관세 및 비관세장벽을 경감 또는 철폐할 것을 목적으로 1948년에 창설되었다.[13] 1985년까지 7차례에 걸쳐 다자간 무역협상을 통해 세계교역량을 확대시키는 데에 공헌을 했지만 구속력이 미흡하고 시스템이 결여된 한계점을 노출했다. 1986년 시작된 우루과이라운드(UR)에서는 회원국들이 관세, 비관세, 규범, 서비스, 지식재산권, 분쟁해결, 섬유, 농업, WTO창설 등에 관해 다자간무역협상을 벌인 결과, 1994년 타결되고 1995년 WTO가 창설되었다.[14]

WTO의 조직구조는 WTO협정하의 모든 문제에 대한 의결권을 갖는 각료이사회를 정점으로 하여 일반이사회와 그 산하의 3개의 특별이사회 및 2개의 특별기구[15], 그리고 각료회의 산하의 무역개발, 국제수지, 지역무역협정, 예산·행정 등 4개의 상설위원회를 두고 있다. WTO는 국제무역질서를 어지럽히는 회원국에 대해 WTO의 힘, 즉 분쟁해결기구의 힘을 빌려 규제가 가능하게 되었기 때문에 국제분쟁에 대한 국제법원원의 역할을 수행하고 있다. 의사결정방식은 안건의 중요도에 따라 과반수표결 또는 2/3이상, 3/4이상, 만장일치 방식 등이 있다. WTO 또한 비록 세계교역량을 확대시키고 분쟁해결기구를 통해 여러 통상 문제를 해결했지만 DDB(도하어젠다)협상[16]의 부진으로 WTO 중심의 다자간 통상체제는 약화되고 지역경제통합이 이슈가 되고 있다.

(2) 중국의 WTO가입

중국은 1948년 중화민국 국명으로 GATT에 가입했으나 장개석이 이끄는 국민당 정부

13) 김정수, 국제통상정책론-무역정책론-, 박영사, 2003, 385쪽.

14) 윤기관외, 국제통상의 이해, 법문사, 2004, 12-28쪽.

15) 특별이사회 : 상품무역이사회(MTAs운영감독), 서비스무역이사회(GATS운영감독), 무역관련 지적재산권이사회(TRIPs운영감독). 특별기구 : 분쟁해결기구(DSU운영), 무역정책검토기구(TPRM운영)

16) 2001년 11월 9일-14일 카타르 도하에서 제4차 WTO 각료회의가 개최되고 주요 안건은 농산물, 비농산물, 싱가포르 아슈, 무역규범, 서비스, 지적재산권, 환경과 무역관계 등 7가지인데 농산물관세 보조금 인하, 비농산물, 서비스, 환경 등 분야에서 선진국과 개도국간 이견이 커서 협상타결이 되지 않았다. 17년이 지난 지금까지도 타결이 되지 않고 있다.

가 대만으로 옮긴 후 탈퇴했다. 1986년부터 GATT에 복귀하기 위해 한국, 일본, 미국, 유럽, 멕시코 등 37개국과 쉽지 않은 협상을 거친 후 2001년 12월 WTO 정식회원국이 되었다.

<표 10-2> 중국 WTO 가입과정[17]

연도	주요 내용
1948. 5	중화민국 국명으로 GATT 23개 회원국의 하나로 가입
1950. 5	대만으로 옮긴 후 GATT 탈퇴
1964. 3	대만 옵서버로 GATT 참여
1971	중국 유엔 합법정부 인정으로 대만 옵서버 박탈
1983.10	중국 GATT옵서버 자격획득
1986.7	중국 GATT 가입(복귀) 신청
1987	중국 GATT 가입에 관한 작업반 설치, 미-중 가입협상 개시
1990. 1	대만 GATT 가입 신청
1994. 12	GATT가입 작업반 19차 회의 개최, 협상 미종료
1995.	WTO 출범, 옵서버 자격취득
1996. 3	WTO 가입 작업반 1차회의 개최
1997. 8	한중 양자협상 타결(1548개 품목에 대한 관세인하 합의)
1999. 7	일본과 WTO 가입협상 타결
1999. 11	미중 양자협상 타결
2000. 5	중-EU 양자협상 타결
2001. 9	중-멕시코 양자협상 타결, 양자협상(37개국) 모두 마무리
2001. 11	WTO 제4차 각료회의(카타르 도하)에서 중국가입 승인
2001. 12	중국, WTO정식회원국(143번째) 지위획득

(3) WTO가입조건 이행

2002년 1월1일 전면적 관세인하를 시작하여 2010년 1월 1일 모든 관세인하조건을 완료했다. 가입시점인 2001년 15.3%이던 중국의 평균관세율은 대부분의 관세인하조건이 이행된 2005년 9.9%, 모든 이행이 완료된 2010년 9.8%로 감소했다.

2005년 1월 승용차, SUV, 버스 등 35종 상품에 대한 비관세조치를 철폐함으로써 비관

17) 자료 : 전재욱, 중국의 WTO가입이 한·중경협에 미치는 영향, KIEP보도참고자료, 1999.11.17. 王子先, 中國對外開放與對外經貿30年, 北京 : 經濟管理出版社, 2008, 163쪽.

세조치 관련 WTO 가입조건을 모두 이행했다. 가입이후 5년 이내에 424세목에 대해 수입 쿼터, 수입허가증, 수입입찰 등의 비관세조치를 단계적으로 철폐하는 것이 이행조건인데 모두 완수했다.[18] 투자와 서비스분야에서도 자본시장을 제외하고는 대부분 이행조건을 완수했다.

2) 중국 FTA 체결

(1) 경제통합과 FTA

경제통합은 지리적으로 인접한 2개국 또는 그 이상의 국가들이 대등한 지위 하에 경제적 이익의 공동 축을 목적으로 동맹을 결성하여 회원국은 어떠한 차별적인 대우도 받지 않는 하나의 경제권을 이루는 것을 말한다.[19] 경제통합에는 단계별로 자유무역지대(free trade area) 혹은 자유무역협정free trade agreement), 관세동맹(customs union), 공동시장(common market), 경제동맹(economic union), 완전한 경제통합(complete economic integration) 등으로 구분된다.

FTA는 가장 초보적인 단계로 역내에서는 무역장벽을 완전히 철폐하여 자유무역을 하고 역외의 국가에 대해서는 각 회원국들이 독자적인 무역(관세)정책을 실시하는 것이다.[20] NAFTA(북미자유무역지대협정)가 여기에 해당되는데, 미국 · 캐나다 · 멕시코 3국은 자기네들끼리는 자유무역을 실시하지만 외국에 대해서는 각자 나름대로의 무역(관세)정책을 실시한다. 이런 경우 역외 국가들이 관세회피 목적으로 역내 국가 중 가장 자유무역적인 국가에 물품을 수출하여 역내 이동시키는 것을 차단하기 위해 원산지 규정을 사용한다. 또한 FTA를 실행할 경우 생산 및 소비 측면에서 무역이익을 얻게 되는 무역창출효과와

---

18) KIRP북경사무소, 중국 WTO가입 15주년 회고와 전망, KIEP북경사무소브리핑, 17-03, 2017. 1.26, 3-4쪽.

19) 이종원외, 국제지역경제, 비봉출판사, 1997. 9-15쪽.

20) 윤기관외, 국제통상의 이해, 법문사, 2004, 55-57쪽.

무역대상국을 전환하는 무역전환효과가 있다.

(2) 중국 FTA체결과 전망

중국은 2019년 7월 현재 한-중FTA, 중-호주FTA, 중-아세안FTA 등 18건의 FTA협정이 타결되어 17건이 발효 중이고 RCEP[21], 중-GCC(걸프협력회의)FTA, 한중일FTA, 중-노루웨이 등 12건의 FTA협상이 진행중에 있으며 중-콜롬비아, 중-캐나다, 중-몽고 등 8건은 연구 중에 있다. 중국은 2001년 WTO가입이후 FTA를 적극적으로 추진하고 있는데, 주요 목적은 지역구도속에서 주도권 확보를 위한 지리적인 인접성으로 외교안보적 이익을 고려하여 미국의 동아시아지역내 영향력을 견제하고 또한 중국의 급속한 경제발전에 따른 해외에너지 및 원자재를 확보하는 것이다.[22] 이외에도 선진국과 FTA를 체결하여 산업경쟁력을 향상시키고 새로운 시장개척으로 해외시장을 다변화하려는 목적도 있다.

현재 DDA협상이 난항에 빠진 상황에서 FTA로 경제영토 확장하려는 국가들이 있다. 한국은 2019년 현재 57개국과 16개 FTA협정을 체결하고 있는데[23] 그 중에는 미국, 중국, EU(유럽연합) 등이 포함되어 FTA영토는 전 세계 GDP의 77%나 된다. 반면에 중국의 FTA영토는 10% 정도에 불과하다. 중국도 선진국과 FTA를 맺고 싶어 하지만 선진국이 중국에게 MES(시장경제지위)를 주시 않아 김도대싱도 안 되는 처지이다. 이런 상황에서 중국은 앞으로 한중일FTA협상과 GCC FTA협상에 총력을 기울이고, 중화경제권 및 동아시아 경제협력 강화를 위해 노력할 것으로 예상된다.

---

21) 역내 포괄적 경제동반자협정으로 아세안, 중국, 한국, 일본, 호주, 뉴질랜드, 인도 등이 포함되며 역내 인구는 35억으로 전 세계의 38% 차지, 역내 GDP는 전 세계의 31% 차지 <中國自由貿易區服務網(www.fta.mofcom.gov.cn)>

22) 여수옥, 중국의 FTA 추진목표와 주요 이슈, KIEP세계경제, 2006년 1월호, 2006. 1. 20, 47쪽.

23) 산업통상자원부

<표 10-3> 중국의 FTA 체결과 추진현황

대상국	협상개시와 타결일자	주요 내용
호주	2005. 4 - 2015. 6	2015년 12월 FTA 정식 발효
한국	2012. 5 - 2015. 6	14차례 협상후 타결. 2015년 12월 발효 2019년 7월 5차 후속협상 진행
스위스	2011. 4 - 2013. 7	9차례 협상후 타결, 2014년 7월 발효
아이슬란드	2007. 4 - 2013. 4	2014년 7월 발효
코스타리카	2009. 1 - 2010. 4	2011년 8월 발효
페루	2007. 9 - 2009. 4	2010년 3월 발효
싱가포르	2006.10 - 2008. 10	2009년 1월 발효 2018년 11월 개정 협상 타결
뉴질랜드	2004.12 - 2008. 4	2008년 10월 발효. 2018년 12월 6차 개정 협상 진행
칠레	2004.11 - 2005. 11	2016년 11월 개정 협상 시작 2017년 11월 개정 협상 타결
파키스탄	2005. 4 - 2006. 11	2007년 7월 발효. 2015년 11월 은행산업 개방 발효
아세안	2001.11 - 2002. 11	2005년 상품무역협정 체결, 2009년 투자협정 체결
CEPA	2003년 6, 10월 타결	2003년 6월 홍콩과 타결. 2003년 10월 마카오와 타결 포괄적 경제동반자 협정
ECFA	2010. 1 - 2010. 6	2011년 1월 발효. 중국-대만 경제협력기본 협정
아세안(10+1)	2014. 8 - 2015. 11	2014년 8월 개정 협상 개시 2015년 11월 개정 협상 타결
몰디브	2015.12 - 2017.12	협상타결
그루지야	2015.12 - 2017. 5	2018. 1월 발효
RCEP	2012. 11. 개시	2019년 6월 호주 맬버른 26차 협상 역내 포괄적 경제동반자 협정
GCC	2005. 4 개시	2016년 사우디에서 9차 협상.
한중일	2013. 3 개시	2019. 4월 일본 15차 협상회의
스리랑카	2014. 9 개시	2017. 1월 콜롬보 5차 협상
이스라엘	2016. 2 개시	2019. 5월 6차 협상
노르웨이	2008. 9 개시	2019년 6월 15차 협상

*자료 : 中國自由貿易區服務網(www.fta.mofcom.gov.cn)

(3) 한중 FTA 체결사례

2001년 당시 중국 국무총리인 주룽지(朱鎔基)는 중국과 아세안 10국으로 구성된 FTA와 한중일 3국의 FTA 창설을 제기한 적이 있다.[24] 그동안 전자는 협상이 타결되어 시행 중에 있고 후자는 일본의 미온적인 태도로 연구 검토하는 단계에 있다가 2012년 5월 한중 양국은 베이징에서 통상장관회담을 갖고 한중 FTA 협상개시를 선언한 후, 2014년 11월까지 14번에 걸쳐 협상을 끝내고 2015년 12월 20일 한중FTA가 정식으로 발효되었다.

<표 10-4> 한중 FTA 논의 상황

시기	진전내용
2004. 9	양국 통상장관 민간공동연구 개시 추진 합의
2005	양국의 국책연구기관이 공동연구 개시
2006. 11	민간 공동연구 2년차 수행후 11월 연구 종료
2006. 11. 17	양국 통상장관이 산관학 공동연구를 2007년 개시하기로 합의
2007. 3	산관학 공동연구 1차회의(베이징)
2008. 6	산관학 공동연구 5차회의(베이징)
2010. 5. 28	통상장관 산관학 공동연구 종료 선언(서울)
2010. 9.	한중 FTA 정부간 사전협의 제1차 회의 개최(베이징)
2012. 5. 2	통상장관 한중 FTA 협상 개시 선언(베이징)
2013. 4.	한중 FTA 5차 협상(하얼빈)
2014.11	한중 FTA14차 협상(베이징)
2015. 6.	한중 FTA체결
2015.12	한중 FTA발효

* 자료 : 산업통상자원부

한중FTA의 주요 내용을 보면, 한국은 1만 2232개 상품 중 6108개에 대해 즉시 관세를 철폐하고 발효 후 20년 이내에 전체의 92.2%를 철폐하기로 했다. 농산물을 포함한 초민감 품목[25]은 양허 제외가 30%, 자율관세할당이 16%, 관세감축 14% 수준으로 조정됐다.[26]

---

24) 陳昱安, 『中共對外經貿發展及其面臨形勢』, 『中共研究』, 38卷6期, 2004. 6, 42쪽

25) 쌀, 고추, 마늘, 양파 등 주요 양념채소류와 쇠고기, 돼지고기, 사과, 배 등 총 610여개 양허대상에서 제외, 승용차, 일부 자동차부품, 석유화학, 일반기계 등은 초민감 품목에 포함됨.

26) 연합뉴스, 한중FTA20일 공식 발효...13억 시장 '활짝', 2015. 12. 9.

서비스시장은 일부분 개방되었는데, 환경시장 단독투자 가능, 엔터테인먼트 합자기업 설립, 한국계 유통채널 책(도서)판매 등이고 발효 후 2년 뒤 후속협상을 통해 서비스·투자시장을 네거티브방식으로 개방하기로 했다. 한중양국 실무진은 2019년 현재 5차에 걸쳐 문화·운송·건설·관광 등 서비스분야에 관한 후속협상을 진행하고 있다. 중국이 문화 분야를 외국인투자 금지업종에 두고 있기 때문에 협상을 통해 중국 문화시장으로 진출하는 길이 크게 열린다면 우리 문화기업이 눈부시게 성장할 수 있는 기회가 될 것으로 본다.

3. 대외무역의 구조변화

경제개혁 이후 중국경제가 급속도로 성장하고 산업수준이 향상되며 국제교류가 활발해 짐에 따라 대외무역에 구조적인 변화가 발생하였다. 이 변화를 수출입상품, 무역방식과 무역주체, 무역대상국 등 3가지로 구분하여 분석한다.

1) 수출입상품구조

공업제품이 수출상품에서 차지하는 비중은 한 국가의 공업화 정도를 측량하는 중요한 지표가 된다. 중국의 경우, 그 비중이 1985년에는 49.4%에 불과했지만, 산업구조가 고도화되면서 2005년, 2017년에는 각각 93.6%, 94.8%로 점차 늘어났다.

또한 기계전자 및 운수설비(TV, 비디오, 전기기기, 자동차, 선박 등)가 수출상품에서 차지하는 비중이 1985년에 2.8%에 불과하지만 2005, 2017년에는 각각 46.2%, 47.8%로 증가하고 있는 반면에, 경방직품(방직, 섬유류), 고무제품, 광석 야금제품, 잡제품 등의 경우 그 비중이 2000년대 중반이후 감소하고 있다.

<표 10-5> 중국 수출입 상품구조 변화

(단위 : 억 달러, %)

구분	1985		2005		2017	
	수출	수입	수출	수입	수출	수입
총액	273.5	422.5	7619.5	6599.5	22633.7	18437.9
<일차상품>	50.6	12.5	6.4	22.4	5.2	31.4
- 식품 및 주요 식용동물	13.9	2.7	2.9	1.4	2.8	2.9
- 음료 및 담배	0.4	1.4	0.2	0.1	0.1	0.4
- 비식용원료	9.7	7.7	1.0	10.6	0.7	14.2
- 광물연료, 윤활유와 관련 원재료	26.1	0.4	2.3	9.7	1.6	13.5
- 동식물유, 지방 및 밀렵	0.5	0.3	0.0	0.5	0.0	0.4
<공업제품>	49.4	87.5	93.6	77.6	94.8	68.6
- 화학품 및 관련제품	5.0	10.6	4.7	11.8	6.2	10.5
- 경방직품, 고무제품, 광석, 야금제품	16.4	28.2	16.9	12.3	16.3	7.3
- 기계 전자 및 운수설비	2.8	38.4	46.2	44.0	47.8	39.9
- 잡제품	12.7	4.5	25.5	9.2	24.2	7.3

* 자료 : 中國統計年鑑

특히 2000년도 들어와서 하이테크산업이 빠르게 발전했는데, 2010년 하이테크 제품 수출이 전체 수출에서 차지하는 비중은 31.2%에 달했다가 2017년 29.5%로 약간 낮아졌다. 2017년 중국의 10대 수출품목 중에는 핸드폰 및 부품, 자동자료처리기계, 집적회로 등 3개의 하이테크 산업제품이 포함되어 있다. 이것은 중국의 산업구조가 80년대의 신발, 방직 등 노동집약형 산업에서 2000년대 들어와서 기계, 전자 등 자본기술집약형 산업으로 빠르게 전환되고 있음을 반영한 것이다.[27]

27) 趙普平, <中國對外貿易結構分析及其調整對策>, 管理世界(北京), 1998.9. 23쪽.

<표 10-6> 중국 10대 수출입 품목 순위와 비중(2018년)

	수출		수입	
	품목	비중(%)	품목	비중(%)
1	핸드폰 및 부품	7.1	전자직접회로	14.6
2	자동자료처리기계	6.9	석유와 역청유 (원유포함)	11.2
3	의류	6.3	철광석	3.5
4	방직제품	4.8	플라스틱 재료	2.6
5	전자직접회로	3.4	자동차 및 차제	2.4
6	철강	2.4	천연가스	1.8
7	자동차부품	2.2	대두	1.7
8	가구 및 관련부품	2.1	구리제품	1.7
9	신발	1.9	자동차부품	1.6
10	플라스틱제품	1.7	자동자료처리기계	1.5

＊ 자료 : 中國海關統計(http://www.customs.gov.cn)

수입상품구조를 살펴보면, 전반적으로 중국의 산업경쟁력이 향상되면서 공업제품의 수입비중이 점차 줄어드는 추세에 있다. 수입상품 중에서 비중이 가장 큰 기계 및 운수설비 수입비중이 가장 크며, 최근에는 줄어드는 추세이다. 이것은 중국 산업이 자본기술집약산업 발전단계에 진입해서 산업내무역이 활발하게 전개되는 가운데 자주혁신으로 수입대체가 이루어지고 있는 것으로 파악된다. 한편 일차상품 특히 광물연료와 윤활유 수입비중은 반대로 증가하는 추세에 있다. 이것은 중국경제가 고속성장하면서 자원의 해외의존도가 높아졌기 때문인데 2017년에는 석유와 역청유, 철광석 등이 중국 수입상품 순위 2, 3위를 차지했다.

2) 무역방식과 무역주체

중국 무역방식은 크게 일반무역, 가공무역, 기타무역 등 3가지로 구분되는데, 이중에서 가공무역은 원자재와 부품을 수입하여 중국현지의 생산능력과 기술로 가공한 후 수출하는 방식이고 기타무역에는 구상무역, 국경소액무역, 보세지역 중계무역 등이 있다.

<표 10-7> 2010년 중국 무역방식 상황

(단위 : 억달러, %)

구분	2006		2018	
	금액	비중	금액	비중
총액	17606.9	100.0	46230.4	100.0
무역방식				
일반무역	7495.0	42.6	26749.2	57.9
가공무역	8347.5	47.4	13201.0	28.5
기타	1764.4	10.0	6280.2	13.6

* 자료 : 中國海關統計(http://www.customs.gov.cn)

개혁개방 이후 중국 가공무역의 수출비중은 상승하다가 점차 하락하는 양상을 나타냈다. 1995년 그 비중이 49.5%까지 늘어나서 처음으로 일반무역의 비중을 추월하고 2000년대 들어와서 줄곧 50% 이상을 유지하다가 2006년에는 46.9%로 줄어들고 2018년에는 28.5%로 대폭 축소되었다. 대체로 80% 이상의 가공무역은 외국인 투자기업에 의해 이루어지고 있는데 이는 중국 수출증대와 취업, 기계전자제품 수출에 큰 역할을 했지만 한편으로는 국제분업 관계에서 중국을 세계적인 하청공장으로 고착화시키는 문제를 가져왔다.

중국 대외무역 경영주체는 점진적으로 다양화되어 왔다. 1979년부터는 외국인 투자기업에게 1999년부터는 민영기업에 무역권한이 주어지다가 2004년부터는 모든 기업이나 개인에게 무역권한이 주어지게 되었다. 현재 중국 대외무역기업은 크게 국유기업, 외국인 투자기업, 기타기업(주로 집체기업과 민영기업) 등 3가지로 구분된다.

<표 10-8> 중국 무역기업 구조의 변화

(단위 : 억달러, %)

구분	2010		2015	
	수출	수입	수출	수입
총액	15779.3	13948.3	22765.7	16820.7
국유기업	2343.6 (14.8)	3875.6 (27.8)	2413.2 (10.6)	4070.6 (24.2)
외국인투자	8623.1 (54.7)	7389.0 (52.9)	10062.4 (44.2)	8292.6 (49.3)
민간기업	4314.1 (27.3)	2343.3 (16.8)	9743.7 (42.8)	4137.9 (24.6)
기타	498.5 (3.2)	349.4 (2.5)	546.4 (2.4)	319.6 (1.9)

* 주 : 괄호 안은 수출입에 대한 각 기업의 비중임.

* 자료 : 中國海關統計(http://www.customs.gov.cn)

외국인 투자기업의 수출이 가장 활발하다. 1995년 외국인 투사기업의 수출비중은 31.5%에 불과하지만 2001년 처음으로 50%를 돌파한 후 줄곧 50% 이상을 유지하다가 2015년 44.2%로 낮아졌다. 2009년 중국전체 200대 무역기업 중에서 외국인 투자기업이 153사나 되었으며 이 기업들이 차지하는 수출비중은 77.8%에 달했다. 민영기업의 수출 또한 1999년부터 상당히 활발하게 전개되었는데 2009년에는 200대 무역기업 중에서 민영기업이 5개나 포함되었다. 민영기업의 수출비중은 2010년 27.3%에서 2015년 42.8%로 대폭 증가해서 외국인 투자기업의 수출비중에 근접해 가고 있다.

3) 무역대상국

개혁이후 중국의 대외개방이 점진적으로 추진되면서 중국과 세계 각국과의 교역이 활발하게 전개되어 왔다. 1980년 중국의 무역대상국은 180여 국가였는데 2001년에는 220여 국가로 늘어나서 수출입시장이 다원화되어 가고 있다. 중국 10대 수출시장의 의존도는 1995년 92.5%에서 2018년 79.8%로 낮아졌다.

1998년 중국의 10대 교역국은 순차적으로 일본, 미국, EU, 홍콩, 아세안, 한국, 대만,

호주, 러시아, 캐나다 등이다. 2018년에는 EU, 미국, 아세안, 일본, 한국, 홍콩, 대만, 호주, 베트남, 브라질 순으로 변화하여 EU가 제1위 무역대상국으로 등극하고 일본은 4위로 추락했다. 또한 EU에서는 독일이, 아세안에서는 베트남이 중국과 가장 많은 교역을 하고 있다. 이들 10대 교역국과의 무역이 중국전체에서 차지하는 비중은 76.1%에 달한다.

2018년 중국에 무역수지 흑자를 안겨준 10대 국가는 순서적으로 미국, 홍콩, EU, 아세안, 인도, 러시아, 베트남 등인데 이중에서 미국과 홍콩에 대한 무역수지 흑자는 각각 3233.2억 달러, 2935.8억 달러에 달한다. 무역수지 적자를 안겨준 10대 국가는 순서적으로 대만, 한국, 호주, 브라질, 일본, 사우디 등인데 이중에서 대만, 한국에 대한 무역수지 적자는 각각 1289.5억 달러, 958.5억에 달한다.

<표 10-9> 2018년 중국 10대 수출입시장 현황

(단위 : 억 달러, %)

	수출시장			수입시장		
순위	국별	금액	비중	국별	금액	비중
1	미국	4784.2	19.2	EU (독일)	2735.3 1063.3	12.8 5.0
2	EU (독일)	4086.3 775.5	16.4 3.1	아세안 (베트남)	2686.3 639.6	12.6 3.0
4	홍콩	3020.7	12.1	한국	2046.4	9.6
3	아세안 (베트남)	3192.4 839.0	12.8 3.4	일본	1805.8	8.4
5	일본	1480.8	5.9	대만	1776.0	8.3
6	한국	1087.9	4.4	미국	1551.0	7.3
7	인도	767.0	3.1	호주	1054.5	4.9
8	대만	486.5	2.0	브라질	775.1	3.6
9	러시아	479.7	1.9	러시아	590.8	2.8
10	호주	473.4	1.9	캐나다	283.8	1.3
	합계	19858.9	79.8	합계	15305.0	71.7

* 자료 : 中國海關統計(http://www.customs.gov.cn)

3. 대외무역의 당면과제

중국은 세계 제1위 무역대국이지만 1인당 수치를 살펴보면 무역 강대국과 현저한 차이가 있다. 2018년 중국 무역총액은 4조 6230억 달러로 세계 제1위를 차지하고 있지만 1인당 무역액은 단지 3326 달러에 불과해서 독일 3만 5000달러, 한국 2만 2000달러 미국 1만 3000달러, 일본 1만 2000달러와는 큰 차이가 있다.

1) 서비스무역 낙후

최근 세계적으로 서비스무역[28]이 빠르게 발전하고 있는데 중국 서비스 무역규모는 작고 무역적자가 뚜렷하며 구조가 불균형이다. 중국 상무부자료에 의하면 2011-2016년까지 상품무역 연평균 증가율은 0.1%에 불과하지만 동기간 서비스무역 연평균 증가율은 8%로 빠른 성장을 하고 있어서 2020년에는 1조 달러를 초과할 것으로 예측하고 있다.[29] 그러나 서비스수출이 총수출에서 차지하는 비중이 10% 이하이고[30] 1992년 처음으로 서비스수지 적자가 발생한 후 줄곧 적자상태에 있으며 2018년의 경우 서비스수출액이 7,939억 달러로 확대되었지만 수입액이 5,264억 달러나 되서 2,589억 달러 적자이다. 또한 서비스무역구조가 불균형해서 주로 여행, 운송 등에 집중되어 있다.

---

28) 서비스무역은 국경을 초월한 서비스 교환활동을 의미하며 크게 운송, 관광, 기타 등 3가지로 구분되는데 기타서비스에는 통신, 건축, 컴퓨터와 정보, 보험, 금융, 특허권사용료 등을 포함한다.

29) 中國商務部, 中國服務貿易指南網

30) 중국 9.7%, 한국 12.9%로 서구 선진국에 비해 낮은 편임

2) 핵심경쟁력 미흡

중국산이 해외시장에 범람하고 있지만 자주적인 지적재산권을 갖춘 핵심기술과 브랜드가 결여되어 있다. 최근 하이테크 산업제품의 수출이 빠르게 증가하고 있지만 90% 정도는 중국현지에 있는 외국인 투자기업이 가공무역방식을 통해 이루어진 것이고 관련기술은 기본적으로 외국인 수중에 있다. 예를 들면 통신, 반도체, 생명공학, 의약, 컴퓨터 등 하이테크 기술영역에서 외국기업이 갖고 있는 특허권은 60-90%에 달한다. 중국의 자주적인 브랜드상품 수출이 총수출에서 차지하는 비중은 겨우 10% 정도이다.

중국의 대다수 산업은 여전히 국제분업에서 낮은 단계에 머물러 있다. 특히 자본기술집약형 제품의 생산과정에서 중국이 담당하는 것은 부가가치가 낮은 조립가공 부문이다. 예를들면 미국 애플의 아이폰은 비록 중국에서 제조된 것이지만 중국기업이 조립가공해서 획득하는 가치는 3.6%(약 6.5달러)에 불과하다.

3) 무역마찰 심화

각국의 보호무역주의가 대두되면서 중국 수출기업이 반덤핑으로 제소당한 안건이 계속해서 증가하고 있다. WTO자료에 의하면 2015년 수출국(피조사국)별 반덤핑 조사건수는 중국이 71건으로 가장 많고 한국 17건, 인도 13건, 베트남 12건, 대만 10건 등이다.[31] 중국은 2012-2015년까지 반덤핑 피소 건수가 매년 60건 이상으로 무역마찰이 가장 심한 국가에 해당된다. 최근에는 트럼프 대통령의 등장으로 미국을 우선하는 보호무역주의가 강화되면서 미중관세전쟁, 화웨이 사건 등으로 미중 무역마찰이 상당히 고조되고 있다.

31) 제현정, 보호무역주의 확산과 한국의 대응, 한국무역협회 국제무역연구원, 2016. 10. 3-5쪽.

김종득·김장호, 중국무역환경론, 두남, 2012.
남종현,《국제무역론》, 경문사, 1992.
소작기 編著, 강준영 옮김,《中國經濟槪論》, 지영사, 1995.
소작기 지음, 진정미 옮김,《중국경제의 야망》, 매일경제신문사, 1995.
오용석,《중국의 대외무역과 韓中수출경쟁》, 대외경제정책연구원, 정책연구 93-36, 1993. 대한무역 투자진흥공사(http://www.kotra.or.kr/)
王紹熙 主編,《中國對外貿易》, 北京: 人民大學出版社, 1994.
肖海泉 編著,《中國對外經濟貿易論》, 南京 : 南京大學出版社, 1992.
閻志軍, 中國對外貿易槪論, 科學出版社, 2011.
黃曉玲, 中國對外貿易槪論, 北京 : 淸華大學出版社, 2009.
尙平順,《中國外滙體制改革理論與實踐》, 北京: 中國經濟出版社, 1995.
徐賢權 主編,《90年代中國出口戰略研究》, 北京: 中國對外經濟貿易出版社, 1992.
孫家恒 主編,《中國進口問題研究》, 北京: 對外貿易敎育出版社, 1992.
張培基 主編,《中國對外開放與經濟發展政策》, 北京 : 中國對外經濟貿易出版社1991.
趙東榮,《中國經濟國際化政策研究》, 南京: 南京大學出版社, 2000.
劉國光 主編,《2000年中國 : 經濟形勢分析與豫測》, 北京: 社會科學文獻出版社, 2000.
王思粵, <大陸對外貿易受金融風暴衝擊之評估與展望>, 經濟前瞻(台北), 1999.1.
王云霞, <淺析外貿政策調整對我國經濟的影響>, 北京商學院學報, 1997.3.
朱鐘棣, <新中國外貿體制改革的回顧與展望>, 財經研究(北京), 1999年第10期.
余承柏, <一九九六年中共對外經貿活動>, 中共研究, 31卷1期, 1997.1.
陳福來, 滙率下調, <貨幣貶値及出口剛性增長的利弊分析>, 甘肅理論學刊 (蘭州), 1998.
陳炳才, <2000年人民幣也不應該貶値>, 國際貿易, 1999年 第9期.
張茅, <我國外貿出口面臨的困境的分析>, 經濟科學(北京), 1997.3.
趙普平, <中國對外貿易結構分析及其調整對策>, 管理世界(北京), 1998.9.
課題組, <我國外貿對經濟增長的貢獻與外貿扶持政策調整的基本取向>, 財貿經濟, 1999年第6期.
中國統計年鑑
中國對外經濟貿易年鑑
中國海關統計(http://www.customs.gov.cn)
Qiao Yu, "Capital Investment, International Trade and Economic Growth in China : Evidence in the 1980-90s, China Economic Review, Vol.9(1), 1998.

제11장 중국의 FDI유치와 해외직접투자

1. 외국인투자 유치정책의 변화
2. 외국기업의 대중국 투자
3. 중국기업의 해외직접투자

중국이 오늘날 눈부신 경제성장을 이룩한 데는 여러 가지 요인이 있겠으나 중국정부의 외국인 투자유치 노력과 중국 현지 외국기업의 적극적인 투자활동이 상당히 중요한 역할을 했다. 즉 외국기업은 주로 중국의 저렴한 노동력을 이용하여 제품의 생명을 연장시키든지, 새로운 시장을 개척하기 위해 중국으로 진출하고 중국은 경제발전에 필요한 자본과 기술을 얻기 위해 투자우대조건을 제시하는 등 양호한 투자환경을 조성하기 위해 노력해 왔다.

그러나 중국이 WTO에 가입한 이후에는 그동안 외국기업에게 투자가 제한되거나 금지된 업종 즉 금융, 보험, 통신, 유통 등 분야에 투자가 허용되는 등 서비스 업종의 개방이 확대되었지만, 외국인 투자에 대한 선별 강화, 세제혜택 축소, 환경, 세무, 노무관리에 관한 규정이 강화, 최저임금제로 인한 인건비 상승 등으로 투자환경이 열악해지면서 특히 노동집약형 외국인 투자기업들의 경영여건이 점차 악화되어 타국으로 생산시설을 이전하는 사례가 빈번해지고 있다. 최근에는 중국의 대외투자가 폭증하여 FDI유치를 초과하자 중국정부가 제동을 걸고 있는 상황이다.

1. 외국인투자 유치정책의 변화

1) 개혁이후 외국인투자 유치정책

(1) 지역별 우대조치

중국정부는 1979년 7월 <중외합자경영기업법(中外合資經營企業法)>의 제정을 시작으로 <중외합자경영기업법실시세칙(中外合資經營企業法實施細則)>, <외자기업법(外資企業法)>, <중와합작경영기업법(中外合作經營企業法)> 등 외국인 투자법규를 만들어 세제, 외환관리, 상품판매, 상품대금 등 여러 방면에서 중국에 진출하는 외국인에게 적용하는 우대조치를 규정했다. 또한 1986년 10월에 공포된 <외국인직접투자 장려에 관한 규정(關於鼓勵外商投資的規定)에서는 외국인직접투자 우대조치를 더욱 확대시켰는데, 특히 상품수출형기업과 선진기술형기업에는 특별한 우대조치를 부여했다.

이 밖에도 경제특구, 연해개방도시 경제기술개발구 및 상해포동신구의 외국인직접투자기업에 비교적 많은 우대조치가 취해졌다. 이러한 우대조치는 주로 3가지로 구분되는데, 첫째는 비용절감으로 토지사용비, 공장건물, 수도전기비, 에너지·통신비용 등이 해당되고, 둘째는 조세감면으로 기업소득세, 개인소득세, 관세 등이 해당되며, 셋째는 기타 우대조건으로 삼자기업(三資企業)의 자주권 보장, 수입통관 수속 간소화, 외환관리 완화 등이다.

(2) 업종별 우대조치

A. 투자업종 부분적 개방과 수출비율 완화

1992년 이후 유치업종의 규제가 완화되어 엄격한 규제분야 또는 예외적으로 인정한 분야에도 외국기업이 진출할 수 있도록 확대되었다. 이들 분야는 부동산, 무역, 상업, 금융, 보험, 해운, 창고, 교육, 법률, 회계, 전력·철도 등 인프라 분야로 대부분이 3차 산업이었다. 삼자기업(三資企業)이 생산한 제품의 수출비율도 많이 완화되었는데, 이전에 삼자기업(三資企業)이 생산한 제품의 수출비율은 단독투자인 경우는 90%이상, 합자투자인 경우는 70% 이상이 일반적이었으나 1992년 이후 기술집약적기업 또는 국유기업과의 합자기업에 대해서는 제품 수출비율을 완화하여 국내 판매 비중을 확대시켰다.

B. 외국기업 투자업종 지도

1995년 6월 국가계획위원회(國家計劃委員會), 국가경제무역위원회(國家經濟貿易委員會), 대외경제무역합작부(對外貿易經濟合作部) 공동명의의 <외국기업 투자방향 지도에 관한 잠정규정>과 <외국기업 투자산업 지도목록>을 공포하였다. 이는 중국이 그동안 노동집약적 경공업 중심의 외국인 직접투자 유치정책에서 탈피하여 외자기업에 대한 감독과 관리를 강화하고 선진기술을 위주로 하는 하이테크산업의 도입을 확대하기 위한 법적, 제도적 정비라고 할 수 있다.

<표 11-1> 외자유치 관련 정책법규 공포 일정

연도	외자유치 관련 정책법규
1979년 7월	<중외합자경영기업법> 공포
1983년 9월	<중외합자경영기업법실시세칙> 공포
1986년 4월	<외자기업법> 공포
1987년 7월	<외국인 투자장려에 관한 규정> 공포
1988년 4월	<중외합작경영기업법> 공포
1990년12월	<외자기업법실시세칙> 공포
1995년 6월	<외국기업 투자방향 잠정규정>, <외국인투자 산업지도목록> 공포
1995년 9월	<중외합작경영기업법실시세칙> 공포
1997년12월	<외국인투자 산업지도목록> 공포
2001년 7월	<중외합자경영기업법 실시조례> 공포
2002년 3월	<외국인투자 산업지도목록> 공포
2003년 3월	<외국인투자 합병인수 잠정규정> 공포
2004년 4월	<외국인투자 상업영역 관리방법> 공포
2004년 7월	<중서부지역 외국인투자 우대산업 목록> 공포
2005년 3월	<외국인투자 산업지도 목록(2004년 수정)> 공포
2007년 7월	<외국인투자 산업지도 목록(2007년 수정)> 공포
2011년 2월	<외국인투자 산업지도 목록(2011년 수정)> 공포
2015년 4월	<외국인투자 산업지도 목록(2015년 수정)> 공포
2017년 7월	<외국인투자 산업지도 목록(2017년 수정)> 공포

* 주 : 2013, 2017 중서부 외국인투자 우세산업목록
* 자료 : 商務部

이 잠정규정과 지도목록에 의하면 중국정부는 농업, 에너지, 통신, 주요 천연자원개발, 첨단기술 등의 분야에 대한 외국인투자, 그리고 지역간 격차를 해소하기 위해 중·서부 지역의 자원과 인력을 활용할 수 있는 외국인투자는 적극 장려하는 반면에 국내생산이 이미 포화상태이거나 기술수준이 낮은 업종 및 환경오염을 유발시키는 업종, 그리고 우편

및 통신, 방송, 영화, 희소광물자원, 채굴업 등의 분야에 대해서는 외국인 직접투자를 금지하도록 되어 있었다.

이는 연해지역에 집중되어 있는 경제특구 중심의 지역별 우대정책을 산업별 우대정책으로 전환하여 신소재, 첨단산업투자에 대한 저리융자 및 세금감면 등의 혜택을 부여하고, 중·서부 지역의 발전을 위해 이들 지역의 사회간접자본에 대한 투자를 우대함과 동시에 노동집약적산업의 내륙진출을 유도하려는 중국정부의 의지를 담고 있다.

C. 일부 우대조치의 철폐

중국은 외자기업의 기계설비 수입에 대해 관세를 면제해 왔으나 1995년 12월에 중국정부는 1996년 4월 1일부터 외자기업의 기계설비 수입에 대한 관세 및 수입부가가치세의 면세조치를 철폐한다고 공식 발표했다. 그러나 중국정부는 이 같은 면세조치의 철폐가 외국인투자의 감소 등 경제에 악영향을 줄 수 있다는 외자기업의 우려를 의식하여 1996년 4월 이전 허가한 사업에 대해서는 과세를 유예하고 투자규모 3,000만 달러 이하는 1996년 말까지, 그이상은 1997년 말까지 과세유예기간을 두기로 했다. 중국의 설비수입에 관한 세율은 관세가 30%정도, 수입부가가치세 17%이며, 면세조치가 철폐되어 40-50%의 비용이 증가하게 되었다. 그러나 90년대 후반에는 외국인 직접투자 유치실적이 국내경기침체와 동아시아 외환위기로 저조해지자, 중국정부는 1999년 1월 1일자로 외자기업의 기계설비 수입에 대해 다시 면세조치를 시행하여 외국인직접투자 유치에 심혈을 기울였다.

2) 외국인투자 유치정책의 변화배경

중국의 WTO 가입은 외자유치 관련 정책법규를 대폭 조정하는 중요한 계기가 된다. 중국은 1995년 새로 출범한 WTO 가입을 위해 부단히 노력한 끝에 2001년 11월에 가입함에 따라 세계무대에서 경제적 위상이 한층 올라가고 대외경제가 더욱 활성화되는 계기가 마련되었지만, 한편으로는 가입 협상을 할 때 약조한 대로 대외경제 관련 법규를 대폭 조정하여 무역장벽을 낮추고 외자기업에 내국민 대우를 확대하며 국내시장을 더욱 개방해야 하는 부담을 안게 되었다. 이에 따라 중외합자경영기업법, 중외합작경영기업법, 외자기업법, 외국인 투자 산업지도 목록 등 기존의 외자유치 관련 정책법규가 일부 수정되고, 외국인 투자의 업종, 지역, 지분비율 등에 대한 제한이 점차 폐지되며 M&A법, 반독점법 등 새로운 정책법규의 제정이 추진되었다.[1]

외자가 중국경제에서 중요한 역할을 하고 공헌한 것은 사실이지만, WTO 가입 이후 더욱 많은 외국인 투자가 유치되는 상황에서 학계에서 외자에 대한 비판론이 제기된 것도 외자정책의 변화에 영향을 미친 것으로 파악된다.

(1) 긍정적 견해

중국 상무부 통계에 의하면 2005년 외자기업의 고정자산투자, 공업생산액, 세수(稅收), 수출 등이 중국 전체에서 차지하는 비중이 각각 6.7%, 28.6%, 20.7%, 58.5%이며 동년 외자기업의 기계·전자와 하이테크 수출이 중국 전체 수출에서 차지하는 비중이 각각 71.4%, 43.2%로 나타나는데[2] 이는 외자기업이 중국 경제성장, 대외무역 확대, 수출고도화에 중요한 역할을 담당하고 있음을 통계적으로 보여 주는 것이다. 학술적으로는 청화대학교 공공관리학원 장진판(江錦凡) 교수가 외국인 직접투자와 중국 경제성장과의 관계를 통계적으로 분석하여 외국인 직접투자가 중국의 GDP 증가율에 미치는 공헌도는 19.3%에 달한다고 주장한 바가 있으며[3], 이외에도 외국인 직접투자의 공헌도를 입증하는 논문들이 적지 않다.

---

1) 周維富, 加入WTO之后我國工業吸引外商直接投資的政策趣向分析, 工業經濟, 2003年第11期, 42쪽

2) 中國投資指南, 2005年度我國吸收外商投資簡情, 2006.9.6, 2쪽

3) 江錦凡, 外國直接投資在中國經濟增長中的作用機制, 世界經濟, 2004年1期, 9쪽

(2) 부정적 견해

2004년부터 일부 중국학자들에 의해 외자에 대한 비판과 논쟁이 발생했는데, 다량의 외자유치에 의한 라틴 아메리카화의 우려, 외자를 통한 기술학습 효과의 문제점 등이 제기되어 많은 사회반응을 일으켰다. 중국사회과학원의 왕춘파(王春法) 교수는 '외자이용과 중국의 자주혁신 능력 제고에 관한 연구보고'에서 2003년 1-4월 사이 베이징, 상하이, 쑤저우, 둥관 등 4개 도시의 400여개 외자기업을 대상으로 조사를 실시한 결과, 적어도 아직까지는 외국인직접투자의 대량도입이 중국 기술혁신 능력의 질적인 비약을 가져 오지 못했다고 주장했다.

중국사회과학원 경제연구소의 조우다페이(左大培) 교수 또한 외국인 직접투자가 중국의 기술진보에 큰 영향을 미치지 못했다면서 외국인 직접투자가 선진기술을 도입하는 최선의 방법이 아니라고 주장하였다.[4] 이러한 외자에 대한 비판론은 중국정부가 그동안 추진해 온 시장-기술의 교환정책과 다다익선(多多益善) 방식의 외자유치정책에 문제를 제기하는 주장으로 기존의 외자정책을 재평가하는 중요한 계기가 된 것으로 볼 수 있다.

WTO 가입 후 중국이 당면한 국내외경제 환경 또한 외자정책의 변화에 영향을 준 것으로 파악된다. 대내적으로는 WTO 가입으로 다량의 외국인 투자가 유치됨에 따라 지역간 불균형이 더욱 심각해지고, 시장개방이 확대된 상황에서 외국기업에 대한 특혜 지속은 중국기업에 대한 역차별이라는 불만이 확산되며 외자기업의 기업소득세 탈세가 심각한 문제로 대두됨에 따라 외국인 투자에 대한 부정적 시각이 크게 부각되었다. 대외적으로는 수출급증에 의한 무역수지 흑자규모의 확대와 다량의 외국인투자 유치로 외환보유고가 1조 달러가 초과된 상황에서 통상마찰이 점점 심해지고 위안화 통상압력이 가중되기 때문에 대외무역과 외국인 투자방면에서 정책조정이 불가피한 상황에 처하게 되었는데, 이러한 상황들도 외자정책의 변화에 영향을 준 것으로 볼 수 있다.

---

4) 박월라 외, 중국 비즈니스 환경 변화와 외자기업의 대응전략, 대외 경제정책연구원, 연구보고서 06-10, 2006. 12, 51-52쪽.

3) WTO 가입 이후 외국인투자 유치정책

(1) 서비스시장 개방

중국은 외국인 투자부문에서 WTO 가입 이후 2-3년 내에 외국은행이 중국기업을 대상으로 위안화 영업, 독자보험회사 설립, 위성 사업에 대한 투자, 호텔에 대한 단독투자 등을 허용하고, 운수, 도소매 등에 대한 외국인의 참여제한을 폐지하며, 투자 및 수입허가 시에 기술이전, 국산사용 의무비율, 수출이행 의무비율 등의 조건을 폐지하는 약속을 했다.

중국은 2001년 WTO 가입 조건으로 약조한 서비스 부문 시장개방을 점진적으로 추진해 왔다. 업종별로는 유통, 은행, 보험, 증권, 통신, 관광, 영상, 언론 출판 등 여러 분야가 해당되었다. 시장개방이 비교적 빠르게 진행된 업종은 유통, 은행, 보험, 통신 등인데, 소매유통업의 경우 2004년 12월부터는 외국인 투자의 지역, 수량, 지분 등에 대한 모든 제한이 폐지되어 전면적인 개방이 이루어졌다.

은행업 또한 중국이 WTO가입 전에는 상하이, 선전 두 도시만 지점 설립이 허용되고 위안화 업무 취급대상도 외자기업만으로 제한되었다. 2006년 12월에는 지역제한이 폐지되고 위안화 업무 취급대상도 중국 개인으로 확대되었으며, 보험업과 통신업에서도 지역제한이 폐지되고 외자비율과 업무 취급대상이 확대되었다.

<표 11-2> 중국의 WTO가입 시에 시장개방 일정

분야별	합의 내용
금융	- WTO 가입후 지점설치에 대한 지리적 제한을 점진적으로 폐지하여 내국인과 동등한 대우 - WTO 가입후 각각 2년내 및 5년내에 외국은행에 대해 중국기업과 개인을 대상으로 위안화 소매금융 영업허용
보험	- WTO 가입 즉시 생명보험 50%, 손해보험, 재보험 51% 까지 합작투자 허용, 2년 이내에 전액출자 허용
증권	- 외국계 펀드 운영회사에 대해 중국기업과의 합작 펀드운영회사 설립 허용 (외국기업은 합작증권사를 통해 중국기업에 서비스 제공, 외국인은 합작법인에 소액주주로 참여하여 중국 국내주식 및 채권의 인수와 외화표시 유가증권의 인수 및 매매 등에 참여
통신	- 이동통신 및 유선통신 WTO 가입즉시 49%까지, 부가가치통신 2년 이내에 50%까지 합작투자 허용 - 위성사업자에 대한 외국인 투자도 개방 (외국인 투자한도 2003년 25%, 2005년 35%, 2006년 49%로 상향조정)
유통	- WTO 가입후 3년 이내에 운수, 도소매 등에 대한 외국인의 참여제한 폐지
관광	- WTO 가입후 3년 이내에 호텔에 대한 외국인투자 100% 허용
투자 및 기술이전	- 투자 및 수입허가시 기술이전, 국산사용 의무비율, 수출이행 의무비율 등의 조건 폐지

* 자료 : 한국산업은행조사부,「WTO 가입이후 중국신산업정책과 대응방안」, 2002. 1, 4쪽

이에 따라 서비스업종에 대한 외국인투자가 급증했는데, 2005년 한 해 동안에 새로이 허가된 외국인투자 상업기업은 1,027개로 1992-2004년설립한 기업 수(314개)의 3배를 초과하고[5] 2002-2006년에 설립된 외국은행 영업점은 312개(14개 법인 및 그 지점 19개 포함)이며 동기간에 29개의 외국 금융기관이 중국계 상업은행에 지분참여를 했는데 총 금액이 190억 달러에 달했다.[6] 보험업도 2002-2005년 말까지 36개 외자보험회사가 중국에 진출하여 2005년 말 현재 중국내에서 영업 중인 외자보험회사는 41개 사로서 중국 전체 보험회사(82개사)의 50%를 차지하며 외자보험회사의 지점이 400여개에 달했다.

5) 양평섭, 중국의 WTO 가입 5주년 결산, KIEP 오늘의 세계경제, 제06-40호, 2006. 12. 7, 4-6쪽

6) 김주영, 중국 은행부문 개혁과 우리나라 은행의 진출방향, 한국수출입은행 해외경제연구소, 2007. 3. 18, 12쪽

<표 11-3> 중국의 시장개방 실행상황(2004년말까지)

분야별	실행내용
금융	- 외자은행의 위안화 영업 허용지역을 4개 市에서 18개 市로 확대하고 위안화 업무 대상을 중국기업으로 확대 - 외자은행에 대해 파생상품서비스 및 보험회사, 외환자금, 국외투자관리 업무를 허용 - 중국의 은행에 대한 단일외자 참여주식 제한의 완화(15%→20%)
보험	- 전체 보험업종에 대한 지역제한이 폐지되고 생명보험 외자비율 50%, 비생명보험 독자회사 허용, 보험중개인 외자비율 51% 허용 - 생명보험사의 중국 내국인에 대한 특수 보험상품(건강, 단체, 양로, 연금보험) 판매 허용
증권	- 11개 외국기관이 외국기관투자자(QFII) 자격을 획득하고, 중국 증권감독위원회가 13개 중외합자기금관리회사를 비준
통신	- 무선호출서비스의 경우, WTO가입 직전 외자비율 30% 이하 범위에서 현재 50%까지 확대 허용 - 음성 및 정보서비스는 WTO가입 직전 외자비율 25% 이하범위에서 현재 49%까지 확대 허용
유통	- 외자 소매기업들이 중국내 모든 성급 성시에서 합법적으로 점포설립 허용
관광	- 2003년 중국 최초로 외국인 독자여행사 설립 비준
영상 언론출판	- 외자의 영화제작사업 진입 허용, 외자 상한선 49% 규정 - 외국투자자에게 도서, 신문, 정기간행물의 소매시장을 개방

* 자료 : 김은국, 중국 WTO 가입 3주년의 평가와 전망, KIEP 오늘의 세계경제, 제407호, 2005. 4. 재정리

(2) 투자업종 조정

중국은 WTO 가입으로 내외국인 동등 대우를 표방함에 따라 그동안 외국인 투자기업에게 부여해 왔던 세제상의 우대조치를 점차 폐지해 나갈 목적으로 2005년에는 외국인 투자 산업 지도목록을 개정하여 장려품목 투자기업과 첨단기업에 한해서만 관세 및 부가가치세를 면제하는 조치를 시행했다.

1995년 처음으로 <외국인 투자 산업 지도목록>[7]을 제정하여 시행한 후, 지금까지

7) 외국인 투자유치와 관련해 '장려', '허가', '제한', '금지' 등 4가지로 분류하고 있음. <장려업종 - 자동차 핵심부품, 에이즈 치료약물, 디지털 카메라, 젖소 양식, 석유가스, 탐사대형 스크린용 컬러 디스플레이, 자동차 전자장비 등등>, <제한업종 - 치약, 세탁기, VCD, 전자레인지 생산라인, 대형테마파크의 건설, 시장조사, 방송 영화제작 등등>, <금지업종 - 무기생산업, 도박, 신문사, TV방송 프로그램 출

7차례에 걸쳐 수정해 왔다.

WTO가입 이후 외국인 투자업종의 조정내용을 살펴보면, 장려업종은 2002년에 종전의 186개에서 262개로 확대되었으나 2005년에는 257개로 축소되고 2015년에는 다시 349개로 대폭 확대되었다. 제한업종은 종전의 112개에서 2015년 38개로 크게 축소되고 금지업종은 큰 변함없이 36개이다. 이것은 WTO 가입초기에는 중국정부가 시장개방과 국제경제 환경을 의식하여 적극적인 개방정책을 추진하다가 나중에는 자국의 이익을 위해 투자업종을 조정하고 2015년에는 '중국제조2025'가 영향을 미친 것으로 파악된다.

<표11-4>는 중국정부가 장려업종, 제한업종, 금지업종의 추가와 삭제를 통해 외국인 투자의 업종을 어떻게 조정하는 지를 나타내고 있다. 예를 들어 자동차, 오토바이 완성차(엔진) 제조의 경우, 2001년까지는 제한업종에 속했는데, 2002년에는 장려업종으로 이동하고 2005년에 가서는 오토바이 완성차(엔진) 제조가 장려업종에서 삭제된 것을 알 수 있다.

투자업종에 관한 외자정책의 방향은 2000년대 중반이후 발표한 <외자이용 11·5계획>에 잘 나타나 있는데[8], 주요 내용을 살펴보면 현대농업, 전자정보, 석유화학, 화학공업, 자동차 등 분야의 투자 장려, 기계공업, 경공업, 방직업, 원자재, 건축업, 건축자재 등 전통산업의 개선, 교통시설과 물, 가스, 오수와 쓰레기 처리 등 도시기초시설 건설, 특히 중서부지역과 동북3성 개발, 자원절약과 환경친선사회 건설 추진, 은행 등 서비스업의 적극적인 대외개방, 대형 다국적기업의 첨단기술, 고부가가치 가공제조부분과 연구개발 기구의 중국 이전 유도 등이 포함되었다.

따라서 그동안 중국의 외자도입은 첨단산업에 대해서는 외국인 투자를 장려하고 서비스 업종에 대해서는 개방을 더욱 확대하며 낮은 기술, 환경파괴, 에너지 소모, 생산능력 과잉이 뚜렷한 업종에 대해서는 투자유치를 억제하는 식으로 진행되어 왔다.

판, 선물회사, 사회조사 등등>

8) 탁세령, '외자이용 11.5 계획의 내용과 관련 조치, 중국 이슈리포트 제 2006-44호, 2006.12.26.

<표 11-4> 외국인투자 산업지도 목록의 조정

	2002년		2005년	
	추가업종	삭제업종	추가업종	삭제업종
장려업종	- 생산량이 적은 농지개발 - 한약재 재배, 양식 - 조림 관련 사업 - 저급 광산개발, 비철금속 탐사, 채굴 (합자, 합작 한정, 단 서부지역 독자) - 첨단,환경보호형화학섬유 - 대형강판, 칼라강판 - 자동차, 오토바이 완성차(엔진) 제조 - 소프트웨어 제품 - 디지털카메라 및 핵심부품 - 항공, 도로화물 운수회사 - 일반 상품의 도매, 소매 물류 배송 - 일반 주택의 개발 건설	- 화섬방직 목재 펄프 - 방직용 조제, 유제 염색용 화학원료 - 스테인레스강, 냉열연강판	- 30만 KW급 대형 순환 유도층 보일러 - 대형칼라 디스플레이기기의 광학 엔진, 광원, 스크린, 고밀도 투영관과 LCOS모듈 등 핵심부품 제조	- 스탬프 코크스, 건조냉각 코크스 생산 - 대형강판제조 - 아연도금 및 항내 식성 알루미늄, 아연합금 강판, 칼라 강판 - 고철재활용 - 연산 30만톤 이상의 산화알루미늄 생산 - 오토바이 주요부품 제조 : 기화기, 마그네트, 시동장치 등 - 오토바이 엔진 제조
제한업종	- 사카린 등 합성 단맛첨가제 생산 - 붕산 마그네슘 철강가공 - 희토류 제련, 정제 - 철도화물 운수 - 도시가스, 난방 및 상하수도 건설, 경영 - 통신 - 중, 고등학교 교육기관 (합자, 합작 한정) - 영화관 건설, 경영(중국측 과반수 이상 지분)	- 한약재 파종, 배양 - 천연섬유를 모방한 화학섬유 - 비섬유용 폴리에스테르, 스판텍스 섬유 - 자동차, 오토바이 완성차(엔진) - 핵발전, 송변전 - 선박공업 - 세탁기, 칼라 TV 등 가전제품	- 대형파크의 건설, 운영 - 시장조사(합자, 합작에 한함) - 방송 프로그램 제작배급, 영화제작(중국측이 과반수 이상 지분 확보)	- 통신회사 음성 및 정보서비스의 2006년 12월 11일 이전에 100% 허가
금지업종	- 유전자 변형 식물종자 - 희토 탐사, 채굴 - 법랑제품 - 기초교육(의무교육)기관 - 도서, 신문, 잡지 출판 - AV제품과 전자출판물 출판, 제작	- 청화영롱자기 - 도시 상하수도, 가스, 열 등 도시 기반시설 - 봉산마그네슘의 채굴 및 가공	- 사회조사	- 방송제작, 영화제작(제한분야로 완화)

* 자료 : 한국수출입은행 해외경제연구소(중국 외국인 투자 산업 지도목록 2002. 4 , 2005. 1.1 시 행). 대한무역투자진흥공사, 중국투자실무가이드, 2001.3.

이밖에도 중국은 지역 간 소득격차 해소 차원에서 2004년 새로운 <중서부지역 외국인투자 비교우위 산업목록>을 발표하여 시행하고 있는데, 이는 2000년에 발표된 산업목록을 대체하는 것으로 총 267개 조항으로 되어 있으며 주요 외국인투자 비교우위 대상 분야는 광물자원 개발, 경작지 환원, 특용 동식물 자원 가공, 각 성별 비교우위 산업, 인프라 서비스업 등이다. 대부분 농업, 광산업 등 1차 산업이 많고, 제조업 분야는 적은 것으로 나타났다.[9] 중서부목록은 2013, 2017년 두 차례에 걸쳐 수정 발표되었는데 해당지역은 중국 동북, 서북, 서남, 중부내륙지역과 하이난 등 22개 성(자치구)이며 외국인투자 가이드라인은 '외국인투자 산업 지도목록' 장려업종을 제외한 업종을 지정해 정책적 혜택을 주고 있다. 우대혜택은 주로 기업소득세, 설비에 대한 관세, 부가가치세 환급, 토지양도 등에 관한 것들이 포함된다.

중국은 2017년 외국인투자유치가 둔화되는 조짐을 보이자 동년 6월에 8번째 외국인투자 산업 지도목록을 발표하는데 네거티브리스트제가 핵심이다.[10] 이 제도는 장려업종 348개는 그대로 두고 제한업종 35개와 금지업종 28개를 네거티브리스트에 포함시켜 승인받도록 하고 네거티브리스트에 포함되지 않은 업종은 간단한 신고절차에 의해 중국에 투자하도록 한 것이다. 이 목록에서 대형 테마파크 건설, 바이오 액체연료 생산, 열병합발전소, 도로여객운송, 신용 등급평가서비스, 골프장 및 별장 등 19개 장려업종이 외국인 지분비율제한 규제가 풀렸지만 완성차 분야의 외국인 지분 보유한도(50%)는 풀리지 않아서 제한항목으로 네거티브리스트에 포함되어 있고 출판, 음반, 영화 등 문화 분야도 여전히 금지항목으로 네거티브리스트에 들어가 있다.

9) 한국수출입은행 해외경제연구소, '중서부지역 외국인투자 비교우위 산업목록' 개정(2004. 7개정), 2005. 8. 17

10) 商務部, 中國投資指南, <外商投資産業指導目錄(2017年修訂)>, 2017. 7. 18.

(3) 외자기업 세제 혜택 축소

A. 기업소득세 단일화

중국은 대외개방이후 외국인 투자를 더욱 많이 유치하기 위해 지역별, 업종별 우대 세제를 부과해 왔는데 외자기업과 내자기업간의 형평성 문제가 제기되어 왔다. 그래서 2007년 3월에 열린 전국인민대표대회에서는 내·외자기업 법인세율을 25%로 단일화하고 외자기업에 대한 우대세제를 폐지하는 내용의 신기업소득세법이 채택되어 2008년부터 시행되었다. 기존 외자기업에게는 5년 이행 기간을 부여하고 2013년 이후에는 외자우대 세제가 완전 폐지되는 것이다.[11] 외자기업 입장에서는 세금부담이 늘어나고 내수시장에서 중국기업과 더욱 치열한 경쟁을 감수해야 하는 상황에 처하게 되었다.

<표 11-5> 외자기업 법인세의 주요 변경 내용

구분		종전 세법	新세법
법정세율		33%(지방세 3% 포함)	25%(업종불문) 하이테크 기업 15% 중소 영세기업 20%
우대 세제	저세율	- 15% : 경제특구 외자기업, 국가급개발구 생산형 외자기업 - 24% : 주요도시 생산형 외자 기업	폐지 *기존 수혜기업 : 5년 이행기간 부여
	감면 세율	- 2년 면세 3년 감세 - 생산형 외자기업	폐지 *기존 수혜기업 : 5년 이행기간 부여
	반감 세율	- 2면 3감 종료 후, 계속 50% 면제 (단, 최저 세율은 10%) - 수출비중 70% 이상 생산형 외자기업	폐지

* 자료 : KOTRA

11) KOTRA, '中 법인세 통일, 한국기업의 중국 투자전략 재정비 필요' 중국투자뉴스 제43호, 2007. 3.16, 1-2쪽

B. 수출 부가가치세 환급율 조정

또한 중국정부는 2004년 1월에는 일부 품목을 제외한 현행 부가가치세세 환급율이 17%와 15%인 모든 물품에 대해 일률적으로 13%의 환급율을 적용하고 현행 환급율이 13%인 모든 물품에 대해 일률적으로 11%의 환급율을 적용했다.[12] 2006년 9월에도 부가가치가 낮은 업종의 도태 등 산업별 구조조정의 일환으로 수출상품 부가가치세 환급율 조정을 통해 255개 수출품목에 필요한 원자재는 환급율(17%) 폐지, 철강, 시멘트, 유색제품 등 1, 130개 품목은 환급율 인하, 기술 및 하이테크 제품 등 191개 품목에 대해서는 환급율을 인상했다. 최근 세재개혁으로 부가가치세 체제는 기존의 17 : 11 : 6에서 2018년 16 : 10 : 6으로, 2019년 4월부터는 다시 13 : 9 : 6으로 바뀌어서 실시되고 있는데, 이에 대한 부가가치세 환급율은 13%는 6-13%, 9%는 6-9%, 6%는 6%로 시행되고 있다.

C. 일부 가공무역 금지 조치와 세제부담 가중

2006년 1월에는 658개 품목에 가공무역 금지 조치를 내리고 동년 11월에 추가로 액세서리, 가구, 피혁 등 804개 품목에 가공무역 금지 조치를 취하였다.[13] 중국정부의 가공무역 제한정책 추진으로 2007-2014년까지 무려 8,389개 품목이 금지되고 그 후로도 계속되고 있다. 한국은 반도체, 디스플레이, 플라스틱, 섬유 등 생산에 쓰이는 소재를 주로 가공무역으로 하고 있기 때문에 금지조치에 해당될 경우 피해가 예상된다. 이들 품목에 대해서는 수입관세가 부과되고 부가가치세 면세혜택이 철회된다. 이와 같이 외자기업 세재혜택이 점차 축소되는 상황에서 오히려 환경오염 부담비와 토지사용세가 부과되고 또한 최근 외자기업에 대한 세무관리가 더욱 강화됨에 따라 부가가치가 낮은 업종에 투자 진출한 외자기업들은 상당히 어려운 환경에 처하게 되었다.

---

12) 박세근, 증치세 환급율 변화의 영향 및 환급율 변화품목, 해외경제연구소, 2003. 12. 23, 1쪽

13) 이재홍, 중국의 투자환경 변화와 우리의 대응방안, 제 2006-30호, 2006.11.23., 8-9쪽.

D. 최저임금제 시행과 노무관리 강화

중국은 2004년 3월부터 최저임금규정을 제정하여 시행하고 있는데 각 지방정부는 자체적으로 실시 세칙을 제정하여 최소 2년에 1회이상 최저임금 수준을 조정하고 있다. 2012년 상하이, 톈진, 베이징 등의 최저임금은 각각 1450위안, 1310위안, 1260위안으로 2005년에 비해 모두 두배 이상 인상되었다. 2017년 31개 행정구역 최저임금 조사에 의하면 상하이가 2300위안으로 제일 많고 그 다음이 선쩐 2130위안, 톈진, 베이징, 광둥 1895위안, 장쑤, 저장, 산둥 순이다.

<표 11-6>중국의 각 지역별 최저임금 수준(단위 : 위안)

지역	2005년	2012년	2017년
베이징	580	1260	2000
톈진	590	1310	2050
산둥	530	1240	1810
상하이	690	1450	2300
장수	690	1140	1890
저장	670	1310	1860

* 자료 : 한국수출입은행, 中國人社部和各地人社部官網

이러한 최저임금제의 시행으로 중국 동부 연해지역의 인건비가 상당히 인상됨에 따라 생산비용 절감을 위해 중국에 진출한 노동집약업종 관련 외자기업들의 인건비 부담이 상당히 가중되었다. 그리고 외자기업에게 우호적이었던 중국정부의 노동정책이 모든 외자기업에 노동조합(공회) 설립을 의무화하는 등 친 노조정책으로 변화되고 있어서 외자기업 입장에서는 더욱 노사관계에 신경을 써야 하는 상황에 처하게 되었다. 또한 퇴직금제도의 의무화, 안정적 고용과 해고 제한, 용역파견 제한 등의 내용을 포함하는 노동계약법이 제정되어 외자기업의 투자활동이 더욱 어려워졌다.

2. 외국기업의 대중국 투자

중국정부의 적극적인 대외개방과 외국인 직접투자 유치정책의 추진으로 세계 각국의 기업들은 점차 가시화되어 가는 거대한 중국시장을 선점하기 위해서 혹은 풍부하고 저렴한 노동력을 이용하여 수출가격 경쟁력을 높이기 위해 중국현지에 진출하여 투자활동을 전개해 왔다.

1) 대중국 직접투자의 추세

개혁개방 이후 외국기업의 대중국 투자는 전반적으로 활발하게 전개되어 왔다. 1979-2012년간 중국의 외국인투자 유치는 연평균 30% 이상의 높은 증가율을 보이는데 세계적으로 보기 드문 현상이다. 1993년 이후 8년 연속 미국에 이어 세계 제2위의 외국인 투자 유치국을 유지하다가 2002년 처음으로 세계 제1위로 부상했다. 2018년 12월 말까지 외국인 직접투자 누계건수는 96만 489건이며 누계실행금액은 2조 316억 달러이다. 외국기업의 대중국 투자는 시기적으로 초기단계, 발전단계, 조정단계, WTO 가입단계 등 4단계로 구분된다.

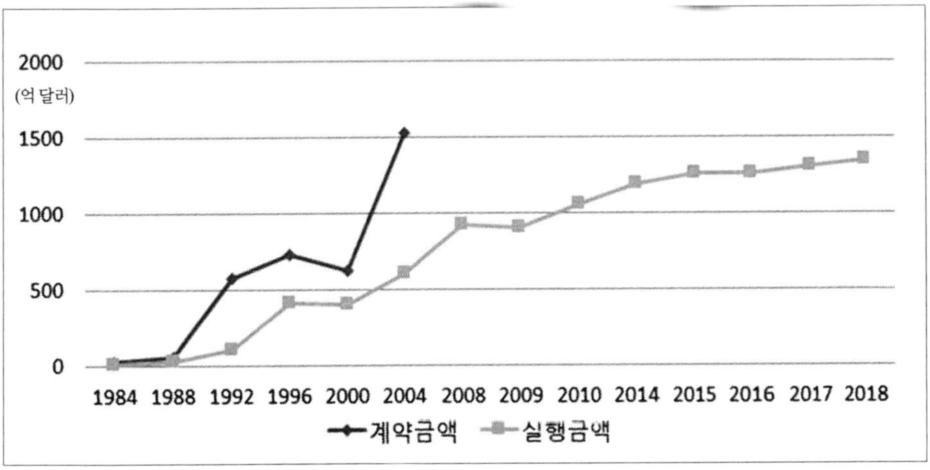

<그림 11-1> 중국 외국인 투자기업 FDI의 변화

(1) 초기단계(1979-1991년)

1980년대 외국인 대중국투자는 중국정부의 2차례에 걸친 대외개방지역의 확대와 물가상승에 의한 행정조치로 증감을 반복했다. 1979년부터 경제개혁과 대외개방이 본격적으로 추진되었는데, 시장경제의 실험창구인 경제특구가 화남지역에 설립되고 <중외합자경영기업법>이 제정되어 외국인 직접투자 유치를 위한 기본조건이 구비되었다.

그래서 1979년부터 1983년 까지는 홍콩을 위주로 화교들이 중심이 되어 이 지역에 투자활동을 전개했는데 초기단계로 투자환경이 미비한 상태라서 투자건수는 1558건, 투자계약금액은 68.8억 달러에 불과했다.

1984년 <중외합자경영기업법 시행세칙> 제정과 기업소득세 감면조치 확충, 14개 동부 연해도시의 대외개방 등으로 외국기업 대중국투자가 급증하여 제1차 중국 투자 붐이 조성 되었는데, 1984년의 투자건수는 2,166건으로 전년까지의 합계보다 많고 투자계약금액도 28.7억 달러에 달하며 1985년에도 투자 붐이 계속되어 투자건수 3,073건, 투자계약금액이 63.3억 달러에 달했다. 물론 이러한 투자 붐은 중국경제발전에 필요한 자본부족문제를 해결하여 경제개발을 가속화시키는데 중요한 역할을 했지만 한편으로 급속한 물가상승이 발생하여 주민생활을 압박하기 때문에 중국정부는 경제안정을 위해 부득이 긴축경제, 업종규제 등 외국인직접투자에 대한 규제를 강화할 수밖에 없었다. 따라서 對중국투자붐에 브레이크가 걸려 1986년 계약건수 1,498건, 투자계약금액 33.3억 달러에 불과하여 전년에 비해 줄어들었다.

이러한 추세도 잠시일 뿐, 1986년 10월 외국인투자 장려규정의 제정, 87년 제13차 공산당 전당대회에서 진일보한 개혁, 개방정책 추진의 결정, 88년 연해지구 경제발전전략의 제기 등 일련의 투자환경 여건의 정비로 88년에는 외국기업 대중국 투자가 다시 급증하여 제2차 중국투자 붐이 조성되었다. 그래서 1988년 1년 동안 투자건수는 5,945건으로 전년의 2배가 넘고 계약금액도 52.9억 달러에 달했다. 그러나 1989년에는 물가폭 등과 천안문사건의 발생으로 중국정부가 긴축정책과 행정조치를 취함에 따라 중국투자 붐은 기세가 약해져서 외국기업 대중국 투자증가율이 대폭 둔화되었다.

<표 11-7> 외국기업 對중국 직접투자의 변화

(단위 : 억 달러, %)

연도	계약건수	계약기준		실행기준	
		금 액	증가율	금액	증가율
1979-82	920	49.6	-	17.7	-
1983	638	19.2	-61.3	9.2	-48.2
1984	2166	28.7	50.0	14.2	54.9
1988	5945	52.9	42.8	31.9	38.0
1990	7273	66.0	17.8	34.9	2.8
1992	48764	581.2	385.3	110.1	152.1
1994	47549	826.8	-25.8	337.7	22.7
1996	24556	732.8	-19.7	417.2	11.2
1998	19799	521.0	2.1	454.6	0.4
2000	22347	623.8	51.3	407.1	1.0
2002	34171	827.7	19.6	527.4	12.5
2004	43664	1534.8	33.4	606.3	13.3
2006	41473	1937.3	2.5	630.2	4.5
2008	27514	-	-	923.9	23.6
2009	23435	-	-	900.3	-2.6
2010	27406	-	-	1057.3	17.4
2011	27712	-	-	1160.1	9.7
2012	24925	-	-	1117.0	-3.7
2013	22773	-	-	1175.9	5.3
2014	23778	-	-	1196.0	1.7
2015	26575	-	-	1263.0	6.4
2016	27900			1260.0	-0.2
2017	35652			1310.0	4.0
2018	60533			1350.0	3.0
총합	960489	-	-	20316.0	-

* 자료 : 中國統計年鑑. 中華人民共和國2018國民經濟和社會發展統計公報

(2) 발전단계(1992-1996년)

1990년대 상반기 외국기업 대중국투자는 92, 93년도에 절정기를 이루고 94년부터 국내외적인 요인에 따라 보편적으로 감소하는 추세를 보이고 있다. 90년에는 회복궤도에 오르기 시작해서 91년에 들어서자 다시 투자 붐이 일어나는 상황을 나타나기 시작하여 투자건수, 계약금액 모두 대폭적으로 증가했다. 이것은 90년 <외자기업법> 제정, 상해 포동신구 지정 등으로 중국의 대외개방정책이 불변이라는 것이 확인된 점, 서방국가의 천안문사건에 따른 대중국 경제제재의 해제 등에 기인한다.

특히 1992년 초 덩샤오핑(鄧小平)의 남순강화(南巡講話) 이후 중국의 개혁과 개방정책이 다시 가속화됨에 따라 세계적인 다국적기업들을 중심으로 외국기업 대중국 투자가 급증하면서 제3차 중국 투자 붐이 발생했다. 그 결과 1992년 한해 외국인 직접투자 계약금액은 581억 달러로 이는 대외개방이후 91년도까지의 합계금액보다 많은 수치이다. 1993년도 또한 1,114억 달러로 전년도의 2배 가까이 외국인 투자계약이 맺어졌다. 그러나 이러한 증가세는 94년부터 반전되어 둔화되는 현상을 보였다. 이것은 중국정부가 급속한 경제성장에 따른 물가상승을 억제하기 위해 긴축정책을 실행하여 외국인투자에 대한 규제를 강화, 특히 외국인의 부동산투자를 엄격히 관리했기 때문이다. 이로 인해 홍콩과 대만 등 화교기업의 대중국 투자가 감소하여 1994년도 외국인투자 계약금액은 826억 달러로 감소되었다.

(3) 조정단계(1997-2000년)

1990년도 후반에도 외국인 직접투자 감소 추세는 지속되었는데, 96년 외자기업의 기계설비에 대한 관세 및 수입부가가치세의 면제조치 철폐와 97, 98년도 동아시아 국가들의 외환위기, 그리고 중국내의 국유기업과 사회보장제도의 개혁에 의한 내수침체 등이 외국인투자 유치의 걸림돌로 작용했다. 1998년 중국 외국인투자 유치 계약금액과 실행금액은 각각 521억 달러, 454.6억 달러로 모두 전년대비 증가율이 3%도 미치지 못하는 급속한 둔화현상을 나타냈다.

(4) WTO 가입 단계(2001-현재)

2000년도에 들어와서 동아시아국가들이 금융위기에서 벗어나고 세계경제가 활기를 띠는 상황에서 중국이 WTO에 가입하고 적극적인 시장개방을 추진함에 따라 외국기업들의 중국진출이 활발하게 전개되었다. 2001년과 2002년 외국인직접투자 실행금액은 각각 468.8억 달러, 527.4억 달러이고 전년대비 15.1%, 12.5%로 두 자리 수의 증가율을 보이며 다시 한번 500억 달러를 넘어서 세계에서 외국인 투자를 가장 많이 유치하는 국가로 부상했다.

이 단계에서는 비록 2005년 긴축정책, 2009년 미국 금융위기, 2012년 유럽 재정위기 등의 여파로 외국인 직접투자 실행금액의 증가율이 마이너스를 나타내며 기복이 크지만, 전반적으로 외국기업들의 중국진출이 활발하게 전개되어 2010년에는 처음으로 1000억 달러를 넘어섰다. 그러나 2010년대에는 중국 FDI유치가 선진국 경기침체 영향으로 정체되거나 감소하는 추이를 보이다가 2016년을 저점으로 2017, 18년 반등하는 추세를 보이는데, 이것은 2017년 중국정부의 외국인투자 산업 지도목록 네거티브리스트제의 시행과 선진국 경기 회복이 영향을 준 것으로 판단된다.

2) 외국인 직접투자 구조

(1) 투자규모와 업종

외국기업의 대중국 직접투자 규모는 점차 대형화되어 왔다. 투자업종이 노동집약형에서 자본기술집약형으로 투자주체가 중소기업 위주에서 다국적기업 위주로 전환되면서 투자규모가 확대되었는데 1989년 건당 투자금액이 97만 달러에 불과하지만 2004년에는 351억 달러로 3배 이상 확대되었다.

<표 11-8> 외국인 투자기업의 대중국투자 주요 업종별 변화

(단위 : 억 달러, %)

	1997		2007		2017	
	금액	비중	금액	비중	금액	비중
실행금액	452.57	100	747.68	100	1310.35	100
제조업	281.20	62.1	408.65	54.6	335.06	25.6
건축업	14.37	3.2	4.34	0.6	26.19	2.0
농업	2.46	0.5	9.24	1.2	10.75	0.8
에너지공급	20.72	4.6	10.72	1.4	35.21	2.7
광업	9.40	2.1	4.89	0.6	13.02	1.0
도소매업	14.02	3.1	26.76	3.6	114.78	8.8
교통운수, 정보통신	16.55	3.6	34.92	4.7	265.07	20.2
금융업	-	-	22.57	3.0	79.21	6.0
과학연구 기술서비스	0.2	0.0	9.17	1.2	68.44	5.2
숙박음식업	19.88	4.4	10.42	1.4	4.19	0.3
부동산	51.69	11.4	170.89	22.8	168.55	12.9
임대 및 상업서비스	-	-	40.19	5.4	167.38	12.8
문화 체육 오락	-	-	4.51	0.6	6.98	0.5

* 주 : 비금융부문

* 자료 : 중국 상무부. 중국통계연감

외국기업의 대중국 투자업종은 초기에 제조업 위주에서 교통운수·정보통신, 부동산, 임대 및 상업서비스, 도소매업, 금융 등으로 다원화되어 왔다. 개혁개방 초기에 제조업 투자비중이 지속적 증가하여 1991년에는 총 건수의 90%, 총 투자금액의 80%나 되었으나 2018년에는 총투자금액의 25.6%로 크게 줄어들었다. 중국이 WTO 가입 이후 서비스 시장이 개방되면서 제3차 산업에 대한 외국인 투자가 증가했기 때문이다. 특히 교통운수·정보통신에 대한 투자가 가장 많이 증가했고, 임대 및 상업서비스, 도소매업, 금융업, 과학기술연구 서비스 등은 지속적으로 그 비중이 늘어나는 추세에 있고 숙박업종에 대한 투자는 감소 추세에 있다.

(2) 투자형태

외국기업의 대중국 투자방식은 주로 합자, 합작, 독자 등 3가지 형태로 전개되다가 2000년대 들어와서 M&A 방식이 추가되었다.

<표 11-9> 외국인 투자기업의 대중국 투자방식 변화(실행금액)

(단위 : %)

	합자	합작	단독	M&A
1979-97	49.8	21.2	26.5	0.3
2002	28.4	9.6	60.1	1.3
2007	20.9	1.9	76.6	0.7
2011	18.5	1.5	78.6	1.4
2014	17.6	1.4	79.2	1.8
2015	20.6	1.6	75.5	2.8
2016	24.0	0.6	68.4	7.0
2017	22.7	0.6	69.7	4.9

* 자료 : 中國統計年鑑

초기에는 투자정보, 투자업종 제한, 수출의무 비율 등 문제점이 있어서 합자투자가 많았으나 2001년 수출의무비율 폐시 등 문제점이 시리지면서 단독투자가 많아졌다. 2015년부터 합사 투자방식의 비중이 증가하는 것은 중국의 내수시장 확대전략에 따른 전국적인 유통거점 확보라든가, '중국제조2025'와 인터넷플러스 정책 시행에 따른 중국측 파트너 확보와 연계하여 생각해 볼 수 있다.

(3) 투자지역

외국기업의 대중국투자는 지역적으로 대부분 동부지역[14]에 분포되어 있으나 2000년대 서부대개발이 적극 추진됨에 따라 서부지역[15]으로의 외국인 투자진출도 점차 늘어나

14) 베이징, 톈진, 허난, 랴오닝, 상하이, 장쑤, 저장, 푸저우, 산둥, 광둥, 하이난

15) 네이멍구, 광시, 쓰촨, 충칭, 구이저우, 윈난, 산시, 간쑤, 칭하이, 신장, 시짱

고 있다. 2006년 중국 동부지역으로의 외국인 투자진출 비중은 이미 90%가 넘어섰다가 2010년 78.3%로 줄어들었다. 서부대개발이 시작된 1999년 서부지역의 외국인 투자유치 비중은 2.8%에 불과하지만 2000년대 중반이후 지속적으로 증가하여 2010년에는 그 비중이 8%에 근접했다. 서부지역에서 2017년 말까지 외국인 투자유치를 가장 많이 한 곳은 충칭으로 454억 달러이며 그 다음이 쓰촨(448억 달러), 산시(陝西 350억 달러)순이다.

동부지역에는 1980년대 경제특구 선쩐을 중심으로 주강삼각주(珠江三角洲), 1990년대 푸둥신구(浦東新區) 중심으로 장강삼각주(長江三角洲), 2000년대 톈진 빈하이신구(濱海

<표 11-10> 외국기업의 대중국 투자 지역별 추이(실제투자액)

(단위 : 억 달러, %)

	1990		2005		2017	
	금액	비중	금액	비중	금액	비중
전체	34.9	100	603.2	100	28266	100
베이징	2.8	7.9	35.3	5.8	2174	8.3
톈진	0.3	1.0	24.3	4.0	1276	4.2
허베이	0.4	1.1	5.2	0.8	354	1.2
산둥	1.5	4.3	88.9	14.7	1381	4.9
랴오닝	2.4	7.0	23.0	3.8	1391	4.9
지린	0.2	0.5	3.3	0.5	88	0.3
헤이룽장	0.2	0.7	4.1	6.7	148	0.5
상하이	1.7	5.0	67.1	11.1	4174	14.8
장쑤	1.2	3.5	95.0	15.7	4364	15.4
저장	0.5	1.4	52.1	8.6	1756	6.2
광둥	14.6	41.9	123.6	20.5	4792	16.9
푸젠	2.9	8.3	20.6	3.4	1161	4.1
하이난	1.0	2.9	0.4	0.1	555	2.0
광시	0.3	0.8	3.7	0.6	240	0.8
후베이	0.3	0.8	7.5	1.2	461	1.6
쓰촨	0.2	0.5	6.1	1.0	448	1.6
윈난	0.1	0.0	1.7	0.3	160	0.6

* 주 : 2017년은 2017년 말까지 누계 외국인 투자기업 외자 등록자본의 수치 <충칭 454억 달러, 산시(陝西) 350억 달러>

* 자료 : 중국상무부(www.mofcon.gov.cn), 중국통계연감 2018.

新區) 중심으로 환발해지역(環渤海地域) 등의 3대 지역경제권이 형성되어 왔다. 외국기업의 이 지역 진출은 시기적으로 중국정부의 점진적인 대외개방정책에 부응하여 남에서 북으로 북상하면서 전개되어 왔다.

주강삼각주를 포함하는 광둥성에는 1980년대 화교자본이 대거 유입되어 이 지역 외자유치는 1990년 중국 전체 외국인투자 유치의 41.9%를 차지했다. 그 후 상하이 푸둥신구의 등장과 투자지역의 다원화되어 감에 따라 2003년에는 그 비중이 14.6%로 하락하고 장쑤성에 밀려 2위로 물러났다.

양자강삼각주에 속하는 장쑤성의 1990년 외자유치 비중은 겨우 3.5%에 불과하지만 싱가포르의 대폭적인 투자와 전자IT산업의 집중적인 외국인 투자유치로 인해 2003년에는 투자유치 비중이 19.7%로 중국 제1의 외국인 투자 유치 지역으로 부상했다. 그리고 2017년 말까지 양자강삼각주에 진출한 누적 외국인투자(등록자본)는 1조 294억 달러로 중국 전체의 36.4%를 차지하고 그 다음이 환발해지역[16] 23.3%, 광둥성 16.9% 순이다.

<표 11-11> 주요 국가의 대중투자 추이(실제투자액)

(단위 : 억 달러, %)

	1979-2002		2005		2010		2017	
	금액	비중	금액	비중	금액	비중	금액	비중
전체	4479.7	100	603.2	100	1057.3	100	1310.3	100
홍콩	2048.7	45.7	179.5	29.7	605.7	57.3	945.1	64.6
대만	331.1	7.4	21.5	3.6	24.8	2.3	17.7	1.5
일본	363.4	8.1	65.3	10.8	40.8	3.9	32.6	2.5
미국	398.9	8.9	30.6	5.1	30.2	2.9	26.5	1.9
한국	152.0	3.4	51.6	8.6	26.9	2.5	36.7	3.8
싱가폴	214.7	4.8	22.0	3.6	54.3	5.1	47.6	4.8
독일	79.9	1.8	15.3	2.5	8.9	0.8	15.4	2.1
영국	106.9	2.4	9.6	1.6	7.1	0.7	10.0	1.1
합계	3695.6	82.5	395.4	65.5	798.7	75.5	1131.6	86.4

* 주 : 조세피난처인 버진랜드 대중국 투자금액(1979-2010)은 총 1118.5억 달러임.
* 자료 : 中國投資指南(www.fdi.gov.cn), 중국통계연감 2011

16) 베이징, 톈진, 허베이, 랴오닝, 산둥

(4) 국가별 대중국 투자

현재 중국에 투자하고 있는 국가는 190여 국에 달한다. 1980년대 개혁개방 초기에는 주로 홍콩과 대만의 중소형 기업 위주로 노동집약산업에 대중국 투자가 전개되어서 당시 외국인 투자금액의 약 75%를 차지했다. 그러나 2000년대 들어와서는 세계적인 다국적기업들이 기초건설, 자본기술집약산업, 서비스산업 등에 대규모 투자를 전개하면서 홍콩기업의 대중국 투자비중이 줄어들기 시작하다가 2010대에 와서는 그 비중이 다시 늘어나서 2017년에는 64.6%에 달한다. 대만과 일본, 미국 등은 투자비중이 지속적으로 감소하는 추세이고 한국은 최근에 그 비중이 증가해서 2017년 투자순위는 홍콩, 싱가포르를 이어 3위를 차지하고 있다.

A. 홍콩

문화적, 지리적 인접성 때문에 대중국 투자의 선두주자로서 중국에 가장 많은 투자를 하고 있으며 2002년 말까지 홍콩의 대중국 실제투자액은 2048.7억 달러로 중국 전체의 45.7%를 차지했다. 중국진출 기업은 대부분 주강삼각주에 위치해 있으면서 상하이, 베이징, 다롄(大連) 등으로 북상하고 청두(城都), 충칭(重慶) 등 내륙지역으로 서진하고 있다. 홍콩 제조업이 90% 이상이 중국으로 이전한 가운데, 업종은 노동집약산업에서 시작해서 호텔, 부동산, 기초시설, 소매업, 금융업 등으로 확대되었다. 대형 투자는 주로 장강실업그룹(청쿵그룹, 허치슨왐포아)을 세운 리자청(李嘉成)에 의해 주도되어 왔다. 2003년 중국과 CEPA(포괄적 경제통반자 협정)를 체결하여 서비스무역을 확대하고 있으며 경제체제가 선진화시스템이라는 장점을 갖고 있으나 빠르게 발전하는 인근의 선쩐, 광저우 등 대도시와 경쟁상태에 있다. 주요 투자기업으로는 장강실업그룹, HSBC, Watsons, Sasa 등이 있다.

B. 대만

아시아 4마리용의 하나로 경제발전에 성공한 대만은 분단국임에도 불구하고 홍콩을 통한 간접투자를 시작으로 대중국 투자를 적극적으로 전개하여 2002년 말까지 대만의 대중국 실제투자액은 331.1억 달러로 중국 전체의 7.4%를 차지했다. 투자업종은 노동집약산업(방직, 식품, 플라스틱, 전기전자)에서 자동차부품, 석유화학, 컴퓨터 주변기기 등 자본기술집약산업으로 확장되었고, 특히 전기전자 업종에 대한 투자비중 높으며 부동산, 관광, 금융, 농업, 소매업 등 다양한 분야에 진출하고 있다. 투자지역도 1980년대 광둥성(廣東省), 푸젠성(福建省)에서 1990년대 베이징, 톈진, 상하이 등으로 북상했다. 2000년대 들어와서는 노트북을 생산하는 대만기업들이 양자강삼각주로 진출했다.

2010년 중국과 ECFA(경제협력기본협정)을 맺은 후 대중국투자를 가속화하여 '차이완'(Chaiwan)이라는 신조어까지 나왔으나 차이잉원(蔡英文) 총통이후 중국과의 경제교류가 이전에 비해 식어가고 있다. 주요 진출기업으로는 통일(統一)그룹, 중화자동차(中華汽車), 롄청석유화학(聯成石化), 광양오토바이(光陽機車)), 룬타이(潤泰)건설; Acer, ASUS, HTC, TSMC, FOXCONN; 왕왕(旺旺), 퉁이(統一), 딩신(頂新, 캉스푸(康師傅); 태평양그룹(太平洋集團), 다룬파(大潤發) 등이 있다.

C. 일본

일본은 1972년 중국과 국교를 정상화하고 1979년부터는 엔화차관를 제공하여 교통, 상수도, 배수 등 사회간접자본 시설에 투입하면서 이와 연관 된 대중국 투자를 시작했다. 1980년대 중반이후 엔고에 따라 선쩐, 광저우 등 주강삼각주지역에 투자하고 1990년대 들어와서는 다롄을 중심으로 환발해지역과 상해포동을 축으로 하는 양자강삼각주 두 지역으로 확대했다. 투자업종은 90년대 일본 대기업들이 대거 중국에 진출하면서 자동차, 전자, 반도체, 철강, 시멘트, 유통, 무역, 통신 등 다양하다. 중국진출 주요기업에는

Sanyo, Hitach, Matsushita, Toshiba, Canon, Sharp, Mitsubishi), Fujitsu, Yamaha, Fuji , NEC, Sony; Honda, Toyota, Nissan, Suzuki, Isuzu, Mazda, 7-eleven, Family mart 등이 있다.

D. 미국

미국은 1979년 중국과 국교수립 후 중국에 진출하기 시작하여 2002년 말까지 약 400억 달러를 투자하여 투자순위는 홍콩에 이어 2위를 차지했다. 1980년대 석유개발과 식품에 대한 투자를 시작하여 90년대 들어와서는 베이징과 상하이 두 도시를 내수시장 진출거점으로 삼고 톈진, 랴오닝, 산둥 등으로 투자지역을 확대시켜 나가며 2000년대에는 대중국 투자가 전반적으로 비교적 줄어드는 추세이지만 연구개발 투자는 오히려 늘어나고 있다. 투자업종으로는 자원개발, 화학, 하이테크, 자본재 등이며 내수시장을 겨냥한 경공업, 체인점 등이 있다. 주요 진출기업으로는 KFC, McDonald, Wal-Mart, Coca-Cola, Motorola, Lucent, GE, GM, Ford, Delphi, IBM, HP, Intel, Kodark, Bell, Procter&Gamble, Xerox, Dupont, Amazon, Google, Apple 등이 있다.

E. 유럽

유럽을 대표하는 독일은 1972년 중국과 국교수립하고 1985년부터 재정원조를 하면서 폴크스바겐(VW)이 제일 먼저 중국에 진출했다. 유럽 대중국 투자 주요기업으로는 Siemens, BMW 등 독일기업; 까르푸, PSA, Renault, Alcatel 등 프랑스기업; Fiat(이탈리아), Phillips(네덜란드), Nokia(핀란드), Ericsson(스웨덴), Volvo(스위스) 등이 있다.

3. 중국기업의 해외직접투자

1) 중국의 해외직접투자 추세

중국기업의 해외직접투자액은 1994년 고작 7000만 달러에 불과하지만 2017년 1246억 달러(UNESCO기준)로 미국(3425억 달러), 일본(1604억 달러)에 이어 세계 3위를 차지하고 있다. 중국의 해외직접투자 추이는 대체로 초기, 과도, 고속 등 3단계과정을 거치면서 확대되어 왔다

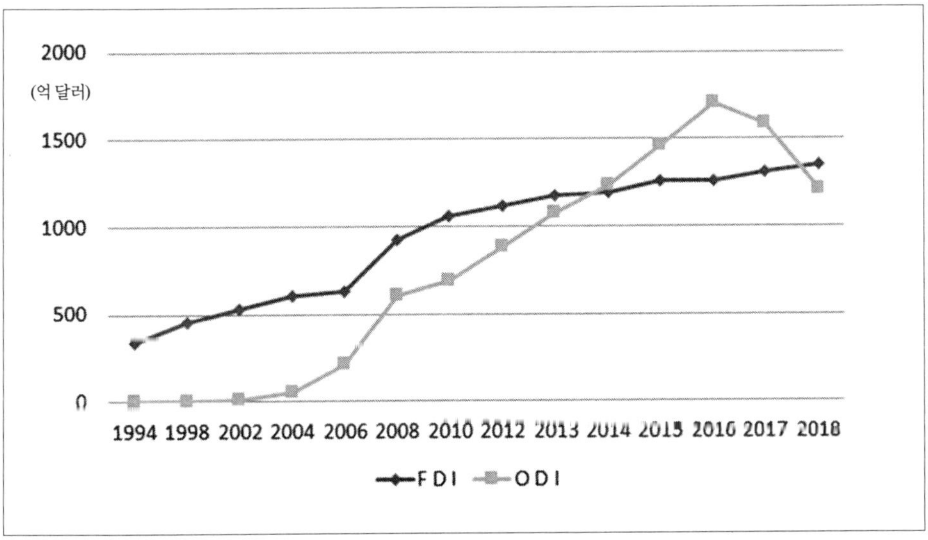

<그림11-2> 중국 FDI와 ODI의 추이 비교

<표 11-12> 중국 FDI와 ODI의 추이 비교

(단위 : 억달러)

연도	FDI	ODI	자본수지
1994	337.7	0.7	337
1996	417.2	2.9	414.3
1998	454.6	2.6	452
2000	407, 1	5.5	401.6
2002	527.4	9.8	517.6
2004	606.3	55.0	551.3
2005	603.2	122.6	480.6
2006	630.2	211.6	418.6
2007	747.2	265.1	482.1
2008	923.9	559.1	364.8
2009	900.3	565.3	335
2010	1057.3	688.1	369.2
2011	1160.1	746.5	413.6
2012	1117.2	878.0	239.2
2013	1175.9	1078.4	97,5
2014	1195.6	1231.2	-35.6
2015	1262.7	1456.7	-194
2016	1260.0	1701.1	-441.1
2017	1310.3	1582.9	-272.6
2018	1350.0	1205.0	145.0

* 자료 : 黃曉玲, 中國對外貿易槪論, 清華大學出版社, 2009, 190쪽. 中國統計年鑑. 商務部 中國投資指南, 2018中國統計公報

(1) 초기발전단계(1979-1996)

중국 첫 해외직접투자는 1979년 베이징 우이상업서비스 회사(北京友誼商業服務總公司)가 합자로 일본의 도쿄 마루이치상사(東京丸一商社)와 징허(京和)주식회사를 설립한 것으로 중국이 개혁개방 실행 후 해외에 설립한 최초 합자경영기업이다.[17] 80년대 중국기

17) 대외경제정책연구원, 중국의 해외직접투자 현황과 전망, KIEP 북경사무소 부리핑 Vol.18 No. 3, 2105. 2. 11. 3-13쪽.

업들의 해외투자 목적은 주로 외국의 첨단선진기술 도입 및 중국내 부족한 자원을 해외에서 조달하고자 하는 것이며 투자업종은 주로 요식업과 건설도급, 컨설턴트와 서비스업, 항공해운 및 금융보험으로 40여 개국과 지역에 투자하였으나 대부분의 투자금액은 홍콩과 마카오에 집중되었다. 90년대 들어와서는 외국인 투자 유치에 의한 노동집약형 제품의 수출 확대로 인진라이(引 進來)정책이 시행되고 투자방식도 종전의 합자투자에서 독자투자 비중이 늘어나기 시작했다.

(2) 과도(1997-2003) 및 고속(2004-현재)발전단계

수출이 빠르게 증가하면서 중국정부는 산업구조 조정과 국내기술 및 기업의 해외이전을 가속화하기 위해 '저우추취(走出去)'전략을 제시하는데 중국의 대표적인 가전기업인 하이얼(海尒)같이 비교우위가 있는 기업들이 해외로 진출하여 활동하거나 시노펙이나 페트로차이나 같은 석유화학기업들이 해외자원개발을 적극 추진하기 시작했다.

2000년대 들어와서는 중국의 WTO가입과 시장개방으로 국내외투자가 더욱 활발하게 진행되었다. FDI와 ODI(해외직접투자)의 추이를 살펴보면 동반 상승하는 추이를 보이다가 2010년부터는 FDI 상승세가 둔화되었지만, ODI는 빠르게 증가하여 2014년에는 FDI를 추월하고 2016년에는 1701억 달러로 정점에 올랐다가 현재 내리막길에 있다. 그 이유는 자본수지가 흑자에서 적자로 전환되어 441억 달러 적자상태에 처하자 중국정부가 해외직접투자에 제동을 걸었기 때문이다.

중국은 2017년 '해외 투자방향 안내와 규범에 관한 지도의견' (關于進一步引導和規範境外投資方向的指導意見)'을 발표했는데[18], 부동산, 호텔, 영화, 엔터테인먼트, 스포츠클럽, 투자하는 국가의 환경보호정책과 안전기준에 부합하지 않는 분야 등은 해외투자 제한업종으로, 핵심군사기술, 카지노, 성 산업, 국가안보에 위반되는 분야 등은 해외투자 금지업종으로 통제한다는 것이다.

---

18) 國務院, 關于進一步引導和規範境外投資方向的指導意見, 國辦發〔2017〕74號, 2017. 8. 18.

2) 해외 직접투자 구조의 분석

(1) 투자대상국

2017년 투자금액 기준으로 중국기업들이 가장 많이 해외 투자하는 지역은 홍콩으로 절반이상(금액기준)을 차지하며 그 다음이 조세회피국인 버진아일랜드, 미국, 싱가폴, 호주, 영국 순이다. 중국기업의 해외투자 변화를 살펴보면 홍콩, 버진 아일랜드, 호주, 영국, 인도네시아, 독일 등으로는 증가 추세이지만 케이만, 싱가폴, 캐나다, 러시아, 한국 등으로는 감소 추세이다.

<표 11-13> 중국 해외직접투자 대상 국가별 추이

(단위 : 억 달러, %)

	2007		2015		2017	
	금액	비중	금액	비중	금액	비중
전체	265.1	100	1456.7	100	1582.9	100
홍콩	137.3	51.8	897.9	61.6	911.5	57.6
케이만	26.0	9.8	102.1	7.0	-66.1	-
버진 아일랜드	18.8	7.1	18.5	1.3	193.0	12.2
미국	1.9	0.7	80.3	5.5	64.3	4.1
싱가풀	4.0	1.5	104.5	7.1	63.2	4.0
호주	5.3	2.0	34.0	2.3	42.4	2.7
영국	5.7	2.1	18.5	1.3	20.7	1.3
러시아	4.8	1.8	29.6	2.0	15.5	1.0
캐나다	10.3	3.9	15.6	1.1	3.2	0.2
인도네시아	1.0	0.4	14.5	1.0	16.8	1.1
독일	2.4	0.9	4.1	0.3	27.2	1.7
한국	0.6	0.2	13.2	0.9	6.6	0.4

* 자료 : 中國統計年鑑

(2) 투자업종

중국기업들이 가장 많이 해외 투자하는 업종은 비즈니스서비스(임대, 법률, 광고, 지적재산, 여행사 등)이며 그 다음이 제조업, 도소매, 금융, 부동산 순이다. 증가추세에 있는 업종은 비즈니스서비스, 도소매, 제조업, 교통운수창고 등이고 광업, 부동산 등 업종으로의 투자는 감소추세에 있다.

<표 11-14> 중국 ODI 주요 업종별 변화

(단위 : 억 달러, %)

	2004		2015		2017	
	금액	비중	금액	비중	금액	비중
실행금액	55.0	100	1456.7	100	1582.9	100
비즈니스 서비스	7.5	13.6	362.6	24.9	542.7	34.3
금융			242.4	16.6	187.8	11.9
광업	18.0	32.7	112.5	7.7	-37.0	-
도소매	8.0	14.5	192.2	13.2	263.1	16.6
제조업	7.5	13.6	199.9	13.7	295.1	18.6
교통운수창고	8.3	15.1	27.3	1.9	54.7	3.5
부동산	0.1	0.2	77.9	5.3	67.9	4.3
건설업	0.5	0.9	37.3	2.6	65.3	4.1
정보서비스	0.3	0.5	68.2	4.7	44.3	2.8
전력가스수도	0.8	1.4	21.3	1.5	23.4	1.5
기술서비스	0.2	0.3	33.4	2.3	23.9	1.5
기타서비스	0.9	1.6	16.0	1.1	28.3	1.8
농림목어업	2.9	5.3	25.7	1.8	25.1	1.6

* 자료 : 中國統計年鑑

(3) 투자주체와 형태

중국 해외투자 주체는 국유기업 비중 높으나 최근에는 다양화되어 가고 민영기업 투자가 증가하는 추세이다. 2016년 말까지 해외투자금액 기준으로 각 해외투자주체의 비중을 살펴보면 국유기업이 54.3%로 가장 높고, 그 다음이 유한책임회사 17.8%, 민영기업 8.7%, 주식제기업 8.6% 순이다.[19] 최근 텐센트, 알리바바 등 인터넷기업과 하이얼, 메이디 등 가전업체들이 해외투자를 적극적으로 추진하기 때문에 앞으로 민영기업의 해외투자 비중이 올라갈 것으로 예상된다. 중국기업의 해외투자 방식은 주로 합자방식이 많았지만 최근 그린필드 방식보다는 투자효과가 빠른 M&A방식이 늘어나는 추세이다.

3) 해외 투자동기와 사례

(1) 해외투자 동기

해외투자 동기로는 자원 추구형, 시장추구형, 효율추구형, 전략적 자산 추구형 등 여러 가지가 있는데 중국기업의 대표적인 해외투자도 대부분 이러한 동기에 기초하고 있다.[20] 자원 추구형에는 시노펙, 페트로차이나 등 석유기업들의 해외유전개발이 해당되고 시장추구형에는 하이얼처럼 생산→수출→현지 생산이라는 기업발전 과정을 거쳐 해외직접투자로 전환한 기업들이 해당되며 전략적 자산 추구형에는 레노보나 TCL처럼 각각 IBM PC부문과 프랑스 톰슨사의 TV부문을 인수하여 브랜드가치를 올리려는 기업들이 해당된다.

(2) 해외투자 사례

중국기업은 2016년에 대부분 M&A방식으로 가장 많은 해외투자를 했다. 중국 상무부·통계관리국·외환관리국 등 3개 부서가 함께 발표한 '2016년도 중국 대외직접투자 통계공보'에 의하면,[21] 2016년 중국 해외직접투자액은 1961.5억 달러로 전 세계해외투자의

19) 商務部, 中國對外投資合作發展報告, 2017. 17쪽.

20) 오하시 히데오·마루가와 도모 지음, 백계문 옮김, 중국기업의 르네상스, 한울, 2013. 42-47쪽.

21) 商務部對外投資和經濟合作司, 2016年度中國對外直接投資統計公報, 2017. 9. 30.

13.5%를 차지한 것으로 나타났다. 이중에서 M&A방식에 의한 투자는 765건, 856억 달러로 동년 중국 전체해외투자의 43.6%를 차지하며 투자업종은 주로 제조업, 정보통신업, 교통운수·물류유통업 등이다.

하이얼과 텐센트는 중국의 대표적인 민영기업으로 2016년 각각 55.8억 달러, 86억 달러라는 막대한 자금을 출자하여 해외투자를 했다. 하이얼은 1984년 칭다오냉장고공장부터 시작하여 1999년 미국에 현지법인 설립, 2004년 하이얼코리아 설립, 2011년 일본 SANYO의 가전부문 인수, 2016년에는 미국 GE의 가전부문을 인수하기에 이르렀는데, 전 세계 100여 국가에 10개의 연구개발센터, 21개의 해외공장, 66개의 무역회사, 14만 여 개의 판매망을 두고 있다.[22]

텐센트는 1998년 마화텅(馬化騰)이 4명의 동창생과 함께 설립하여 세계적인 게임업체가 되었다. 2000년대 PC용 메신저 QQ와 위챗(Weixin, 微信)을 보급하고 2011년 리그 오브 레전드를 제작한 Riot Games를 인수, 던전 앤 파이터, 크로스 파이어 등으로 중국 최대의 인터넷 게임업체가 되었다. 동년 한국에 텐센트코리아를 설립하고 2012년 3억 3천만 달러를 투자하여 언리얼엔진, 기어스 오브 워의 Epic Games의 지분 48.4%를 인수, 동년 한국 카카오에 720억 원을 직접 투자, 2014년 5억 달러 투자하여 한국게임업체 CJ Games의 지분 28% 인수, 2016년에는 세계 모바일게임의 선두주자인 핀란드 수퍼셀의 소프트뱅크그룹의 지분을 인수하기에 이르렀다.[23] 세계 제1의 인터넷 게임업체로서 모바일 게임 시장도 석권하려는 의도이다.

22) 搜狗百科, 海尒, 2016. 9. 2.

23) 搜狗百科, Tencent 騰訊, 2016. 9. 14.

<표 11-15> 2016년 중국기업 주요 해외직접투자 사례

업계	기업	상세내용
석유 화학	중국화공그룹 캠차이나 (中國化工集團)	- 스위스 신젠타(Syngenta), 농업화학· 종자 - 430억 달러 - 세계 1위 농화학 공급업체가 됨
IT	텐센트 (騰訊)	- 핀란드 수퍼셀의 소프트뱅크그룹 지분인수, - 86억 달러 - 세계모바일 게임시장 선두주자
항공 우주	텐진텐하이(天海) 투자발전주식회사	- 미국 잉그램(Ingran)마이크로, IT기기 - 60억 900만 달러 - 세계 제1의 정보기술 관련 유통업체 인수
가전	하이얼	- 미국 GE Appliances 가전 - 55.8억 달러 - 미국 대형 가전업체 인수
가전	메이디 그룹 (美的集團)	- 독일 쿠카(KUKA) 로봇업체 - 48억 8500만 달러 인수 - 공업용 로봇과 자동화 생산영역 확대
전자 정보	에이팩스 테크 놀로지(주) (艾派科技)	- 미국 렉스마크(Lexmark) 프린터 소프트웨어 - 39억 달러 - 렉스마크는 프린터 기술로 인쇄서비스 업계선두
에너지	싼샤그룹 (中國長江三峽)	- 브라질 수력발전 2기 - 37억 달러
부동산	다롄완다그룹 (大連萬達集團)	- 미국 레전더리 픽쳐스(Legendary Pictures) 영화 - 35억 달러 - 세계 제1의 영화기업으로 도약
임대/ 서비스	보하이리스 (渤海租賃)	- 카이만제도 AVOLON - 25.5억 달러
에너지	CGN (中國廣東核電公司)	- 말레이시아 Mastika Lagenda 원자로 - 23.9억 달러
항공 서비스	HNA(海航集團)	- 스위스 Gategroup - 15억 달러
의료	LUYE Medical (綠葉醫藥集團)	- 호주 Healthe Care 헬쓰케어 - 6.8억 달러

* 자료 : 商務部對外投資和經濟合作司, 2016年度中國對外直接投資統計公報, 2017. 9. 30

* KOTRA텐진무역관, <중, '차이나머니(해외직접투자)' 동향 및 시사점>, 2017. 6. 12.

김익수, 중국투자론, 박영사, 1999.
김홍석·김미숙, 중국의 對서방 외자도입현황과 문제점, 산업연구원, 1990.
대한무역투자진흥공사, 중국투자실무가이드, 무공자료 99-15, 1999.
蕭灼基지음, 진정미 옮김, 중국경제의 야망, 매일경제신문사, 1996.
신태용, IMF시대의 대중국 진출전략, 한중경협소식 제52호, 1998.5.
전재욱, 최의현, 중국경제의 浮上과 韓中경협의 새로운 방향, 아주경제 창간호, 1997.12.
전재욱, 중국 외국인직접투자의 특징과 역할, 지역경제 1997년 6월호.
최수웅, 중국의 지역정책과 지역경제 발전전략, 대외경제정책연구원, 1994. 9.
김주영, 중국 은행부문 개혁과 우리나라 은행의 진출방향, 한국수출입은행 해외경제연구소, 2007. 3. 18
고용수, 중국의 외국인투자에 대한 우대축소 배경과 전망, 해외경제정보 제 2006-82호, 2006.9. 14
대한무역투자진흥공사, 중국투자실무가이드, 2001.3
대한무역투자진흥공사, 中 법인세 통일, 한국기업의 중국 투자전략 재정비 필요, 중국투자뉴스 제43호, 2007. 3. 16
박월라 외, 중국 비즈니스 환경 변화와 외자기업의 대응전략, 대경제정책연구원, 연구보고서 06-10, 2006. 12
박세근, 증치세 환급율 변화의 영향 및 환급율 변화품목, 해외경제연구소, 2003. 12. 23
양평섭, 중국의 WTO 가입 5주년 결산, KIEP 오늘의 세계경제, 제06-40호, 2006. 12. 7
이문형, 중국의 외자 우대정책 축소에 따른 5重苦에 대비해야, e-KiET 산업경제정보 제313호, 2006. 10. 10
이재홍, 중국의 투자환경 변화와 우리의 대응방안, 중국 이슈리포트, 제 2006-30호 2006. 11.23
탁세령, '외자이용 11·5 계획'의 내용과 관련 조치, 중국 이슈리포트 제 2006-44호, 2006. 12.26
한국무역협회 무역연구소, 주간무역리뷰, 2007. 1. 13
한국수출입은행 해외경제연구소, '중서부지역 외국인투자 비교우위 산업목록' 개정, 2005. 8. 17
한국수출입은행 해외경제연구소, 중국 외국인 투자 산업 지도목록 2002. 4.
한국수출입은행, '재 중국 한국투자의 현지법인 기업의 경영상황 분석보고', 2004.2.16
王洛林, 中國外商投資狀況與發展趨勢, 財務經濟(北京), 1997年 第10期.
王紹熙 主編, 中國對外貿易概論, 北京 : 對外貿易敎育出版社, 1994.
季野 主編, 1999年中國發展狀況與趨勢, 北京 : 經濟日報出版社, 1999.
馬洪 主編, 중국宏觀經濟政策報告-'八五'以來的外資政策, 北京 : 中國財政經濟出版社, 1997.
高尙全, 中國的經濟體制改革, 北京 : 人民出版社, 1991.
高長, 大陸吸引外商投資政策與總體經濟環境評析, 共黨問題硏究(台北), 23 卷5期, 1997.5.
高長, 外商在大陸投資趨勢, 貿易週刊 1729/30期, 1997. 2.
陳雨晨, 中共經濟建設的戰略與佈局, 台北 : 中華經濟硏究院, 1987.
張永璟, 淺析外商直接投資的'成長壓制效應' 及對策, 國際貿易問題(北京), 1997年 第9期.
黃天中, 中國大陸硏究, 台北 : 五南圖書出版公司, 1994.
黑龍江經濟報, 近期外商投資企業優惠政策有調整, 1996. 2. 12, 3版.
葉凡, 外商對大陸經濟的影響及挑戰, 貿易雜誌 第4期, 1998.5.16.

中國統計年鑑(1998), 1998. 9.

中國投資指南, 2005年度我國吸收外商投資簡情, 2006.9.6,

中國投資指南, 外資也宜放眼量, 2006.6.8周維富, 加入WTO之后我國工業吸引外商直接投資的 政策趣向分析, 工業經濟, 2003年第11期

王春法, 利用外資與提高我國自主創新能力研究, 中國社會科學院世界政治經濟研究所, 2005.

左大培, 外商直接投資的害處, 中國社會科學院 經濟研究所, 2003

江錦凡, 外國直接投資在中國經濟增長中的作用機制, 世界經濟, 2004年1期

中國統計年鑑

제12장 중국의 외환시장과 위안화 환율변동

1. 금융제도
2. 외환시장의 형성과정
3. 외환시장 현황
4. 위안화 환율변동

1. 금융제도

1) 금융개혁

금융은 자금의 융통, 즉 화폐, 화폐유통, 신용 및 이것들과 직접 관련있는 경제활동을 말한다. 중국 사회주의 계획경제하의 금융제도는 인민은행 중심의 단일금융체제로 당시 소련의 금융체제를 모방한 것이며 인민은행은 상업은행 역할을 했다. 중국의 금융개혁은 바로 소련식 단일금융체제의 개혁부터 시작된다.

(1) 태동기(1978-84)

인민은행이 담당하던 상업은행 업무를 새로 설립한 4대 국유상업은행에 이관하고 인민은행은 통화정책과 금융업에 대한 관리감독 등 중앙은행 업무를 전담토록하면서 단일은행제도가 종료되었다. 1967년 문화대혁명으로 중단되었던 중국내 보험업무가 재개되면서 1979년 4월 인민은행내 보험업무가 중국인민보험공사(PICC)로 이관되었다. 개혁개방으로 외국자본이 유입되자 외환전문은행인 중국은행이 베이징, 텐진 등 12개 대도시에서 기업간 외환조절을 위한 제한적인 외환중개업무를 개시했다.[1]

(2) 도약기(1985-96)

교통은행 등 12개 주식제 상업은행, 국가개발은행 등 정책성은행, 도시신용회사간 합병에 의한 도시합작은행 등이 설립되어 은행기관이 다양화되었으며 1990년에는 외국계 은행의 지점이 설립되어 외화거래 및 위안화거래가 허용되었다.

1) 한국은행, 중국의 금융개혁 추진 현황과 향후 과제, 국제경제리뷰, 제2015-4호, 2015. 3. 10.

<표12-1> 중국의 금융개혁 추이

연도	금융개혁
1978	중국인민은행(1948), 재정부로부터 분리
1979	중국농업은행, 중국건설은행, 중국은행이 인민은행 등으로부터 분리 설립, 국가외환관리처 신설
1981	국채발행 개시(회사채 1984, 금융채 1985)
1984	중국공상은행 설립으로 인민은행은 중앙은행 업무만 전담
1986	콜시장 개설, 국채유통거래 허용
1987	교통은행 설립, 신탁투자회사 및 캐피탈회사 설립 허용
1990	상하이증권거래소 및 선전증권거래소(정식 개장, 1991. 7) 개설
1992	중국증권감독관리위원회(CSRC) 설립, B주 발행 개시
1993	인민은행 독립성 강화, 국유은행의 상업은행화 추진
1994	정책은행 설립, 예산법 통과 (정부의 중앙은행 차입 금지) 이중환율제도 및 외화권 사용 폐지
1995	인민은행법 및 상업은행법 제정
1996	전국적 콜시장 개설, 공개시장조작 업무 개시
1997	통화정책위원회(貨幣政策委員會) 발족, 국유상업은행 구조조정 개시
1998	중국보험감독관리위원회(CIRC) 설립, 인민은행 9개 분행체제로 개편 증권법 제정 및 인민은행 증권부서 CSRC로 이관
1999	자산관리공사 설립
2000	국유주 매각 방안 공포
2001	외국은행 설치지역 제한 폐지 (WTO 가입 후속 조치)
2002	적격외국인기관투자가(QFII)제도를 도입하여 자본시장 부분 개방
2003	중국은행업감독관리위원회(CBRC) 설립
2005	위안화 환율제도 개혁 (복수통화바스켓을 참조한 관리변동환율제)
2006	농촌신용사 개혁, 외국은행에 대한 위안화업무 전면 개방 적격내국인기관투자가(QDII)제도 도입, 내국인의 해외 증권투자 허용
2007	금융시장 기준금리로 SHIBOR 도입
2009	위안화 무역결제 시범실시, 주식시장 창업판 개설
2010	신용대주 및 주가지수선물 거래 개시 외국은행(도쿄미쓰비시)에 대해 위안화채권 발행 허용
2011	위안화 무역결제 전국 확대 및 직접투자의 위안화결제 허용 RQFII(위안화 적격외국인 기관투자가) 허용
2014	후강통, 홍콩-상하이거래소간 교차매매 허용
2016	선강통, 홍콩-선전거래소간 교차매매 허용

* 자료 : 人民銀行, 한국은행, 최근 자료 정리

중국인민보험의 독점체제에서 벗어나 1988년 이후 1996년까지 10개 이상의 민영보험회사가 설립되고 외국계보험회사(AIA)지점 및 중외합작보험회사도 허용되면서 경쟁구도가 형성되었다.

1994년에는 시장환율과 공식환율로 구분되었던 이중환율이 시장환율로 통일되었으며 상하이에는 전국 단일체계의 은행간 외환시장인 중국외환거래센터(CFETS)가 개설되었다. 1987년에는 중국 최초의 증권회사인 선전특구증권이 설립되고 상하이와 선전에 증권거래소가 들어선 데 이어 국유상업은행의 주도로 전국 규모의 대형증권회사가 설립되면서 증권회사가 급증하기 시작했다.

(3) 대외개방기(1997-2007)

아시아 외환위기를 계기로 1999년 4개 금융자산관리공사가 설립되어 국유상업은행의 부실대출을 분리해서 이관·정리함으로써 잠재리스크를 제거하고 국유상업은행의 주식제 개혁 기반을 마련하였으며 중국은행과 건설은행, 공상은행 등이 주식회사로 전환되고 상하이 및 홍콩 증시에 상장되었다. 또한 WTO가입을 계기로 외국계은행에 대한 업무제한이 크게 완화되어 개인소액 위안화 업무 취급이 가능해졌다.

신탁회사의 증권영업부가 독립하면서 증권회사가 2003년까지 133개로 늘어나고 외국계증권회사에 대해서도 일정지분(1/3) 이내에서 합작증권회사 설립이 허용되었다. 또한 2002년 적격외국인투자가(QFII)제도 도입으로 외국자본 유입이 급증하고 지분분할개혁[1]이 추진되어 주가지수가 크게 상승했다. WTO가입을 계기로 외국보험회사에 대한 영업지역 및 업무영역 제한이 대부분 철폐되고 외환부문에서는 경상거래 항목에 대한 한도관리 및 외환리스크 심사제도가 폐지되었다. 외환시장에 시장조성자제도가 도입되고 미국 달러 고정환율제도가 복수통화바스켓의 관리변동환율제도로 변경되었다.

1) 중국의 증권거래소는 동일 상장사의 주식을 유통주와 비유통주로 구분하는데 유통권의 유무에 따라 내재가치가 상이하게 되는 문제가 발생함에 따라 증권감독관리위원회는 2005년 비유통주를 전부 유통주로 전환하는 개혁안을 발표했다. 비유통주는 주주로서의 권리를 보장하지만 시장에서의 매매가 불가능한 주식으로 국유기업 주식, 종업원주, 외국기업의 전략적 투자자 지분 등이 해당됨.

(4) 발전기(2008-현재)

'금융개혁 시범구'를 설치하여 금융개방을 시범적으로 실시하는 한편 은행업의 경쟁 촉진과 중소기업·자영업자의 자금난 완화를 위해 민영은행 도입을 적극 추진하여 2014년에는 5개 민영은행의 설립을 인가했다. 또한 2013년에는 상하이 자유무역시범구에 8개 중국계은행과 2개 외자은행의 설립을 허용하여 위안화 자본항목의 개방 및 역외금융업무 취급, 다양한 금융상품 개발 등 은행업무를 전면 개방했다.

중국판 나스닥시장으로 창업판이 개설되어 참단산업·고성장·벤처형 중소기업 등을 위한 전용 직접금융시장이 본격 출범하고 2014년 후강퉁[2](滬港通)시행으로 자본시장 개방이 더욱 확대되었다. 2012년에는 운전자 의무가입 보험(교통사고 제3자 책임보험)에 대해서는 외국보험사의 시장진입을 허용하고 2014년에는 환율 일일 변동폭을 2.0%로 확대하여 환율의 자유화를 향해 한걸음 더 나아갔다.

향후 중국의 금융개혁 과제는 금리자유화, 환율결정체계 시장화, 금융시장 완전개방, 위안화 국제화 등으로 구분할 수 있다. 대출금리는 완전히 자유화되었으나 현재 예금금리 상한을 완전히 폐지하지 못하고 있다. 중국경제가 환율 및 수출 등 대외요인에 영향을 크게 받는 점을 감안할 때 완전한 변동환율제로의 이행은 당분간 어려울 것 같다. 중국정부가 은행·보험·증권업의 대외개방을 부분적으로 허용해 왔으나 외국기업에 대한 진입제한 및 업무자별 등으로 여전히 개방수준이 낮은 상황이다. 따라서 금융시장의 완전개방은 주요 산업의 질적 발전 수준과 금융기관의 국제경쟁력이 높아질 때 가능할 것으로 본다. 위안화의 국제화는 1997년 아시아 외환위기 이후 주변 중화권 국가를 중심으로 시작되어 2015년에는 위안화가 SDR(IMF특별인출권)에 편입되었다. 그러나 IMF가 2016년 4분기 기준으로 각국 외환보유액의 통화별 비중을 조사한 결과, 미국 달러 63.96%, 유로 19.7%, 영국 파운드 4.42%, 일본 엔 4.21%, 중국 위안 1.07%로 나타났다. 이와 같이 위

---

2) 상하이증권거래소와 홍콩증권거래소간 주식 교차매매가 가능하게 되어 외국인들은 홍통증권거래소를 통해 중국의 A주(내국인 전용) 주식 매입이 가능하고 중국의 본토 투자가들은 상하이증권거래소를 통해 홍콩의 주식시장에 직접투자가 가능

안화 비중이 낮은 이유는 중국정부가 위안화 환율을 관리하고 자본 유출입을 통제해 위안화를 자유롭게 쓰기 어렵기 때문인 것으로 풀이된다. 위안화가 국제화되려면 환율결정체계의 시장화와 자본계정의 완전개방이 선결되어야 할 것이다.

2) 금융기관

중국의 금융조직체계는 국무원산하에 인민은행이 위치하고 아래로 제1금융권(은행)과 제2금융권(비 은행)으로 나누고, 제1금융권은 다시 정책은행과 상업은행으로 구뷰되며 상업은행은 다시 국유상업은행, 주식제상업은행, 도시상업은행, 농촌상업은행, 외국은행으로 구분된다. 그리고 각종 금융기관을 감독하는 은행업, 증권, 보험업 등 감독관리위원회가 있다. 금융기관수는 2011년 3800개에서 2018년 4588개로 늘었는데, 국유상업은행이 6개, 민영은행 17개, 외국은행 41개, 농촌상업은행이 1427개로 늘어났고 반면에 도시상업은행 134개, 농촌신용사 812개로 줄어 들었다. 여기서는 주요 금융기관들을 살펴본다.

(1) 4대 국유상업은행

1979년 중국 개혁개방 추진으로 같은 해 중국농업은행, 1980년 중국은행, 1981년 중국건설은행, 1984년에 중국공상은행 등 현재 중국을 대표하는 4대 은행이 이때 연이어 탄생했다.

4대 은행은 중국이 WTO가입 후 종전의 국유독자상업은행에서 주식제 상업은행으로 전환되어 주식상장을 하게 되는데, 중국건설은행이 2004년 9월 주식제 상업은행으로 전환되어 2005년 10월 홍콩에 주식을 상장함으로써 중국은행으로는 최초로 25% 외자지분을 소유하게 되었고 중국은행 또한 2004년 8월 주식제 상업은행으로 전환되어 2006년

상하이와 홍콩에 상장했다.[3]

중국공상은행은 2005년 10월 주식제로 전환 후 2006년 홍콩과 상하이에 주식을 상장하여 중국 자산규모 최대의 상업은행이 되었다. 2010년 말까지 총자산 13조 4586억 위안, 시가총액 1조 4345억 위안으로 전 세계은행의 최고자리에 올랐다. 중국농업은행은 4대은행 중 제일 늦게 2009년 주식제 전환후 2010년에 홍콩과 상하이에 주식을 상장했다.

(2) 주식제 상업은행

1987년 상하이를 기반으로 하는 교통은행과 중국국제신탁투자공사 부속의 중신실업은행(中信實業銀行)이 탄생하는데, 모두 전국성의 주식제 상업은행이다. 그 후 광다(光大)은행, 선전발전은행, 화샤(華夏)은행, 상하이푸둥(浦東)발전은행, 자오상(招商)은행, 광둥발전은행, 푸젠싱예(福建興業)은행 등이 탄생하고 1995년에는 민영기업들을 대상으로 서비스하는 중국민생(中國民生)은행과 하이난 경제특구를 지원하는 하이난발전은행이 탄생했다.

도시상업은행의 전신이 되는 도시합작은행은 도시신용사에 지방재정과 기업참여로 설립된 은행으로 주식제 은행에 속한다. 중국은 원래 5000개의 도시신용사가 있었는데 1995년 국무원이 도시신용사를 기초로 도시합작은행을 설립하도록 추진했다. 1998년에는 전국 각지에 주식제 상업은행이 우후죽순으로 탄생했다.

3) 韓琪, 中國經濟概論(第二版), 北京 : 清華大學出版社, 2013, 212-222쪽.

<표 12-2> 중국의 금융기관 현황

구분			기관수	비고
중앙은행(중국인민은행)				
은행	상업은행	대형상업은행	5	
		주식제 상업은행	12	
		도시상업은행	144	
		농촌상업은행	212	
		외국은행	40	법인기준
	정책은행	국가, 수출입, 농업발전	3	
비은행예금 취급기관	우 체 국 은 행		1	
	농촌 합작 은행		190	
	농 촌 신 용 사		2265	
	신형 농촌금융기관		691	
증권 관련기관	증 권 회 사		109	외국합작 11
	자산 운용회사		69	외국합작 38
	선 물 회 사		167	외국합작 3
	신 탁 회 사		66	
보험 관련기관	보험그룹 및 지주사		10	
	생명보험회사		61	외국합작 25
	손해보험회사	손해보험회사	58	외국합작 21
		재 보험 회사	8	외국지점 5
	보험자산운용회사		11	
	수출보험공사		1	
기타 금융기관	여신전문금융회사	금 융 리 스 사	18	
		자동차금융회사	14	
		소비 금융 회사	4	
	캐 피 탈 회 사		127	
금융 보조기관	은행업감독관리위원회(CBRC)		1	
	증 권 감독관리위원회(CSRC)		1	
	보험업감독관리위원회(CIRC)		1	
	중 국 투 자 공 사(CIC)		1	
	금융 자산관리공사		4	
	금 융 중 개 회 사		4	

* 주 : 2011년말 금융기관수 3800개, 종사인원 320만

* 자료 : CBRC, 한국은행[4]

4) 한국은행, 중국의 금융제도, 2012.

(3) 정책은행과 자산관리공사

정책은행은 일반적으로 정부가 국가산업정책, 지역발전정책, 대외경제정책, 또는 그 밖의 다른 정책 등을 관철시킬 목적으로 설립한 은행으로 본래 영리를 목적으로 하지 않는다. 중국은 1994년 국가개발은행, 수출입은행, 농업발전은행 등 3개의 정책은행을 설립하여 주로 중국인민은행과 전문은행이 담당하던 정책성 대출업무를 맡게 했다. 정책은행이 상업은행과 다른 점은 영리를 목적으로 하지 않아서 경쟁이 없다는 점이고 경영손실이 나더라도 국가재정으로 해결한다는 것이다. 그리고 정책은행의 자본금은 정부재정에서 들어오고 주민저축예금을 취급하지 않는다. 중국은 1999년 신다(信達), 둥팡(東方), 화룽(華融), 창청(長城) 등 4개의 금융자산관리공사를 설립하고 건설은행, 중국은행, 공상은행, 농업은행 등 4대 국유상업은행이 보유하고 있는 1조 4천억 위안의 불량채권을 승계하도록 했다. 이로써 4대 은행이 새롭게 발전할 수 있는 계기가 마련되었다.

(4) 비 은행 금융기관

70년대 말 농촌신용사가 널리 복원되기 시작하고, 1980년에는 중국인민보험공사가 20년간 중단된 보험업무를 재개하며 나중에 중국핑안(平安)보험공사를 설립했다. 1984년 이후 지방은행, 신탁투자회사, 금융리스사 등 비 은행 금융기관들이 설립되기 시작했다. 중국의 비 은행 금융기관에는 대체로 보험회사, 신탁투자회사, 재무회사, 증권회사, 신용합작사, 우체국저축기관 등이 포함된다.

3) 주식시장

(1) 시장규모와 특징

주식시장은 증권거래소를 통해 주식을 사고파는 시장을 의미하며 증권시장에 속한다. 중국 주식시장은 1990년대 초 개장하기 시작해서 그 거래규모와 전체경제에서 차지하는 비중이 해가 갈수록 크게 늘어나서 현재 중국경제에서 빼놓을 수 없는 중요한 분야가 되었다. 2017년 12월말까지 중국 주식시장의 시가총액은 56조 7086억 위안[5]으로 동년 GDP의 68.6%를 차지한다. 이는 1992년 주식시장 개장 초 당시 시가총액 780억 위안의 727배에 해당하며 상장기업수도 53개에서 3485개로 늘어났다.

중국 주식시장 특징은 외국인에 대한 증시개방이 제한되어 있어서 외국인 투자자 비중이 적은 편이고 개인 투자자 비중이 높으며 상하이 증권거래소의 경우 시장규모가 지나치게 대형 국유기업에 편중되어 있다는 점이다. 2019년 7월 18일 기준으로 상하이 증권거래소 상장회사 시가총액 10위 안에 드는 기업들의 시가총액은 전체의 27.6%를 차지하고 있다.

<표 12-3> 상하이 증권거래소 상장회사 시가총액 상위 10위

(단위 : 10억 위안, %)

	회사	업종	시가	비중		회사	업종	시가	비중
1	공상은행	은행	1501.7	4.69	6	중국은행	은행	769.3	2.4
2	貴州茅台	식품	1190.2	3.71	7	초상은행	은행	728.6	2.27
3	농업은행	은행	1133.3	3.54	8	중국생명	보험	626.4	1.95
4	중국석유	에너지	1057.3	3.30	9	중국石化	에너지	500.7	1.56
5	중국평안	보험	939.5	2.93	10	장강전력	전기	389.8	1.22

* 주 : 2019. 7.18일 기준
* 자료:상하이증권거래소

(2) 주식시장 구조

중국 주식시장의 구조는 홍콩까지 포함시키면 다양한 편이다. 중국 본토의 상하이증권거래소(메인보드), 선전증권거래소(메인보드, 중소기업판, 창업판)와 홍콩증권거래소(메인보드, GEM, 후강통, 선강통)으로 구성된다.

5) 中國統計年鑑 2018

<표 12-4> 중국 주식시장 구조[6]

지역	영역	종류
상하이	메인보드	A주 : 위안화 거래, 중국인투자전용, 외국인은 QFII / RQII 통해 투자 가능
		B주 : USD거래, 중국인과 외국인 투자 가능
선전	메인보드	A주 : 위안화 거래, 중국인 투자 전용, 외국인은 QFII / RQII 통해 투자 가능
		B주 : HKD거래, 중국인과 외국인 투자 가능
	중소기업판	A주와 B주로 구분
	창업판	A주 : 위안화 거래, 중국인 투자 전용, QFII / RQII투자 가능
홍콩	메인보드	H주 : 자본과 기업 소재지는 중국 본토, 본토자금은 QFII 만 투자 가능
		레드칩 : 자본-중국 본토, 기업 소재지-홍콩
		항셍주 : H주와 레드칩을 제외한 홍콩기업의 주식
	GEM	홍콩의 나스닥 시장
	후강통, 선강통	상하이, 선전거래소와 각각 교차매매

(3) 주가지수 변화

중국 주식시장의 주가지수 변화는 상하이와 선전 두 지역의 증권거래소를 통해서 관찰할 수 있는데 두 지역의 주가지수 변화는 비슷한 양상을 보이고 있다. 주가지수는 1992-1995년까지 하향세를 보이는데, 이것은 상하이, 선전 증권거래소는 각각 1990년과 1991년부터 영업을 시작하여 당시에 첫출발이라서 시장규모도 적고 주식거래시스템이 제대로 구축되어 있지 않았기 때문인 것으로 판단된다. 1995-1997년까지 상향추세를 보이는데, 1993년부터 주식발행이 전국각지로 확산되어 1996년 주식호황이 왔지만 제대로 자본수급시스템이 구비되지 않은 상태에서 투기광풍이 성행하였다. 1998년에는 국무원 직속으로 증권감독관리위원회가 조직되어 전국의 증권시장을 주관하게 되었다.

6) 이정진, 중국 주식시장에 대한 이해, KB 지식비타민, 14-76호, 2014.10.6., 2쪽. 최근 자료정리

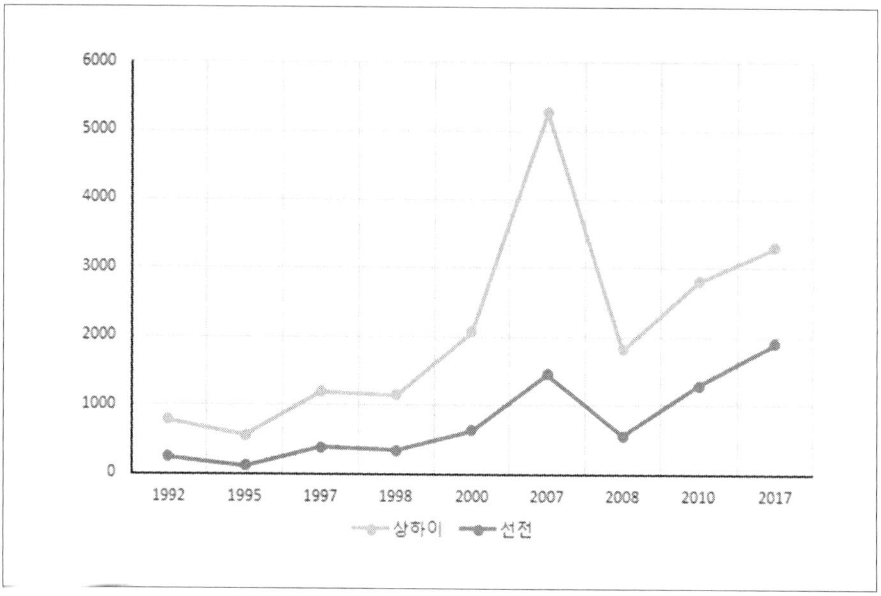

* 자료: 中國統計年鑑

<그림12-1> 상하이, 선전 증권거래소 종합주가지수 변화

1998-2007년까지 가파른 상향추세를 보이는데 당시에 중국이 WTO가입으로 고속성장의 기회가 마련되고 대형 국유기업의 주식제로 전환한 것이 주가지수에 큰 영향을 준 것으로 판단된다. 2007년 상하이, 선전 주가지수는 각각 5262,1447로 가장 최고점을 기록했고 1992년 주가지수(780, 241)의 6.7배, 6배나 된다. 그러나 2008년에는 두 지역 주가지수가 급락하여 각각 1821,553이 되는데 글로벌 금융위기의 영향이 큰 것으로 본다. 2010-2017년까지 약간의 변동은 있으나 상향추세를 보이며 2017년 상하이와 선전 주가지수는 각각 3307,1899를 나타내고 있다.

2. 외환시장의 형성과정

1) 계획경제하의 환율정책

과거 중국 사회주의 계획경제하의 환율정책은 일괄수지관리[7]와 집중관리 및 통일관리를 원칙으로 하는 단일적인 계획환율제도라고 말할 수 있다. 이 시기에는 위안화 안정과 무역수지 평형의 유지에 주안점을 두고 각국이 공포하는 외국환율을 참고하여 평가절상이나 평가절하가 발생했을 때 위안화환율을 조정하였다. 그러나 1972년 이전에 서방국가들이 고정환율제도를 시행하였기 때문에 위안화 환율변동은 거의 발생하지 않았다.

1973년 서방국가들이 보편적으로 변동환율제도를 시행하면서 환율변동이 자주 발생하기 시작했는데 중국도 국제외환시장의 변동에 적응하여 인민폐의 안정유지와 수출을 통한 외환획득을 보장받기 위해 서방국가의 외국환율 변동상황를 참조하고 스탠다드·바스켓[8](Standard basket) 방식에 따라 인민폐 환율을 조정하였다.

2) 이중환율제도 실행시기

1979년부터 중국정부의 적극적인 개혁개방정책 추진으로 대외무역이 발전하고 외국인투자가 유치됨에 따라 종전의 일괄수지 외환관리제도가 한계점을 드러내게 되었다.

---

7) 일괄수지관리(統收統支) : 모든 기업은 벌어들인 외환을 전액 국가에 매각하고, 필요한 외환은 국가의 외환수지계획에 따라 분배받는 형식.

8) 스탠다드·바스켓 : 국제유동성의 양적 부족을 보완하기 위해 새로이 창출된 SDR 의 가치는 여러나라 통화의 가중평균치로 표시되는 데, 이 때 각국통화의 가중치를 미리 결정하여 일정기간 사용하게 된다. 그리고 한 시점에 있어서의 어느 한 통화에 대한 SDR의 가치는 바스켓 안에 있는 각국통화를 당시의 환율을 적용하여 그 통화로 환산한 것과 일치한다. 이방법에 의하면 어느 한 구성통화의 평가절상은 기타통화로 표시되는 SDR의 가치를 상승시키게 되며 평가절하의 경우에는 기타통화로 표시되는 SDR의 가치를 하락시키게 됨. (이효구, 현대외환론, 박영사, 1978, 257-258쪽)

동년에 외환관리기구 및 법규가 정비되고 외환유보제도와 외환사용한도액제도가 마련되었으며, 1980년대에는 외환조절시장이 건립되어 공정환율과 조절환율이 동시에 운용되는 이중환율제도가 실행되었다.

(1) 외환유보제도 시행

여기서 외환유보제도란 수출을 장려하기 위한 제도로, 기업이 수출로 벌어들인 외환 중에서 일정 비율을 중앙정부에 상납하고 나머지를 지방정부나 해당수출기업 및 수출품을 제공한 생산기업이 자체적으로 사용할 수 있도록 인정해 주는 제도이다.

<표 12-5> 중국 외환시장 형성과정

시기	주요 외환조치
제도형성기 (1979-84)	* 외환관리국 설치 : 외환관리기구가 중국 인민은행에서 외완관리국으로 전환 * 외환유보제도 도입: 외환관리를 외환할당제도와 외환유보제도로 이원화 * 내부결제환율 도입 : 이중환율제도 도입 * 제한적 외환거래 허용 : 중국은행을 통한 외화사용권 매매 허용
외환시장 수립기 (1984-87)	* 외환조절센타의 시험적 운영 : 외자기업간 외환거래 허용 * 실질적 이중환율제도 : 공정환율과 시장환율 * 외환업무의 취급기관 확대 : 중국공상은행, 화교 및 외자은행, 특수은행 * 외자은행설립의 제한적 허용 : 경제특구에 외자은행 및 중외합자 은행 설립 허용
외환시장의 확대기 (1988-90)	* 외환조절센타 설립확대 및 규범화 : 외환조절에 관한 규정 발표, 외환조절공개시장 도입 * 외환유보 방식의 전환 : 계획초과 수출에 대해 지방과 기업의 유보비율 우대 * 경제특구 내에서의 외화현금 유보 실시
시장 및 제도의 규범화시기 (1991-93)	* 외환유보제도 개혁 : 지역별 차 등제도를 폐지하고 상품별로 유보율 단일화 * 외환조절센타의 정비 : 시장환율의 지역별 격차 해소 추진 * 관리변동환율제도 도입 * 외환조절센타에 개인거래 허용
제한적 자유화시기 (1994-)	* 외환유보제도와 상납제 폐지 : 외환지정은행을 통한 경제 및 매매 제도 도입 * 이중환율제도를 폐지하고 단일변동 환율제도의 도입 * 외환관리제도 개혁방향 제시 * 외환거래센터 설치 : 외환조절센터를 한시적으로 운용하고 중국인민은행이 외환시장에 개입

* 자료 : 노호진, 중국 금융체제개혁의 현황과 향후 전개방향, 아주경제, 1998년 1/2월호, 55쪽에서 재인용.

유보의 의미는 외화현금을 직접 보유하는 것이 아니라 외환을 사용할 수 있는 권한의 한도액을 가리키는 외환액도를(外滙額度)를 보유하는 것을 의미한다.

(2) 외환사용한도액제도

외환사용한도액제도란 외환유보제도의 실시에 따라 생긴 일종의 외환을 사용할 수 있는 권리의 한계로서 기업이나 지방정부 등이 공정환율에 따라 은행에서 외화현금을 매입할 수 있는 권한을 지칭한다. 기업은 수출 및 무역외거래를 통해 획득한 외화현금을 전액 은행에 매각한 후 유보제도의 규정에 정한 비율에 따라 은행으로부터 추후 외화를 사용할 수 있는 외환액도를 받게 되는 데, 외환액도는 외화현금과 함께 외환조절시장에서 유통되었다.

이러한 외환유보제도가 먼저 시행되면서 정부의 계획적인 외환배분이 축소됨에 따라 외환이 남아도는 기업과 모자라는 기업간에 외환불균형상태가 생기기 시작하였고, 이 불균형상태를 해결할 개별기업간 외환거래의 장(場)이 필요하게 되었다. 이에 중국정부는 1980년 베이징, 톈진, 광저우 등 몇 개의 대도시에 있는 중국은행에 외환조절업무를 부과했다. 그러나 외환조절에 참가할 수 있는 주체는 중국 국내기업과 기관 및 군부대에 한정하고 조절가격도 엄격하게 통제하였다.

(3) 외환조절센터 설립

1986년에는 외환조절업무가 중국은행으로부터 국가외환관리국으로 이전되면서 외국인 투자기업에게도 개방되고 조절가격규제도 많이 완화되었으며, 1988년에는 국가외환관리국의 관리 하에 각 광역 지자체 및 경제특구, 연해개방도시에 외환조절센타가 설립되었는데, 동년말까지 전국에 있는 외환조절센타의 수는 90여개가 넘었다. 외환조절가격도 외환의 수요공급 상황에 따라 매매 당사자에 의해 결정되어 일정규모의 외환조절시장이 형성되었다. 또한 1988년 9월에는 처음으로 상해에 외환조절 공개시장이 탄생했는데, 이것은 종래의 외환조절형태가 공개경쟁가격 매매방식으로 발전한 형태로 이후에 북경 등 18개 도시에 설립되었으며, 1993년 말에는 전국적으로 108개의 외환조절센타가 설립되었다.

(4) 이중환율제도의 문제점

90년대 들어와서 이러한 외환조절센타에서 정해지는 시장조절환율과 정부에서 지정한 공정환율과 격차가 벌어지면서 이중환율제도에 심각한 문제가 발생하기 시작했다. 1993년 6월말에는 공정환율은 1달러에 인민폐 5.7위안인 반면, 시장조절환율은 10.8위안으로 인민폐가 대폭 평가절하되어 두 환율의 격차가 두 배정도 벌어져서 외화자원 구조가 크게 왜곡되고 암달러의 성행으로 외환질서가 혼란해졌다. 또한 이 제도의 실행으로 국제적인 비난을 받았으며 일부 국가에서는 수출에 대한 편법적인 보조금정책으로 간주하여 중국수출상품에 대해 상응하는 관세를 부과하는 사례가 발생하였다.

3) 단일환율제도 실행시기

1993년 11월 중국정부는 <사회주의 시장경제체제 건립에 관한 약간문제의 결의(關于建立社會主義市場經濟體制若干問題的決議)>에서 외환관리체제를 개혁하여 시장의 수요와 공급을 기초로 하는 관리변동환율제도와 통일규범의 외환시장을 건립하고 더 나아가서 위안화를 태환화할 것을 제시하였다. 그래서 중국인민은행은 <외환관리체제 개혁심화에 관한 공고(關于進一步改革外滙管理體制的公告)>를 공포하고 1994년 1월1일부터 외환관리체제를 개혁하기로 결정하였는데, 주요 내용은 다음과 같다.[9]

첫째, 1994년 1월 1일 <외화결제·매각, 지불에 관한 잠정규정>을 발표하여 외화수입·외환유보제도 및 상납제도를 폐지하고, 모든 외환에 대해서는 외환지정은행을 통해 매매하도록 하는 의무매각제도를 도입하였다.

---

9) 양평섭, 중국 외환관리제도의 개혁과 향후전망, 지역경제, 1996년 8월호, 89쪽.

둘째, 중국정부는 은행간 외환거래시장을 개설, 외환시장의 현대화를 추진하였다. 94년 4월 외환거래의 현대화를 추진한다는 목표아래 선진국의 외환시장을 모델로 하여 상해에 중국외환거래센터(The China Foreign Trading Center)를 설치함으로써 시장수급에 의한 환율결정 시스템을 도입하였다.

셋째, 통화당국이 고시하는 공정환율과 외환조절센터의 수급상황에 따라 결정된 시장환율로 이원화되어 있던 환율을 시장환율로 단일화하였다. 환율의 단일화는 공정환율이 과대평가되어 시장의 수급상황을 제대로 반영하지 못했던 점을 감안하여 공정환율을 폐지하고, 외환거래센터의 수급상황에 기초하여 결정되는 시장환율로 일원화하였다.

넷째, 1994년 1월 1일부로 중국내에서 외국인이 사용했던 외화태환권(FEC : Foreign Exchange Certificate)의 신규발행을 중지하고, 1995년 1월부터는 FEC의 유통, FEC 기준가격표시 및 결제를 전면 금지하는 조치를 취하였다.

이러한 획기적인 외환관리체제의 개혁으로 인민폐 자유태환화의 기초가 마련되고 외환시장으로서의 기본적인 틀을 갖추게 되었으며, 경제체제가 한층 더 국제관례에 접근되어 중국이 WTO가입과 외국인투자 유치환경을 조성하는 데 유리하게 되었다.

1996년 이후에도 심도있는 외환관리체제 개혁이 추진되었다. 1996년 5월에는 국가 외환관리국이 <국내거주자 사적소유 외화태환방법(境內居民因私兌換外滙辦法)>을 발표하여 거주자 외화사용기준을 대폭 높이고 외화사용범위를 확대하며 규정 한도 내에서 은행을 통해 외환을 매입할 수 있도록 허가했다. 또한 중국거주자가 출국 후에는 국내자산의 수익을 외화로 태환할 수 없다는 규정을 폐지하고; 중국주재기관이나 외국인이 휴대하고 입국하거나 혹은 중국내에서 구매한 자가용품을 판매 후에 생긴 인민폐는 외화로 태환할 수 없다는 규정도 폐지하며; 비거주자가 중국내에서 합법적으로 벌어들인 위안화수입은 외화로 태환하여 국외로 송출할 수 있도록 허가했다.

그리고 동년 11월 중국인민은행장 다이상롱(戴相龍)은 1996년 12월 1일부터 IMF협정

제8조 제2, 3항[10]의 의무를 준수하고 경상항목에서의 위안화 태환화를 실행한다고 선포했다. 외국인 투자기업에 대해서도 외환규제가 완화되었는데, 1997년 7월 1일부터 외국인 투자기업이 외환지정은행을 통해서 외환을 결재하고 또한 계속해서 외환조절센터를 통해 외환을 매매할 수 있도록 허가했다.

3. 외환시장 현황

1) 주요기관

(1) 외환관리국과 중국인민은행

중국정부는 대외개방과 외국인투자 유치를 순조롭게 추진하기 위해서 외환관리 업무를 강화시킬 필요성을 느끼고 1979년 3월 국가외환관리총국(國家外滙管理總局)을 설립하였다. 이 기관은 국무원 소속으로 중국인민은행에 의해 대행관리가 되었는데, 주요 업무는 외환관리조례의 제정, 인민폐 환율의 공포, 외국환은행의 관리, 국제수지의 평형작업 등이다. 또한 1983년에는 국가외환관리국(國家外滙管理局)으로 개명되어 중국인민은행의 지도하에 국가외환을 통일적으로 관리해 왔다.

1998년 국가기구개혁이 추진되면서 중국인민은행과 국가외환관리국간에 업무조정이 이루어졌다. 국제금융기구와 관련된 국제자산, 투자, 거래, 청산, 회계결산 등 업무는 중국인민은행으로부터 국가외환관리국으로 이관되고, 대신에 금융기관 외환업무의 심사비준과 외화자산의 평가 및 감독업무는 국가외환관리국으로부터 중국인민은행으로 이관되었다.

---

10) 제2항 경상지급에 관한 제한의 철폐 : 가맹국은 기금의 동의없이 경상적 국제거래를 위한 지급 또는 자본이전에 대하여 제한을 가하지 못한다. 제3항 차별적 통화조치의 철폐 : 차별적 통화협약 또는 복수통화조치를 실시하도록 허용할 수 없다.

<표 12-6> 중국 외환관리기구의 연혁

· 1950. 1 :	중국인민은행 본점이 국외업무처를 설립함.
· 1950. 2 :	중국은행이 중국의 외환을 취급하는 전문은행이 됨. 중국인민은행의 위탁을 받아 외환관리를 집행함.
· 1952. 4 :	국외업무처와 중국은행 관리처가 합병하여 중국인민은행 직속의 국외 업무관리국이 됨. 중국은행은 중국인민은행 직속의 외환관리부서이며 외환업무를 취급하는 전문은행이 됨.
· 1961 :	국외업무관리국이 국와국(國外局)으로 개명함.
· 1978 :	국외국이 폐지되고 중국은행이 중국인민은행 본점 직속기업으로 인민은행의 권한을 위임받아 외환관리를 집행함.
· 1979. 3 :	국무원 직속으로 국가외환관리총국이 설립되고 중국인민은행이 대행관리함.
· 1982. 8 :	국가외환관리국이 중국인민은행 외환관리국으로 개명됨.
· 1983. 1 :	대외업무수요를 감당하기 위해 다시 외환관리국으로 개명.
· 1983. 9 :	중국인민은행은 중앙은행으로서의 직능을 담당하고 국가외환관리국 및 지국은 외환을 통일적으로 관리함.
· 1988. 6 :	국가외환관리국은 국무원 직속의 국가국(國家局)이 되고 대외적으로 외환관리 권한을 행사함.
· 1990. 1. :	외환관리업무를 강화하기 위해 국가외환관리국을 차관급 수준의 국가국으로 하고 국가외환관리 조직기구를 실행함.
· 1998 :	국가외환관리국은 법에 의해 외환업무를 행사하는 행정기구가 되고 중국인민은행과의 일부 업무조정이 실행됨.

＊ 자료: 趙普平, 我國外滙管理機構沿革, 中國外滙管理 總第42期, 1999.10. 21-22쪽.

국가외환관리국 내부조직이 새로 정비되었는데, 인사부를 포함한 6개 부처로 구분되고, 중앙외환업무센터, 정보센타, 중국외환거래센터 북경지사, 기관서비스센터, <중국외환관리>잡지사 등 5개의 사업체로 나누어진다. 또한 외환관리 업무의 특성으로 전국에 국가외환관리국의 지국이 설립되어 있다. 중국 인민은행 분점 소재지에는 국가외환관리국 지국이 함께 있는데, 탠진, 선양(瀋陽), 상하이, 난징, 지난(濟南), 우한(武漢), 청두(成都), 시안(西安) 등 지국이 여기에 해당한다.

그리고 베이징과 총칭(重慶)에는 별도로 국가외환관리국에 소속된 베이징, 충칭외환관리부가 있었다. 또한 외환업무량이 비교적 많은 다롄, 칭다오, 닝버(寧波), 샤먼(厦門), 선쩐 등 5개 도시에도 지국이 설립되어 있다. 지국은 당해 성(省)·시의 외환관리업무를 담당하는 데, 중국 인민은행 지점 소재지의 지국은 관할구역내의 기타지국의 외환업무를 감독한다. 인사관리에 있어서 중국 인민은행 지점장이 국가외환관리국 지국장을 겸임하고 지방하부조직에서도 일부 중국 인민은행 직원이 국가외환관리국 업무를 겸직했다.

(2) 외환업무 취급은행

1979년 이전에 중국의 외환은 중국은행만이 독보적으로 외환업무를 취급했다. 그러나 개혁개방 이후, 외환관리 개혁도 추진되어 1979년 10월에는 중국국제신탁투자회사의 설립을 계기로 기타신탁투자회사, 금융회사, 재무회사, 임차회사 등이 생겼는데, 이들 회사는 모두 외환업무를 취급했다. 1984년에는 중국공상은행 선쩐(深圳)지점이 , 1986년에는 선문은행(중국은행, 농업은행, 공상은행, 건설은행)의 본점과 지점이, 그리고 교통은행, 중신실업은행(中信實業銀行), 지역소재은행, 선쩐발전은행(深圳發展銀行), 초상은행(招商銀行), 광둥발전은행(廣東發展銀行), 정책은행(국가개발은행, 중국수출입은행, 농업발전은행) 및 일정한 조건을 갖춘 도시상업은행 본점 등이 외환업무를 최급하게 되었다. 현재 전국적으로 금융기관내에 외환업무를 취급하는 것은 보편화되어 있고 외환총액도 점차 증가했다.

외환업무를 취급하는 은행에는 중국 국내은행외에도 외자은행이 있는데, 중국내 최초의 외자은행은 1981년에 설립된 남양상업은행(南洋商業銀行) 사커우(蛇口)지점이다. 1985년에는 중국 국무원의 허가로 4개의 경제특구에 외자은행 설립이 개방되고 1990년에는 상하이, 1992년에는 다롄, 톈진, 칭다오, 난징, 닝버(寧波), 푸저우(福州), 광저우(廣州) 등 7개 도시에서만 개방되었다가 1998년 8월에는 외자은행 설립의 지역제한이 철폐되어 외자은행이 어떤 도시에서도 설립될 수 있도록 허가되었다. 외자은행의 숫자를 살펴보면, 1998년 말 현재 17개국에 해당하는 69개의 외국은행이 중국내에 178개에 달하는 영업기관을 설립했는데 그중에서 현지에 등록한 외자은행과 그 지점은 18개이며 외자재무회사도 7개나 되었다. 그리고 외국은행이 중국내 주요도시에 설립한 사무실은 무려 250개나 되었다.

외자은행의 위안화 취급업무 규제도 단계적으로 완화되어 가고 있다. 1997년 1월에는 중국인민은행이 처음으로 상해에 있는 9개 외자은행이 위안화업무를 취급하도록 허가하고 1998년 8월에는 선쩐 경제특구에 있는 외자은행의 위안화 업무취급을 허가하며 동시에 외자은행의 위안화 취급업무한도를 확대시켰다. 예를 들면, 위안화 운영자금의 한도를 3000만 위안에서 1억 위안으로 증가시켰다. 1999년 6월말까지 25개의 외자은행이 위안화업무를 취급하였는데, 상하이가 19개, 선쩐이 6개이며 위안화 총자산액은 46억 위안, 대출총액도 18.5억 위안에 달했다.

2) 운행방식

(1) 외환거래 시스템 구축

1988년 상하이에 처음으로 외환조절 공개시장이 설립된 후 전국의 주요도시에도 설립되어 1993년 말에는 80%에 해당하는 외화자원이 외환시장을 통해 분배되었다. 그러나 체제와 지방이권의 제약으로 인해 전국에 분포된 외환조절시장에서 자금유동이 원활하게 이루질 수 없었다. 그래서 1994년 1월에는 중대한 외환관리 개혁이 추진되어 중국의 외환시장은 다소 계획적인 외환조절시장 단계에서 시장경제에 부합하는 은행간 외환시장의 새로운 단계로 진입하게 되었다. 이 시장에는 대개 현대전자정보 시스템을 기반으로 은행과 비은행 금융기관들 사이에 외환거래 시스템이 구축되었는데, 1994년 3월부터는 상하이, 베이징, 톈진, 항저우(杭州), 선쩐 등 5개 외환거래센터의 거래망이 형성되고 4월에는 중국외환거래센터가 정식으로 운영되었다.

(2) 회원제 실시

중국 외환시장은 회원제로 운영되고 있다. 중국인민은행의 설립허가와 국가외환관리국의 외환업무 취급허가를 받은 금융기관과 그 지점은 중국외환거래센터에 회원신청을 하고 허가를 받으면 외환거래센터의 회원이 되어 국내외환시장거래에 참여할 수 있게 된다. 회원은 자영회원과 대리회원으로 구분되는데 1999년 8월말까지 중국외환거래센터에 소속된 회원은 330사이며 그중에서 자영회원은 220사, 대리회원은 110사이며, 금융기관별로 구분하면 국유상업은행이 164사, 외자은행이 164사, 비은행금융기관이 2사이다.

<표 12-7> 중국 외환시장의 발전추이

· 1994.12 : 국가외환관리국이 중국외환거래센터 정관에 동의함.
· 1994. 3 : 중국외환거래시스템 시범운행
· 1994. 4 : 중국외환거래센터 정식운행. 이 센터에 홍콩달러 설치
· 1995. 3 : 중국외환거래센터에 일본 엔화거래 설치.
· 1995. 8 : <中國外滙交易中心遠程外滙交易管理辦法>(중국외환거래센터 원격거래방법) 발표, 은행간시장거래에 정보망을 구축
· 1996.12 : 중국인민은행 <銀行間外滙市場管理暫行規程>(은행간 외환시장 임시규정)을 발표, 은행간 외환시장의 조직기구, 회원관리 및 거래행위에 관해 규정함.
· 1998.10 : 국가외환관리국이 외환조절업무 중지에 관한 내용을 발표, 외국인 투자기업의 외환조절업무는 은행을 통해서 함.

* 자료 : 林毓琍, 發展中的中國外滙市場, 中國外滙管理 總第42期, 1999.10, 25쪽.

(3) 외환시장 운행방식

중국외환시장의 운행방식을 살펴보면, 중국외환거래센터는 컴퓨터망을 통해 전국각지의 부속센터 및 조절센터와 외환거래를 진행하는 데, 각 센터의 거래주체는 은행이며, 각 은행의 교역원은 매일 컴퓨터망을 통해 외환거래를 한다. 중국의 외환시장은 위에서 언급한 은행간 외환거래 이외에도 은행과 고객의 외환거래가 이루어지는데, 외환지정은행은 중앙은행이 공포한 인민폐의 미국 달러에 대한 환율가에 근거하여 일정한 변동 범위 내에서 고객에 대한 환율가를 제정하고 고객과 외환거래를 한다. 또한 중앙은행은 외환시장의 특수회원으로 각 은행과 외환거래를 하는데, 중앙은행 공개시장 업무조정실에서는 외환시장의 변화에 따라 시장에 개입하여 외환매매를 함으로써 외환시장의 수요와 공급의 균형을 맞추고 환율을 조절하는 임무를 담당한다.

(4) 외환시장 운행성과와 문제점

중국 외환시장의 운행결과, 이전에 각 지역 외환조절센터에서 차별적으로 이루어진 인민폐 환율이 전국적으로 통일되어 기업이 경영활동을 하거나 외국자본을 이용하는데 유리 하게 되었다. 또한 중국 외환거래시스템의 구축으로 외화자금이 지역간, 은행간 합리적으로 유동되어 회원들이 외환매매업무 처리 중에 발생하는 외환보유의 불균형문제를 제때에 해결할 수 있게 되었다.

그러나 중국의 외환시장은 아직 미숙한 단계에 속하며 국제외환시장과 비교하면 현저한 차이가 있다. 우선 수출입 등 경상거래 부문에 대해서는 주거래은행을 통한 위안화의 태환을 허용하였으나, 자본거래에 대해서는 외환관리국의 사전허가를 받도록 강력히 규제하고 있다. 따라서 직접투자나 주식투자 등 자본거래, 그리고 거주자의 국내에서의 외화 자유판매에 대하여는 계속 제한되어 있다. 또한 외자기업에 대해 구좌개설 은행수의 제한, 원거리 소재지 은행과의 거래 제한, 구좌 한도액 등을 설정하고 있으며 외자은행의 인민폐 업무허용도 제한적이라고 할 수 있다.

4. 위안화 환율변동

1) 위안화 평가절상의 추이

개혁개방 초기부터 중국정부는 이중환율제도(1981-1993)를 시행하는데 이 시기초에 달러당 1.5元으로 지정된 공정환율의 경우는 위안화가 지속적으로 평가절하되어 1993년에는 5.76元, 외환조절센타 환율의 경우는 10.8元으로 대폭 절하하게 된다. 그러나 1994년부터 시작된 단일환율제도 시기(1994-현재)에는 위안화가 달러당 8.7元으로 단일화된 후,

대체적으로 평가절상의 추세를 보이고 있는데, 여기서는 편의상 관리변동환율제도, 사실상의 고정환율제도, 관리변동환율제도의 회복 등 3시기로 구분해서 살펴보기로 한다.

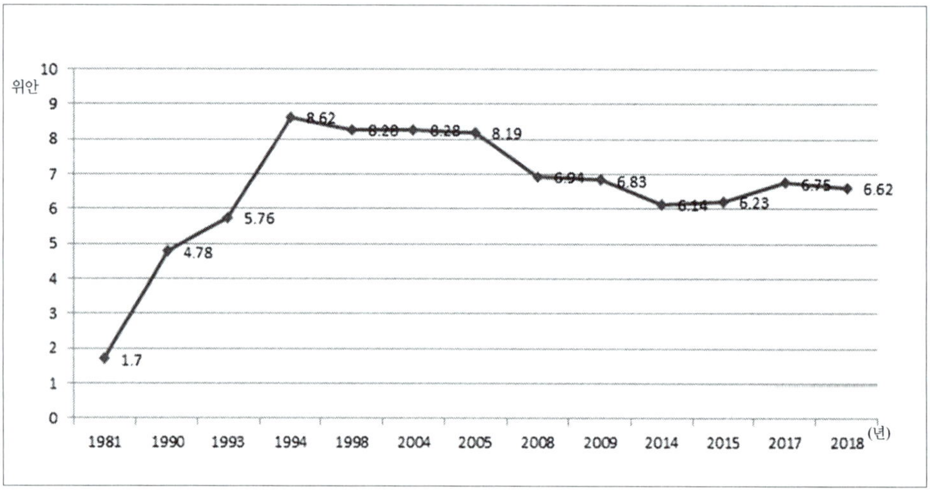

* 자료 : 中國統計年鑑. 2018 中國統計公報

<그림 12-2> 중국 위안화의 對 미국 달러 환율 추이

(1) 관리변동 환율제도 시기(1994-1997)

이 시기는 중국의 외환관리체제가 종전의 중앙집중식 통제관리 방식에서 외환시장의 수요와 공급을 기초로 하는 관리 변동환율 방식을 전환하는 중요한 시기로 볼 수 있다. 1993년 말 중국 인민은행은 외환관리체제 개혁 심화에 관한 공고 (關于進一步改革外匯管理體制的公告)를 발표하고 1994년 1월 1일부터 외환관리체제를 개혁하기로 결정하였다.

<표 12-8> 1994년 이후 중국 외환제도 개혁의 내용과 특징

연도	주요내용	특징
1994	• 이중환율제도에서 단일환율제도로 전환. 1달러당 위안화 8.7元. 외환시장의 수요와 공급을 기초로 관리변동환율제도 시행 • 외환의 의무매각제도를 도입, 은행간 외환거래시장을 개설	• 급격한 평가절하 • 급속한 수출증가
1996	• 국내거주자 외환사용 규제완화 • 위안화 경상항목 자유태환 실시 선포	• 완만한 평가절상 • 위안화 절상 4.5 %
1997-1998	• 동남아 국가들의 자국화폐 평가절하에도 불구하고 위안화는 평가절하 않기로 함. 사실상의 고정 환율제도(달러 페그제)로 전환 • 위안화 환율은 소범위 내에서만 변동, 달러의 일일 변동폭은 명목적으로 상하 0.3%로 함	• 달러화-위안화 환율은 1달러당 위안화 8.2798元과 8.2800元 사이에서 변동 • 중국수출 둔화
2003	• 일본이 선진 7개국(G7) 재무장관 회담에서 위안화 절상을 주장함에 따라 중국이 국제적인 위안화 절상압력에 직면하게 됨 • 중국은 외환제도를 개혁하기에는 여건이 마련되지 않았다는 이유로 위안화 환율안정을 견지함	• WTO 가입 영향으로 수출과 외국기업 투자 유치가 크게 증가하여 외환보유고가 크게 증가함
2005	• 달러 페그제를 버리고 복수통화바스켓을 참조하는 관리변동환율제로 이행, 위안화 약 2% 절상 • 달러를 제외한 기타통화의 은행간 거래에서의 일일 변동폭을 기존의 상하 1.5%에서 3%로 확대 • 각 은행의 매입, 매도 고시환율의 스프레드를 달러에 대해서는 확대, 기타 통화에 대해서는 제한 폐지 • 달러를 포함한 모든 현물환이 은행간 거래에 있어 시장조성자(Market Maker)제도를 도입	• 경제성장 예상치(8%)를 크게 초과한 2분기 GDP 성장률(9.5%), 무역수지 흑자급증
2006	• 시장조성자제도, 상대매매방식 외환거래제도 본격 실시 • 개인 외환 매입한도를 2만 달러로 확대하고 기업의 해외직접투자에 필요한 외환 매입규제를 철폐함	• 미국이 중국을 환율 조작국으로 지정 가능성 제기 • 선진 7개국 재무장관 회담에서 위안화를 비롯해 아시아 각국의 통화 절상을 촉구
2015	• 고시환율의 결정과정에 전일의 마감환율과 시장참여자의 주문가격을 반영함 • 미국 달러에 연동해 온 관리변동환율제을 풀고 13개국 복수통화 바스켓을 기초로 한 CFETS(외환거래센터)위안화 환율지수로 출범	• 위안화평가절하

* 자료 : 중국의 외환관련 자료를 정리하여 작성함.

발표의 주요내용은 외환 의무매각제도[11]를 실시하고 은행간 외환거래시장을 개설하며 외환조절센타의 외환수급 상황에 따라 결정되는 시장환율을 공정환율로 삼아 단일환율제도를 실시한다는 것이다.

이러한 외환제도의 개혁을 추진한 결과, 달러화-위안화 환율은 1994년초 1달러당 8.7元으로 전년에 비해 33.8% 정도 위안화가 대폭 평가절하된 것으로 나타났다. 이에 중국 상품의 가격경쟁력이 크게 높아져서 수출이 급증하고 무역수지도 흑자로 전환되자, 국내에 외환공급의 증가에 따라 위안화가 소폭으로 평가절상하기 시작한 것으로 나타난다.

1996년에도 외환관리체제의 개혁이 추진되었는데, 국가외환관리국이 <境內居民因私兌換外滙辦法>(국내거주자 사적소유 외화태한방법)을 발표하여 국내거주자 외화사용기준을 대폭 높이고 외화사용범위를 확대하며 규정 한도 내에서 은행을 통해 외환을 매입할 수 있도록 허가한 것, 또한 경상항목에서의 인민폐 태환화를 실행하기로 선포한 것 등이 주요 내용이다.

이 시기의 위안화 환율의 변화를 살펴보면, 중국이 줄곧 관리변동환율제도를 견지함에 따라 위안화 환율은 어느 정도의 탄력성을 유지하며 해마다 소폭 인하되어 전체적으로는 1달러당 8.62위안에서 8.29위안으로 평가절상된 것으로 나타난다.

(2) 사실상의 고정환율제도 시기(1998-2004)

이 시기는 중국의 외환관리체제의 개혁이 진전되지 못하고 오히려 퇴보한 시기로 보인다. 1997년 동아시아 금융위기가 발생한 후, 중국은 위안화 환율의 불변을 견지하는데, 비록 주변국가의 화폐 평가절하로 인한 중국 수출부진과 국내경제 침체의 상황에서 수출증가와 경기부양을 위해 위안화 평가절하설이 제기되었지만 세계경제안정과 주변

11) 기업이 수출로 벌어들인 외환 중에서 일정 비율을 중앙정부에 상납하고 나머지를 기업이 자체적으로 사용할 수 있는 종전의 외환유보제도를 폐지하고 모든 외환에 대해서는 외환지정 은행을 통해 매각하도록 함

국가의 어려운 경제상황을 고려하여 위안화 절하를 하지 않았다. 그래서 위안화 환율은 1998년부터 달러당 8.28위안 수준을 유지하면서 위안화를 달러에 페그(peg)시키는 사실상의 고정환율제도로 전환하게 된다.

WTO 가입 후 중국이 무역수지 흑자와 외국인 투자 유치액이 급증하고 외환보유액이 크게 확대되면서 아시아는 물론이고 세계경제에 미치는 영향력이 강해지자, 2002년 일본 재무장관인 Masajuro Shikawa가 처음으로 중국이 위안화 환율에 대해 재평가할 것을 요구하고 이어서 미국과 유럽도 위안화 평가절상을 요구하는 대열에 참가했다.

그러나 중국은 외환제도를 개혁하기에는 아직 여건이 마련되지 않았다는 이유로 개혁보다는 환율안정에 무게를 두고 적극적인 환율제도의 개혁을 추진하지 않았다. 그 결과, 이 시기중 위안화 환율은 1달러당 1998년 8.2791위안에서 2005년 상반기 8.2765위안으로 아주 미미하게 평가절상한 것으로 나타난다. 그렇지만 무역수지와 자본수지 흑자로 외환공급이 확대되고 국제적인 핫머니까지 유입되는 상황에서, 국내적으로는 외환규제로 인해 외환수요가 상당히 제한되어 있을 뿐만 아니라, 대외적으로는 달러화가 약세를 띠고 있기 때문에 중국은 국내외적으로 위안화 절상압력이 더욱 거세지는 국면에 처하게 되었다.

(3) 관리변동환율제도 회복시기(2005년 7월 이후)

이 시기는 중국이 고도 경제성장과 수출급증이 지속되는 상황에서 위안화 절상압력을 해소하기 위해 적극적으로 환율제도의 개혁을 추진한 시기로 볼 수 있다. 중국정부는 마침내 2005년 7월 21일 고정환율제도를 폐지하고 복수통화바스켓을 참조하는 관리변동환율제를 도입한다고 선포했다. 이에 따라 중국 인민은행은 바스켓을 이루는 주요 통화의 변동을 이용하여 기준가격을 공시하며, 시장환율은 이를 기준으로 현행 그대로 상하 0.3% 범위 안에서 움직이게 되었다.

그리고 선포 후 첫 환거래시장에서의 기준환율은 1달러당 8.277위안에서 2.1% 절상된 8.11위안 으로 결정되었다. 같은 해 9월에는 달러화를 제외한 기타 외환의 은행간 거래에서 일일 변동 폭을 상하 1.5%에서 다시 상하 3.0%로 확대하고(단 달러화의 일일 허용 변동폭은 0.3%로 유지), 또한 각 은행의 매입, 매도 고시환율 스프레드[12]도 확대하였다.[13] 그리고 동년 11월 국가 외환관리국은 달러를 포함한 모든 외환의 은행간 거래에 있어 "시장조성자(Market Maker)"[14]제도를 도입하고, 2006년 1월 첫 거래일로부터 은행간 현물환 거래에 있어 기존의 경쟁매매방식 외에 상대매매방식[15]을 추가로 허용하는 조치를 발표했다.

그러나 이러한 외환개혁의 발표와 추진에도 불구하고 실제 위안화 절상폭은 매우 미미하여 2005년 12월말 위안화 환율은 8.07元으로 동년 7월 외환개혁이후 약 5개월간 고작 0.49% 절상한 것으로 나타났다. 그래서 2006년도 상반기에도 선진국의 위안화 평가절상 압력이 지속되었는데, 특히 미국의 경우 중국을 환율조작국으로 지정할 방침을 세우기도 하고 동년 4월 서방 7개국 재무장관회의에서는 중국의 위안화를 비롯해 아시아 각국의 통화 절상을 촉구했다. 이를 반영하듯 원자바오 총리는 2006년 4월 위안화가 정부의 행정조치가 아닌 시장기구를 통해 조정될 것이라고 언급하고, 5월에는 중국 인민은행이 고시하는 기준환율이 7.9982위안으로 절상되었는데, 이는 2005년 7월 위안화 절상조치 이후 처음으로 8위안 아래로 떨어진 것으로 상당한 의미가 있었다.

12) 9월 이전, 각 은행은 달러화의 매도, 매입 고시환율을 "기준환율의 상하 0.2%(현금거래인 경우 1%) 범위" 안에서 각각 결정해야 했으나, 스프레드 확대조치 이후부터는 "기준환율을 사이에 두고 매도환율과 매입환율의l차이가 1%(현금거래인 경우 4%) 범위내에서 허용

13) 은종학, 중국의 최근 외환제도 개혁추이와 2006년도 환율운용 전망, KIEP 오늘의 세계경제, 제 05-41호, 2005. 12. 9, 2-7쪽

14) 시장조성자란 은행간 외환시장에서 매입 및 매도 호가를 지속적으로 제시하고 그에 따라 직접 거래하는 주요 금융기관을 뜻함

15) 매입, 매도자간 외환시장이 정한 원칙에 의거해 자동적으로 거래요인이 합치되는 경우 매매계약이 체결되는 경쟁매매방식에 비해, 상대매매방식은 쌍방이 외환거래의 가격과 수량, 매매조건을 개별적으로 합의해 체결하는 방식임

<표 12-9> 환율제도 개혁 이후 위안화의 대미달러 환율 변동추이

(단위 : 위안/달러, %)

	7.21	12말	2006. 1말	3말	5. 15	7말	9말
위안화 환율	8.1100	8.0702	8.0608	8.0170	7.9982	7.9732	7.9087
절상률	0.00	0.13	0.12	0.30	0.23	0.28	0.63
누계절상률	0.00	0.49	0.61	1.15	1.39	1.99	2.80

* 자료 : 中國國家外滙管理局

2007년 5월에는 위안화 환율의 일일 변동 허용 폭이 상하 0.5%로 확대되고 국제사회의 위안화 절상압력이 작용하여 위안화 가치는 2005년 관리변동환율제 회복이후 2008년 7월까지 21% 상승했다.

그러나 글로벌 금융위기로 금융시장의 변동성이 급격히 확대되자 중국 인민은행은 일일 위안화 고시환율을 약 6.83위안으로 유지하면서 사실상 고정환율제를 시행했다. 2010년 6월 위안화 환율을 다시 기존의 관리변동환율제로 운용한다는 내용의 성명을 발표했지만 위안화 절상은 금융위기 이전에 비해 완만하게 이루어져 2012년 4월까지 2년간 위안화 가치는 약 8% 상승하는데 그쳤다. 그리고 2012년 4월에는 위안화 환율의 일일 변동 허용폭을 상하 1%로, 2014년 4월에는 상하 2%로 추가 확대하는 조지를 시행하였다. 그 결과 위안화 환율은 달러당 6.14위안으로 1994년 단일환율제도 시행 이후 최고의 평가절상을 기록했다.

(4) 시장접근의 관리변동환율제도 (2015년 이후)

2015년 8월에는 중국 인민은행이 '811 외환개혁'을 선포하고 12월에는 CFETS(외환거래센터)가 그동안 미국 달러에 연동해 온 관리변동환율제을 풀고 13개국 복수통화 바스켓을 기초로 한 CFETS위안화 환율지수를 사용한다고 발표했다. 2015년 11월 30일 CFETS위안화 환율지수 102.93으로 2014년에 비해 위안화 환율이 2.93% 인상되었다. 또한 811 외환개혁으로 2015. 8. 11-2016. 8. 11일까지 달러당 위안화(인민은행 고시환율)는 최고 6.2298 위안, 최저 6.6971 위안으로 하강 폭이 8.3%가 되어 10년간의 달러당 위안화 33% 누적 평가절상을 마감했다. 2017년 선진국 경기 회복으로 중국수출과 외국인 투자 유치 증가에도 불구하고 위안화가 계속 평가절하된 것은 미국의 달러가치, 국제적 자본 이동, 유럽경제상황 등 여러 변수를 고려해서 분석할 필요가 있다.

2) 위안화 평가절상 요인

위안화는 중국정부가 추진하는 외환제도의 개혁에 따라 평가 절상해 왔다. 여기서는 위안화 절상의 원인에 관해서 우선 환율변동의 대표적인 이론으로 알려진 이자평가실, 구매력평가설, 국제수지 균형론에 근거하여 분석하고 그 후에 국제적 요인 등 다른 원인에 대해 살펴본다.

(1) 금리와 물가

환율결정이론에 의하면 기타 조건이 불변인 상황 하에서 국가간의 금리차이가 환율을 결정하는 요인이 되는데, 즉 한 국가의 금리가 상승하면 상대적 기대수익률이 높아짐에 따라 화폐수요 증가로 화폐가치가 평가절상하게 된다.

그러나 중국의 경우, 아직도 금리가 완전하게 자유화되어 있지 않고 자본과 금융계정에서도 위안화가 완전히 개방되어 있지 않기 때문에 이러한 금리평가설로 위안화 환율변동을 분석하기에는 설득력이 약하다고 볼 수 있다. 또한 <표12-10>에서 보는 바와 같이 중국과 미국 양국의 금리 차이가 크게 벌어지지 않고 있기 때문에 위안화 환율 변동에 별로 영향을 미치지 못한다. 이것은 1982-2004년 위안화 환율변동과 중미(中美) 금리와의 상관관계를 분석한 중국학자의 연구논문을 통해서도 검증이 되는데, 상관계수가 고작 0.15에 불과해 금리가 위안화 환율변동에 미치는 영향이 아주 미미한 것으로 나타난다.[16]

---

16) 何蓉, 外滙超額供給的原因及對人民幣升值壓力的解釋, 經濟評論, 2006年第1期, 77쪽

<표12-10> 중국과 미국의 경제성장, 물가, 금리지표

(단위 : %)

연도	중국			미국		
	GDP증가율	CPI 지수	정기금리	GDP증가율	CPI 지수	재할인율
1994	13.1	24.1	11.0	4.0	-	4.7
1995	10.9	17.1	11.0	2.5	2.8	5.2
1996	10.0	8.3	7.5	3.7	2.9	5.0
1997	9.3	2.8	5.7	4.5	2.3	5.0
1998	7.8	-0.2	3.8	4.2	1.6	4.5
1999	7.6	-1.4	2.2	4.4	2.2	5.0
2000	8.4	0.4	2.0	3.7	3.4	6.0
2001	8.3	0.7	2.0	0.5	2.8	1.2
2002	9.1	-0.8	2.0	2.2	1.6	0.7
2003	10.0	1.2	2.0	3.1	2.3	2.0
2004	10.1	3.9	2.2	4.2	2.7	3.1
2005	10.2	1.8	2.2	3.5	3.4	5.1
2006	10.9	1.3	2.2	-	-	5.5

* 주 : 정기금리는 1년 예금금리임

* 자료 : 中國統計年鑑 2006, 中國國家統計局, 한국외교부, 미국노동부, IFSY(IMF) 2005, 2006. KIEP 세계경제(대외경제정책연구원), 2권7호, 1997. 7, 178쪽.

구매력평가설에 의하면 국가간에 물가상승률의 차이, 또한 환율을 결정하는 중요한 요인이 되는데, 예를 들면 중국의 물가상승률이 미국보다 높으면 위안화는 평가절하되고 그 반대이면 평가절상한다는 것이다. 이 논리 또한 중국이 시장경제로 전환되어 가는 과도기 상태라는 점에서 전체적으로 적용하기에는 설득력이 약하다고 볼 수 있는데, 이 논리에 의하면 1994-1996년 중국의 물가상승률이 미국보다 높아서 위안화가 평가절하되어야 하는데 실제로는 평가절상 되었다.[17]

그러나 2000년대 들어와서 위안화 평가절상 압력과 관련하여 이 논리가 부분적으로 적용되는 것을 살펴볼 수 있다. 동아시아 각국이 금융위기에서 벗어나자 중국수출과 무

17) 洪淑芬, 人民幣滙率走勢的探討, 中國大陸硏究(臺灣), 42卷1期, 1999.1, 21쪽.

역수지 흑자가 급증하여 위안화 절상압력을 받는 상황이 전개되는데, 중국의 물가상승률이 지속적으로 미국보다 낮아서 서방국가들의 중국을 향한 위안화 평가절상 압력에 좋은 구실이 되었다.[18] 비록 2003년 하반기 이후 중국의 소비자 물가지수가 부단히 상승하면서 위안화 절상압력을 해소하는데 도움이 되는 듯 했으나 2005년부터 물가상승률이 다시 하락하여 절상압력의 수단으로 작용하게 되었다.

(2) 국제수지

국제수지는 환율변동에 있어서 가장 보편적인 결정요인이 된다. 한 국가의 국제수지가 흑자이면 외환공급이 증가하여 당해국가의 화폐는 평가절상되고 반대로 국제수지가 적자가 되면 외환공급의 감소로 평가절하된다. 국제수지 항목중에는 경상수지와 자본수지가 있는데, 전자는 환율변동의 중장기 추세에 영향을 주고, 후자 또한 단기적으로 영향을 미친다.

<표12-11>를 통해 1994-2010년까지 중국의 경상수지 변화를 살펴보면, 17년간 줄곧 흑자를 기록하고 그 규모는 1994년 76.6억 달러에서 2010년 3053.7억 달러로 약 40배로 확대되고 2002년부터는 더욱 가속화되는 것으로 나타났다. 이것은 1994년 외환제도의 개혁으로 위안화가 크게 평가절하되어 중국의 수출이 대폭 증가하는 계기가 되었으며, 2001년 말 WTO가입으로 중국의 수출여건이 상당히 좋아진 것에 기인하는 것으로 파악된다. 동기간 중국의 자본수지 또한 1998년 63.2억 달러 적자를 제외하고는 매년 흑자를 기록하고 최근에 흑자규모가 크게 확대되어 2010년에는 2260.4억 달러에 달하는 것으로 나타나는데, 이것은 중국의 대외개방으로 외국인 투자가 지속적으로 유입되었으며, WTO 가입 후에는 중국의 시장개방이 활발하게 진행됨에 따라 더욱 많은 외국자본이 유입된 것으로 보인다.

---

18) 趙登峰, 人民幣均衡滙率與實際均衡滙率研究, 北京, 社會科學文獻出版社, 2005, 71쪽

<표 12-11> 중국의 국제수지(1994-2010)

(단위 : 억 달러)

	1994	1998	2000	2005	2010
경상수지	76.6	314.7	205.2	1608.2	3053.7
무역	72.9	466.1	344.7	1341.9	2541.8
무역외	-9.7	-27.8	-56.0	-93.9	-221.2
수익	-10.4	-166.4	-146.6	106.3	303.8
이전수지	13.4	42.8	63.1	253.8	429.8
자본,금융수지	326.4	-63.2	19.2	629.6	2260.4
직접투자	357.6	411.2	374.8	678.2	1249.3
증권투자	-31.1	-37.3	-39.9	-49.2	240.4
기타	37.0	-436.6	-315.3	-40.3	724.5
국제준비자산	-305.3	-64.3	-105.4	-2070.2	-4717.4
외환보유액	-304.2	-50.7	-108.9	-2089.4	-4695.6
오차및누락	-97.7	-187.2	-118.9	-167.7	-596.8

* 자료 : 中國統計年鑑 1997-2011.

이와 같이 십여 년간 경상수지와 자본수지 흑자규모의 확대로 중국의 외환공급 규모는 부단히 확대되었지만, 자본유출을 철저히 통제하는 외환관리체제에서 개인과 기업의 외환수요가 규제를 받아 외환의 초과공급 상태가 지속되었다. 중국 인민은행이 위안화 환율안정을 위해 외환시장에 개입하여 달러를 매입함에 따라 외환보유고가 크게 증가해 왔는데, 누적된 외환보유고는 1994년 516.2억 달러에서 시작하여 2006년 9월말까지 총 9879.3억 달러로 일본을 제치고 세계 1위로 등극했다. 또한 2000년대 중반이후 위안화 평가절상에 의한 기대수익을 노리는 핫머니가 유입되어 중국 외환당국의 주시를 받고 있는데, 그 액수가 상당히 커서 외환보유고 급증에 하나의 요인으로 작용하고 있다.

중국의 국제수지와 위안화 평가절상 관계를 살펴보면, 1994년 이후 2010년까지 국제수지가 매년 흑자상태이기 때문에 위안화가 해마다 평가절상되는 것이 합리적이지만 실제로는 앞장에서 살펴본 바와 같이 관리변동환율제도 시기에는 위안화 평가절상이 확실히 나타나고 중간에 수년 동안 사실상의 고정환율제도 시기에는 위안화가 달러에 페그되어 평가절상이 뚜렷하게 나타나지 않았다. 그러나 이 시기에도 외환의 초과공급으로 줄곧 위안화 절상압력을 받았기 때문에 결국 국제수지가 위안화 평가절상의 가장 보편적인 원인이 된다고 볼 수 있다.

(3) 국제적 요인

국제경제 환경의 변화로 인해 발생한 각국 화폐의 환율변화가 위안화 평가절상의 요인으로 작용한다. 1997-1998년 동아시아 금융위기가 발생한 시기에 중국과 주요 무역파트너가 되는 국가의 화폐는 달러에 대해 대폭 평가절하 되었는데, 원화 50%이상, 엔화 약 30%, 대만화폐 25% 각각 절하되었지만 중국은 위안화를 달러에 페그시키는 고정환율제도를 채택함에 따라 위안화가 각국 화폐에 대해 자동적으로 평가절상되어 고평가를 유지하게 되었다.

그러나 2002년 2월 달러화 가치가 최고점에 도달한 후, 약세로 반전됨에 따라 달러화에 고정된 위안화는 유로화, 엔화 등의 주요 통화에 비해 상대적으로 낮게 평가되었는데, 2004년 12월 13일 기준 유로화, 엔화, 원화가 2002년말 대비 각각 26.5%, 14.3%, 11.7% 절상된 반면, 위안화는 고작 0.6% 절상하는데 그쳐 저평가 상태에 놓이게 되었다. 이에 유럽과 일본 등 선진국들은 중국의 수출급증이 위안화 저평가와 밀접한 관계가 있다고 보고 위안화 평가절상을 강력히 요구하고 나섰는데 이러한 국제환경이 위안화 절상의 중요한 요인의 하나가 된 것으로 볼 수 있다.

이효구, 현대외환론, 박영사, 1978.

권선주·김종문, 현대 중국경제의 이해, 대명출판사, 2009.

곽복선외, 중국경제론, 박영사, 2014.

蘇灼基, 중국경제개론, 지영사, 1995.

蘇灼基, 중국경제의 야망, 매일경제신문사, 1996.

노호진, 중국 금융체제개혁의 현황과 향후 전개방향, 아주경제 2권1호, 1998. 2.

박병광, "중국 위안화 평가절상 : 배경과 영향", 정세와 정책, 2004년 3월호.

양평섭, 중국 외환관리제도의 개혁과 향후전망, 지역경제 중국특집호, 1996. 8.

이장규, 중국 금융개혁의 현황과 과제, 대외경제정책연구원, 정책연구, 98-02, 1998.

한광수, 동남아 외환위기 이후의 중국경제전망, 한중경협소식, 통권62호, 1999. 6.

강승호, 『중국 위안화 절상의 산업별 영향』, 『LG 주간경제』 771호, 2004. 03. 17

김주영, 『위안화 절상 가능성 점차 고조』, 『수은해외경제』, 2005. 01

남수중, 김용준, 구영서, 『중국 환율정책 변경 가능성』, 동향보고서, 국제금융센타, 2004.1.9.

삼성경제연구소, 『중국의환율제도와 위안화 환율전망』, ISSUE PAPER, 2003.10.27

은종학, 『중국의 최근 외환제도 개혁추이와 2006년도 환율 운용 전망』, 『KIEP 오늘의 세계경제』, 제05-41호, 2005.12.09

이규인, 『위안화 환율의 절상 가능성 및 전망』, 해외경제 포커스 제 2006-14호, 2006. 4. 2

이장규외, 『중국 금융개혁의 현황과 과제』, 대외경제정책연구원, 정책연구 98-02, 1998

이연호, 허찬국, 『위안화의 평가절상 가능성과 정책적 시사점 : 정치경제학적 접근』, 한국경제연구원, 2004

임승권, 『중국 인민폐 환율절상 가능성의 분석』, 중국학연구, 제29집, 2004. 9

안지연외, 위안화 환율변동성 증가가 우리나라의 대중국 수출에 주는 시사점, KIEP오늘의 세계경제,

한국은행, 중국 불태화 정책의 현황과 향후 전망, 국제경제정보, 제2011-24호, 2011. 5. 26

한국은행, 중국의 금융개혁 추진 현황과 향후 과제, 국제경제리뷰, 제2015-4호, 2015. 3. 10.

한국은행, 중국의 금융제도, 2012.

呂進中, 中國外滙制度變遷, 北京 : 中國金融出版社, 2006.

何澤榮, 中國國際收支硏究, 成都 : 西南財經出版社, 1998.

尙平順, 中國外滙體制改革理論與實踐, 北京 : 中國經濟出版社, 1995.

楊建文, 轉型中的中國經濟, 上海 : 上海人民出版社, 1998.

孫南甲, 中國涉外經濟法, 北京 : 南京大學出版社, 1998.

黃曉玲, 中國對外貿易槪論, 淸華大學出版社, 2009.

韓琪, 中國經濟槪論(第二版), 北京 : 淸華大學出版社, 2013.

王允貴, 外商直接投資, 外匯收支順差與人民幣升値壓力, 管理世界, 2003年11期.

巴曙松, 中國外滙市場的演進 : 理論與政策的發展脈絡, 國際貿易問題, 總第 195期, 1999.3.

李福祥, 人民幣滙率的政策目標與趨勢分析, 中國金融, 總第454期, 1998. 4.

李福祥, 人民幣滙率制度五十年, 中國外滙管理(北京), 總第42期, 1999.10.

周鵬, 中國外滙儲備 : 現狀思考及戰略選擇, 世界經濟文滙, 總第125期, 1998.8.
洪淑芬, 人民幣滙率走勢的探討, 中國大陸硏究(臺灣), 42卷1期, 1999.1.
陳炳才, 2000年人民幣也不應該貶值, 國際貿易, 1999年 第9期.
趙普平, 我國外滙管理機構沿革, 中國外滙管理 總第42期, 1999.10.
馬洪主編, 中國宏觀經濟政策報告 1997, '八五'以來的外滙政策, 北京 : 財政 經濟出版社, 1997.
徐蘇江, 英美及我國外滙市場結構的比較分析, 新金融, 2016年제1期.
姚宇惠, 人民幣均衡滙率的再硏究 : 1998-2015, 國際金融硏究, 2016年第12期.
姚一青, 東亞金融風暴后各國對策及其對我國的啓示, 世界經濟文滙, 總第124期, 1998.6.
姚立新, 東南亞金融危機的貿易效應試探, 世界經濟文滙, 總第125期, 1998.10.
張斌, 人民幣滙率重估與滙率制度, 管理世界, 2004年 第3期.
張曉朴, 人民幣均衡滙率的理論與模型, 經濟硏究, 總第380期, 1999.12.
張嵐松, 東南亞金融危機與人民幣滙率走勢, 財貿經濟, 總第203期, 1998.10.
曹風岐, 論人民幣資本和金融項目可兌換, 管理世界, 2004年第2期.
劉崇明, 東亞金融危機與我國面臨的現實選擇, 中國金融, 總第458期, 1998.8.
茁劍, 中國外債與外債管理, 中國外滙管理, 總第42期, 1999.10.
范錦明, 人民幣維持强勢的能力, 原因及可能趨勢, 中國大陸硏究, 41卷8期, 1998.8.
范錦明, 亞洲金融風暴威脅下的港幣與人民幣, 經濟前瞻(臺灣), 1999.3.
賀曉波, 人民幣滙率的穩定及其調控, 財貿經濟, 1995年 第9期.
閻坤, 中國的外滙管理體制改革:現狀及展望, 財貿經濟, 總第203期, 1998.10.
儲琪, 我國外滙業務的發展和對外金融業的開放, 中國外滙管理, 總第42期, 1999.10.
王吉舟,『人民幣昇值陷穽』,『經濟導刊』, 2005年1-2期
王健,『從微觀視角看我國匯率政策選擇』,『經濟理論與經濟管理』, 2005年第4期
王元龍,『人民幣匯率形成機制的完善』,『經濟理論與經濟管理』, 2005季 第3期
何蓉,『外匯超額供給的原因及人民幣昇值壓力的解釋』,『經濟評論』, 2006年第1期
李建,『在更高層次上叁與國際經濟-1000億美元順差背后值得深入硏究的問題』,『國際貿易』, 2006年第4期
佘根錢,『改革外匯管理體制, 化解人民幣昇值豫期風險』,『經濟要叁』, 第1534期, 2005年7月19日
高長,「人民幣匯率的走向會是如何?」,『經濟前瞻』, 雙月刊97, 2005.1.5
菅濤,「匯制改革初現成效-人民幣匯率形成機制改革對對外貿進出口的影響評估」, 國際貿易, 2006年第2期
柯炳生,『人民幣匯率昇值對我國農業的影響分析』,『經濟要叁』, 總第 1564期, 2005年11月29日
黃澤民,『管理浮動匯率制是我國經濟發展的內在要求』,『國民經濟管理』, 2005年第6期
孫兆明,「人民幣實際匯率與普維什一辛格命題-基于1980-2002年數據的實證硏究」,「外貿經濟, 國際貿易』, 2005. 6
施建準,『人民幣均衡匯率與匯率失調 : 1991 - 2004』,『經濟硏究』, 2005季第4期
張曙光,『人民幣匯率問題 : 昇值及其成本一收益分析』,『經濟硏究』, 2005季5期
張銳, 人民幣匯率改革 : 小動作與大聲勢, 經濟導刊, 2005年9期
陳志昂,『論人民幣匯率的双重均衡』,『管理世界』, 2005年第5期

蔡慧美,『人民幣昇值對臺灣經濟及兩岸經貿之可能影響』,『經濟前瞻』, 雙月刊99, 2005. 5. 5

趙登峰,『人民幣市場均衡匯率與實際均衡匯率硏究』, 北京, 社會科學文獻出版社, 2005

盧向前,『人民幣實際匯率波動對我國進出口的影響 : 1994-2003』,『經濟硏究』, 2005季第5期

劉昌黎,『人民幣昇值的影響-從中日比較看我國的出口貿易』,『國際貿易』, 2006年第3期

劉光溪,「人民幣昇值的虛似性-我國人民幣昇值壓力的政策, 體制和結構的影響因素分析」『, 國際貿易』, 2005年4期

魏榮桓, 人民幣, 滙率的雙向波動及失衡程度, 經濟管理, 2017年第11期.

中國統計年鑑, 國家統計局, 北京 : 中國統計出版社, 2003.

Balassa, Bela, "The Purchasing-Power Parity Doctrine : A Reappraisal, Journal of Political Economy" 72, 1964.

Jingchun Zhang, "The RMB/US Dolla Exchange Rate - An International Political Economy Perspective", China & World Economy, Vol. 13 No 5, 2005,

McKinnon, Ronald I., "Currency wars", The Wall Street Journal 29, July 2005

Xinhua Gu, LanZhang, "Effective of China's Monetary Policy and Reform of Its Foreign Exchange System", China & World Economy Vol 14 No 5, 2006,

Yuanlong Wang, "Rethinking Fast Growth in China's Foreign Exchange Reserves", China & World Economy, Vol. 14 No. 2, 2006,

제 4 부

한중경제 협력

제13장 한중교역

1. 한중교역추이
2. 한중교역 상품구조
3. 한중교역 문제점과 증진방안

최근 한중교역 성장이 비록 미국 금융위기와 유럽 재정위기 등 세계경제환경의 영향을 받아 주춤한 상태에 있지만, 1992년 한·중 수교이후 지난 20여 년간 양국교역은 상호보완관계로 인해 빠르게 성장해 왔다. 특히 우리의 대중국 수출증대는 한국의 경제성장에 큰 기여를 해 왔는데 앞으로도 이러한 상황이 지속될 수 있도록 한중교역의 문제점을 점검하고 대비책을 강구할 필요가 있다.

1. 한중교역 추이

중국의 점진적인 대외개방 추진과 우리기업의 중국시장 진출노력으로 한중교역규모는 빠른 속도로 확대되어 왔다. 1992년 약 64억 달러에 불과하던 교역액이 2018년에는 2,686억 달러로 42배 증가하면서 2004년 이후 중국은 우리의 최대 교역상대국으로 자리매김하였다. 한중교역액은 한미교역액(1313억 달러)의 두 배가 넘는다. 또한 중국은 한국 제1의 수출시장이면서 수입시장이다. 2018년 대중국 수출액은 1,621억 달러로 한국 제2의 수출시장인 대미국 수출액(727억 달러)의 두 배를 초과한다. 대중국 수입액도 1,065억 달러로 그 어느 나라보다도 중국으로부터 가장 많은 상품을 수입하고 있다. 결과적으로 한국은 중국과 홍콩을 대상으로 991억 달러의 엄청난 무역수지 흑자를 올리고 있다. 여기서는 한중교역 추이를 한중수교 이전과 이후, IMF시기, WTO가입이후 등 4시기로 구분해서 살펴본다.

1) 한중수교 이전(1980-1991)

초기의 한중간 교역은 중국의 개혁개방 정책이 시행된 1979년을 전후하여 홍콩을 통한 간접교역 방식의 소규모 상품교역에서 출발했다. 80년대 전반기까지는 교역규모가 10억 달러도 되지 않는 미미한 수준이었으나 후반기에 들어와서 우리정부의 북방정책 추진과 서울올림픽 개최, 중국정부의 우리기업을 향한 산동반도의 개방 등 양국경제교

류 여건이 형성되면서 교역규모가 급속히 확대되었다.[1]

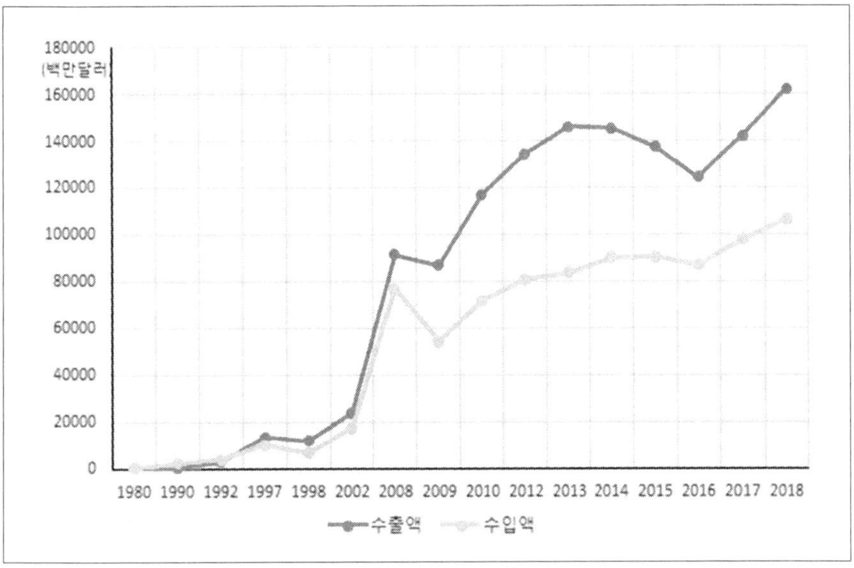

<그림 13-1> 한중교역의 변화

<표 13-1> 한국 대중국 교역추이

(단 위 : 백만 달러, %)

연도	총교역	수출	수입	무역수지
1980	41	15	26	-10
1985	518	40(138.0)	478(133.2)	-497
1990	2853	585(33.7)	2268(33.1)	-1683
1992	6379	2654(164.7)	3725(8.3)	-1071
1995	16545	9144(47.4)	7401(35.5)	1742
1998	18328	11944(-12.0)	6484(-35.9)	5460
2002	41154	23754(30.6)	17400(30.8)	6354
2008	168319	91389(11.5)	76930(22.1)	14459
2009	140949	86703(-5.1)	54246(-29.5)	32457
2013	228922	145869(8.6)	83503(2.8)	62817
2016	211423	124433(-5.9)	86980(-6.9)	37453
2017	239980	142120(14.2)	97860(12.5)	44259
2018	268613	162125(14.1)	106488(8.8)	55636

* 주 : 괄호안은 지난해 증감율임. 80-90년까지 수출액은 홍콩을 통한 중계무역을 포함함.

* 자료 : 한국무역협회(www.kita.net)

1) 대한무역투자진흥공사, 《중국투자실무가이드》, 무공자료 01-1, 2001년, 30쪽.

2) 한중수교 이후(1992-1997)

90년대에 들어와서 한중교역은 91년의 상호대표부 개설, 92년의 무역협정 및 투자보장협정 체결에 이은 국교수립에 힘입어 교역액이 비약적으로 증가하기 시작했다. 홍콩을 통한 간접무역방식도 대부분 직접무역방식으로 전환되고 중국정부가 우리 수출상품에 적용하는 관세도 일반관세에서 우대관세로 바뀌어 중국시장 개척의 좋은 조건이 마련되었다. 또한 한국기업들은 저임금 노동력을 이용하기 위해 중국에 진출하여 중국을 가공무역 생산기지로 활용하기 시작했다. 그 결과 1992년 교역액은 63.8억 달러에 달하고 동년 수출증가율은 165%로 경이로운 기록을 세웠다. 1994년에는 교역액이 100억 달러를 넘어섰고 1997년에는 237억 달러에 달했다.

3) IMF시기(1998-2001)

이와 같이 비약적으로 늘어나는 한중간 교역이 1998년에는 아시아 금융위기의 여파와 중국의 내수부진에 따른 수입수요 감소의 영향으로 급감하여 교역액이 184억 달러로 감소했다. 동년 교역증가율과 대중국 수입증가율은 양국교역이후 처음으로 각각 -21.7%와 -35%의 최저치를 기록했다.

2000년에 들어와서 대중국 수출과 수입이 각각 전년대비 3.8%, 44.3% 증가하고 교역규모가 처음으로 300억 달러를 돌파하면서 회복국면에 진입했다. 이것은 중국정부의 소비부양 조치와 재정지출 확대로 인해 중국의 국내경기가 호전되어 수입수요가 증가하고 우리나라 또한 동아시아 금융위기에서 벗어나 경기가 회복된 것에 기인한다. 특히 2000년도에는 대중화권(중국, 홍콩, 대만)으로의 수출이 현저히 증가함에 따라 이 지역에 대한 수출비중이 미국을 추월하여 가장 중요한 수출시장으로 부상하였다.[2]

---

2) 한국은행 보도자료, <최근의 對중화권 교역동향과 향후과제>, 공보 2001-2-9호, 2001. 2. 13, 3쪽.

4) WTO 가입 이후(2002-현재)

중국의 WTO 가입으로 한중교역이 빠른 속도로 증가함에 따라 교역규모가 크게 확대되었다. 2002-2004년까지 교역증가율은 전년에 비해 각각 30.6%, 38.6%, 39.2%로 3년간 30%대의 높은 증가율을 보이고, 한국 대중국 수출의 경우에도 47.8%, 41.8%, 35.9%로 연평균 41.8%를 기록하며 급증하는 추세를 나타냈다. 그 결과 2002-2004년까지 교역액과 대중국 수출총액은 각각 1775.2억 달러, 1086.3억 달러로 그 규모가 크게 확대되어 1991-2001년까지 11년간의 합계수치(1729.0억 달러, 968.3억 달러)를 초과하는 성과를 올렸다. 2003년 중국은 한국의 최대수출대상국이 되었으며, 2005년에는 교역규모가 1000억 달러를 넘어섰다.

중국이 WTO 가입이후 한중교역이 이와 같이 급증한 것은 지리적인 인접성, 양국간 상호 보완적인 산업구조 등 중장기적인 요인 이외에도 중국정부가 2002년부터 WTO 가입 약조사항을 이행함에 따라 관세인하, 비관세장벽 철폐, 시장개방, 대외무역권한의 분산 등 일련의 통상조치에 의한 단기적인 요인이 상당히 크게 작용한 것으로 파악된다. 2002-2004년 중국의 수입증가율이 각각 21.2%, 39.9%, 36.0%로 2001년 8.2%에 비해 상당히 높은 수치를 나타낸 점도 이러한 분석에 더욱 신빙성을 더해준다.

2000년대 중반이후 한중교역 성장은 점차 둔화되는 추세를 보이다가 미국 금융위기와 유럽 재정위기 여파로 감소하거나 정체되는 양상을 보이고 있다. 2009년 한중교역액은 1409억 달러로 IMF이후 처음으로 전년(1683억)에 비해 감소했는데 대중수출과 수입 증가율은 각각 -5.1%, -29.5%를 기록했다. 2012년에도 마찬가지로 마이너스 성장을 기록했는데 수출증가율은 전년대비 0.1%, 수입증가율은 -6.5%로 무역수지 흑자규모가 535억 달러로 확대되었다.

2010년 한국 대중국 수출규모는 1000억 달러가 넘어섰지만 2011년-2016년까지 수출성장추세는 점차 둔화되거나 감소되고 있다. 이것은 중국수출과 한국 대중국 수출추이가 궤적을 같이 하고 있다는 점에서 그 원인을 찾을 수 있는데, 주로 선진국의 경기회복지연과 신흥국 투자부진으로 인한 세계무역 위축이 중국수출에 영향을 준 것에 기인하고, 공급과잉 해소를 위한 구조조정과 부품·소재산업의 국제경쟁력 향상 등 중국내부적인 요인이 작용한 것으로 판단된다.

2017년에는 하락하던 한국의 대중국 수출성장이 반 등하여 2018년에는 대중국 수출액이 1500억 달러를 넘어서게 되는데, 그 원인은 선진국 경기가 회복되고 신흥국으로 투자가 확산되어 세계무역 확대가 중국수출 증가로 이어졌기 때문인 것으로 판단된다.

2. 한중교역 상품구조

교역상품 구조면에서 양국은 아직까지 상호보완적인 관계를 강하게 보이고 있다. 교역초기에 우리나라는 주로 공산품을 수출하고 중국은 농산품을 수출하는 수직교역형태를 이루었으나, 90년대 들어와서 중국의 산업구조가 점차 고도화됨에 따라 공산품의 수출비중이 증가하여 양국의 교역패턴이 점차 수평교역형태로 전환되어 왔다.

한국의 대중국 수출상품 구조에서 상대적으로 중요한 위치에 있는 것은 전자, 전기, 화공, 기계류, 철강, 수송장비 등이다. 그러나 교역구조의 변화측면에서 이들 품목들은 각기 상이한 양상을 보이고 있다. 경공업제품 수출은 주로 직물, 섬유원료 등이 해당되는데 수출비중이 3.2%로 크게 감소되었다. 화공품 수출은 주로 폴리에틸렌, 휘발유, 중유, 벤젠, 톨루엔 등 유기화학품과 유류제품이 여기에 해당되는데 그 비중이 감소하는 추세이지만 2000년대에도 큰 변화가 없어 수출랭킹 2위 품목으로 자리 잡았다. 철강제품은 한중수교초기인 1993년도에 수출비중이 21.8%로 가장 높았으나 점차 하락하여 2018년 현재 4.5%에 불과하다.

대중국 수출품목의 구조변화에서 가장 눈에 띄도록 변화가 심한 것은 전자 및 전기제품이다. 이들 수출제품에는 주로 전자부품, 산업용전자, 가전, 절연전선 등이 해당되는데

1995년 9.1%에 불과하던 수출비중이 2018년에는 48.6%로 가장 많이 증가했다. 대표적인 수출품목인 반도체와 디스플레이는 각각 수출순위 1, 2위를 차지하고 있다.

<표 13-2> 한국의 대중국 주요 수출상품의 변화

(단위 : 백만 달러, %)

	1995		2005		2018	
	금액	비중	금액	비중	금액	비중
수출총액	9144.0	100.0	61915.0	100.0	162125.0	100.0
1차산품	1284.4	14.0	4907.2	7.9	13188.7	8.1
농수산물	119.1	1.3	304.2	0.5	1211.8	0.7
원료 및 연료	1165.3	12.7	4603.0	7.4	11976.9	7.4
경공업제품	2602.2	28.4	5005.1	8.1	5225.7	3.2
섬유원료	456.3	5.0	266.3	0.4	240.2	0.1
직물	840.3	9.2	1495.1	2.4	700.1	0.4
신발 가죽 고무	108.9	1.2	328.1	0.5	460.2	0.3
귀금속 및 보석	1.0	0.0	74.6	0.1	176.8	0.1
중화학제품	5274.2	57.6	52002.6	84.0	143710.5	88.6
화공품	2184.6	23.8	11276.7	18.2	28708.2	17.7
철강제품	952.6	10.4	5769.1	9.3	7312.0	4.5
전기전자제품	852.3	9.3	22621.5	36.5	78803.5	48.6
기계류 정밀기기	957.8	10.6	8743.7	14.1	21810.0	13.4
수송장비	256.7	2.8	3374.9	5.4	3067.1	1.9

※ 자료 : 관세청

한국의 對중국 수입상품구조는 수출의 경우와 마찬가지로 시간이 지남에 따라 뚜렷한 변화를 나타내고 있다. 한중수교가 이루어진 그 다음해인 1993년에 한국의 대중국 수입품은 농림수산품, 섬유류, 화학공업제품 및 광산물이 전체 수입액의 81.3%를 차지할 만큼 집중되어 있었다.

<표 13-3> 한국 대중국 10대 수출입 품목 및 금액 추이

(단위 : 억 달러)

	수출품목		수입품목	
	1992	2018	1992	2018
1	철강판(4.2)	전기전자제품 및 부속품 (661.0)	식물성물질(6.6)	전기전자제품 및 부속품 (349.3)
2	합성수지(3.0)	원자로, 보일러, 기계류(219.3)	원유(2.2)	원자로,보일러,기계류(155.0)
3	철근(2.3)	유기화학품(137.1)	섬유직물(2.2)	철강(56.9)
4	가죽(1.4)	광학정밀 의료용 기기(136.0)	시멘트(2.1)	무기화학품귀금속(43.6)
5	인조섬유(1.3)	플라스틱과그제품(106.9)	석탄(2.1)	광학정밀의료용기기(43.2)
6	직물(1.0)	광물성연료, 광물유 (97.3)	견직물(1.8)	유기화학품(38.9)
7	종이(0.9)	철강(34.6)	곡실류(1.4)	철강의제품(31.9)
8	섬유기계(0.8)	에션오일과 화장품 (26.5)	화학원료(1.1)	플라스틱과 그 제품(29.8)
9	석유제품(0.7)	자동차 및 부품(23.0)	면직물(1.0)	의류와 그 부속품(22.0)
10	석유화학(0.7)	구리와 그 제품 합성원료(18.8)	기타농산물(1.0)	가구침구(21.1)

* 주 : MTL 3단위 기준, 레일은 레일 및 철구조물임.
* 자료 : 한국무역협회(www.kita.net)

그 후에 화학공업제품을 제외한 품목의 수입비중은 점차 낮아지면서 대중국 수입상품의 다양화가 이루어지기 시작했다. 한중교역초기에는 수입품목의 비중이 주로 농산물과 원료성 상품 및 노동집약적 상품에 집중되어 교역형태가 한국은 공업제품을 중국에 수출하고 중국의 1차산품과 원료를 수입하는 수직적 보완관계의 틀을 유지했다. 그러나 시간이 지남에 따라 이러한 수직적 보완관계는 수평적 보완관계로 변하고 있으며 산업간 무역에서 산업내 무역으로 점차 전환되어 왔다.

<표 13-4> 한국의 대중국 주요 수입상품의 변화

(단위 : 백만달러, %)

	1995		005		2018	
	금액	비중	금액	비중	금액	비중
수입총액	7401.0	100.0	38648.0	100.0	106488.6	100.0
소비재	1630.9	22.0	8963.1	23.2	20199.5	19.0
곡 물	119.2	1.6	996.2	2.6	502.0	0.5
직접소비재	373.9	5.0	1674.1	4.3	3339.0	3.1
내구소비재	527.0	7.1	3099.4	8.0	9578.2	9.0
원자재	5182.9	70.0	15203.6	39.3	31737.1	29.8
연료	857.4	11.6	2298.6	5.9	768.8	0.7
섬유류	1362.3	18.4	1272.9	3.3	1860.6	1.7
화공품	578.3	7.8	2339.7	6.0	12414.4	11.7
철강재	1303.4	17.6	4820.7	12.5	8550.3	8.0
비철금속	236.1	3.2	1690.4	4.4	2285.4	2.1
자본재	610.2	8.2	14481.6	37.5	54552.0	51.2
기계류·정밀기기	103.8	1.4	1678.2	4.3	7923.8	7.4
전기·전자기기	478.2	6.5	12235.9	31.7	44034.9	41.3
수송장비	9.0	0.1	391.0	1.0	2096.3	2.0

* 자료 : 관세청

<표 13-4> 한국의 대중국 수입상품 구조의 변화를 살펴보면 전자, 전기, 기계, 정밀, 철강재, 가전제품 등 중화학공업 제품수입이 크게 증가하여 이 분야에서의 산업내무역이 활발히 전개되고 있음을 알 수 있다. 수입비중이 가장 큰 전자전기 관련 제품의 비중은 1995년 6.5%에서 2018년 41.3%로 상당히 높아졌다. 기계류, 정밀기기, 수송장비 등도 그 비중이 소폭으로 상승했으며 화공품의 경우는 2018년 수입비중이 11.7%로 수입랭킹 2위를 차지했다. 반면에 섬유류, 연료, 철강재 등의 수입비중은 대폭 줄었다.

3. 한중교역 문제점과 증진 방안

1) 한중교역 문제점

(1) 무역 불균형

그동안 한국 대중국 수출이 빠른 속도로 증가해서 양국의 무역불균형이 더욱 심각해졌다. 한국은 1993년부터 줄곧 대중국 무역수지 흑자를 기록하고 있는데, 특히 중국이 WTO 가입 이후에는 대중국 무역수지 흑자규모가 더욱 확대되어 2013년 무역수지 흑자규모가 처음으로 600억 달러를 넘어섰다가 2018년 현재 556억으로 약간 축소되었지만 홍콩까지 포함한다면 거의 1000억 달러에 근접하고 있다.

이와 같이 무역불균형이 발생하는 근본적인 원인은 물론 중국이 고도성장에 따른 소비와 수요가 증대되면서 한국으로부터의 원자재, 소비재 등의 수입규모가 커진 점에 있지만, 한국기업의 대중국 투자 진출에 의한 유발수출 효과에 기인하는 것으로 파악된다. 즉 한국기업이 직접 투자한 중국 현지법인이 소재와 부품을 수입하여 생산한 제품을 주로 중국 내수시장이나 제3국 시장에 판매함에 따라, 한국으로부터의 수입금액이 수출금액을 초과하여 무역 불균형이 발생하는 것이다.[3] 중국으로서는 생산에 필요한 중간재와 자본재를 수입에 의존하는 경제패턴이기 때문에 경제운용상 필요불가결한 것이다.

그러나 무역불균형은 항상 중국의 대한국 통상압력으로 작용할 수 있다는 점에서 주시할 필요가 있다. 최근 중국의 통상정책은 수출지상주의에서 탈피하여 내수를 확대하고 수입을 중시하는 균형무역정책으로 전환되고 있다. 공업화 초기단계에서는 기계설비 수입에 필요한 외화를 획득하기 위해 각종 수출드라이브정책이 필요했지만 현재 중국은 공업화 중기단계에 진입하고 외환보유고도 3조 달러가 넘는다. 그래서 중국은 산업구조 고도화를 위한 선진기술 도입과 공업화에 필요한 에너지 수입에 중점을 두고 있다. 이러

3) 김주영, 「한중무역 불균형 원인 분석」, 한국수출입은행 해외경제연구소, 2003. 3, 7-8쪽.

한 정책 추진으로 중국 무역수지 흑자규모가 축소되면 한국에 대한 무역불균형 시정 요구가 더욱 강해질 것으로 예상된다.

(2) 통상마찰

최근 한중간 통상마찰은 공산품의 경우에는 대중국 수출에서, 농산물의 경우 대중국 수입에서 발생하고 있다. 중국은 1997년 반덤핑조례가 제정된 이래 대외 반덤핑 제기건수가 2004년 7월까지 모두 31건이며, 이중에서 한국은 22건으로 가장 많아 중국의 최대 반덤핑 규제 대상국이다.[4] 한국이 이렇게 많은 규제를 받는 이유는 석유화학 등 일부 품목의 대중국 수출비중 과다 및 국내업체간 과당경쟁이라는 한국적 요인도 있지만, 중국이 WTO 가입조건에 따른 관세율 인하, 각종 수입장벽 완화 및 폐지 등으로 시장개방 확대가 불가피해 짐에 따라 자국산업 보호 차원에서 반덤핑 규제를 강화한 것이다. 2013년 한국 수출상품에 대한 세계 각국 수입규제 건수를 살펴보면 인도가 24건으로 가장 많고 중국이 17건으로 두 번째를 차지하고 있다. 중국의 대한국 반덤핑 조치는 2000-2008년 46건에서 2009-2015년 8건으로 감소하지만 대신에 위생 및 검역건수가 동 기준 249건에서 887건으로 대폭 증가해서 우리 상품이 통관거부 당하는 일이 자주 발생했는데, 가공식품이 70%를 차지했다.

농산물의 경우 대표적인 한중 통상마찰 사례로 마늘분쟁(2000-2001년)이 있는데, 이것은 장기간 한국의 대중국 무역흑자 기조 하에서 한국측이 농가의 피해를 구제하려는 통상조치에 중국 측의 반발과 보복이 가해지면서 발생한 것이다. 물론 당시에는 중국이 WTO 미가입 상태에서 국제규범을 무시하고 우리 수출상품에 보복관세를 부과해서 발생했기 때문에 WTO 분쟁해결 절차가 적용되지 않아서 해결하기가 어려운 점이 있었다. 지금은 중국이 WTO에 가입한 상태이기 때문에 분쟁해결이 이전에 비해서 수월해 졌지만, 그래도 WTO에서는 불공정 교역에 대한 반덤핑, 상계관세, 세이프가드 등 합법적인 무역재제 수단을 인정하기 때문에 이 수단을 이용한 무역보복과 통상마찰은 언제든지

4) 오용석, 『현대 중국의 대외경제정책』, 나남출판사, 2004, 423쪽.

발생할 수 있다.[5]

2005년 중국의 산둥성을 중심으로 여러 지역의 한중합작 김치 생산공장에서 생산된 김치가 한국으로 대량 수입되는 상황에서 한국 식약청이 중국산 김치 9개 제품에서 회충, 구충 등 기생충 알이 검출되었다고 발표해서 중국산 김치에 대해 수입제한 조치가 내려졌다. 이에 중국 측도 한국산 김치에서 기생충 알이 나왔다고 발표하고 한국산 김치에 대해 수입을 금지했다. 이 김치분쟁으로 양국의 김치는 해외시장에서 품질을 의심을 받고 제3국의 위생검사를 받아야 했다.

중국정부의 농업발전정책의 추진은 농산물 수출지원으로 연결되어 대한국 농산물 수출이 증가하는 추세에서 우리 농가에 주는 피해가 확대되고 위생검역상의 문제점이 노출되어 한중 통상마찰의 재발 가능성은 높아지고 있다.[6]

3) 대중국 수출둔화

2010년대에 들어와서 우리의 대중국 수출은 둔화되는 추세에 있는데 품목별로는 LCD, 무선통신기기, 석유제품, 석유화학, 자동차부품 등 우리의 주력품목이 대중국 수출 둔화 내지는 감소를 주도하였다. 특히 당시 수출순위 1위인 LCD의 경우 2010년 대중국 수출증가율이 40.8%에서 2011년 9.4%로 큰 폭으로 둔화되더니 2012년에는 1.5%로 더욱 둔화되었다. 수출 둔화원인은 경기변동요인과 우리 대중국 수출의 구조적 요인이 복합적으로 작용한 것으로 파악된다.

첫째는 미국 금융위기와 유럽재정위기 여파로 인한 중국의 수출부진이다. EU와 미국시장은 중국 1, 2위 수출시장인데 이들 지역 경기침체로 중국의 수출이 부진하면 우

5) 김홍률, <중국의 세이프가드 보복관세에 대한 한국과 일본의 대응비교> : 한국의 마늘분쟁과 일본의 버섯분쟁을 중심으로, KIEP세계경제, 2001년 8월호, 83쪽.

6) 송유철, 한·중 농산물 무역마찰과 대응방안, KIEP 오늘의 세계, 제02-23호, 2002.7, 7-12쪽.

리의 대중국 수출이 중간재, 자본재 위주의 가공형 수출구조이기 때문에 대중국 수출부진으로 이어진다. 대중국 수출중 부품·소재의 비중은 2001년 53.0%에서 2012년 상반기 63.9%로 확대되었다가 2016년 50.8%로 줄어 들었다.

둘째는 우리 기업의 대중국 투자 감소와 현지매입 비중의 증가이다. 우리의 대중국 수출은 투자연계형으로서 투자가 증가할수록 수출도 늘어나는 구조인데 최근 우리의 대중국 제조업 투자는 소강상태에 있다. 또한 중국의 산업기술 향상과 부품기업의 동반진출이 확대되면서 중국진출 한국기업의 현지매입이 큰 폭으로 증가하고 있다. 현지매입 비중은 2003년 35.0%에서 2010년 64.7%로 증가한 반면, 동기간 한국수입 비중은 51.6%에서 19.2%로 감소했다.

셋째는 중국시장에서 우리 제품의 경쟁력이 약화되고 있다. 중국정부의 산업고도화 정책으로 중국제품의 기술경쟁력이 빠르게 향상되고 있다. 또한 저렴한 가격과 유통망을 활용한 가격경쟁력 제고와 마케팅 강화를 통해 중국제품의 시장점유율이 확대되고 있다.

무역특화지수[7]를 통해 한중 교역관계를 보면 공산품 분야에서 한국의 수출 경쟁력이 하락하는 현상이 나타난다. SITC 3단위 기준으로 수출특화품목 수는 1995년 70개에서 2011년 41개로 감소했는데 특히 2004년 이후 급속히 감소했다.

고기술 산업 수출비중이 급증했지만 특화지수로 볼 때 고기술산업에서도 LCD 부문을 제외하면 경쟁력이 둔화되고 있다. 반도체는 수출이 수입을 약간 상회하고, 컴퓨터부문 및 음향, 영상, 통신기기 부문도 수입이 수출을 초과했다. 대중국 수출경쟁력은 오히려 중고위기술에서 더 높은 상황이며 섬유, 의류 등 노동집약적 경공업 부문뿐만 아니라 철강 등 일부 주요 산업의 경쟁력도 급속히 하락하고 있다.

---

7) 무역특화지수는 Ii = (Xi - Mi)/(Xi + Mi)로 정의됨. X는 수출이며 M은 수입을 의미함. 해당산업이 수출만 있다면 지수는 1이 되며 수입만 있는 경우 지수는 -1임. 따라서 여기서는 임의로 지수가 0.5 이상일 경우 수출특화품목, -0.5 미만일 경우 수입특화로 정의함. 수출과 수입의 규모가 비슷하면 지수의 값이 0에 근접하고 이 경우 산업내무역이 발생하고 있는 것임.

<표 13-5> 한국의 대중국 무역특화품목 개수 추이

(단위 : 개, %)

구분		1995	2004	2007	2011
수출특화품목 (지수 > 0.5)	개수	70	67	45	41
	비중	39.1	34.7	23.2	21.4
수입특화품목 (지수 <-0.5)	개수	55	61	70	66
	비중	30.7	31.6	36.1	34.4

* 주 : 1) SITC 3단위 기준의 공산품만을 대상으로 분석
2) 공산품의 개수는 199개이지만 일부 품목은 교역이 없기 때문에 연도별로 품목수가 상이함.
* 자료 : 박번순, 한중 교역구조의 변화와 대응, SERI경제포커스, 제392호,

<표 13-6> 기술수준별 무역특화지수 추이

		1995	2004	2007	2011
고기술 산업	전체	0.15	0.34	0.28	0.28
	- 반도체 및 부품	0.33	0.17	0.11	0.23
	- 컴퓨터부문	-0.13	0.41	-0.01	-0.30
	- 음향, 영상, 통신	0.17	0.44	0.41	-0.05
	- 정밀, 광학기기(LCD)	-0.10	0.57	0.71	0.70
중고위 기술산업	전체	0.66	0.67	0.52	0.52
	- 화학	0.63	0.69	0.61	0.56
	- 자동차	0.98	0.95	0.69	0.67
중저위 기술산업	전체	-0.24	0.02	-0.19	0.03
	- 석유 및 석탄제품	-0.31	0.14	0.35	0.70
	- 철강	-0.37	0.11	-0.48	-0.37
저기술 산업	전체	0.04	-0.12	-0.38	-0.43
	- 섬유, 의류	-0.01	-0.13	-0.35	-0.44

* 자료 : 박번순, 한중 교역구조의 변화와 대응, SERI경제포커스, 제392호, 2012. 9. 4. 9쪽.

2) 증진방안

(1) 부품소재 개발과 제품 차별화

우리의 대중국 수출 증대를 지속시키기 위해서는 부품소재 개발과 제품 차별화를 통해 한중분업관계가 계속해서 유지될 필요가 있다. 최근 우리의 대중국 수출 주요상품은 전자, IT, 기계, 자동차, 철강, 석유화학 제품 등으로 구성되어 있는데, 대중국 수출상품의 50% 이상을 부품·소재가 차지하고 있다. 이것은 한중분업관계가 어느 정도 정착된 것을 의미하는데, 마치 한일 분업관계에서 보듯이 한국수출이 잘되면 일본도 따라서 수익을 챙기는 것처럼, 우리도 중국수출이 잘되면 수익을 올리는 분업체계가 형성된 것으로 볼 수 있다.

그러나 최근 중국정부가 자본기술집약산업과 첨단산업의 육성에 박차를 가하여 한국과의 산업기술 격차를 좁히고 있으며 또 한편으로는 중국 시장개방으로 수많은 외국기업들이 중국으로 진출하여 시장경쟁이 격렬해지고 있다. 이에 따라 우리 중국 현지기업들이 현지화 전략의 일환으로 부품을 중국내에서 구입하는 경향을 보이고 있다. 중국에 추월당하지 않고 중국 내수시장에서 경쟁력을 유지하기 위해서는 첨단부품소재 기술개발에 더욱 총력을 기울여야 할 것이다.

수출상품의 차별화를 통해 해외시장에서 중국산과의 경쟁을 극소화시키는 것도 중요하다. 한중간의 분업체계에서는 주로 우리기업의 생산라인만 중국으로 이전하고 연구개발, 디자인, 마케팅, 서비스 등 나머지 과정은 한국에서 진행하는 것이 바람직하다. 즉 고부가가치 부품개발 및 상품개발은 한국에서 추진하고 중국에서는 단지 일반부품을 저렴한 현지노동력을 이용하여 조립한 후 판매하는 경우이다. 만일 한국 본사에서 상품개발을 통해 고부가가치 상품을 생산하여 해외시장으로 수출할 경우 중국 현지공장에서 생산한 동종제품과는 차별화되어 상호경쟁을 극소화시키고, 이로 인해 대중국 투자로 발생하는 해외시장 점유율 하락을 막을 수 있다고 본다. 따라서 우리기업은 중국 현지공장과의 분업을 통해 수출상품이 차별화될 수 있도록 최선을 다해야 한다.

(2) 일반무역 확대

중국은 저임금과 저부가가치에 기초한 단순 임가공무역에서 내수 구매력 확대와 고부가가치에 기초한 일반무역으로 중심을 옮기고 있으나, 이에 대한 한국의 전환속도는 경쟁국들보다 느리다. 중국은 12차 5개년 규획에서 임가공무역에서 일반무역으로의 전환을 명시적으로 밝혔으며, 실제로 중국의 일반무역 비중은 2006년 42.6%에서 2011년 52.8%, 2018년에는 57.9%까지 높아졌다.

한국의 대중국 일반무역 비중은 2007년 29.1%에서 2011년 34.4%로 2007-2011년 사이에 5.3% 상승한 반면, 같은 기간 일본은 14%, 미국은 14.9%, 독일은 9.5%, 대만은 9.3% 상승했다. 중국의 수입시장에서 한국의 점유율은 2011년 현재 9.6%로 일본에 이어 2위를 차지하고 있으나, 소비재시장 점유율은 6.3%로 일본(11.3%), 미국(9.1%), 독일(7.5%)보다 낮다. 2014년에도 중국 내수시장에서 한국 소비재시장 점유율은 4.5%로 떨어졌지만 독일, 미국은 각각 14.3%, 13.2%로 늘어났다.

<표 13-7> 주요국의 중국 내수시장 점유율

(단위 : %)

	2007			2011		
	수입시장 점유율	일반무역 비중	내수용 점유율	수입시장 점유율	일반무역 비중	내수용 점유율
중국전체	100	44.8	100	100	52.8	100
일본	14.0	37.7	11.8	11.5	51.7	11.3
한국	10.9	29.1	7.1	9.6	34.4	6.3
대만	10.6	18.1	4.3	7.4	27.4	3.8
미국	7.3	51.8	8.4	7.2	66.7	9.1
독일	4.7	68.4	7.2	-	-	7.5

* 주 : 내수용 점유율은 내수용 수입시장 점유율임
* 자료 : 이승신 외, 대중국 경제협력 및 무역투자 활성화 방안, 연구보고서, 11-12, 대외경제정책연구원, 2011.

우리는 대중국 수출에 있어서 일반무역 비중과 내수용 수입시장 점유율을 높이는 것이 관건이다. 그러기 위해서는 한국제품의 유통 채널 확보를 위해 한국계 유통 서비스업의 진출을 적극 도모하고, 날로 확장되는 고급 소비재 시장에 대한 접근 전략을 수립할 필요가 있다.

3) 통상행정 교류의 강화

중국의 WTO가입과 한중분업체계에 힘입어 급증하는 우리의 대중국수출은 향후에도 더욱 증가하여 무역불균형이 심화될 수도 있다. 이런 상황에서 중국이 자국산업 보호를 위해 반덤핑 제도를 자주 활용하고 균형무역정책을 적극 추진할 경우, 통상마찰이 가중될 것으로 예상되기 때문에 한중통상마찰 예방차원에서 한중간 긴밀한 통상행정교류가 요구된다.

4) 서비스 산업 투자진출 가속화

중국의 내수시장을 공략하고 한국의 대중국 수출 중에서 일반무역 비중을 높이기 위해서는 유통업 등 제3차 산업의 중국 진출을 가속화해야 한다. 우리의 대중국 투자업종 구조는 최근 중국이 WTO 가입으로 제3차 산업분야에서 적극적인 시장개방을 추진함에도 불구하고 제조업의 비중이 2000년대 초반에는 오히려 90% 이상으로 늘어난 적이 있고 서비스산업에 대한 투자비중은 상당히 낮은 불합리한 상태에 있었다.

서비스 산업 중에서 소매업의 경우만 보더라도 미국, 유럽, 일본 등 선진국의 거대한 유통기업들은 광범위하면서도 지역적인 중국 내수시장을 효율적으로 공략하기 위해서 중국에 진출하여 각 지역에 유통거점을 구축하고 이를 통해 자국 상품을 수입해서 현지

마케팅을 적극적으로 전개하고 있는 반면에, 우리의 소매업은 이마트와 롯데마트가 중국에 진출했지만 경영실패와 사드 영향으로 현지에서 철수한 상태이다. 우리의 대중국 수출구조가 중간재가 대부분이어서 중국수출의 영향을 크게 받을 수 있다는 사실을 감안할 때, 일반무역 비중을 늘려서 대중국수출을 안정시키기 위해서라도 서비스 산업의 중국진출을 더욱 가속화시킬 필요가 있다.

5) 한중 FTA 활용률 증가

한중FTA 활용률을 끌어 올려서 한중교역을 증가시켜야 한다. 2015년 12월 20일 한중FTA가 발효된 후, 2016년 한 해 동안 수출과 수입에서 한-중FTA활용률은 각각 34%, 58%로 상당히 낮은 것으로 나타났다. 그 이유[8]는 관세혜택이 적고 복잡한 행정절차인 것으로 분석되는데 우리 정부는 통관, 서비스개방, 비관세장벽 등 중국측 이행과정에 대한 점검과 함께 원산지 증명 및 관리에 대한 지원을 할 필요가 있다.

8) 신현우, 중국의 FTA체결 동향과 한중FTA 활용 시사점, 산업통상자원부, 2017. 4. 24.3쪽.

김종득 · 김자호,『중국무역환경론』, 두남, 2013.
박성호 · 림금숙,『한중통상정책비교론』, 대명, 2007.
김정수,『국제통상정책론 - 무역정책론 -』, 박영사, 2003.
오용석,『현대 중국의 대외경제정책』, 나남출판사, 2004.
서근태, 『국제경제론』, 삼영사, 1998.
이승신 외, 대중국 경제협력 및 무역투자 활성화 방안, 연구보고서, 11-12, 대외경제정책연구원, 2011.
김주영,『한중무역 불균형 원인 분석』, 한국수출입은행 해외경제연구소, 2003.
남영숙외,『한중FTA의 경제적 파급효과와 주요 쟁점』, 대외경제정책연구원, 2004.
이봉걸, 한 · 중수교 20주년 대중국 수출의 성과와 과제, 한국무역협회, 2012.
이봉걸, 대중국 수출 감소원인과 전망, Trade Focus, Vol 11 No 379, 2012. 9
박번순, 한중 교역구조의 변화와 대응, SERI경제포커스, 제392호, 2012. 9. 4.
박번순, 한중 무역구조의 변화와 시사점, SERI경제포커스, 제179호, 2008. 2. 11.
박번순, 한중 FTA 의의와 주요 쟁점, 삼성경제연구소, 2011.
박종국, 수출부진 타개를 위한 중국 소비재시장 진출방안, 한국수출입은행해외경제연구소, 2016-지역이슈2, 2016.3.
최필수외, 한중경제관계 20년 : 회고와 향후 과제, KIEP오늘의 세계, Vol. 12 No 16.
이원복, 부품 · 소재산업도 중국의 추격 거세, e-kiet 산업경제정보, 제273호, 2005. 9. 14
김경유, 주력산업의 한중간 무역패턴 변화와 시사점, e-kiet 산업경제정보, 제275호, 2005. 10. 25.
송유철,『한·중 농산물 무역마찰과 대응방안, KIEP 오늘의 세계』, 제 02-23호, 2002
오용석,「중국의 대외무역과 한중수출경쟁」,『정책연구』93-36, 1993. 12
탁세령, 「중국의 무역정책과 우리의 대응방안」,『수은해외경제』, 2004.7
한재진, 중국의 對 한국 보호무역 현황과 시사점, 현대경제연구원, 2016.
周漢民, 『中國走進WTO』, 上海, 文匯出版社, 2001
厲無畏,『轉型中的中國經濟』, 上海, 人民出版社, 1998
王子先,『世貿組織與中國進口體制改革』,『國際貿易問題』, 1997年第2 期.
王雲霞,『淺析外貿政策調整對我國經濟的影響』,『北京商學院學報』, 1997. 3
何劍,『WTO框架下中國的戰略性貿易政策選擇』,『外貿經濟, 國際貿易』, 2004年3期
余承柏,「 一九九六年中共對外經濟活動」,『中共研究』, 31卷1期, 1997.
徐强,『恰當的推進策略 - 以 “走出去”促進我國外貿增長方式轉變』,『國際貿易』, 2005年第4期
曹雪,『淺析現階段戰略性貿易政策在中國的不適用性』,『外貿經濟, 國際貿易』, 2004年第8期
陳昱安,『中共對外經貿發展及其面臨形勢』,『中共研究』, 38卷6期, 2004. 6
陳春燕,『“入世” 與我國貿易戰略的選擇』,『經濟與管理研究』, 2004年第4期
楊春玲,「對 “出口導向” 和 “進口替代” 兩種外貿發展戰略的再認識」,『外貿經濟, 國際貿易』, 2003年 第11期
裴長洪,「尋求新的突破 - 我國 “十一五” 期間的對外貿易」,『國際貿易』, 2005年第4期
劉力,『摒弊 “出口至上” : 中國貿易戰略的調整』,『財貿經濟』, 2004年 第9期
劉似臣,「中國對外貿易政策的演變與走向」,『外貿經濟, 國際貿易』, 2004年 第10期

Qiao Yu, "Capital investment, international trade and economic growth in China : Evidence in the 1980-90s", China Economic Review, volume9, number1, 1998

Yingfeng XU, "China's exchange rate policy", China Economic Review11, 2000

제14장 한국기업의 대중국 투자진출

1. 한국기업 대중국 투자추세·
2. 한국기업 대중국 투자구조의 분석·
3. 지역별 진출기업
4. 문제점과 진출방안

90년대 초 한중수교를 계기로 우리 기업의 대중국 투자진출은 활발히 진행되어 왔다. 중국의 저렴한 노동력을 이용할 목적으로 혹은 광대한 중국시장을 개척하기 위해서 중국 현지에 진출한 우리기업들은 변화된 중국의 투자환경에 적응하기 위해 노력하고 있다.

1. 한국기업 대 중국 투자추세

중국은 2000년대 들어와서 줄곧 우리나라 제1의 해외투자 대상국을 유지하다가 2010년대 중반이후 제2의 해외투자 대상국으로 밀려났다. 2018년도 한국 해외투자 신고건수는 베트남이 822건으로 가장 많고 그 다음 미국, 중국 순이고, 투자금액에서는 미국이 108억 달러로 가장 많고 그 다음이 중국, 베트남 순이며 중국과 홍콩을 포함한 대중화권 투자금액은 83억 달러, 전체 투자금액에서 차지하는 비중은 16.7%에 달한다.

우리 기업이 중국에 진출한 누계건수와 누계투자금액은 각각 27335건, 649억 달러로 건당 237만 달러 규모이며 이는 미국(14700건, 1053억 달러)의 건당 716만 달러에 비해 규모가 작은 투자라고 할 수 있다. 우리 기업의 대중국 투자추세는 중국의 WTO 가입 시기를 기점으로 양분되어 살펴볼 수 있다.

1) 중국 WTO가입 이전

(1) 초기단계(1988-1991년)

우리나라의 대중국 직접투자는 1988년 진웅기업의 광둥 텐트봉제공장 설립허가를 처음으로 시작되었다.[1] 1988년부터 중국정부는 한국기업을 중국내로 유도하기 위해 산동

1) 정명기, 《중국경제론》, 한남대학교 출판부, 2000년, 311쪽.

반도를 대외적으로 개방하는 투자유치 전략을 추진하였으나, 그 당시는 한중양국이 미수교 상태이고 상호간에 투자보장협정도 체결되지 않아 우리 기업으로서는 중국시장 진출에 대한 소극적인 자세를 취할 수밖에 없었다.

* 자료 : 한국수출입은행(http://www.koreaexim.go.kr/) 해외투자통계

<그림 14-1> 한국기업 대중국 직접투자의 변화

중국 또한 1988년 경기과열 및 그 다음해에 발생한 천안문 사태로 경기가 급격히 냉각하여 투자환경이 악화됨에 따라 다른 외국인 투자가들과 마찬가지로 우리 기업도 사태추이를 관망할 수밖에 없는 상황이 전개되었다. 그래서 우리 기업의 대중국 투자는 대체로 1991년부터 본격화하기 시작하였다. 이 시기는 천안문 사태에 대한 서방 각국들의 대중국 제재가 해제되어 중국에 대한 투자 리스크가 해소되기 시작하였고, 중국경제의 안정 기조 회복에 따른 개혁·개방정책의 본궤도 진입, 그리고 한중양국관계의 개선에 따라 중국이 국내 한계기업들의 생산기지 이전에 적합한 지역으로 부상하였기 때문이다.

그 결과 1990년까지 신고건수와 투자금액이 각각 총 65건, 2200만 달러에 불과하던 우리 기업들의 對중국 직접투자는 1991년 1년 동안 135건, 4200만 달러로 증가하였다.

(2) 발전단계(1992-1996년)

1992년부터 중국정부가 시장화 개혁을 적극 추진하고, 지역과 산업을 모두 포괄하는 전방위 개방조치를 발표함으로써 우리나라를 비롯한 여러 경쟁국들의 대중국 투자가 급격히 증가하기 시작했다.[2] 중소기업을 중심으로 중국의 저임금 노동력을 이용한 가공무역형 투자가 증가하고 투자업종 또한 다양해지기 시작해서 부동산, 요식업 등에 대한 투자도 증가했다. 그 결과 1996년에는 신고건수 1521건, 투자금액 약 9억 4500만 달러로 90년대에서는 최고치를 기록했다.

(3) 조정단계(1997-2000년)

1997년부터 1999년까지 우리기업의 대중국 투자금액이 해마다 감소하고 있는데, 이는 1997년에 발생한 동아시아 금융위기로 우리경제가 급격히 침체하여 기업들이 자금경색과 구조조정으로 난국에 처하면서 대중국 투자진출을 하기에는 어려운 상황이기 때문이다. 다행히도 2000년에 들어와 우리경제가 IMF시기에서 벗어나면서 기업환경이 호전됨에 따라 대중국 투자금액이 반 등하여 중국시장 진출이 활성화되었다. 1999년 3억 5천만 달러까지 감소된 대중국 투자금액이 2000년에는 7억 6200만 달러로 증가했다.

2) 중국 WTO가입 이후

(1) 성장단계(2001-2007)

중국의 WTO 가입 이후 시장개방에 따라 우리 기업의 대중국 투자가 빠른 속도로 증가했다. 한중수교를 체결한 1992년 우리기업의 對中투자액은 1.4억 달러에 불과하지만

---

2) 안종석,《한국기업의 對中투자 실태와 향후과제》, 조사보고 93-01, 1993.6. 19쪽.

2004년 한 해 동안 실제 투자액은 24.1억 달러로 투자규모가 크게 확대된 것으로 나타났다. 중국 통계에 의하면 동년 우리기업의 대중국 투자액은 62.5억 달러로 한국통계보다 훨씬 더 많은 수치로 나와 있고 중국에서의 투자순위도 홍콩, 버진 아일랜드에 이어 3위를 차지하며, 또한 동년말까지 투자 누계치도 11, 341건, 106.1억 달러를 기록하여 중국은 한국 제1의 투자대상국으로 부상했다.

이와 같이 중국이 WTO 가입 이후 한국의 대중국 투자 규모가 크게 확대된 주요 원인의 하나는 중국의 시장개방 추진으로 볼 수 있는데, 구체적으로는 2002년 외국인 투자 산업지도 목록의 조정으로 많은 업종이 제한항목에서 풀리거나 장려업종으로 전환된 것이 중요한 작용을 한 것으로 파악된다.

한편 이 시기의 대중국 투자의 변화를 살펴보면 2003년까지 빠른 속도로 증가하여 동년 65%의 높은 증가율을 기록했으나 2004년부터는 증가율이 둔화되는 추이를 나타내고 있다. 그 원인은 2004년부터 시작된 수출부가세 환급율 인하, 최저임금제 시행, 외국인 투자 산업 지도목록의 조정, 노무, 세무 관리의 강화 등 외국인 투자환경이 악화된 것이 우리 기업의 대중국 투자진출에 영향을 준 것으로 풀이 된다.

그럼에도 불구하고 2007년에는 대중국 투자 역사상 가장 많은 투자가 이루어졌다. 동년 신고금액과 실제투자금액은 각각 71억 달러, 53.3억 달러로 전년대비 56.9%, 53.4% 증가했다. 그러나 허가선수와 투자선수는 전년에 비해 오히려 줄었다. 이것은 제조업의 진출보다는 우리 금융업의 중국 진출이 대폭 늘어났기 때문인 것으로 파악된다.

(2) 전환단계(2008-현재)

이 시기 대중국 투자추이는 세계경제 환경과 중국 투자환경의 변화로 인해 2007년을 정점으로 하락하다가 2010년 반 등 후 2014년부터는 하락하여 증감을 반복하는 국면을 보이고 있으며, 2018년 증가세로 전환된 것은 선진국 경기의 회복과 중국 외자 유치의 노력이 반영된 것으로 볼 수 있다.

중국 WTO 가입 이후 한국과 주요 국가의 대중국 투자 추이를 비교해 보면 우리의 대

중국 투자가 다른 국가에 비해 기복이 상당히 크다는 것을 발견할 수 있다. 이것은 우리 기업의 대중국 투자가 중국 외자정책의 조정으로 인한 외국인 투자환경의 변화에 제일 민감하게 반응하고 있다는 것을 보여 주는 것이다.

2. 한국기업 대중국 투자구조의 분석

1) 투자업종과 형태

(1) 업종별 비중변화

한국기업의 對중국 투자는 한중수교를 전후로 하여 주로 제조업, 특히 중소기업을 위주로 생산비용 절감을 목적으로 하는 섬유, 신발, 의복 등의 노동집약업종에 집중되어 있었으나 90년대 중반 이후에는 건설업, 도소매업, 운수창고업, 통신업, 숙박·음식업, 부동산 및 서비스업종으로 다양화 되어 가고 대기업을 위주로 내수시장 진출을 목적으로 하는 철강, IT전자, 석유화학, 수송기계 등의 자본기술집약업종으로 확장되어 가고 있다.

한국수출입은행의 해외투자통계에 의하면 1994년 말까지 대중국 잔존투자는 1490건에 약 11억 달러인데, 그 중에서 제조업분야는 1309건에 약 10.1억 달러로 각각 전체의 87.8%, 91.8%를 차지하고 있다. 이와 같이 제조업분야에 집중된 것은 현지의 저렴한 인건비 등 생산요소를 이용하여 제3국 혹은 국내로 수출하고자 하는 우리 중소기업들의 단순한 투자동기에 있다고 볼 수 있는데, 이들 기업이 중국에 투자한 노동집약업종이 비교적 투자금액이 적게 들고 회수주기가 짧아 투자선호도가 높은 것으로 파악된다.[3] 이 기간 중에 투자규모가 1건당 74만 달러에 불과한 것도 대중국 투자 주체가 신발, 의복, 섬유 등 업종을 경영하는 영세한 중소기업인 점을 보여준다.

---

3) 王志樂, <한국기업의 대중국 투자 - 현황과 문제점 및 전망>, 한중경협소식 38호, 1996. 12. 18쪽.

그러나 1994년부터 LG, 대우, 삼성, 현대, 선경, 쌍용, 기아, 포항제철, 금호 등 대기업들이 중국시장 진출에 박차를 가함에 따라 투자업종 구조에 변화를 가져 왔다. 이들 기업이 주로 자본기술집약업종을 취급하기 때문에 전자전기, 자동차, 철강, 석유화학, 기계금속, 건설 등에 관한 대중국 투자항목이 대폭 증가하기 시작하고 투자규모도 1건에 수십만 달러가 아닌 수백만 달러, 심지어 수억 달러로 확대되었다.

90년대 들어와서 중국정부가 3차 산업에 대한 외국인투자를 개방함에 따라 우리 기업들의 유통, 운수, 부동산개발 등 3차 산업에 대한 중국진출이 점차 증가하여 투자업종이 다양화 되어 가고 제조업에 대한 투자집중도가 낮아졌다. 1997년 우리기업의 대중국 업종별 투자현황을 살펴보면 제조업 비중이 66.19%로 낮아지고 숙박음식업, 교통운수·통신업, 건설업, 도소매업, 부동산과 임대업 순으로 3차 산업에 대한 투자비중이 높아진 것을 알 수 있다.

<표 14-1> 우리기업의 대중국 업종별 투자현황

(단위 : 백만 달러, %)

	1997		2007		2018	
	금액	비중	금액	비중	금액	비중
실행금액	781.2	100.0	5330.1	100.0	4766.0	100.0
제조업	516.5	66.1	3866.7	72.5	4372.9	91.9
건설업	41.6	5.4	133.4	2.5	5.5	0.1
농업	3.7	0.4	18.5	0.3	3.9	0.1
에너지공급	2.4	0.3	6.2	0.1	0.2	0.0
광업	0.5	0.1	43.9	0.8	40.3	0.8
도소매업	40.9	5.2	168.7	3.4	137.9	2.9
교통운수, 방송, 통신	50.1	6.4	80.1	1.5	23.0	0.5
금융업	-	-	656.4	12.3	76.0	1.6
과학연구 기술 서비스	0.3	0.0	70.6	1.3	17.9	0.4
숙박음식업	85.0	10.9	26.6	0.5	48.5	1.0
부동산과 임내	37.6	4.9	177.5	3.3	4.3	0.1
사업시설 관리	-	-	6.6	0.1	4.6	0.1

* 자료 : 한국수출입은행(http://www.koreaexim.go.kr/) 해외투자통계

그러나 2000년대 중반이후 다시 제조업의 비중이 높아지면서 2018년 그 비중이 91.9% 달한다. 서비스업종에서는 부동산, 교통운수, 숙박음식업, 유통업 등이 비중이 지속적으로 줄어들고 있고 금융업은 2007년 중국진출이 가장 활발하게 전개되어 그 비중이 12.3%로 제조업에 이어 두 번째로 많은 투자가 이루어졌다. 이것은 중국 금융보험업의 시장개방으로 지역제한과 위안화 업무 취급대상 규제가 많이 완화됨에 따라 우리 금융기관의 중국계 은행의 지분인수와 법인설립이 활발하게 전개된 것에 기인한다. 2007년부터는 위안화 영업에 대해서 고객, 지역 제한이 완전히 사라지기 때문에 외국금융기관의 투자활동이 더욱 활발하게 전개되었다. 그러나 2018년 우리기업의 대중국 투자 금융업 비중은 1.6%로 대폭 축소되었다.

우리 기업 대중국 업종별 투자를 외자기업의 경우와 비교해 보면 우리기업의 제조업 비중이 상대적으로 높다는 점과 부동산업 비중이 상당히 낮다는 점에서 커다란 차이를 보인다.

(2) 제조업 업종별 비중변화

<표14-2> 한국기업의 대중국 제조업 업종별 투자변화를 살펴보면 전통적인 노동집약산업에 해당되는 섬유의복, 신발가죽 등의 비중은 1995년 각각 19.2%, 4.7%에서 점점 감소하여 2018년에는 0.3%, 0.5%로 크게 낮아졌다. 반면에 자본기술 집약산업에 해당되는 전기·기계, 전자통신장비 등의 비중은 각각 6.9%, 12.8%에서 18.9%, 41%로 증가한 것으로 나타났다. 자료에 의하면 대만의 경우 컴퓨터 관련 업체들이 대거 중국에 진출하여 2004년에 전자통신장비의 투자비중이 이미 47%에 달하는 것으로 나와 있다.

이것은 또한 2000년대 중국 외자정책의 조정에 따른 외국인 투자환경의 변화에서 그 원인을 찾을 수 있다. 다시 말해서 중국정부가 산업구조 고도화 전략을 적극 추진함에 따라 자본기술 집약산업 및 첨단산업에 해당되는 업종은 장려항목으로 예전대로 세제우대를 해주고 있지만, 노동집약산업에 해당되는 업종에 대해서는 일부 제한항목으로 분류하여 규제하고 세제우대를 점차 폐지하며 최저임금제 시행에 의한 인건비 상승으로 투자환경이 열악해진 것에 대한 반응으로 볼 수 있다.

<표 14-2> 한국기업의 대중국 제조업 업종별 투자변화

(단위 : 백만 달러, %)

	1995		2005		2018	
	금액	비중	금액	비중	금액	비중
제조업 합계	708.1	100	2172.1	100	4372.9	100
음식료품	55.2	7.8	135.6	6.2	129.5	3.0
섬유의복	135.2	19.1	195.4	9.0	12.9	0.3
신발가죽	33.5	4.7	75.2	3.5	24.2	0.5
목재가구	11.9	1.7	14.5	0.7	22.3	0.5
종이인쇄	3.5	0.5	13.9	0.6	0.3	0.0
고무플라스틱	13.8	1.9	92.9	4.3	100.9	2.3
석유화학	50.0	7.1	196.1	9.0	465.7	10.6
비금속광물	93.2	13.2	87.8	4.0	16.3	0.4
1차금속	22.5	3.2	230.6	10.6	363.4	8.3
조립금속	58.5	8.3	58.7	2.7	25.9	0.6
전기, 기계장비	49.0	6.9	158.3	7.3	825.2	18.9
전자통신장비	90.6	12.8	474.8	21.9	1793.0	41.0
수송기계	48.5	6.8	437.9	19.7	566.0	12.9
의료정밀	6.6	0.9	37.1	1.7	7.6	0.2

* 자료 : 한국수출입은행(http://www.koreaexim.go.kr/) 해외투자통계

(3) 투자형태

우리 기업이 중국진출 초기에는 중국시장정보 부족과 투자경영의 규제로 인해 합자형태가 제일 많았으나 90년대 중반이후 지속적으로 감소하다가 2001년 수출의무 규정 폐지로 더욱 감소하고 대신 단독투자 형태가 크게 증가했다. 그래서 2005년에는 단독투자 비중이 73.2%까지 증가했다. 그러나 2018년에는 그 비중이 63%로 감소하고 50%초과 100% 미만 투자형태가 오히려 30.2%로 증가했는데 이것은 중국정부의 내수확대와 서비스업 발전전략 추진에 따라 합자형태의 서비스 투자와 M&A 투자가 증가한 결과로 파악된다.

<표 14-3> 한국 대중국 투자비율 변화

(단위 : 백만 달러, %)

	1995		2005		2018	
	금액	비중	금액	비중	금액	비중
실행금액	843.2	100.0	2833.8	100.0	4766.0	100.0
50%이하	125.0	14.8	302.1	10.7	465.2	9.8
50%초과 100%미만	279.2	33.1	455.0	16.1	1440.0	30.2
100%	439.0	52.1	2076.7	73.2	2860.8	60.0

* 자료 : 한국수출입은행(http://www.koreaexim.go.kr/) 해외투자통계

2) 투자지역

한국기업의 대중국 투자는 한중수교를 전후하여 주로 환발해지역[4]과 동북3성에 고도로 집중되어 있었으나, 1994년 이후 대기업의 중국진출이 가속화되면서 화남지역과 양자강삼각주로 확대되어 투자지역구조가 다양화되어 가고 있다.

진출초기에 두 지역에 대중투자가 집중된 것은 중국정부의 이 지역에 대한 투자유인정책, 지리적 근접성에 따른 각종 장점, 그리고 문화적 동질성 등 3가지 요인이 작용한 것으로 파악된다.[5] 한편 화남지역과 화동지역에 대한 투자비중은 상당히 낮은 편인데, 이는 대부분의 선진국의 대중국 투자가 이 두 지역을 중심으로 전개된 점과는 대조적이라고 할 수 있다.

우리 중소기업이 이들 지역에 진출하기 어려운 이유는 홍콩 및 대만의 중소기업이 이미 이 지역을 장악하고 기득권을 누리고 있었던 점때문인 것으로 파악된다. 그러나 우리 대기업은 화남지역으로 진출했는데, 그 이유는 우리 대기업이 국제경쟁력을 갖추고 있고 이 지역이 대외개방으로 지역경제가 급속도로 발전하여 소득증대와 산업구조 고도화

4) 환발해지역 : 베이징, 톈진, 허베이, 산둥, 랴오닝; 동북3성 : 랴오닝, 지린, 헤이룽장
화남지역 : 광둥, 광시, 푸젠, 하이난; 양자강삼각주 : 상하이, 장쑤, 저장

5) 안종석, 《한국기업의 대중투자 실태와 향후과제》, 대외경제정책연구원, 조사보고 93-1, 1993. 22쪽.

로 자본기술 집약상품에 대한 수요가 많아졌기 때문인 것으로 본다.

<표 14-4> 한국기업의 대중국 투자 지역별 추이를 살펴보면, 산둥 및 환발해 지역이 차지하는 비중은 1995년 각각 34.0%, 62.0%에서 2018년 7.9%, 27.1%로 그 비중이 크게 낮아진 반면에 장쑤 및 양자강삼각주 지역은 10.8%, 23.8%에서 34%, 41%로 크게 높아진 것을 발견할 수 있다.

이와 같은 변화가 발생한 것은 산둥 및 그 주변지역은 대체로 우리 중소기업들이 중국의 저렴한 노동력을 이용하기 위해 생산비용 절감형 투자목적으로 진출한 지역에 해당되고 장쑤 및 그 주변지역은 주로 우리 대기업들이 자본기술집약형 투자 혹은 중국 내수시장 공략을 위해 시장진출형 투자목적으로 진출한 지역에 해당되기 때문이다. 그런데 최근 중국의 외자유지정책 변화가 전자에 대해서는 불리하게 후자에 대해서는 유리하게 영향을 미치고 있어서 이러한 상황이 지속될 것으로 예상된다.

그리고 2010년대에 들어와서는 중국의 내수시장 확대와 도시화 추진에 따라 쓰촨, 산시(陝西) 등 중서부지역으로의 투자진출이 증가하는 추세에 있다

3) 투자수익

중국의 WTO 가입 초기에는 우리 기업의 대중국 투자 수익률이 비교적 양호하고 대체로 투자에 만족하는 반면, 2005년 이후에는 투자 만족도가 떨어지고 수익률이 낮아진 것으로 분석된다. 한국 수출입 은행이 2004년 2월에 발표한 '재 중국 한국투자의 현지법인 기업의 경영상황 분석보고'에 따르면 흑자기업이 77.3%이며 수익률 10.8%에 달하는 것으로 나타나는데, 이 같은 결과는 2002년 연말까지 투자금액 1000만 달러 이상의 중국 진출 기업 66곳을 현지 조사해 드러났다.[6] 또한 중소기업 협동조합 중앙회가 2004년 9월에 공시한 자료에 의하면 중국 진출 중소기업 102개사를 대상으로 조사한 결과, '중국 진출에 만족한다'는 기업이 57.4%를 차지한 반면 '만족하지 못한다'는 기업이 13.8%에 불

6) 한국수출입은행, '재 중국 한국투자의 현지법인 기업의 경영상황 분석보고', 2004.2.16.

과하며 현지 법인 경영상태에 대해 흑자라는 응답이 38%, '손익분기점에 달했다'는 응답과 '적자'라는 응답이 각각 31%로 나타났다.[7]

그러나 한국무역협회 국제무역연구원이 2006년 12월 중국에 진출한 국내 180개 업체를 대상으로 설문조사를 한 결과, 26.4%가 적자경영, 39.9%가 흑자경영을 하고 있는 것으로 나타났다.[8] 또한 2007년 수출입은행이 3월 발표한 '중국 및 미국 해외 직접투자 경영분석'에 의하면 중국 진출기업 598곳을 현지 조사한 결과, 중국 진출 업체들의 매출액 대비 평균 순이익률(2005년 기준)은 고작 1.3%에 불과한 것으로 나타나며 그 중에서 성적이 우수한 58개 기업을 별도로 추출해 2003년 이후 순이익률을 추적해 본 결과, 2003-2005년 각각 6.5%, 3.5%, 2.3%로 점차 악화되어 국내기업 7%와 현저한 대조를 이루고 있는 것으로 나타났다.[9]

이와 같이 우리 기업의 대중국 투자 수익률이 점차 하락하는 이유는 생산비용 절감형 방식으로 진출한 중소기업의 경우에는 앞에서 살펴본 것처럼 최저임금제 시행에 의한 인건비 상승 등 투자환경이 악화되었기 때문이며 시장진출을 목적으로 투자한 대기업의 경우에도 중국 내수시장의 공급과잉과 치열한 가격경쟁에 기인하는 것으로 파악된다.

2017년 KOTRA가 중국지역 17개 무역관 관할지역 소재 현지법인 253사를 대상으로 설문조사를 실시한 결과, 재무성과에 대한 전반적인 만족도는 5점 만점에 2.99점으로, 투자회수율 부문은 3.17점, 기업수익률 부문은 3.02점으로 양호하나 시장점유율 부문은 2.93, 매출성장률 부문은 2.84점으로 약간 낮게 나왔다.[10] 이와 같이 기업수익률 점수가 비교적 양호하게 나온 것은 중국진출 투자목적이 생산비용절감형보다는 내수시장진출형으로 전환된 기업이 이전에 비해 많아졌기 때문인 것으로 추론된다. 또한 산업통상자원부와 KOTRA가 함께 실시한 '2018 해외진출기업 실태조사'에 의하면 중국의 경우 임금상승·인력채용 애로와 가격·품질경쟁 심화에 따른 애로가 다른 국가 대비 높은 것으로 나

7) 조선일보, 2004. 9. 6. B3.

8) 한국무역협회 무역연구소, 주간무역리뷰, 2007. 1. 13, 1쪽

9) 매일경제, 2007. 3. 27, A3

10) KOTRA보고서, 2017중국진출 한국기업 경영실태조사, 2017. 9. 13.

타나 현지기업의 성장 및 생산비용에 따른 경쟁심화가 지속되고 있는 것으로 나타났다.

<표 14-4> 한국기업의 대중국 투자 지역별 추이(실제투자액)

(단위 : 백만 달러, %)

	1995		2005		2018	
	금액	비중	금액	비중	금액	비중
전체	843.2	100.0	2646.6	100.0	4766.0	100.0
베이징	69.4	8.2	420.9	15.9	547.2	11.5
텐진	85.9	10.2	214.7	8.1	290.0	6.1
허베이	7.3	0.8	59.4	2.2	10.9	0.2
산둥	287.0	34.0	658.0	24.9	376.5	7.9
랴오닝	74.2	8.8	183.6	6.9	69.1	1.4
지린	37.9	4.5	37.5	1.4	13.3	0.3
헤이룽장	21.3	2.5	12.3	0.5	3.5	0.1
상하이	98.6	11.7	126.4	4.8	168.0	3.5
장쑤	90.8	10.8	611.1	23.1	1618.9	34.0
저장	10.6	1.3	121.8	4.6	122.9	2.6
광둥	21.4	2.5	72.6	2.7	881.9	18.5
푸젠	5.0	0.6	6.2	2.3	28.3	0.6
하이난	6.5	0.8	13.4	0.5	0.0	0.0
산시(山西)	0.4	0.1	0.1	0.0	60.9	1.3
허난	0.3	0.0	18.1	0.7	16.2	0.3
안후이	0.6	0.1	12.4	0.5	16.3	0.3
후베이	0.9	0.1	3.1	0.1	25.1	0.5
장시	0.0	0.0	0.3	0.0	0.9	0.0
후난	0.5	0.1	46.8	1.8	0.1	0.0
자치구	18.1	2.1	15.4	0.6	10.0	0.2
산시(陝西)	0.0	0.0	2.3	0.1	341.9	7.2
간쑤	0.0	0.0	0.0	0.0	4.0	0.1
칭하이	0.0	0.0	0.0	0.0	0.0	0.0
충칭	0.0	0.0	7.7	0.3	40.0	0.8
쓰촨	0.0	0.0	9.3	0.3	70.8	1.5
구이저우	0.0	0.0	0.0	0.0	0.0	0.0
윈난	0.9	0.1	0.6	0.0	0.5	0.0

*자료 : 한국수출입은행(http://www.koreaexim.go.kr/) 해외투자통계

3. 지역별 진출기업

중국으로 진출한 한국기업을 산둥, 베이징과 톈진, 허베이와 랴오닝, 동북3성과 기타, 화남지역, 양자강삼각주 등으로 구분해서 주요 한자기업(韓資企業)들이 소재한 지명과 생산품을 소개한다.

1) 산둥성 진출기업

산둥	- 동아정밀기계(文登, 자동차부품), 동우기획(威海, 임가공, 섬유복 장), 삼성전자(위해, 팩스, 프린터), 뉴맥스(榮成, 퓨터주변기기), 고려레포츠(靑島, 골프신발), 대농(청도, 복장), 동국전자(청도, 카카세트, 컬러TV), 동성교역(청도, 폴리에스텔 지물), 목우기계(청도, 목공기계), 삼양식품(청도, 리면), 성창피혁(청도, 핸드백), 세원(청도, 나이키신발), 한국지퍼(청도, 지퍼), 삼부(청도, 완구), 동아제약(청도, 소형유리병), 대한전선(청도, 전선케이블), 태경산업(청도, 신발), 한솔전자(청도, 전자부품), 현대정공(청도, 컨테이너), 대우중공업(청도, 자동차부품), 농심(청도, 라면, 스프), 오리엔트 (청도, 시계), 제일제당(청도, 조미료, 육류가공), 고합(청도, 폴리에스테르, 패트병, (주)위드가 인수), 고려페인트(청도, 페인트), 동원(청도, 식료품), 대우종합기계(煙台, 重機제조), 뷔너스어패럴(濰坊, 가죽옷), LG정보통신(유방, 통신장비), 본가(청도, 식당) - 포스코(청도, 강판), 델슨전자(연대, 핸드폰), 효성(청도, 스틸코드), 코오롱패션(청도, 지오루), 동원수산(威海, 식품), 태일정밀(榮城, 컴퓨터주변기기), 제이손(청도, 골프용품), LG전자(연대, 휴대폰), 쿠쿠홈시스(청도, 전기밥솥), 대한제당(청도, 사료공장), LG칼텍스정유(청도, 폴리에스테르원료), LG이노텍(연대, 휴대폰용 소형LCD모듈), 세정악기(청도, 피아노), 터보테크(연대, LG공장임대, CDMA방식 휴대폰), 삼성중공업(산동성 50만평규모) 황우석 수암생명공학연구원(위해, 줄기세포)

2) 베이징과 톈진 진출기업

톈진	- 코리아나(가발), 대일정공(전자부품), LG화학(PVC폴리염화비닐), 로보트 보일러(난방용보일러), 신흥정밀(프레스부품 가공), 삼성항공(카메라), 제일모직(모방직품), 삼성전자(VTR, 컬러TV, PDP, 휴대폰), 삼성코닝(전자전화기기제조), 삼성전기(드럼 콘덴서), 삼성SDI(CPT), 영창악기(피아노), LG전자(에어컨, 전자레인지), 코오롱(여객운수, 관광), 한비산업(신발), 한진해운(컨테이너화물), 포스트레이드(냉연박판) 금호타이어(타이어), 대우전자(전기전자), 조흥은행 천진분점(금융서비스), 외환은행 천진분점(금융서비스), 이마트 4호점 - 현대오토넷(차오디오), 포스코(강판), SK(윤활유), 자화전자(핸드폰), 롯데쇼핑(백화점), 보령메디앙스(유아용품), 수암생명공학연구원(BOYALIFE, 동물복제공장) 파리바케트(SPC그룹 공장, 301개 매장), BF메디컬(의료, 병원)

베이징	- 고려당(제과), 롯데리아(햄버거), 한우리외식산업(음식업), LG산전(엘리베이터), LG그룹(LG빌딩), 코리아나화장품(화장품), 한라중공업(지게차), 한미약품(의약품), 현대상선(해운업), 효성T&C(페트병), 한일합섭(아크릴방직사), 동양(레미콘), - 현대모비스(자동차부품, 변속기, 섀시, 모듈), 만도(자동차부품), 현대하이스코(자동차강판), 현대차(자동차, 105만대 규모), 현대중공업(굴삭기), SK텔레콤(이동통신장비), KCC(건축자재), 우방건설(건설업), 삼호중공업(지게차), 경동보일러(보일러), 가우디(신발가죽), 한미약품(의약품), 현대건설(건설업), LG전자(전기전자), 삼성전자(서비스), LG홈쇼핑(BTV와 합작), 아이스타네트워크(PC방체인), NHN(온라인게임), SK차이나홀딩스, 중국LG그룹, 현대차엔진공장(연구소), 창민테크(환경산업, 초음파 가스유량계), 한라공조(에어컨 컴프레서) , 더베이직하우스(의류패션), 코오롱스포츠(아웃도어) SM, YG, JYP(바이두, 유큐 등과 업무제휴), CJ(영화제작), SPC그룹(제과점), 현대차(바이두, AI, 자율주행 협력), 넥서스커뮤니티(소프트웨어)

3) 허베이과 랴오닝 진출기업

허베이	- 에이스산업(滄州, 콘테이너제조), LG전자(秦皇島, 펌프, 주물), 한국지역난방공사(열병합발전소), 한라(唐山, 시멘트), 현대자동차(滄州)
랴오닝	- 한국중공업(大連, 대형 엔진부품), LG산전(대련, 엘리베이터), 대림수산(대련, 게맛살), 풍원제화(대련, 신발), 화승(대련, 신발), 아세아시멘트(대련, 레미콘), 태평양컨설팅(대련, 부동산개발), 현대상선 (대련, 해운업), 삼한관광(대련, 골프), 한우리외식산업(대련, 한국요리), 진도(대련, 컨테이너), 현대전자(대련, LCD), 대우(대련, 가방, 텐트) ; 한국동방(심양, 방직), 두원공조(심양, 자동차부품), 벽산(심양, 석고보드), 일신기업(심양, 방직), 한국산업리스(심양, 금융리스), 태평양(심양, 화장품), 천룽레미콘(심양, 레미콘) LG전자(심양, 컬러TV), 삼보컴퓨터(심양, PC제조) ; 라성물산(營口, 피혁가공), 한미무역(영구, 화장용솔), 희성물산(영구, 피혁가공) - INI스틸(대련, H형강), 팬택(대련, 핸드폰), 포스코(번시, 냉연강판), 농심(심양, 식품), 동방T&C(심양, 섬유의복제조), LG전자(심양, 컬러액정생산), SR건설(심양, 5700여 가구), 통일중공업(심양, 자동차차축, 金杯汽車와 합작), 한라공조(대련, 자동차에어컨 컴퓨레셔), 남광토건(심양, 3000가구 아파트), SR개발(심양, 5500가구) 한온시스템(대련, 에어컨컴프레셔)

4) 동북3성과 기타지역 진출기업

지린	- 갑을방직(延吉, 면사), 현대강관(훈춘, 강관제조), 대우그룹(연길, , 호텔업), 두산경월(龍井, 소주), 풀무원(용정, 식품제조), 삼화타일(연길, 타일), 한신공영(연길, 건설업), 쌍방울(훈춘, 방직) 동일섬유(훈춘, 메리야스), SK(장춘, 석유화학), 한온시스템(창춘, 에어컨컴프레셔)

헤이룽장	- 하얼빈 : 삼익악기(피아노), 태일정밀(컴퓨터주변기기), 한우리외식산업(한식), 대우제지(목단강, 제지), 만도(제동장치)
기타	- 현대자동차(武漢, 자동차제조), 금호건설(무한, 운송사업), 금호고속(成都, 여객운송서비스), LG전자(長沙, 브라운관), LG산전(성도, 엘리베이터), 금호건설(성도, 여객운송서비스), 대우(성도, 고속버스운수), - SK(서안, 아스팔트), SK종합화학(武漢, 석유화학 NCC), 한국전력(焦作, 열병합발전소), 삼현바이오(서안, 유기농판매) - 삼성전자(서안, 반도체), 현대자동차(사천, 상용차), 삼성SDI(서안, 전기차 2차전지), 한온시스템(충칭, 에어컨컴프레셔), 현대자동차(구이저우, 빅데이터센타), 현대자동차(충칭, 제5공장), 휴롬팜(성도, 쥬스카페), ENF(무한, 반도체케미컬)

5) 화남지역 진출기업

화남지역	- 동성화학(番禺, 접착제), 삼성전기(廣州, 스피커, 자판기), 삼성전기(동관, 키보드), 진도(번우, 컨테이너), 현대정공(광주, 컨테이너), LG(惠州, 오디오), 삼성전기(東莞, 전기제품), 삼성전자(혜주, 오디오), 남성(동관, 운동화), 삼성SDI(심천, 브라운관, 휴대폰), 레인콤(東莞, MP3), 더리프(광주, 의류온라인판매), BF메디컬(광둥, 의료) - 이수 세라믹(동관, 전자부품), 아남(동관, 오디오), 동국무역(스판덱스), SK(광주, 특수플리머), 혜태전자(深圳, 오디오), SK(심천, ABS수지), 삼성SDI(동관, CRT, CDT), 레인콤(동관, 휴대형 디지털 멀미미디어기기) - 진웅(厦門, 텐트), 수산중공업(厦門, 유압브레이카), 바우전자(厦門, 무선전화기), 대한중석(厦門, 텅스텐), 로케트(厦門, 알카리전지), 삼성코닝(심천, 브라운관용 유리공장), 성호전자(주하이, 필름콘덴서, 제품차별화), LG디스플레이(광저우, OLED), 코스메카코리아(포산, 화장품)

6) 양자강삼각주 진출기업

상해시	- 한영목장(유제품), 주화산업(백), 진로(과자), 태일정밀(전기전자), 포스코개발(부동산개발), 쌍용(시멘트. 레미콘), 신세계, 이마트(1-3호점), 삼성화재(지점), 삼성전자(네트워크 장비), 파리바게트(빵) = 현대모비스(카오디오, 카에어컨, 에어백), 삼양사(엔지니어링 플라스틱), SK(신약연구소, 솔밴트), LG패션(상해, TNGT), 아가방(아동복), 이랜드(캐쥬얼), 농심(상해, 식품), 호남석유화학(포리프로필렌), 현대택배(배달), CJ홈쇼핑(SMG와 합작), 코스맥스(화장품), SK생명과학연구소, 삼성전자디자인센타, SK네트웍스(의류패션), 아비스타(여성의류), 세정그룹(남성캐주얼), 범한핀토스(물류), 아모레(화장품), 오리온(과자), 락앤락(용기), 한솔교육, 우리들병원, 삼성 메디슨(의료기기), 산업은행, 외환은행, 씨엔씨엔(화장품유통)

강소성	- 동국무역(昆山, 봉제의류), 보생(곤산, 신발), 동아제약(吳江, 박가스), 엘칸토(太倉, 고급구두), 계양전기(蘇州, 전동공구), 금호타이어(남경, 타이어), 한국타이어(淮安) - 삼성전자(소주, TFT-LCD, 반도체, 반도체연구소), LG필립스LCD(남경, 디스플레이), LG전자(남경, PDP)현대중공업(상주, 굴삭기), 포스코(장가항, 칼러강판), 포스코(소주, 스테인레스), SKC(소주, IT용가공필름), 기아차(염성, 1-3공장 75만대규모), 현대모비스(자동차부품) , 만도(소주, 제동장치), 코오롱(남경, PTC, 에어백), LG전선(無錫, 전선), 국민은행(소주), - LG화학(난징, 전기차 2차전지), 삼성SDI(無錫, 편광필름), SK하이닉스(無錫, 반도체), 삼성전자(蘇州, LCD), 스마트에프앤디(常熟, 교복), SK이노베이션(常州, 전기차배터리), 한국콜마(大豊, 간강기능식품)
절강성	- LG화학(寧波, ABS), 삼성중공업(영파, 조선업), 세한실크(영파, , 견직물), 만도(영파, 자동차부품), LG생활건강(화장품) - 삼성전자(항주, 시스템LSI), SK(농약용기), 효성(가흥, 타이어코드), 한국타이어(가흥, 타이어), 디올에이치엔비(원저우, 한류 의류복합단지) , 매일유업(항저우, 분유), 한눠건강검진센터(항저우, 의료서비스)

* 자료 : KOTRA, 한국수출입은행, 신문자료 정리

4. 문제점과 진출방안

1) 문제점

우리나라 대중국 투자는 한중수교이후 급속히 증가하여 한중경제협력에 일익을 담당하고 있다. 그러나 최근에는 우리기업의 대중국 투자 청산과 철수가 다른 국가나 지역에 비해 상대적으로 큰 폭으로 증가한 것으로 나타났다.

이와 같이 대중국 투자 청산이 급증하고 있는 원인을 살펴보면 우선 먼저 우리나라 국내 경제사정의 악화로 모기업의 경영악화가 중국내 자회사의 경영에도 악영향을 미쳤기 때문이다. 또 하나의 요인은 한국 기업들의 대중국 투자가 치밀한 사전 조사 없이 단지 다른 기업의 행동만을 모방하여 이루어지는 경우가 많았으며 현지투자환경과 시장전망에 대한 면밀한 연구가 없었기 때문이다. 그리고 고질적인 요인으로 투자입지선정, 파트

너선정, 계약협상, 중국의 법률과 정책에 관한 지식, 노무관리, 유통장벽 등이 중국투자 실패의 원인으로 지적될 수 있다.

앞에서 살펴본 바와 같이 한국의 대중국 투자업종 구조는 중국이 WTO 가입이후 시장 개방으로 약간의 변화가 보이지만, 전반적으로는 제3차 산업에 대한 진출이 아직도 상당히 미약하고 신발, 섬유 등 노동집약업종은 신규투자가 많이 줄었지만 기존 투자비중은 높다.

그런데 최근 중국 투자환경의 변화는 이 업종에 속하는 우리 현지기업에 불리한 영향을 주고 있다. 고도의 경제성장에 따른 인건비 등 생산비용이 증가했을 뿐만 아니라 중국 통상정책의 일환인 외국인 투자유치 정책이 자본기술집약 업종과 첨단업종에는 각종 우대조치를 그대로 부여하고 진통업종에는 각종 혜택을 줄이거나 폐지해 나가는 추세이기 때문에 섬유, 신발 등 기술수준이 낮고 규모가 영세한 노동집약형 중소기업이 현지경영 활동을 하는데 상당한 어려움이 있다.

2) 진출방안

중국 외자정책의 변화는 우리의 대중국 투자진출에 큰 영향을 미치고 있는 것으로 나타나는데 2006년 중국정부가 발표한 '외자이용 11.5계획의 주요내용은 첨단산업에 대해서는 외국인 투자를 장려하고 서비스 업종에 대해서는 개방을 더욱 확대하며 낮은 기술, 환경파괴, 에너지 소모, 생산능력 과잉에 해당되는 산업은 억제한다는 것이다. 이러한 외자정책의 기조는 당분간 지속될 것으로 보기 때문에 우리는 對중국 투자진출에 있어서 중국 외자정책의 변화와 현지 투자환경을 고려하여 적합한 진출방안을 모색할 필요가 있다.

(1) 사전조사와 정보지원

우리기업의 대중국 투자진출이 중국에 관한 사전조사가 충분히 이루어진 상태에서 신중하게 전개되어야 할 것이다 특히 중국의 국내외경제 환경과 발전전략에 비추어 향후 추진될 수 있는 정책을 예측하고 대비하는 자세도 필요하다.

정부, 학계, 기업을 포함한 모든 중국관련 구성체는 상호간에 중국정보를 공유하고 최선의 정보를 우리기업에게 제공하고 조언해 줌으로써 대중국 신규투자, 투자활동, 투자 철수가 수월하게 진행될 수 있도록 지원해야 한다.

(2) 내수시장 진출형으로 전환

투자진출 전략이 생산비용 절감형에서 내수시장 추구형으로 전환되어야 한다. 중국은 WTO 가입 이후 가입약조를 지키기 위해 유통, 은행, 보험, 통신 등 여러 서비스 업종에서의 지역, 영업범위, 외자지분에 대한 제한을 점차 폐지하여 시장개방을 확대하여 왔으며 국제규범을 따르기 위해 기존의 외자기업 관련 정책법규를 수정하여 왔는데, 이러한 외자정책의 변화는 중국 내수시장 진출을 목적으로 투자하는 외자기업에게는 유리한 투자환경을 제공해 주는 것이다.

對중국 투자업종과 지역도 다양하게 전개되어야 한다. 투자업종을 제조업 중심에서 금융, 보험, 관광, 부동산개발 등 서비스 부문으로 더욱 확대하고, 투자지역도 환발해·동북지역 중심에서 화동, 화남지역으로, 나아가서 중서부지역까지 더욱 광범위하게 확대될 필요가 있다.

(3) 유통업 진출 강화

중국의 유통장벽을 넘어서기 위해서는 우리의 대형유통업체가 대거 중국으로 진출하여 전국적인 유통망을 건립해서 우리상품의 내수시장 진출을 지원해야 하며 중국 현지기업 스스로도 판매망 구축에 최선을 다할 필요가 있다.

3차 산업 중에서 소매업의 경우만 보더라도 미국, 유럽, 일본 등 선진국의 거대한 유통기업들은 광범위하면서도 지역적인 중국 내수시장을 효율적으로 공략하기 위해서 중국에 진출하여 각 지역에 유통거점을 구축하고 이를 통해 자국 상품을 수입해서 현지마케팅을 적극적으로 전개하고 있는 반면에, 우리의 소매업 진출은 이마트, 롯데마트로부터 시작되었지만 현재 두 기업 모두 철수한 상태라서 상당히 취약한 상태이다. 지금 중국에서 무점포 구매가 폭발적으로 성행하는 만큼 기존의 CJ홈쇼핑과 현대홈쇼핑의 활약과 온라인시장 진출도 준비할 필요가 있다.

우리의 대중국 수출구조가 부품·소재인 중간재가 대부분이어서 중국수출의 영향을 크게 받을 수 있다는 사실을 감안하여 일반무역 비중을 늘려서 대중국 수출을 안정시키기 위해서라도 유통업의 중국진출을 더욱 가속화시킬 필요가 있다.

(4) 사향업종의 공장 이전

생산비용 절감을 목적으로 중국 동부 연해지역에 진출한 중소기업들은 공장 이전을 서둘러야 한다. 중국이 산업구조의 고도화를 달성하기 위해 외자를 선별해서 유치하고 내·외자기업간 형평성, 통상마찰 등 국내외 경제문제를 해결하기 위해 외자기업에 대한 세제우대 폐지와 세무관리 강화, 최저임금제의 시행과 노무관리 강화 등 일련의 조치를 취하고 있는데, 이러한 정책은 중국에 투자하는 모든 외자기업에게 불리하게 작용되며, 특히 생산비용 절감을 목적으로 진출하는 노동집약형 외자기업에게는 상당히 불리한 투자환경을 조성해 주는 격이 된다.

또한 중국 현지 인건비 상승으로 노동집약형 현지 중소기업들이 철수하든지, 아니면 중국내륙 혹은 제3의 국가로 공장을 옮기든지 갈수록 압박을 받을 것으로 예상되는데 이들 기업들이 미래를 준비하고 현명한 판단을 내릴 수 있도록 지원해 주는 체계가 필요하다. 중국에 투자한 대만과 일본기업들도 최근에 베트남으로의 이전이 증가하고 있고 정부에서 유턴에 대한 대비책을 마련한 것으로 파악된다.

(5) 중국내륙지역 진출

현재 중국에서 전국적으로 도시화가 적극적으로 추진되고 있는데 중국 중서부지역에 많은 신도시들이 탄생하고 있다. 중서부지역으로 투자진출할 경우 세금 우대혜택이 주어지기 때문에 물류비를 고려하여 중서부지역 내수시장 진출형 투자를 적극 추진할 필요가 있다. 특히 산둥성에 밀집되어 있는 노동집약형 중소기업들은 인건비 상승, 판매경쟁 등으로 오히려 수익률이 더 낮아질 수 있으므로 중서부지역 내수시장 개척형 투자를 시도해 볼 필요가 있다.

(6) 현지화 경영

내수시장 진출을 목적으로 중국에 진출한 기업들은 현지화 전략을 강화해야 한다. 중국정부의 외자기업 탈세방지를 위한 이전가격 세무조사가 강화되는 상황에서 부품과 원자재를 한국으로부터 수입하기 보다는 중국에서 구입하고 또한 일반 관리인력도 현지인으로 대체한다면 생산비용을 줄이고 수익률의 하락을 막는데 도움이 될 것이다.

(7) 전문인력 양성

중국 현지에서 세무, 노무, 마케팅 등 관리업무를 담당할 전문인력 양성에 힘써야 할 것이다.

김시중,《한중경제협력과 在중국동포의 역할》, 정책연구 94-12, 1994.
김익수,《중국의 WTO 가입이 중국경제와 한중경협에 미치는 영향》, 정책연구 95-10, 대외경제정책연구원, 1995.12.
대한상공회의소,《중화경제권시대의 개막과 우리기업의 대응》, 1997.
대한상공회의소 한중민간경제협의회, 중국주요경제지표(1997), 1997.8.
대한무역투자진흥공사,《중국투자실무가이드》, 무공자료 01-1, 2001.
대한무역투자진흥공사,《2017중국진출 한국기업 경영실태조사》, 2017.
박상수,《한국기업의 대중투자실태 및 경영효과 분석》, 조사분석 97-01, 대외경제정책연구원, 1997.
백권호,《투자사례로 본 對중국 투자전략》, 연구보고 92-02, 대외경제정책연구원, 1992.
蕭灼基지음, 진정미 옮김,《중국경제의 야망》, 매일경제신문사, 1996.
안종석,《한국기업의 對中투자 실태와 향후과제》, 조사보고 94-01, 대외경제정책연구원, 1993.
오용석,《중국의 대외무역과 한중 수출경쟁》, 정책연구 93-36, 대외 경제정책연구원, 1993.
오용석, <한중무역관계의 평가와 발전방향>, 한중경협소식, 1997. 9.
이창재, 전재욱, 조현준,《중국경제의 부상과 한국의 대응》, 대외경제정책연구원, 1998.
이성봉外,《동북아경제협력 : 투자협력》, 대외경제정책연구원, 1999.
정명기,《중국경제론》, 한남대학교 출판부, 2000.
정영록,《중국수입구조변화와 우리의 대응방향》, 정책연구 93-16, 대외경제정책연구원, 1993.
김홍률, <중국의 세이프가드 보복관세에 대한 한국과 일본의 대응비교 : 한국의 마늘분쟁과 일본의 버섯분쟁을 중심으로>, KIEP세계경제, 2001년 8월호, 83쪽.
대한상공회의소, <중국진출 한국기업의 현지경영실태와 애로요인>, 한중경협소식, 1998. 7, 8 월호
신태용, <IMF시대의 대중국진출전략>, 한중경협소식, 제52호, 1998. 4, 5.
오용석 <한국과 중국의 對美 輸出競爭力 비교분석>, 경제연구, 제17권, 1996.
한국은행 경제통계국 국제수지통계팀, <최근의 대중화권 교역동향과 향후과제>, 2001.2, .
한상국, < 등소평 사후의 한·중 경제협력>, 재정포럼, 1997년 5월호.
김주영, 중국 은행부문 개혁과 우리나라 은행의 진출방향, 한국수출입은행 해외경제연구소, 2007. 3. 18
고용수, 중국의 외국인투자에 대한 우대축소 배경과 전망, 해외경제정보제2006-82호, 2006.9. 14
대한무역투자진흥공사, 중국투자실무가이드, 2001.3
대한무역투자진흥공사, 中 법인세 통일, 한국기업의 중국 투자전략 재정비 필요, 중국투자뉴스 제43호, 2007. 3. 16
박월라 외, 중국 비즈니스 환경 변화와 외자기업의 대응전략, 대경제정책연구원, 연구보고서 06-10, 2006. 12
박세근, 증치세 환급율 변화의 영향 및 환급율 변화품목, 해외경제연구소, 2003. 12. 23
양평섭, 중국의 WTO 가입 5주년 결산, KIEP 오늘의 세계경제, 제06-40 호, 2006. 12. 7
이문형, 중국의 외자 우대정책 축소에 따른 5重苦에 대비해야, e-KiET 산업경제정보 제313호, 2006. 10. 10
이재홍, 중국의 투자환경 변화와 우리의 대응방안, 중국 이슈리포트, 제 2006-30호 2006. 11.23

탁세령, '외자이용 11· 5 계획'의 내용과 관련 조치, 중국 이슈리포트 제2006-44호, 2006. 12.26

한국무역협회 무역연구소, 주간무역리뷰, 2007. 1. 13

한국수출입은행 해외경제연구소, '중서부지역 외국인투자 비교우위 산업 목록' 개정, 2005. 8. 17

한국수출입은행 해외경제연구소, 중국 외국인 투자 산업 지도목록 2002. 4.

한국수출입은행, '재 중국 한국투자의 현지법인 기업의 경영상황 분석보고', 2004.2.16

王効平, <山東半島的對外開放和中韓經濟交流>, 經濟評論, 41卷2 號, 1992. 2.

申東烈, <韓國對華直接投資分析>, 財貿經濟, 2000年第11期.

朱柏銘, <中韓關稅差異比較>, 國際貿易問題, 2000年第5期.

吳德烈, <加大力度-韓國經濟改革與中韓經貿合作>, 國際貿易, 1997年第7期.

徐長文, <中韓貿易關係中的逆差與爭端>, 國際貿易, 2001年第5期.

胡國財, <中韓經貿 : 最大程度地發揮潛力>, 國際貿易, 1997年 第6期.

中國投資指南, 2005年度我國吸收外商投資簡情, 2006.9.6,

中國投資指南, 外資也宜放眼量, 2006.6.8周維富, 加入WTO之后我國工業吸引外商直接投資的 政策趨向分析, 工業經濟, 2003年第11期

王春法, 利用外資與提高我國自主創新能力研究, 中國社會科學院世界政治經濟研究所, 2005

左大培, 外商直接投資的害處, 中國社會科學院 經濟研究所, 2003

江錦凡, 外國直接投資在中國經濟增長中的作用機制, 世界經濟, 2004年1期

中國統計年鑑

中國對外經濟貿易年鑑

Qiao Yu, "Capital Investment, International Trade and Economic Growth in China : Evidence in the 1980-90s, China Economic Review, Vol.9(1), 1998.

제15장 중국투자 실무

1. 중국투자의 사전준비단계
2. 중국투자절차
3. 중국 현지경영
4. 중국투자사례

투자준비(투자목적 정립, 투자방식 선정, 투자선 물색, 투자지역 선정 등)

▼

투자 예비상담(투자 심사 가능성 타진)

▼

의향서 또는 협의서 체결

▼

부지확보(단독투자인 경우 부지 유상양수 또는 유상배정 의향서 체결)

▼

투자 예비허가 신청(항목건의서 또는 외자기업설립보고서 제출)

▼

기업명칭 등기 신청

▼

사업타당성 검토보고서 작성

▼

계약체결 및 정관 제정

▼

투자허가 신청(한국, 중국)

▼

기업통계 등기 신청

▼

기업설립 등기 신청

1. 중국투자의 사전 준비단계

수많은 우리 기업들이 중국으로 진출해서 현지경영을 하고 있는데 성공한 기업이 있는가 하면 실패한 기업도 있다. 중국진출의 성공과 실패는 철저한 사전조사 여부에 달려 있다. 자기업종의 시장추이와 경쟁구도를 위주로 철저히 시장환경을 조사하고 중국 투자 목적을 명확하게 정립한 후, 이에 따른 가장 유리한 투자방식과 투자선이나 대리인을 물색하고 투자지역을 선정하는 것이 중요하다.

1) 투자목적과 투자방식

우리 기업의 대중국 투자 목적은 크게 생산비용 절감형과 내수시장 진출형으로 구분되고 이외에도 자원개발 등 다른 투자 목적들도 있다. 이에 따라 직접 투자방식은 크게 합자투자, 합작투자, 독자투자 등 3가지 형태로 구분되고 최근에는 M&A방식도 증가하고 있다. 중국에 진출하는 형태에는 법인이 아닌 지사, 사무소, 대표처[1] 등이 있다.

(1) 합자투자

합자투자는 중국 내에 중외합자기업을 설립하여 투자사업을 경영하는 방식이다. 즉 외국인 투자자와 중국 내 투자 파트너가 공동으로 자본을 출자하여 공동으로 경영하고 공동으로 분배하며 투자리스크를 분담하는 유한책임회사를 설립하여 경영하는 것이다.

1) 지사는 본사의 본사의 경영범위내에서 경영활동을 전개하고 본사의 경영범위 내 커뮤니케이션, 컨설팅 등 업무를 맡을 수 있으며 본사가 그 연대적 책임을 진다. 사무소와 대표처는 해당기업의 제품 또는 업무와 관련하여 시장조사, 전시, 홍보활동 등을 할 수 있으나 영리활동을 하게 되면 행정적 처벌을 받는다.

(2) 합작투자

합작투자는 외국과 중국의 투자자가 공동으로 투자를 하나 투자자 각자의 권리와 의무는 출자금액 비율에 따라 자동적으로 배분되는 것이 아니라 투자자들 간의 계약에 의해 결정되는 것이다.

(3) 독자투자

독자투자는 외국인 투자자가 100% 단독투자 방식으로 중국내 외자기업을 설립, 경영하는 것이다. 이 기업의 명칭을 중국에서는 외자기업(外資企業)이라고도 한다. 이 방식은 합자나 합작에 비해 투자업종에 있어서 엄격한 제한이 가해진 적이 있다.

(4) M&A

외국기업이 중국기업을 인수합병하여 경영하는 형태이다. 자산을 통한 방식과 주식교환을 통한 방식 2가지로 구분된다. 외국인 출자비율은 기본적으로 25% 이상이어야 하며 독과점 방지를 위한 중국정부의 심사도 받아야 한다.

(5) 투자방식 선택

투자목적이 저렴한 중국 현지 노동력 활용인 경우는 독자형태를, 중국 내수시장 진출인 경우는 합자 혹은 합작형태를 선택해 왔다. 그러나 2001년 수출의무비율 폐지 이후에는 독자투자 비중이 상당히 증가했다. 중국내에 유통망을 형성하는데 합자 혹은 합작이 유리하나 유통망이 형성되어 있다면 파트너와 불협화음에 신경 쓸 필요 없는 독자형태가 유리하다. 우리 기업의 중국 투자방식은 다양한 편이다. 투자사례를 보면 텐트 생산업체 지누스(진웅)는 최초로 독자투자를, 스포츠화를 제조하는 태광실업도 독자투자를, 레미콘을 만드는 아시아시멘트는 합자투자를, 유통업으로 진출한 이마트는 합작투자를 선택했다. 아모레화장품처럼 처음에는 합자형태로 진출했다가 독자투자로 전환한 경우도 있다

<표 15-1> 투자방식별 장단점 비교(삼자기업의 차이점 비교)

구분	독자	합자	합작
근거법	외자법과 실시세칙	합자법과 실시조례	합작법과 실시세칙
회계제도 및 세금제도	기업회계제도(2000년 12. 19 공포, 2005년도 공업기업 실시) 중국 기업소득세법 시행조례 (2007년 12. 6. 공포, 시행)		
기업형태	유한책임회사	유한책임회사	유한책임회사 / 연합경영체
투자업종 제한범위	제한범위 큼	제한범위 작음	제한범위 작음
기업부채 책임범위	출자액 한도	지분율 비례 출자액 한도	유한책임회사 출자액 한도 ; 연합경영제는 공동책임
이윤분배기준	독점	지분율	계약서
법인세 기준	삼자기업 공통	삼자기업 공통	삼자기업 공통
최고 의사 결정조직	독점	이사회	- 이사회 - 연합관리위원회 - 경영관리수탁자
경영관리방식	투자자 독자경영	투자자 공동경영	- 투자자 공동경영 - 투자자 일방경영 - 제3자 위탁경영
토지사용권 획득방식	외자기업 명의로 토지사용권 유상양수 혹은 인수	중국측 투자자 출자 합자기업의 명의로 토지사용권 유상양수 혹은 임차	중국측 투자자 출자 합작기업 명의로 토지사용권 유상양수 혹은 임차
출자기한	분할불입 가능	분할불입 가능	분할불입 가능
지분율 의무	등록자본금의 100%	등록자본금의 25% 이상	등록자본금의 25% 이상
청산자산 처리방법	청산 후 잉여자산 독점소유	청산 후 잉여자산 지분율에 따라 배분	계약서에 따라 배분
투자자본 회수방식	- 단기 순이윤 - 청산이윤	-당기 순이윤 배분 -청산이윤 배분	- 당기 총이윤배분 - 당기 생산품배분 - 당기 감가상각비 - 약정금액
자본 감자	제한적 가능	제한적 가능	제한적 가능

* 자료 : KOTRA

2) 합자투자시 파트너 선정

합자투자의 성공여부는 파트너 선정에 달려 있다. KOTRA, 무역협회, 한국수출입은행 등 기관의 자료를 열람하거나 주한국 대외무역공사 사무소, 중국 현지의 외국인 투자서비스센터(外商投資服務中心), 중국 무역관련부서(CCPIT), KOTRA 지역별 무역관, 중국 지역별 한국상회 등 관련 기관을 방문해서 알아본다. 또한 중국투자컨설팅 기관에 의뢰하는 방법도 있다.

3) 투자파트너 평가

투자파트너의 평가방법에는 자료조사와 현지실사가 있다. 평가기준은 법인형태(개체호 여부), 고용원수(비근무자 여부, 잉여인력), 고정자산규모(고평가 여부, 기존설비의 노후화, 부실채권 여부), 경영마인드와 국제화, 신용도, 정부와의 인맥관계, 업계에서의 발언권 등이 있다

평가자료에는 공상행정관리국의 등기 등록내용, 세무국에 제출한 재무제표, 국유재산관리국의 토지사용권 등기 등록내용, 관할 주무부서에 제출한 생산계획표 내용 등이 있다

투자파트너에 대해서 전문신용평가기관, 투자관련 유관기관, 동종업종 종사자, 지역인사에 문의하고 파트너의 결점을 다른 라인(재정국, 세무국, 세관, 부동산국, 노동국)을 통해 확인한다.

4) 투자지역 선정

투자지역 선정은 투자기업이 생산 예정 해당업종에 적합한 장소를 물색하여 결정하면

된다. 투자목적과 투자업종에 적합한 지역이 선정되어야 하고 내수시장을 목표로 투자할 경우 투자지역의 시장규모와 구매력, 운송수단과 방식, 물류비용 등이 고려되어야 할 것이다.

예를 들면 각 지역마다 인건비와 물류비의 차이, 중국 북부와 남부의 차이(건축비 북방과 남방 30%차이, 공업용수 부족, 전력부족(양자강삼각주), 침수지대, 기후(하얼빈, 겨울10월 -4월, 어둠, 지각) 등이다.

지방정부의 정책과 법규도 알아야 한다. 지자체별 선호 업종과 우대조치가 있어서 적합한지 살펴보고 관계기관자료 검토와 현지방문조사 및 체크포인트 리스트 작성할 필요가 있다. 그리고 동종업체의 경쟁 대상기업의 위치도 고려해야 한다.

투자지역 선정 후 경제기술개발구, 하이테크산입개빌구, 보세구, 자유무역구, 일반 도시지역, 외곽지역 등 어디에 공장을 위치할 것인지도 결정해야 한다.

5) 투자 예비상담

투자의사를 타진하기 위해 쌍방이 상담하고 투자 의향서 혹은 협의서를 작성한다. 투자 의향서는 중국 투자에 있어 문서화되는 최초의 서류로서, 중국에서는 반드시 작성해야 하는 기본 문서이지만 중국 투자관련 국내 절차에서는 반드시 제출할 문서는 아니다.

단독투자인 경우에는 통상 독자기업 설립지 관할 지방정부의 주무부서와 의향서를 체결하게 된다.

2. 중국투자 절차

1) 투자예비허가 신청

합자기업의 경우 중국 측이 투자프로젝트 건의서 작성하고 행정감독 주무부서 심사를 거쳐 투자허가기관(상무부 혹은 지방 외국인 투자 주무부서)에 예비허가를 신청한다.

단독투자의 경우 본인 혹은 중국내 대리인을 통해 지방정부의 투자허가기관에 외자기업 설립보고서를 제출한다.

외자기업설립보고서는 설립목적, 업종, 생산규모, 설비도입방안, 중국내수와 수출방안, 공장부지 등 내용을 포함한다.

2) 사업타당 검토보고서 작성

예비허가를 받았을 경우 투자사업 타당성 여부에 대한 보고서를 작성하여 해당 행정기관의 동의를 얻어야 한다. 정식허가를 받기 위한 절차로 중국 측과 충분한 협의 검토과정이 필요하다.

심사에서 이윤미흡, 낮은 외화가득, 높은 차입금, 에너지 과다사용, 공해배출 등 문제가 있으면 허가하지 않을 수도 있다.

중국어로 작성되며 중국 측의 유치경쟁으로 졸속하게 작성될 우려가 있으므로 우리측이 그 내용을 검토 확인하는 것이 중요하다.

보고서 내용은 시장조사로 판매예측과 계획, 생산계획, 원자재조달과 설비투자 계획, 인건비 및 각종 비용계획, 손익계산서, 자금조달표 등 내용을 포함한다. 그리고 투자사업이 궤도에 오를 때까지의 자금여력(투자자본의 2-3배)을 염두하고 투자액을 결정할 필요가 있다.

3) 계약체결과 정관작성

계약은 서명 당사자들에 대해 구속력을 발휘하는 법률 행위로서 합자나 합작투자 쌍방이 합자 혹은 합작기업을 설립, 경영하는데 따른 권리와 의무의 구체적인 내용을 투자자 쌍방이 합의, 결정하여 그에 대해 서명하는 것이다. 주의사항은 아래와 같다.

첫째, 분쟁을 대비해서 위약규정을 명시하고 분쟁이 생기면 계약서에 따른다는 문구를 명시한다. 중국법을 잘 파악해서 계약서를 치밀하게 작성한다.

둘째, 정형화된 계약서보다는 앞의 서류내용을 근거로 양측이 각각 작성하여 충분한 시간을 갖고 체결한다.

셋째, 중국어와 한국어로 작성되는데 불일치하면 중국어 계약서가 효력있다. 신뢰할 만한 통역사용(조선족보다 한국의 중국어전공자, 한국어를 잘하는 한족)한다. 계약서에 날인된 도장 확인하고 계약서 작성시 변호사, 컨설턴트, 현지전문가에게 사전 검토한다.

넷째, 중요문서(투자계약서, 매매계약서, 임대차계약서)는 서명과 관인을 받아둔다.

계약서 주요내용은 생산규모 증가, 유동자금의 조달, 토지사용방법, 합자당사자의 책임, 기술이전, 이사회(경영결정권), 기간 만료시 재산처리, 계약의 개정과 해지, 출자불이행, 불가항력, 분쟁의 해결(분쟁해결 조항과 중재기관(중국국제경제무역중재위원회 , CIETAC) 등이다.

정관은 기업 법인 명의로 제정한 것이다. 투자기업 법인 명의로 작성하는데 합자의 경우 계약서에 근거하여 작성하며 단독일 경우에는 계약서는 필요없지만 정관작성은 반드시 필요하다.

4) 투자허가와 등기 신청

합자투자의 경우 계약체결과 정관이 제정되면, 독자투자의 경우 사업타당성 검토보고서와 정관을 제정하는 과정이 끝나면 투자허가를 정식으로 신청하게 된다.

국내와 중국의 투자허가기관에서 각각 소정의 투자 신고 수리 또는 허가를 득하고 나면 다음 단계로 중국정부 소속의 통계국과 공상행정관리국에 각각 중국 현지 투자기업의 통계 등기와 설립 등기를 해야 한다. 이에 근거하여 영업허가증을 받게 된다.

5) 출자와 조업준비

출자준비는 중국 국가외환관리국에 외환 등기하고 은행에 계좌를 개설하며, 세무국에 세무 등기한다. 관할 세관에 세관 등기, 관할 지방정부에 재정 등기한다.

외국환은행에 신고하고 외화를 송금한다. 기계설비와 기술로 출자하는 경우 이에 대한 인증이 필요한데, 상품검사국과 자산평가소에서 감정한다.

공인회계사에 출자검사 의뢰하여 출자검사보고서를 제출하고 출자증명서를 발급받는다. 출자금액의 납입기간은 금액규모에 따라 1-3년 사이이다.

조업준비에는 근무자 파견, 부지 및 공장건물 확보, 전기, 통신, 용수 신청, 직원모집, 사무용품과 생활용품 통관, 원자재 반입 비축 등이 있다.

3. 중국 현지 경영

1) 노무관리

노무관리는 중국 현지경영에서서 가장 중요한 부분이다. 노사갈등의 원인은 주로 노동문화와 노무관리방식의 차이에 있는데 한국 관리자들의 현지인에 대한 이해 부족에서 오는 경우가 많다. 중국현지에 진출한 우리 기업들의 투자사례를 살펴보면 인적관리가 다양한 형태로 이루어졌다.

(1) 인사관리

한국에서의 관리자교육을 철저히 시키고, 현지인에 대한 인격적 대우와 관리자 스스로 솔선수범을 실행했다.(칭다오, 현대정공) 우수한 현지 근로자를 한국 본사에 기술연수 보냈다.(선양, 아모레) 생산파트별로 목표 초과 달성 시 초과분은 모두 성과급으로 지급했다.(상하이, BYC) 개인 포상금제도를 실시했다.(진웅, 아모레) 벌금제도를 실시했다.(대우제지) 한국 관리직과 주재원이 모여 1년에 한 번씩 야간행군을 했다.(쑤저우, 만도)

(2) 후생복지

출퇴근버스 운행했다.(경동보일러) 우수 근로자는 해외여행 보내고 아파트도 선물로 주었다.(지린, 파파스) 결혼한 직원들을 포함해 모든 직원들에게 기숙사를 제공했다.(북경극동국제물류)

(3) 투명경영

사장의 모든 경비를 경영회의에서 공개했다.(대우제지)

(4) 노동조합

중국 현지기업의 낮은 노조설립 비율과 수많은 임시직 고용이 문제가 된다. 노동쟁의는 오히려 노조가 없는 독자회사에서 발생한다. 단체행동권이 없는 중국노조를 잘 활용할 필요가 있다. 중국노조는 정치학습, 종업원 교육, 오락, 종업원 의견표명 수렴 등 다양한 업무를 수행한다. 회사가 조합비(임금총액의 2%)를 부담한다.

(5) 현지화

한국 관리자들은 중국 현지인과 똑같이 현지인 아파트와 중국인학교를 이용했다.(상하이, 의류업체) 생산현장은 공장장에서 중간관리직까지 전부 현지인으로 교체하여 현지인 책임체제로 운영했다.(칭다오, 스피커제조)

다른 다국적기업들과 마찬가지로 연구개발-생산-판매-수출 등이 중국 현지에서 이루어지고 있다.(중국 LG전자) 중국의 현지화된 제품군을 출시 중국인의 기호에 맞춘다.(파리바게트)

(6) 기술 유출

한국 기업의 중국 진출이 늘어나면서 기술유출 사건이 발생하고 있다. 기술유출은 대개 기업관계자들이 은퇴할 때 일어나는데 방지하기 위해서 은퇴자 대우를 잘해줄 필요가 있다.

2) 마케팅 관리

(1) 목표시장

중국시장을 계층별, 지역별로 접근했다. 중국 소비자의 고소득층을 겨냥한 고급화전략을 추진했다.(에이스 침대, 삼성전자 애니콜, 놀부보쌈, 농심 신라면; 오뚜기 라면 실패)

중소도시를 집중 공략했다.(아모레, 전문점) 환발해 지역에서 시작하여 전국으로 확장했다.(오리온 초코파이, 브랜드 好麗友) 점-선-면으로 확장했다.(LG 전자레인지) 진출초기에는 고가전략으로 나중에는 가격차별화 전략을 추진했다.(목우기계)

(2) 브랜드 광고전략

브랜드 중심의 마케팅전략을 추진했다. 간판, TV광고(삼성, LG, 현대), 아모레(택시타기, 스튜어디스, 아나운서), TV광고(농심, STAR), 동방CJ홈쇼핑(쑤저우, 락앤락), 구전마케팅(베이징, 놀부보쌈), 세미나 개최(베이징, 한미약품), ISO9001획득(베이징, 종가집); 중소기업은 자체브랜드 개발 필요하다.(다롄시, 내의업체) 브랜드 구축문제로 합작선과 갈 등이 있었다.(아모레, 신라면) 지역의 名(명) 브랜드로 지정받았다.(충칭시, 웨스트엘리베이터)

(3) 유통경로

우리 기업의 중국 내수시장 진출 유통경로가 다양해지고 있다. 상품취급점포확대(백화점, 소매점, 도매업체), 직영판매점 개점(백화점, 대형소매점내), 직영전시장(상해, 북경 등 대도시) ; 대리점 활용, 총대리점-대리점-소비자, 판매점 ; 향후 판매회사 활용, 판매회사 설립-대리점- 소비자, 판매점 ; 현지 전시회 활용(칭다오, 목우기계), 현지 딜러 확보(삼성 휴대폰); 프랜차이즈 경영(KFC, Pizza Hut, 세븐 일레븐, Kodak, Hilton Hotel) ; 대도시에 지사 설치, 방문판매(아모레), 전국적 대리점과 A/S센터설치(베이징, 경동보일러) 등이 있다. 각 대리점의 무료체험방식을 통해 제품을 판매했다.(칭다오, 누가의료기)

(4) 짝퉁 문제

중국에는 유사품(짝퉁) 문제가 심각하다. 한미약품(메디락비타 媽咪愛), LG전자 등이 피해를 입었다. 아모레는 광동성 공무원의 단속방해를 받았으나 지적재산권 소송으로 해결했다. 중국에서 짝퉁의 주요 메카는 원저우와 주강삼각주 지역이다. 모조품 방지를 위해서는 행정조직(공상 행정 관리국, 제품 품질 관리국)과 연계, 모조품대책협의회를 통한 교섭, 전문조사회사에 의한 조사로 감시체제 구축할 필요가 있다.

(5) 대금회수

중국은 상품거래에서 외상이 많아서 대금회수가 쉽지 않다. 대금회수의 위험을 피하기 위해 선수금 수령 후 판매방법이나 판매보증금 확보방법이 있으나, 중국에서는 위탁판매방식으로 제품을 먼저 공급한 후 판매상황에 따른 대금회수의 방법이 보편화되어 있다. 법률사무소를 고문으로 두고 판매계약서를 유리하게 작성했다.(상하이, 포장기계) 에이스 침대의 경우 백화점은 익월 결제하고, 대리점은 당월 결제했다. 한미약품은 대리점을 축소시키고, 외상결제기간을 단축했다. 소송을 통해 외상매출금을 회수하고 불량대리점을 정리했다.(에이스침대, 한미약품) 현금결제를 원칙으로 했다.(동양제과, 누가의료기) 지방의 대리상이나 도매상에게는 100% 현금거래를 하도록 했다.(농심 신라면) 영업사원이 판매대금을 수금하여 회사에 입금시키지 않고 도주하는 경우도 있었다.(에이스침대) 할부제도를 실시했다.(엔타이, 두산인프라코어)

(6) 차이나 마케터

중국어가 상당히 능통할 뿐만 아니라 중국 현지문화의 이해와 적응이 뛰어나고 제품별로 소비시장과 소비자를 명확히 분석하여 마케팅전략을 수립할 능력을 갖춘 차이나 마케터가 절실히 필요하다.

3) 주변관계

(1) 정부기관과의 관계

친선체육대회를 개최했다.(아모레) 중국 관리와 돈독한 관계 유지했다.(진웅, 천안문사태) 중국 지방정부의 파격적인 지원으로 투자했다.(삼보컴퓨터, 광동POSCO) 관계무시하고 법대로 나아간 사례도 있다.(파파스, 패밀리레스토랑, 장춘, 납세실적7위) 중국 현지경영에 있어서 한국 관리자와 현지 지방정부나 기관과의 관계가 상당히 중요한데 WTO가입 이후로는 법제화되어 꽌시의 비중이 줄어드는 추세에 있다.

(2) 지역사회에 기여

지역사회에 기여하는 것이 어려울 때 방패막이 되어줄 수도 있다. 홍수때 구호품 전달(오리온), 학교 지원 사업(삼보컴퓨터, 다롄POSCO, LG소학교, 대고무역 난방비, 진웅 장학금, SK状元榜), 트랙터기증(대고무역), 무료PC교육장(삼보컴퓨터), 심장병수술(파파스), 희망공정사업(락앤락), 지진피해 복구(두산인프라코어) 등이 있다.

4. 중국 투자사례

1) 푸젠성 J텐트

(1) 현지기업 개황

* 설립연도 : 1988년 11월

* 업종 : 여행용 텐트

* 소재지 : 중국 푸젠성(福建省) 샤먼(廈門)

* 자본금 : 40만 달러

* 투자형태 : 독자

* 직원수 : 총 562명 (한국인 11명, 중국인 551명)

(2) 투자동기와 입지 선정

* 투자동기 : 국내 인건비 상승

* 입지선정 : 홍콩과 인접, 투자우대조건(소득세, 지방세, 관세, 송금세)

(3) 투자진출 과정

* KOTRA 소개로 홍콩의 홍하유한공사와 접촉 (1988. 4)

* 한국 최초로 외자기업 비준증서를 발급 받음 (1988. 8)

* 현지의 생산과 경영여건 심층적으로 조사 (1988. 9-11)

* 영업증서를 받고 현지법인이 됨 (1988. 11)

* 한국은행의 해외투자 허가 (1988. 11)

* 투자자금 40만 달러 현지송금 (1989. 1)

* 파견요원 14명 현지 도착 (1989. 1)

* 기계 및 원, 부자재 1차 통관 완료 (1989. 2)

* 인원모집 신문 공고 - 샤먼일보 162명 채용 (1989. 2)

* 주문생산 개시 (1989. 2)

* 첫 선적 (1989. 3)

* 파견요원에 대한 외국인 거류증 취득 (1989. 3)

* 사원용 아파트 1동 구입 - 파견요원 및 현지인용 (1989. 4)

(4) 현지 경영

근로자를 고용할 때, 실습기계 전달 및 장학금 지급 등을 통해 현지 기술학교를 지원하고 학교를 직접방문, 실기 테스트를 거쳐 인력을 확보하는 방법을 사용했다. 또한 의사소통을 위해 25명의 조선족을 고용하여 중간관리자로 활용했다. 업무능률을 높이기 위해 보너스를 지급하고 개인포상금 제도를 실시하며 건물을 임차하여 근로자용 주택을 무상으로 제공했다.

현지법인의 주력제품은 여행용 텐트로서 전량 본사 상표로 주문받아 생산하는 OEM 방식으로 원, 부자재를 한국으로부터 수입하여 생산한 제품을 미국, 호주, 일본, 유럽 등지로 100% 전량 수출하고 있는데 현재는 원, 부자재의 현지조달 비율을 늘리고 있다.

국내 파견직원에 대한 개인소득세를 전액 납부하고 현지법규를 엄격히 준수하여 샤먼시 인민정부로부터 상패도 받고 현지 관계당국의 신뢰를 얻었다.

2) 랴오닝 A화장품

(1) 현지기업 개황

* 설립연도 : 1994년
* 업종 : 화장품 제조
* 소재지 : 랴오닝성 선양 경제기술개발구
* 자본금 : 250만 달러
* 투자형태 : 합자→독자
* 직원수 : 총 247명 (한국인 3명)

(2) 투자동기와 입지 선정

* 투자동기 : 내수시장 진출
* 입지선정 : 동북 3성의 관문, 외국 화장품 생산기업의 부재

(3) 현지 경영

현지인에게도 승진할 수 있는 기회를 부여했는데, 신입사원이 정상적인 경우 입사해서 부장으로 승진하는데 15년이 소요됨을 명시했다. 인사고과에 따라 상여금 차 등 지급하고 개인 포상금제도를 실행했다. 판매사원에게도 해외연수 기회를 제공하고 사원의

생일에는 관리 총책임자가 생일축하 카드와 꽃다발을 보내는 등 가족경영을 실천했다.

화장품 생산에 필요한 원료는 한국에서 전량 수입하고 있으나, 화장품 용기 등 부자재는 90% 이상 현지에서 조달한다.

사업 초기에는 생산된 제품을 전국을 상대로 한 대리점, 백화점 및 방문 판매를 시작했는데 큰 효과를 보지 못했다. 1998년부터 판매전략을 백화점 위주에서 외국계 화장품이 진출하지 않은 중·소도시를 집중적으로 공략하고 1999년부터는 대리점 보다는 전문점을 집중적으로 공략했다.

그 결과 1999년에는 누적 흑자로 전환되었고 합작선의 경영간섭에서 벗어나기 위해 합작선 지분을 인수하여 단독투자로 전환했다.

고객밀착의 저비용 마케팅을 적극 활용했는데, 택시타기 마케팅, 항공사 스튜어디스 상대 마케팅, 아나운서 Award 제정, 공공장소에서 샘플 제공 등이 있다. 또한 미용문화원을 개설하여 이익을 고객에 환원했다.

소비자 보호협회의 활동에 적극 참여하고 관할 소방서 등 정부기관과 친선 축구, 농구대회 등을 통하여 자연스럽게 관계를 형성하며 투명한 납세실적으로 세무당국의 신뢰를 받았다.

(4) 애로사항

가짜 유사상품의 출현에 소비자 호응에 대한 기대감도 있었지만 사태수습에 있어서 광동성 유사품 아모레 제조공장을 단속하려 했으나 지방정부 공무원들이 단속을 방해했다. 결국 지적재산권 소송으로 가짜 아모레 제품에 대한 판매금지 처분의 성과를 얻어냈다.

국내에서는 인지도가 높지만 중국에서는 다국적기업이 아니기 때문에 투자진출지역에서 기업이나 상품 인지도를 확산하는데 큰 어려움이 있었다.

3) 베이징 N외식

(1) 현지기업 개황

* 설립연도 : 2006년
* 업종 : 식당
* 소재지 : 중국 베이징
* 자본금 : 50만 달러
* 투자형태 : 독자
* 직원수 : 총 40명 (한국인 4명, 중국인 36명)

(2) 시장환경

* 무한한 성장 가능성과 급속한 성장 추세
* 한식당과 외식프랜차이즈 등 경쟁사 분석

(3) 투자동기

* 국내시장의 한계 - 국내 프랜차이즈 시장 포화상태
* 2005년 중국 정부의 프랜차이즈 시장 전면개방

(4) 중국 진출 과정

* 조직 내 해외사업팀 신설 (2004. 1)
* 중소기업진흥공단 민간센터활용사업 지원을 통해 현지시장조사 및 법인설립 준비 (2005. 3)
* 중진공 북경 수출인큐베이터 내 연락사무소 개설 (2005. 10)
* 중진공 글로벌 브랜드 육성사업 지원을 통해 법인명 및 진출 브랜드 구축 (2005. 12)
* 중국법인 설립 (2006. 9)

* 중국 북경에 직영점 오픈 (2006. 10)

(5) 현지 경영

중국인들이 선호하는 한국음식을 조사한 결과 한국을 방문한 중국 관광객들은 한국갈비를, 중국현지에서의 중국인들은 갈비와 바비큐 등 고기구이를 좋아하는 것으로 나타났다. 그래서 본사의 독특하고 차별화된 맛의 항아리갈비를 주 메뉴로 중국시장을 진출하게 되었다.

바닥에 앉아서 먹는 것에 익숙하지 않은 중국인들의 문화적 특성 상, 모든 좌석이 테이블로 이루어져 있다든가 인테리어가 다국적이라는 등 서비스 측면에서는 현지화가 많이 이루어졌지만, 음식만큼은 한국적 특색을 유지함으로써 한식의 정체성을 보다 분명하게 나타내었다.

중국내에서 한식은 일반적으로 중고가의 음식으로 알려져 있는데, 이러한 상황에 맞추어 중상류층을 타켓으로 고가의 전략을 추구했다.

인테리어는 '한식과 서구적 분위기'라는 퓨전을 컨셉으로 장식해서 한국 전통문화를 표현함과 동시에 중국 중상층이 요구하는 고급스러운 분위기를 갖추도록 했다.

광고에 있어서 다른 외식업체가 사용하는 매체광고보다는 구전마케팅을 중요시했다. 초기에는 한인들이 많이 거주하는 왕징(望京)지역에 배포되는 잡지에 광고를 냈고, 한국인들을 통해 그들의 지인인 중국인에게 어느 정도 정보가 전달되고 입소문이 나게 되면 중국인들이 많이 구독하는 잡지에 광고를 내는 전략을 사용했다.

참고문헌

KOTRA, 중국투자실무가이드, 2004.
KOTRA, 중국진출경영사례, 2016.
오영교, 중국투자 현장점검, KOTRA, 2001
손석복, 중국가서 망하는 법, 중앙M&A, 2003.
서갑성·이성민·김종득, 중국비즈니스문화론, 보명, 2007.
김종득·김장호, 중국무역환경론, 두남, 2012.
김용준, 중국마케팅, 박영사, 2011.
대외경제정책연구원(http://www.kiep.go.kr/)
대한무역투자진흥공사(http://www.kotra.or.kr/)
산업연구원(http://www.kiet.re.kr/)
한국수출입은행(http://www.koreaexim.go.kr/)
한국무역협회(http://www.kita.net/)

김용선

현, 남서울대학교 중국지역전공 교수
부산광역시 국제통상협력실 연구위원
대만 중국문화대학 석사 및 박사(중국경제)

주요저서

『중국산업관광지리』(2015, 공저)
『중국경제와 통상』(2013)
『양자강삼각주 투자환경-上海市·江蘇省』(1995)

중국경제와 통상

초판 1쇄 발행 _ 2019년 8월 31일

저　　자 김 용 선
발 행 인 • 정 현 걸
발　　행 • 신 아 사
인　　쇄 • 대명프린팅
출판등록 • 1956년 1월 5일 (제9-52호)
주　　소 • 서울시 은평구 통일로 59길 4 (2F)
전　　화 • 02)382-6411 · 팩스 02)382-6401
홈페이지 • www.shinasa.co.kr
E-MAIL • shinasa@daum.net

ISBN 978-89-8396-361-1 (93320)
저자와의 협의로 인지를 생략합니다.

정가 18,000원